Microsoft® Power Fx in Power Apps für Dummies

Schummelseite

DATENTYPEN IN POWER FX

Datentyp	Erläuterung
Bild	URI-Textzeichenfolge zu einem Bild.
Boolean	Wert, der entweder wahr (*true*) oder falsch (*false*) sein kann.
Datensatz	Sammlung von Feldern, die verschiedene Datentypen enthalten können.
Datum	Datum ohne Uhrzeit.
Datum/Uhrzeit	Aktuelles Datum mit Uhrzeit.
Dezimal	Dezimalzahl für allgemeine oder Finanzberechnungen.
Farbe	Farbspezifikation, einschließlich eines Alphakanals (Transparenzdarstellung).
Gleitkomma	Gleitkommazahl für wissenschaftliche Berechnungen.
GUID	Eindeutiger Bezeichner (*Global Unique Identifier*).
Medien	URI-Textzeichenfolge für eine Video- oder Audioaufnahme.
Objekt	Komplexer Datentyp, der mehrere Eigenschaften enthalten kann.
Sammlung	Spezielle Art einer Tabelle, die in der App als Variable gespeichert wird und zur Laufzeit geändert werden kann.
Steuerelement	Verweis auf Steuerelemente (Strukturelemente) in der Benutzeroberfläche.
Tabelle	Sammlung von Datensätzen, ähnlich wie eine Tabelle in einer Datenbank.
Text	Zeichenfolge, die Text darstellt.
Währung	Währungswert als Gleitkommazahl.
Zahl	Zahl für allgemeine Berechnungen.

Tabelle 0.1: Schummelseite: Datentypen

OPERATOREN IN POWER FX

Bezeichnung	Symbol
Addition	+
Subtraktion	–
Multiplikation	*
Division	/
Potenzierung	^
Prozentsatz	%

Tabelle 0.2: Arithmetische Operatoren

Microsoft® Power Fx in Power Apps für Dummies

Schummelseite

Bezeichnung	Symbol
und	&&
und	and
oder	||
oder	or
nicht	!
nicht	not

Tabelle 0.3: Logische Operatoren

Bezeichnung	Symbol
gleich	=
größer als	>
größer oder gleich	>=
kleiner als	<
kleiner oder gleich	<=
ungleich	

Tabelle 0.4: Vergleichsoperatoren

Bezeichnung	Symbol
Zeichenfolgenverkettung	&
Mitgliedschaftsoperator	in
Mitgliedschaftsoperator genau	Exactin
Eigenschaftsauswahl	. (Punkt)
Mehrdeutigkeitsvermeidung	@
Klammern	( )
Listentrennzeichen	, (Komma)

Tabelle 0.5: Sonstige Operatoren

Microsoft® Power Fx in Power Apps für Dummies

Dirk Larisch

Microsoft® Power Fx in Power Apps für dummies®

WILEY-VCH GmbH

Microsoft® Power Fx in Power Apps für Dummies

Bibliografische Information der Deutschen Nationalbibliothek

Die Deutsche Nationalbibliothek verzeichnet diese Publikation in der Deutschen Nationalbibliografie; detaillierte bibliografische Daten sind im Internet über http://dnb.d-nb.de abrufbar.

1. Auflage 2025

© 2025 Wiley-VCH GmbH, Boschstraße 12, 69469 Weinheim, Germany

All rights reserved including the right of reproduction in whole or in part in any form. This book is published by arrangement with John Wiley and Sons, Inc.

Alle Rechte vorbehalten inklusive des Rechtes auf Reproduktion im Ganzen oder in Teilen und in jeglicher Form. Dieses Buch wird mit Genehmigung von John Wiley and Sons, Inc. publiziert.

Wiley, the Wiley logo, Für Dummies, the Dummies Man logo, and related trademarks and trade dress are trademarks or registered trademarks of John Wiley & Sons, Inc. and/or its affiliates, in the United States and other countries. Used by permission.

Wiley, die Bezeichnung »Für Dummies«, das Dummies-Mann-Logo und darauf bezogene Gestaltungen sind Marken oder eingetragene Marken von John Wiley & Sons, Inc., USA, Deutschland und in anderen Ländern.

Alle Rechte bezüglich Text und Data Mining sowie Training von künstlicher Intelligenz oder ähnlichen Technologien bleiben vorbehalten. Kein Teil dieses Buches darf ohne die schriftliche Genehmigung des Verlages in irgendeiner Form – durch Photokopie, Mikroverfilmung oder irgendein anderes Verfahren – in eine von Maschinen, insbesondere von Datenverarbeitungsmaschinen, verwendbare Sprache übertragen oder übersetzt werden.

Das vorliegende Werk wurde sorgfältig erarbeitet. Dennoch übernehmen Autoren und Verlag für die Richtigkeit von Angaben, Hinweisen und Ratschlägen sowie eventuelle Druckfehler keine Haftung.

Coverfoto: ArtemisDiana - stock.adobe.com
Korrektur: Petra Kristin Bonitz
Satz: Straive, Chennai, India
Druck und Bindung

Print ISBN: 978-3-527-72252-5
ePub ISBN: 978-3-527-84998-7

Über den Autor

Nach dem Studium der Informatik hat Dirk Larisch Anfang der 1980er-Jahre erste praktische Erfahrungen mit der Softwareentwicklung im elterlichen Betrieb und parallel in einem der größten deutschen Verlage (Buch und Software) sammeln können. Seit 1987 war er in verschiedenen Einrichtungen des Gesundheitswesens (Schwerpunkt: Krankenhaus) und in verschiedenen Positionen (IT-Leitung, Management) tätig. Beginnend mit dem Jahr 1986 hat er in dieser Zeit in den Bereichen Computer, Netzwerktechnik, Programmiersprachen und Anwendungen eine Vielzahl von Büchern erstellt, die bis heute weltweit über 80-mal verlegt worden sind. Darüber hinaus war er in dieser Zeit auch in vielfältiger Weise als Coach und Trainer tätig.

Bereits seit Anfang der 1980er-Jahre hat Dirk Larisch autodidaktisch enormes Wissen in verschiedenen Programmiersprachen und verschiedenen Programmkonzepten aufgebaut, wovon auch ein Teil seiner Veröffentlichungen zeugt. Heute hat er seinen Schwerpunkt in den speziellen Entwicklungsmethoden der Power Platform und den sonstigen Anwendungen einer Microsoft-365-Umgebung.

Vorwort

Die Intention zur Erstellung des vorliegenden Buches habe ich der persönlichen Erkenntnis entnommen, dass eigentlich alle Informationen und Erklärungen zu Power Fx und Power Apps im World Wide Web und beispielsweise Angeboten wie ChatGPT oder Copilot verfügbar sind. Bitte nicht falsch verstehen: Alles vorhanden? Wieso brauche ich dann noch ein Buch?

Nun, inmitten der Vielzahl von Dokumentationen, Erläuterungen und Vorlagen, einer Flut von Videos zu diesen Themen musste ich irgendwann feststellen, dass ein Großteil dieser Informationen teilweise unvollständig, unverständlich oder auch schlicht ungeeignet sind, da sie keinen didaktischen Anforderungen genügen. Dies ist teilweise auch nicht gewollt und einfach der Form der Aufbereitung geschuldet (in Teil V erfahren Sie übrigens, dass es einige rühmliche Ausnahmen gibt).

Trotz der mehr oder weniger unüberschaubaren Informationsflut habe ich alles aufgesaugt, gesammelt und (teilweise) archiviert. Dabei wuchs mit jeder neuen Information, jedem neuen Video und jedem neuen Tipp in mir der Gedanke, eine strukturierte und leicht verständliche Aufbereitung der vielfältigen Themen rund um den Einsatz von Power Fx in Power Apps.

Ob es mir mit dem vorliegenden Buch gelungen ist, müssen Sie selbst beurteilen. Das vorliegende Buch ist auch sicherlich nicht perfekt und es werden auch nicht alle Möglichkeiten dargestellt; dies ist beim *Evergreen*-Ansatz von Microsoft (Näheres dazu folgt!) aber auch nicht möglich.

Sehen Sie das Buch mehr als idealen Einstiegspunkt in die Welt von Power Fx in der Power Platform mit dem Schwerpunkt auf Entwicklung von Canvas-Apps in Power Apps. Ist Ihnen das gelungen, bestehen zukünftig sicherlich täglich neue Herausforderungen, bei denen Ihnen dann das World Wide Web und die dortige Informationsflut helfen werden. Bis dahin, viel Spaß und Erfolg mit diesem Buch, der sich nach Erstellung der ersten App bestimmt zügig einstellen wird.

Dirk Larisch   März 2025

Auf einen Blick

Über den Autor		7
Vorwort		8
Einführung		19

Teil I: Schnell, schnell mit Power Fx in Power Apps 23

Kapitel 1:	Einsatzgebiete von Power Fx	25
Kapitel 2:	Start und Anmeldung	31
Kapitel 3:	Meine erste Power-App	35
Kapitel 4:	Eine Rechenmaschine	49
Kapitel 5:	Spiel mit Farben	55
Kapitel 6:	Low-Code oder No-Code?	61

Teil II: Jetzt geht's ans Eingemachte! 67

Kapitel 7:	Installation, Einrichtung und App-Start	69
Kapitel 8:	Oberfläche von Power Apps	77
Kapitel 9:	Schritt-für-Schritt-Projekt	115
Kapitel 10:	Power Fx verstehen!	131
Kapitel 11:	Canvas, MD oder was?	147

Teil III: Noch eine Schippe drauf! 151

Kapitel 12:	Variablen, Datentypen und Operatoren	153
Kapitel 13:	Kontrollstrukturen in Power Fx	165
Kapitel 14:	Prozeduren und Funktionen	173
Kapitel 15:	Benutzerdefinierte Funktionen und Prozeduren	193
Kapitel 16:	Werkzeuge zur Systemverwaltung	201
Kapitel 17:	Zugriffsicherheit	227

Teil IV: Power Fx in der praktischen Anwendung 241

Kapitel 18:	Auswahl einer M365-Datenquelle	243
Kapitel 19:	Externe Verbindungen sind das Salz in der Suppe	261
Kapitel 20:	Interaktion mit anderen Microsoft-Produkten	277
Kapitel 21:	Praxisbeispiel: verschachtelte Tabellen	313
Kapitel 22:	Mit Künstlicher Intelligenz schneller ans Ziel?	325
Kapitel 23:	JSON und YAML	337
Kapitel 24:	Export und weg!	353
Kapitel 25:	Ordnung durch Lösungen	363
Kapitel 26:	Zukunft von Power Fx	371

Teil V: Der Top-Ten-Teil **379**

Kapitel 27: Zehn (plus drei) Wege führen nach Rom! 381
Kapitel 28: Zehn Tipps zur Administration und Entwicklung 395
Kapitel 29: Zehn (und mehr) interessante Webadressen 407

Anhang **417**
Abbildungsverzeichnis **419**
Stichwortverzeichnis **427**

Inhaltsverzeichnis

Über den Autor 7
Vorwort 8
Einführung 19
    Wie dieses Buch aufgebaut ist 19
        Teil I: Schnell, schnell mit Power Fx in Power Apps 19
        Teil II: Jetzt geht's ans Eingemachte! 19
        Teil III: Noch eine Schippe drauf! 19
        Teil IV: Power Fx in der praktischen Anwendung 20
        Teil V: Der Top-Ten-Teil 20
    Törichte Annahme über die Leser 20
    Symbole, die in diesem Buch verwendet werden 20
    Wie es weitergeht 21
    Microsoft und Evergreen 21

TEIL I
SCHNELL, SCHNELL MIT POWER FX IN POWER APPS 23

Kapitel 1
Einsatzgebiete von Power Fx 25
    Power Fx in der Microsoft-365-Umgebung 25
        VBA versus Power Fx 27
        Ein Beispiel 28

Kapitel 2
Start und Anmeldung 31
    Unterschiedliche Startmöglichkeiten 31
    Startbildschirm von Power Apps 33

Kapitel 3
Meine erste Power-App 35
    App-Erstellung mit einer SharePoint-Liste 35
    Erkunden der ersten App 38
        Mehrere Bildschirme in einer App 38
        Strukturmerkmale 44
    App-Erstellung mit Excel-Tabelle 44
        Noch ein Weg: Leere App! 46

Kapitel 4
Eine Rechenmaschine 49

Kapitel 5
Spiel mit Farben 55
Bunte Schaltflächen 55
Farbänderung über Schieberegler 58

Kapitel 6
Low-Code oder No-Code? 61
VBA als Vorreiter 61
Low-Code und No-Code-Plattformen 63
Vor- und Nachteile 64
Fazit 64

TEIL II
JETZT GEHT'S ANS EINGEMACHTE! 67

Kapitel 7
Installation, Einrichtung und App-Start 69
Entwicklung im Web-Browser 69
Start einer Anwendung 69
Einfach mal testen! 75

Kapitel 8
Oberfläche von Power Apps 77
Start von Power Apps 77
Aufbau des Hauptbildschirms 77
Menü links 78
Menü oben 85
Alle entdecken 90
Entwicklungsumgebung von Power Apps 91
Einstieg in die Entwicklungsumgebung 92
Bildschirmaufbau der Entwicklungsumgebung 92
Strukturelemente 94
Speichern, Veröffentlichen und Freigeben 108
Möglichkeiten der Freigabe 110

Kapitel 9
Schritt-für-Schritt-Projekt 115
Ausgangslage 115
Struktur für Power Apps schaffen 116
Umgebung 116
Lösung 118
Tabelle für Daten 119
Neuanlage 119
Tabelle nachträglich bearbeiten 122
Neuanlage der App 124
Moderne Steuerelemente und Designs 124
Datenverbindung 125
Struktur der Darstellung anpassen 126

Kapitel 10
Power Fx verstehen! **131**
    Noch eine Erklärung 131
        Verwandtschaft zur Excel-Formelsprache 131
        Professioneller Einsatz 132
        Warum Power Fx? 132
    Aufbau und Funktion 133
        Befehlszeile/Power-Fx-Zeile 133
        Sonderfunktion Schaltfläche 135
        Funktions-Trenner und Eingabebereich 137
        Anweisungen und Funktionen 138
        Eigenschaften 138
        Komma oder Semikolon? 139
        Self und Parent 140
        Kommentarfunktion 142
    Namenskonventionen 144
    Beispiele aus diesem Buch 145
        ThisItem 145
        Zahlenwerte formatieren 146
        Bedingte Formatierung 146

Kapitel 11
Canvas, MD oder was? **147**
    Canvas-App 147
    Modellgesteuerte App 148
    Entscheidungshilfe 149

TEIL III
NOCH EINE SCHIPPE DRAUF! 151

Kapitel 12
Variablen, Datentypen und Operatoren **153**
    Variablen 153
        Variablen in der Mathematik 153
        Variablen in Power Fx 154
        Typ einer Variablen 156
        Globale Variablen, Kontextvariablen und Sammlungen 157
        Namenskonventionen 159
        Variablen zurücksetzen 160
    Datentypen 160
    Operatoren 162

Kapitel 13
Kontrollstrukturen in Power Fx **165**
    Bedingte Schleifen 165
        Funktion IF 166
        Funktion Switch 167
    For-Each-Schleife 168

ForAll 168
    Beispiele für die ForAll-Schleife 169
Einfache Schleifen 171

Kapitel 14
Prozeduren und Funktionen 173
Gibt es einen Unterschied? 173
Arten von Funktionen 174
    Mathematische Funktionen 174
    Statistische Funktionen 177
    Funktionen zur Datenverwaltung 178
    Funktionen zur Farbdarstellung 180
    Funktionen für Datum und Uhrzeit 181
    Textbearbeitungs-Funktionen 183
    Navigations-Funktionen 184
    Logik-Funktionen 185
    Funktionen zum Suchen und Finden 185
    Sonstige Funktionen 188

Kapitel 15
Benutzerdefinierte Funktionen und Prozeduren 193
Benutzerdefinierte Funktion 193
    Vorarbeiten 193
    Formeleingabe 194
    Komponenten 196
Benutzerdefinierte Prozedur 198

Kapitel 16
Werkzeuge zur Systemverwaltung 201
Power Platform Admin Center 201
    Admin Center 202
    Analyse 203
    Berater 203
    Daten 204
    Datenintegration 204
    Einstellungen 204
    Fakturierung 205
    Hilfe und Support 205
    Ressourcen 206
    Richtlinien 206
    Umgebungen 208
    Umgebungsgruppen 208
Menüeinträge in Power Apps 209
    Chatbots 209
    Dataflows 210
    Karten 210
    Katalog 211
    KI-Hub 211
    Optionen 213

Menü – Einstellungen 213
    Admin Center 213
    Pläne 213
    Erweiterte Einstellungen 214
    Entwicklerressourcen 215
    Power-Apps-Einstellungen 216
    Bevorzugte Lösung festlegen 216
    Designs 217
    Kennwort ändern 217
    Kontakteinstellungen aktualisieren 217
Entwicklungsumgebung 218
    Einstellungen 218
    Erweiterte Tools 221
    Medien 223
    Power Automate 224
    Variablen 225

Kapitel 17
Zugriffsicherheit **227**
Freigabe auf App-Ebene 227
    Veröffentlichung 227
    Freigabe für einzelne Benutzer 228
    Gruppenfreigabe 230
Freigabe in anderen Umgebungen 231
    Struktur der Umgebungen 232
    Administration der Umgebungen 232
    Zugriffsrechte 234
    Export, Import und Bereitstellung 237
Zuordnung in Microsoft Teams 238

TEIL IV
POWER FX IN DER PRAKTISCHEN ANWENDUNG 241

Kapitel 18
Auswahl einer M365-Datenquelle **243**
Datenquelle in Power Apps einbinden 243
Datenquelle in Strukturelemente einbinden 245
Weitergehende Informationen einer Datenquelle 247
Besonderheiten von Datenquellen 248
    Umgebung bei Datenauswahl 248
    Datenquelle aktualisieren 250
    Datenquelle bearbeiten 250
    Datenquellen mischen 251
    Namensvergabe der Strukturelemente 252
Verbindungen zu Datenquellen 253
    Einrichtung und Konfiguration 253
    Überblick über die Nutzung 256

Freigabe.. 257
Anmeldekonto ändern 258
Verbindung löschen... 258
Datenquelle als Basis einer App-Erstellung.................... 259

Kapitel 19
Externe Verbindungen sind das Salz in der Suppe 261

Benutzerdefinierte Konnektoren 261
    Ein wenig Theorie vorab!............................... 262
    Konfiguration eines neuen Konnektors 263
    Benutzerdefinierter Konnektor im Praxiseinsatz 265
    Konnektor in anderer Umgebung 266
Lokale Datengateways 268
    Installation... 268
    Konfiguration 269
    Einsatz des Gateways 272

Kapitel 20
Interaktion mit anderen Microsoft-Produkten.................. 277

SharePoint 277
    SharePoint-integrierte Funktionen 278
Power Automate 288
    Workflows und Geschäftsprozesse....................... 288
Microsoft Teams 296
    Typen von Apps 297
    Direkte Veröffentlichung.............................. 297
    Aktualisierungen 300
    App als Paket in der Microsoft-365-Umgebung........... 301
Webseite... 305
Power BI 306

Kapitel 21
Praxisbeispiel: verschachtelte Tabellen 313

Listenstruktur.. 313
SharePoint-Listen... 314
Entwicklung einer App 317
Umsetzung Mehrfachauswahl.................................... 321

Kapitel 22
Mit Künstlicher Intelligenz schneller ans Ziel? 325

KI-Hub/AI Builder... 326
    Definition.. 326
    Funktionen des KI-Hubs 326
    Modellvarianten des AI Builders 327
Copilot... 332
    App-Entwicklung....................................... 333
    Entwicklungsumgebung von Power Apps 334

Kapitel 23
JSON und YAML 337
JSON 337
    Einsatzzweck 338
    Aufbau und Syntax 339
    Beispiel: JSON aufschlüsseln 341
    JSON-Beispiel: Einsatz von Arrays 343
    Anwendungsbeispiel: Adaptive Cards 344
    Tool zum Editieren 346
    JSON versus XML 347
YAML 348
    Einsatzzweck 348
    Aufbau und Syntax 349
    Tool zum Editieren 350
    YAML versus JSON 350
Code-Preview in Power Apps 351

Kapitel 24
Export und weg! 353
App als Paket exportieren 353
Import einer App 356
Nimm die Daten mit! 358

Kapitel 25
Ordnung durch Lösungen 363
Neuanlage einer Lösung 363
Bevorzugte Lösung 365
Ressourcen zuordnen 366
Lösungen exportieren und importieren 367
Verwaltete und nicht verwaltete Lösungen 370

Kapitel 26
Zukunft von Power Fx 371
Power Fx heute und in Zukunft 372
Gefangen im Microsoft-Ökosystem! 374
Microsoft-Planung 376
Versuch eines Fazits 376

TEIL V
DER TOP-TEN-TEIL 379

Kapitel 27
Zehn (plus drei) Wege führen nach Rom! 381
Neue App ohne Vorlage 381
Neue App mit Datenquelle 382
App aus Vorlage 383
Copilot zur App-Erstellung 385
KI-Hub zur App-Erstellung 386

Karte als App 387
Daten als Basis einer App 388
Seitendesign als Vorgabe einer App 389
App aus einer SharePoint-Liste 391
App aus SharePoint-Bibliothek 392
App aus Microsoft Lists 392
App importieren 393
App-Import über Lösung 393

Kapitel 28
Zehn Tipps zur Administration und Entwicklung 395
Bildschirmaufruf beim App-Start 395
Variablendefinition beim App-Start 396
App-Start auf Knopfdruck 399
Parallele App-Entwicklung 399
Komponenten-Definition 400
Namensvergabe und Intellisense 402
Relative Positionierung 402
App-Erstellung mit Zeichenvorlage 404
Konfiguration der Umgebungen 405
Einsatz einer Dienstkennung 405

Kapitel 29
Zehn (und mehr) interessante Webadressen 407
Referenz der Formeln 407
Datentypen und Operatoren 408
365DOTtraining 408
Blog David Wyatt 408
Blog Matthew Devaney 409
Blog Charles Sexton 410
D365 entmystifizieren 411
R2Power 411
Power Apps Trainer 412
YouTube-Kanal Damian Gorzkulla 413
ThePowerAddicts 414
Reza Dorrani 414

Anhang 417
Struktur Beispieldateien 417
    Teil I, Kapitel 3 (KundenDilaroLIS) 417
    Teil II, Kapitel 9 (KundenDilaro) 417

Abbildungsverzeichnis 419
Stichwortverzeichnis 427

Einführung

Power Fx, die formelbasierte Programmiersprache von Microsoft, die innerhalb der Power Platform einer Microsoft-365-Umgebung zum Einsatz kommt, und deren Einsatzmöglichkeiten in Power Apps sind Inhalte dieses Buches. Dabei liegt der Schwerpunkt auf dem Einsatz von Power Fx in der Entwicklungsumgebung von Power Apps mit Einsatz sogenannter Canvas-Apps, aber auch unter Berücksichtigung der Interaktion von Power Apps mit anderen Microsoft-365-Anwendungen.

Es ist sehr schwierig, eine Erklärung für das »Fx« in Power Fx zu finden. Der Autor deutet dies – in Anlehnung an DAX (*Data Analysis eXpressions*) – als Kurzform für den Ausdruck *Formula eXpressions*.

Wie dieses Buch aufgebaut ist

Das vorliegende Buch ist in fünf Teile mit insgesamt 29 Kapiteln zuzüglich Anlagen gegliedert.

Teil I: Schnell, schnell mit Power Fx in Power Apps

Sie werden in Teil I sehr schnell erste Anwendungen mit Power Apps erstellen und über die Assistenzmöglichkeiten von Power Apps an die Grundlagen der sogenannten Low-Code-/No-Code-Programmierung herangeführt. Mit dem »Sezieren« der automatisiert erstellten Anwendungen lernen Sie einzelne Komponenten, die Einsatzmöglichkeiten und deren Anwendung sehr schnell kennen.

Teil II: Jetzt geht's ans Eingemachte!

Im Teil II erhalten Sie einen vertiefenden Einblick in die App-Entwicklung mit Power Apps. So werden hier wesentliche Komponenten von Power Fx dargestellt. Sie erfahren alles Notwendige zur Installation, führen ein Schritt-für-Schritt-Projekt durch und lernen die unterschiedlichen Typen von App-Modellen kennen.

Teil III: Noch eine Schippe drauf!

Nach der Pflicht kommt die Kür! So erhalten Sie in Teil III Einblick, welche Datentypen und Operatoren in Power Fx verfügbar sind, oder Sie lernen, wie Sie neben den integrierten Prozeduren und Funktionen auch eigene erstellen können. Zudem werden wesentliche Werkzeuge der Systemverwaltung dargestellt und erläutert und Sie lernen Mittel und Wege zur Erhöhung der Zugriffssicherheit kennen.

Teil IV: Power Fx in der praktischen Anwendung

Konkrete Praxisbeispiele und Tipps und Tricks für die tägliche Praxis bilden den Schwerpunkt von Teil IV. Dazu gehören neben konkreten Anwendungsbeispielen auch Angaben zu den Möglichkeiten des Exports und Imports von Apps und auch Erläuterungen zu verschiedenen Formen der Datenquellen. Der Anbindung beziehungsweise Integration von anderen Microsoft-365-Anwendungen (Power Automate und andere) in eigene Apps ist in diesem Teil ein eigener Bereich gewidmet. Natürlich darf hier auch der Blick auf KI und mögliche Nutzungsmöglichkeiten des Copilot nicht fehlen. Dies wird in diesem Teil ebenso beleuchtet wie der Einsatz von JSON und YAML als Datenbeschreibungssprache.

Teil V: Der Top-Ten-Teil

Den (krönenden) Abschluss bildet Teil V als sogenanntes Top-Ten-Kapitel. Dort lernen Sie mehr als zehn Möglichkeiten kennen, auf welchem Weg Sie mit Power Apps Anwendungen erstellen können. Zehn ganz besondere Tipps und Tricks zur Administration und Entwicklung sollen Ihnen bei der täglichen Arbeit wertvolle Dienste leisten. Komplettiert wird dieser Teil mit (mehr als) zehn Hinweisen auf spezielle Web-Adressen von Spezialisten rund um Power Fx und Power Apps.

Törichte Annahme über die Leser

Wir gehen davon aus, dass Sie zur Gruppe der interessierten Benutzer gehören, die mit Microsoft Power Apps Anwendungen erstellen oder demnächst erstellen möchten und dabei auch die Möglichkeiten der Formelsprache Power Fx nutzen möchten. Dabei genügt es Ihnen nicht, sich irgendwie durch den Arbeitsalltag zu hangeln und nur Dinge auszuprobieren, sondern Sie suchen eine systematische Einführung in diese vielfältigen Themengebiete. Dann sind Sie hier genau richtig! So möchten wir Ihnen helfen, den bestmöglichen Weg zu finden, um schon bald funktionstüchtige Apps (auch für mobile Geräte) zu entwickeln. Also, lassen Sie uns beginnen!

Symbole, die in diesem Buch verwendet werden

Dieses Symbol steht in der Regel für zusätzliche Hinweise oder für eine wichtige Sache, die Sie sich merken sollten.

Eine Glühbirne weist auf eine Idee hin, die im jeweiligen Kontext hilfreich sein kann, um zur Lösung zu kommen.

Dieses Symbol liefert spezielle Hinweise zu einem Beispiel, um den Zusammenhang besser nachvollziehen zu können.

Das Warndreieck signalisiert einen wichtigen Hinweis, der Ihnen helfen kann, Fehler zu vermeiden.

Wie es weitergeht

Wie viele der Bücher aus der »... für Dummies«-Reihe, so ist auch dieses so aufgebaut, dass Sie es nicht zwingend von vorn bis hinten durcharbeiten müssen. Suchen Sie also etwas zur Interaktion oder Integration von Power-Apps-Funktionalitäten in anderen Anwendungen der Microsoft-365-Umgebung, so können Sie direkt in Kapitel 20 nachschlagen. Für einen optimalen Lernerfolg ist es jedoch (insbesondere für Einsteiger) ratsam, bei Kapitel 1 zu beginnen und sich dann durchzuarbeiten. Sie werden feststellen, dass mit jedem neuen Kapitel der Lernerfolg steigt und Sie sich am Ende des Buches als Entwickler oder »Maker« (so nennt Microsoft Entwickler im Power-Apps-Umfeld) fühlen werden.

Microsoft und Evergreen

An dieser Stelle darf ein wichtiger Hinweis nicht fehlen: Mit dem sogenannten *Evergreen*-Ansatz verfolgt Microsoft, keine festen Produktzyklen mehr zu verwenden (auf die man sich als Buchautor einstellen konnte). Stattdessen werden die Produkte der Microsoft-365-Umgebung permanent optimiert und weiterentwickelt. Entsprechende Neuerungen und Änderungen werden dann auch zeitnah den Anwendern zur Verfügung gestellt.

Diese ständige Weiterentwicklung der Systeme und Anwendungen und das Hinzufügen neuer Möglichkeiten und Funktionen hat (überwiegend) Vorteile für die Anwender, macht es aber leider für ein solches Buch teilweise etwas schwerer. So kann das mittlerweile in der gesamten Microsoft-365-Umgebung angewandte Prinzip zwangsläufig dazu führen, dass die ein oder andere Menübezeichnung anders lautet oder an anderer Stelle zu finden ist, als in diesem Buch beschrieben. Selbst während der Erstellung des Buches hat den Autor der »Evergreen ereilt«!

Dies mag auch der Grund sein, dass Sie bei der Arbeit mit Power Apps hin und wieder Funktionalitäten finden, die in diesem Buch nicht oder anders dargestellt werden. Dafür bitte ich bereits jetzt um Entschuldigung. Ich hoffe, es lässt Ihren Lesefluss und Ihre Erkundungsreise nicht allzu sehr stocken.

Da die verschiedenen Anwendungen oder Komponenten und die Microsoft-365-Umgebung selbst von Microsoft immer wieder optimiert und angepasst werden (Stichwort: *Evergreen*) kann es sein, dass die ein oder andere Darstellung oder Bezeichnung anders lautet oder bestimmte Funktionen umplatziert worden sind.

Teil I
Schnell, schnell mit Power Fx in Power Apps

IN DIESEM TEIL ...

Power Fx ist eine sogenannte Low-Code-Programmiersprache, die unter anderem in Microsoft Power Apps verwendet wird. Sie wird auch oft als Formelsprache bezeichnet und ermöglicht es, beispielsweise in Anwendungen (Apps), die mit Power Apps erstellt werden, logische Zusammenhänge, Berechnungen oder Ähnliches auszudrücken beziehungsweise durchzuführen, ohne dass dafür tiefgreifende Kenntnisse einer Programmiersprache benötigt werden (daher der Begriff *Low-Code*).

Ähnlich wie mit der Excel-Formelsprache können Sie mit Power Fx komplexe Aufgaben einfach und effizient lösen. Die Bedeutung von Power Fx und seine Vorteile gegenüber anderen Programmier- oder Formelsprachen (zum Beispiel VBA) werden diskutiert. Die verschiedenen Anwendungsbereiche von Power Fx werden ebenso untersucht, wie auch die Interaktion mit anderen Anwendungen (zum Beispiel Power Automate) erläutert und erklärt, warum Power Fx eine gute Wahl für die Entwicklung von Geschäftsanwendungen ist.

Teil I
Schnell, schnell mit Power Fx in Power Apps

IN DIESEM TEIL ...

Power Fx ist eine sogenannte Low-Code-Programmiersprache, die unter anderem in Microsoft Power Apps verwendet wird. Sie wird auch oft als Formelsprache bezeichnet und ermöglicht es, beispielsweise in Anwendungen (Apps), die mit Power Apps erstellt werden, logische Zusammenhänge, Berechnungen oder Ähnliches auszudrücken beziehungsweise durchzuführen, ohne dass dafür tiefgreifende Kenntnisse einer Programmiersprache benötigt werden (daher der Begriff *Low-Code*).

Ähnlich wie mit der Excel-Formelsprache können Sie mit Power Fx komplexe Aufgaben einfach und effizient lösen. Die Bedeutung von Power Fx und seine Vorteile gegenüber anderen Programmier- oder Formelsprachen (zum Beispiel VBA) werden diskutiert. Die verschiedenen Anwendungsbereiche von Power Fx werden ebenso untersucht, wie auch die Interaktion mit anderen Anwendungen (zum Beispiel Power Automate) erläutert und erklärt, warum Power Fx eine gute Wahl für die Entwicklung von Geschäftsanwendungen ist.

> **IN DIESEM KAPITEL**
>
> Was ist Power Fx?
>
> Muss ich programmieren lernen?
>
> Power Fx und/oder VBA?
>
> Ist Power Apps mehr als Power Fx?

Kapitel 1
Einsatzgebiete von Power Fx

Power Fx ist eine formelbasierte Programmiersprache, die in der Microsoft Power Platform zum Einsatz kommt (im Rahmen dieses Buches beispielsweise bei der Nutzung von Power Apps). Sie wurde unter anderem entwickelt, um die Erstellung von Geschäftsanwendungen (Neudeutsch: Apps) zu vereinfachen und zu beschleunigen. Sie werden feststellen, dass Power Fx sehr stark an die aus Microsoft Excel bekannte Formelsprache angelehnt und viele Gemeinsamkeiten hat.

Wenn Sie sich die heute verfügbaren Möglichkeiten zur Entwicklung von Anwendungen ansehen und mit der Programmentwicklung von vor 20 Jahren vergleichen, werden Sie sehr schnell feststellen, dass heutzutage die Funktionen der Entwicklungsumgebungen wesentlich vielfältiger (und teilweise einfacher) sind. Auch wenn Power Fx nach wie vor das Erlernen der entsprechenden Anweisungen erfordert, lässt sich dennoch vieles anhand einer grafischen Oberfläche gestalten und macht es somit wesentlich einfacher für Sie.

Hin und wieder wird Power Fx auch als Kombination aus PowerPoint und Excel bezeichnet. Mit PowerPoint kann ich die grafische Gestaltung der Oberfläche vornehmen und mit Excel die dahinterliegende Logik definieren. Zumindest ein erster Ansatz für das Verständnis von Power Apps und Power Fx.

Power Fx in der Microsoft-365-Umgebung

Ein paar Grundlagen zur Einführung in Power Fx sollen das Fundament für das Verständnis der nachfolgenden Teile des Buches legen. Es soll Ihnen helfen, die verschiedenen Aspekte von Power Fx zu erkennen, um dann relativ schnell die Möglichkeiten zu erkennen und diese in Ihren Power-Apps-Anwendungen einsetzen zu können. Lassen Sie uns beginnen!

Es handelt sich bei Power Fx um eine sogenannte Low-Code-/No-Code-Sprache, die in der Microsoft-Power-Platform Umgebung verwendet wird. Low-Code bedeutet in diesem Zusammenhang, dass Sie zur Programmerstellung minimale Programmierkenntnisse benötigen (wenig Code). Damit können Sie einfach beschreiben, was das Ergebnis sein soll, wobei es grundsätzlich von Vorteil ist, wenn Sie das logische Verständnis für Programmabläufe mitbringen. No-Code kennzeichnet schließlich den kompletten Verzicht auf Hinweise und Anweisungen; das Ergebnis wird in der Regel über eine grafische Oberfläche zusammengeklickt.

Sie können Power Fx einsetzen, um die Ablauflogik für unterschiedliche Anwendungsfälle oder Szenarien zu definieren. Die wesentlichen Komponenten sind:

- ✔ Power Apps ist in der Microsoft-365-Welt eine Entwicklungsumgebung, mit der Sie schnell und einfach Anwendungen für Desktop-PCs oder auch mobile Geräte (Tablet, Smartphone und andere) erstellen können, ohne auch nur eine Zeile Programmcode schreiben zu müssen; gleichzeitig können derartige Power-Apps-Anwendungen auch in MS Teams integriert werden. Dabei dient Power Fx als Logik für die Anwendungen, die als eine Quasi-Programmiersprache in einer Befehlszeile (Power-Fx-Zeile) oder einem Texteditor eingesetzt wird und an die Excel-Formelsprache angelehnt ist. Bei der Erstellung einer App können Sie Daten aus verschiedenen Quellen wie SharePoint, SQL-Server, Excel, Dataverse und mehr verbinden und nutzen. Power Apps ist aber mehr als Power Fx, denn Power Apps enthält weitergehende Dienste und zudem auch Möglichkeiten, externe Datenquellen über spezielle Konnektoren anzubinden. Letztlich ist Power Apps eine komplette Entwicklungsumgebung mit der Möglichkeit, Anwendungen (Apps) zu testen und für die Anwendung auf verschiedenen Endgeräten (Windows, MacOS, iOS, Android usw.) zu veröffentlichen.

- ✔ Power Automate ist ein weiterer M365-Dienst, mit dem Sie Workflows erstellen können, die Aufgaben und Aktionen über verschiedene Anwendungen und Dienste hinweg automatisieren. Dabei ermöglicht Power Fx, die Logik für diese Abläufe festzulegen, indem auch Trigger und Aktionen aus verschiedenen Quellen wie Outlook, Teams oder auch SharePoint verwendet werden.

- ✔ Ein weiterer Anwendungsfall befasst sich mit der Erstellung von Webseiten mit dem Dienst Power Pages. Es handelt sich bei Power Pages um einen Teil der Power Platform einer Microsoft-365-Umgebung, mit der Sie Webseiten (speziell extern) erstellen können, da auch dieser Dienst cloudbasiert ist. Sie können Power Pages verwenden, um Daten aus verschiedenen Datenquellen anzuzeigen und zu bearbeiten, Inhalte mit verschiedenen Identitäten zu teilen und Webseiten mit wenig Programmcode zu gestalten.

- ✔ Power BI ist ein weiterer M365-Dienst, mit dem Sie Daten visualisieren und analysieren können, um daraus fundierte Entscheidungen treffen zu können. Die Logik für diese Berichte und Dashboards können mittels Power Fx gestaltet werden, wobei auch Daten aus verschiedenen Quellen wie SharePoint, SQL-Server, Excel, Dataverse und mehr genutzt werden können.

Allen Anwendungen oder Diensten der Microsoft Power Platform ist gleich, dass diese cloudbasiert agieren und auf Wunsch den zentralen Datenspeicher Dataverse und seine Ausprägungen (OneLake) nutzen.

VBA versus Power Fx

Sobald Sie sich intensiver mit Power Fx beschäftigen und gegebenenfalls erste Anweisungen erstellt haben, werden Sie (sofern Sie sich mit VBA auskennen) viele Ähnlichkeiten oder Gemeinsamkeiten feststellen. In dem Zusammenhang kommt dann sehr oft die Frage, ob Power Fx perspektivisch VBA ablösen wird oder soll. Eins vorweg: Diese Frage lässt sich nicht mit einem Ja oder Nein beantworten, sondern hängt vom jeweiligen Anwendungsfall ab (sehr salomonisch!). Auch wenn VBA seit circa 2007 nicht mehr weiterentwickelt wird, hat sie dennoch ihre Berechtigung, zumal es in den Unternehmen und Organisationen eine breite Basis von VBA-Anwendungen gibt, die nach wie vor Ihren Dienst tun.

VBA steht für *Visual Basic for Applications*. Es handelt sich dabei um eine Anfang der 90-er Jahre von Microsoft entwickelte Programmier- oder Scriptsprache (Formelsprache), die schwerpunktmäßig in der Office-Umgebung (Excel, Word, Outlook, Access, PowerPoint) zum Einsatz kommt.

Da Power Fx auf einer Formalsprache basiert, ist es mit überschaubarem Aufwand zu erlernen. So kann Power Fx – genau wie VBA – beispielsweise direkt in einer Anwendung oder in einem Texteditor wie Visual Studio angewendet werden. Power Fx ist eine universelle, stark typisierte, deklarative und funktionale Sprache, die sowohl deklarative als auch imperative Logik unterstützt.

Power Fx als Script- oder Programmiersprache ist stark an die Formelsprache von Excel angelehnt, hat aber einige grundlegende Erweiterungen (zum Beispiel Schaltflächen, denen eine Funktion zugewiesen werden kann). Die Sprache ist deklarativ, sodass alle Angaben (zum Beispiel Datenzugriff) vorher definiert werden müssen, andernfalls aber immer eine direkte Interpretation (Ausführung) der Anweisungen erfolgt (inkrementeller Compiler); auf diese Art und Weise sehe ich die Ergebnisse in Echtzeit.

VBA- und Power-Fx-Anwendungen werden sicherlich auch weiterhin parallel eingesetzt, denn grundsätzlich verfolgen diese beiden Technologien unterschiedliche Ansätze. VBA wird genutzt, um innerhalb einer Office-Anwendungen bestimmte Abläufe oder Logiken zu hinterlegen; dabei bezieht sich der Einsatz immer auf eine konkrete Anwendung und auf bestimmten Daten der Office-Anwendung; der VBA-Code liegt somit immer in der jeweiligen Anwendung. So eignet sich VBA in der jeweiligen Anwendung sehr gut, um mit den gespeicherten Daten beispielsweise die Analyse von Excel-Daten durchzuführen.

Power Fx dagegen kann anwendungsunabhängig eingesetzt werden und Power Apps beispielsweise ermöglicht Zugriff auf beliebigen Datenquellen. Zudem erfolgt die Entwicklung von Anwendungen bei Power Apps im Browser und ermöglicht eine cloudbasierte Nutzung der Anwendungen auf (nahezu) beliebigen Endgeräten. Mittels spezieller Freigabeberechtigungen im Unternehmen oder einer Organisation oder gegebenenfalls auch für externe Partner lässt sich ein feingranularer Zugriff steuern. Die Möglichkeit der unabhängigen Zuweisung von Berechtigungen in Form von Freigaben steht bei VBA nicht zur Verfügung.

Während sich eine VBA-Anwendung in der Regel auf eine bestimmte Anwendung oder einen bestimmten Datenbestand bezieht, steht Ihnen bei Power Apps und Power Fx die Microsoft-365-Umgebung und deren Anwendungen und Datenquellen offen (zum Beispiel Power BI, Power Automate, Entra ID und andere).

Ein Nachteil von Power Fx oder vielmehr von mit Power Apps erstellten Anwendungen ist gleichzeitig ein großer Vorteil: Es basiert auf Cloudtechnologie und ist somit nur online nutzbar. Einer Excel-VBA-Anwendung ist es in der Regel egal, ob ich an dem Arbeitsplatz online bin. Aber eine Power-App können Sie am Desktop-PC, am Smartphone, am Tablet oder im Browser nutzen.

Power Apps, dessen Entwicklung 2016 begann, muss separat lizenziert werden, wohingegen VBA in den gängigen Office-Anwendungen (kostenfrei) integriert ist. Aber Microsoft verfolgt mit Power Fx (als Basis für Power Apps) einen anderen Weg. So soll diese Sprache als Open-Source-Produkt auch für weitere Anwendungen verfügbar sein und durch seine offene Struktur ermöglicht sie die Anbindung nahezu beliebiger Datenquellen und mehrerer Anwendungen parallel.

Somit kann folgendes Fazit festgehalten werden: VBA und Power Fx schließen sich grundsätzlich nicht gegenseitig aus, sondern ergänzen sich. Es hängt immer vom Anwendungsfall ab. Die Tatsache, dass VBA nicht weiterentwickelt wird, sollte nicht unterschätzt werden, auf der anderen Seite gibt es noch eine Vielzahl von Bestandsanwendungen, die mit VBA erstellt wurden und weiterhin ihre Berechtigung haben. Bei Neuentwicklungen ist sicherlich Power Fx erste Wahl (trotz der zusätzlichen Lizenzkosten) und es sollte auf jeden Fall die weitere Entwicklung Richtung Open-Source und der Nutzung oder Integration künstlicher Intelligenz (zum Beispiel Copilot) Beachtung geschenkt werden.

Ein Beispiel

Anhand eines einfachen Beispiels soll die Verwandtschaft zwischen VBA und Power Fx erläutert werden. Um beispielsweise zwei Zahlen zu addieren, können Sie in Excel folgende Anweisungen einsetzen:

```
Sub AddZahlen()
    Dim num1 As Double
    Dim num2 As Double
    Dim sum As Double
    num1 = 35.8
    num2 = 47.9
    sum = num1 + num2
    MsgBox "Die Summe von " & num1 & " und " & num2 & " ist " & sum
End Sub
```

Damit werden zwei Zahlen definiert und anschließend addiert; das Ergebnis wird in Excel in einem Popup angezeigt.

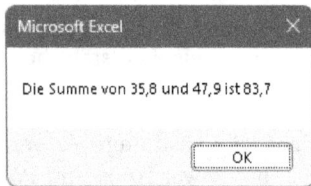

Abbildung 1.1: VBA-Beispiel zur Addition zweier Zahlen

Sofern Sie ein ähnliches Beispiel in Power Fx umsetzen möchten, müssen Sie in einer App ein Textfeld (BESCHRIFTUNG) einfügen und können beispielsweise folgende Anweisung zuweisen:

Sum(35,8;47,9)

Das Ergebnis wird anschließend direkt im Entwurfsmodus der App angezeigt.

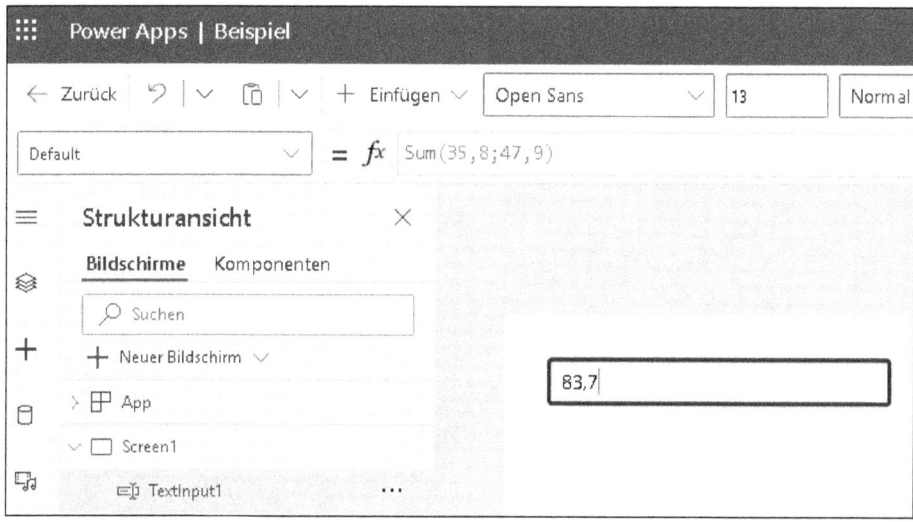

Abbildung 1.2: Summenbildung unter Power Fx

> **IN DIESEM KAPITEL**
>
> Start von Power Apps
>
> Aufbau der Oberfläche
>
> Wichtige Komponenten

Kapitel 2
Start und Anmeldung

Sollten Sie bisher keinerlei Berührungspunkte mit der Oberfläche von Power Apps gehabt haben, nehme ich Sie in diesem Kapitel gern an die Hand. Auf diese Art und Weise lernen Sie die verschiedenen Möglichkeiten kennen, um auf die Entwicklungsumgebung zugreifen zu können. So sind Sie für das Verständnis der nachfolgenden Kapitel und das Ausprobieren der Beispiele bestens vorbereitet.

Zur Nutzung von Power Apps wird grundsätzlich eine entsprechende Zugriffslizenz von Microsoft benötigt. Es gibt aber auch eine Testmöglichkeit für die Power-Apps-Oberfläche; Näheres dazu folgt.

Unterschiedliche Startmöglichkeiten

Wie auch von anderen Anwendungen der Microsoft-365-Umgebung gewohnt, so haben Sie auch bei Power Apps mehrere Möglichkeiten, die Oberfläche dieser Entwicklungsumgebung zu starten. Dabei ist Power Apps eine reine Browser-Anwendung, die ohne speziellen Client auskommt.

1. Der einfachste und schnellste Weg, Power Apps zu starten, besteht in der Eingabe der folgenden Adresse in einem Webbrowser:

   `https://make.powerapps.com`

   Auf diese Art und Weise erfolgt dann in der Regel der Aufruf des Anmeldefensters der Microsoft-365-Umgebung, wo Sie sich mit den zugewiesenen Anmeldedaten authentifizieren müssen (beispielsweise mit der 365-Kennung Ihrer Organisation).

Abbildung 2.1: Anmeldefenster der Microsoft-365-Umgebung

2. Eine weitere Möglichkeit, um die Oberfläche von Power Apps zu starten, ermöglicht die folgende Adresse, die Sie in die Adresszeile eines Browsers eingeben können:

   `https://powerapps.microsoft.com/`

   Auch dies führt Sie – gegebenenfalls nach erfolgter Anmeldung mit einer 365-Kennung – direkt auf die Startseite von Power Apps.

    Sofern in dem Browser, den Sie verwenden, bereits eine Anmeldung an der Microsoft-365-Umgebung-Oberfläche erfolgt ist (zum Beispiel für eine andere 365-Anwendung), landen Sie automatisch auf der Power-Apps-Startseite.

3. Als letzte Möglichkeit, sich auf die Oberfläche von Power Apps zu begeben, soll der Aufruf aus der Menüoberfläche von Office selbst erwähnt werden.

   Sofern Sie sich beispielsweise nach Eingabe einer der folgenden Anweisungen im Browser:

   `https://www.office.com`
   `https://www.microsoft365.com`

   ... im Hauptmenü Ihrer Microsoft-365-Umgebung befinden, können Sie sich über das »Waffel«-Menü in der linken oberen Ecke die verfügbaren Anwendungen anzeigen lassen.

   An der Stelle müssen Sie dann gegebenenfalls noch die Option ALLE IHRE APPS ERKUNDEN oder ALLE APPS anklicken, um anschließend eine Übersicht der folgenden Art zu erhalten.

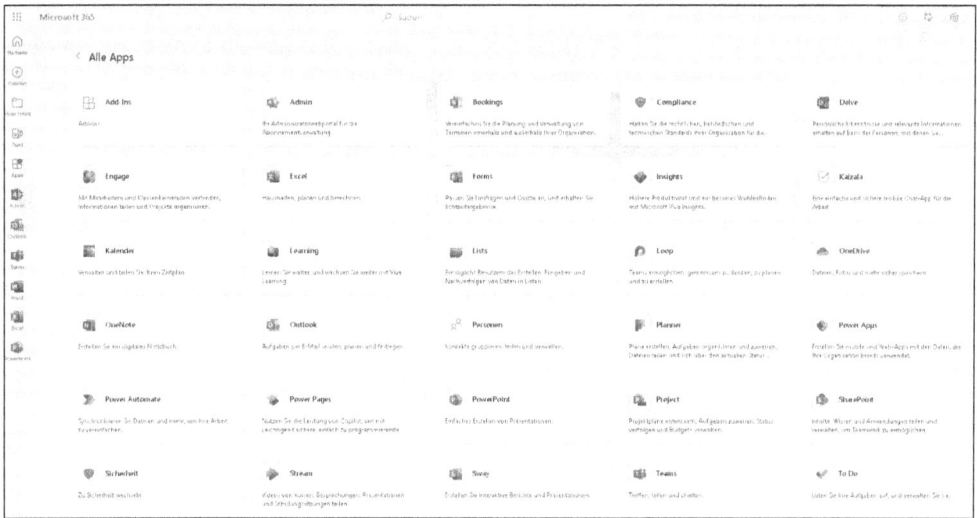

Abbildung 2.2: Anzeige der verfügbaren Apps einer Microsoft-365-Umgebung

In der Aufstellung sollten Sie jetzt eine Schaltfläche mit dem Namen POWER APPS sehen, womit Sie dann ebenfalls die Anwendung starten können.

 Die Anzeige der verfügbaren Apps in der Microsoft-365-Umgebung können Sie auch jederzeit durch Anklicken des Symbols APPS in der linken Menüleiste aufrufen.

Startbildschirm von Power Apps

Nachdem Sie die Oberfläche von Power Apps auf eine der dargestellten Möglichkeiten aufgerufen und sich angemeldet haben, erscheint der Startbildschirm mit seinen verschiedenen Optionen.

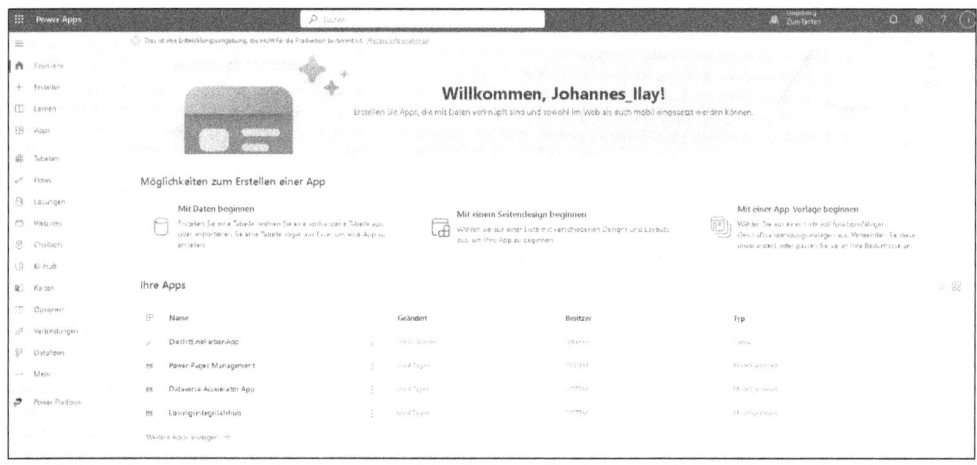

Abbildung 2.3: Startbildschirm in Power Apps

Da die verschiedenen Anwendungen oder Komponenten und die Microsoft-365-Umgebung selbst von Microsoft immer wieder optimiert und angepasst werden (Stichwort: Evergreen), kann es sein, dass die ein oder andere Darstellung oder Bezeichnung anders lautet.

Im linken Teil finden Sie die einzelnen Menüpunkte, mit denen Sie Zugriff auf bestimmte Funktionen der Oberfläche erhalten. Im Hauptbildschirm sehen Sie oben große Schaltflächen, über die Sie direkt bestimmte Aufgaben beginnen können. In der Mitte des Bildschirms werden (später) die Apps angezeigt, die Sie mit Power Apps erstellt haben, und im unteren Teil gibt es wiederum große Schaltflächen für den Zugriff auf weitergehende Erläuterungen in Form der Lern- und Ausbildungsmöglichkeiten von Microsoft.

Weitergehende Erläuterungen zum Aufbau der Oberfläche von Power Apps und der einzelnen Funktionen enthält der Teil II dieses Buches.

> **IN DIESEM KAPITEL**
>
> Assistent zur App-Erstellung
>
> Daten in einer App bearbeiten
>
> Bearbeiten der Strukturansicht und der Steuerelemente
>
> Tabelle in Dataverse ablegen

Kapitel 3
Meine erste Power-App

Um die (schnellen) Nutzungsmöglichkeiten von Power Apps darzustellen, soll über eine Teil-Automatisierung von Power Apps anhand des integrierten Assistenten eine erste schnelle App erstellt werden. Diese App dient dann im weiteren Verlauf als Basis für die Erklärung der unterschiedlichen Komponenten und der Oberfläche der App-Entwicklung.

Um das nachfolgende Beispiel nachvollziehen zu können, benötigen Sie in Ihrer Microsoft-365-Umgebung eine SharePoint-Liste, die als Datenbasis für das nachfolgende Beispiel verwendet wird. Den Aufbau einer Beispielliste (die Sie in diesem Buch auch an anderen Stellen nutzen können) finden Sie in der Anlage dieses Buches. Sie können aber natürlich auch eine beliebige andere SharePoint-Liste als Basis verwenden.

App-Erstellung mit einer SharePoint-Liste

Nach dem Aufruf von Power Apps, so wie Sie es in Kapitel 2 erfahren haben, erscheint der entsprechende Startbildschirm. Um an dieser Stelle eine erste (schnelle) App zu erstellen, gehen Sie bitte wie folgt vor:

1. Wählen Sie auf der linken Seite den Menüpunkt ERSTELLEN an. Es erscheint eine Darstellung, bei der im oberen Bereich Datenquellen angezeigt werden und darunter die in Power Apps verfügbaren Standardvorlagen (gegebenenfalls nach unten scrollen).

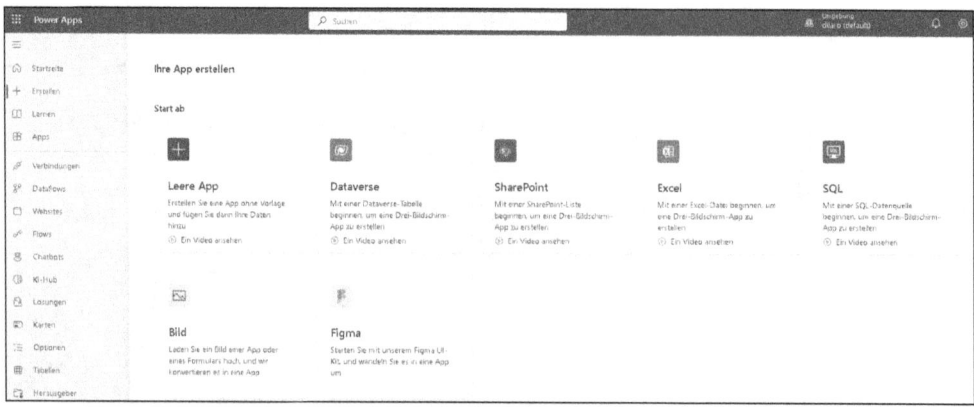

Abbildung 3.1: Datenquellen und Vorlagen in Power Apps

2. Für die erste Anwendung klicken Sie bitte im oberen Bildschirmbereich die Option SharePoint an.

3. Es erscheint ein weiteres Fenster, wo zunächst einmal eine Verbindung zur Datenquelle oder zum Ablageort der Daten hergestellt werden muss; dies erfolgt durch Anwahl von Neue Verbindung und dann mit Auswahl eines Verbindungstyps (hier: SharePoint).

 Da die Tabelle als Liste in SharePoint abgelegt ist, müssen Sie sich an dieser Stelle zunächst einmal an der SharePoint-Oberfläche authentifizieren.

4. Nach Anwahl des Punktes SharePoint können Sie als Nächstes über Erstellen eine direkte Verbindung zum SharePoint-Server herstellen. Mit der Authentifizierung ist dieser Vorgang abgeschlossen.

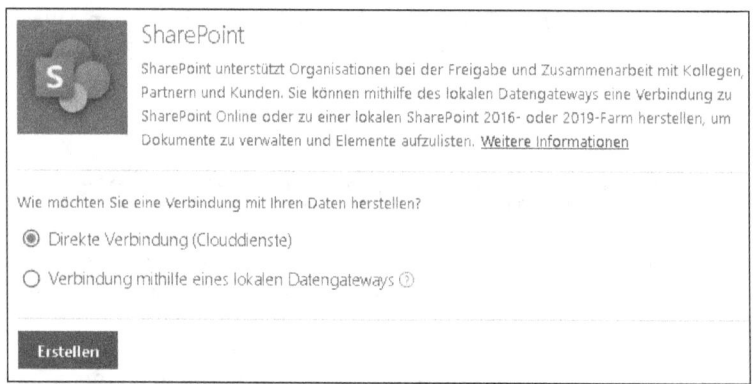

Abbildung 3.2: Verbindungsaufbau zum SharePoint-Server

5. Nach Herstellen der Verbindung muss (beim ersten Aufruf) die Adresse einer SharePoint-Seite angegeben werden, auf der die gewünschte Liste abgelegt worden ist; dies muss mit Anklicken der Schaltfläche Los bestätigt werden. Alternativ kann in der darunter stehenden Auflistung aus den angezeigten Webseiten die gewünschte ausgewählt werden.

6. Im nächsten Schritt werden die SharePoint-Listen der gewählten Seite angezeigt, aus der dann die gewünschte Liste durch Anklicken ausgewählt werden muss (hier: KundenDilaroLIS).

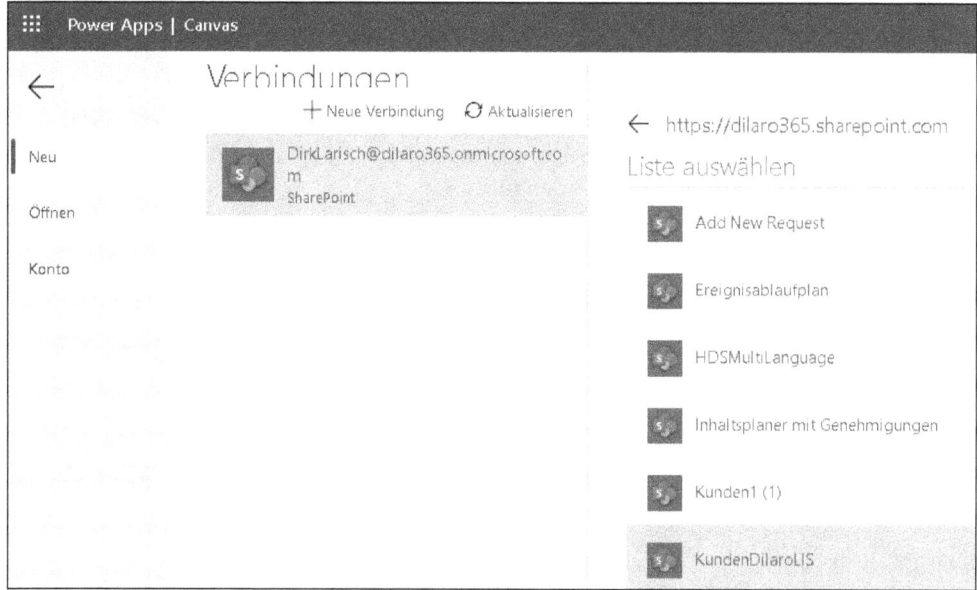

Abbildung 3.3: Auswahl einer SharePoint-Seite mit der Liste

7. Nach der Anwahl der Liste kann mit der Schaltfläche Verbinden der Vorgang der App-Erstellung angestoßen werden.

8. Anschließend kann am Bildschirm die App-Erstellung verfolgt werden; das Ergebnis wird anschließend im Editier- oder Entwurfsmodus von Power Apps angezeigt.

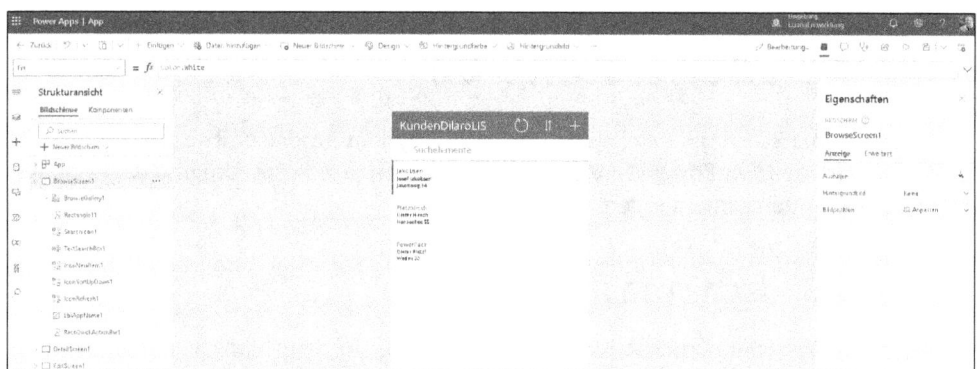

Abbildung 3.4: Erste App im Entwurfsmodus von Power Apps

Herzlichen Glückwunsch, Ihre erste App ist fertig!

9. Bevor Sie sich auf den Weg machen und sich die einzelnen Komponenten einer solchen App und wesentliche Funktionen des Entwurfsmodus einmal näher ansehen, ist es wichtig, den aktuellen Stand zu speichern. Dazu dient das DISKETTENSYMBOL rechts oben in der Ecke.

10. Nach dem Anklicken erscheint ein Eingabefeld, in das Sie einen *sprechenden* Namen eintragen sollten, um die Aufgabe und Funktion der App jederzeit wieder zuordnen zu können. Für unser Beispiel wählen wir folgenden Namen, dessen Eingabe dann noch mit SPEICHERN bestätigt werden muss.

```
MeineErsteAppSharePointListe
```

Abbildung 3.5: Speicherung der ersten App

Erkunden der ersten App

Bevor Sie sich im nächsten Kapitel etwas intensiver mit dem Aufbau und den Möglichkeiten des Entwurfsmodus von Power Apps befassen, sollten Sie Ihre erste App und die verschiedenen Komponenten kennenlernen.

Mehrere Bildschirme in einer App

Nach der App-Erstellung mittels Assistenten sehen Sie auf dem Bildschirm den Entwurf einer Maske, in dem mehrere Einträge enthalten sind; im Beispiel der Kunden-Tabelle enthält diese Darstellung drei Einträge.

KAPITEL 3 Meine erste Power-App

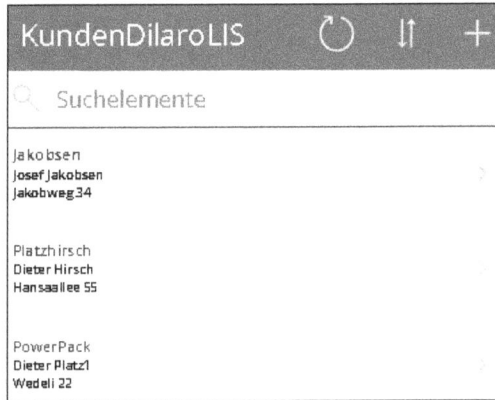

Abbildung 3.6: Drei Datensätze der Kunden-Tabelle

Sie können diese App jetzt direkt einmal starten, indem Sie in der rechten oberen Ecke auf das Startsymbol ▶ klicken. Damit wird der sogenannte Vorschaumodus einer App aufgerufen.

 Der Vorschaumodus kann auch jederzeit mit Betätigung der Taste F5 gestartet und mit Esc wieder beendet werden.

Der Bildschirmaufbau aktualisiert sich und in der Mitte wird der Inhalt der App angezeigt. Mit den Symbolen rechts neben der App können Sie an dieser Stelle eine andere Darstellungsform auswählen, Sie können sich also beispielsweise durch Anklicken das Aussehen auf einem Smartphone auswählen.

Abbildung 3.7: Auswahl unterschiedlicher Darstellungsformen

Um sich zu einem angezeigten Eintrag den kompletten Datensatz anzeigen zu lassen, müssen Sie rechts daneben das Symbol > anklicken. Es öffnet sich ein weiterer Bildschirm mit Detailinformationen zum jeweiligen Datensatz.

Abbildung 3.8: Detailinformationen eines Datensatzes

An dieser Stelle haben Sie die Möglichkeit, den Datensatz zu bearbeiten, indem Sie in der Kopfzeile das Stiftsymbol anklicken. Auch ein Löschen des Datensatzes über das Papierkorbsymbol ist hier möglich. Sie haben also bereits jetzt jeweils den aktuellen Editiermodus der Originaldaten zur Verfügung.

 Auch im Vorschaumodus einer App werden die jeweils aktuellen Daten bearbeitet. Alle Änderungen werden in die Ursprungs-Datenquelle übertragen.

Mit dem Symbol X in der rechten oberen Ecke oder durch Betätigen der Taste [Esc] können Sie den Vorschaumodus jederzeit wieder verlassen.

Zurück im Entwurfsmodus sollten Sie sich jetzt einmal mit den Strukturelementen (Steuerelemente) auf der linken Seite vertraut machen.

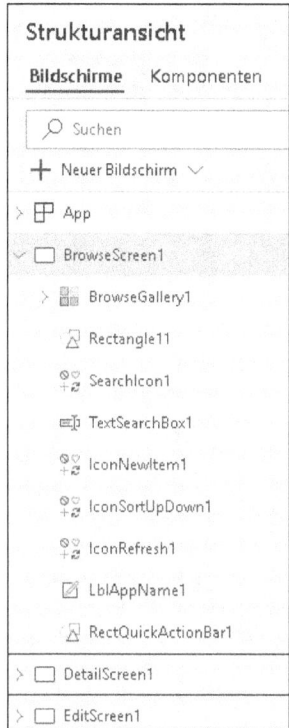

Abbildung 3.9: Strukturelemente im Entwurfsmodus von Power Apps

 In diesem Buch wird der Begriff Strukturelement synonym zum Begriff Steuerelement verwendet und bezeichnet grundsätzlich die Objekte, die in der Entwicklungsumgebung von Power Apps zur App-Gestaltung zur Verfügung stehen.

Jede Anwendung (App) verfügt über eine Reihe von Strukturelementen, die jeweils stellvertretend für einen Inhalt in der App verantwortlich sind. So wird in unserem Beispiel mit dem Element BROWSESCREEN1 der Bildschirm der App bezeichnet, in dem die Daten angezeigt werden.

Sie werden feststellen, dass es in unserem Beispiel zwei weitere Strukturelemente vom Typ Screen gibt: DETAILSCREEN1 und EDITSCREEN1.

Wenn Sie einmal DETAILSCREEN1 anklicken, verändert sich die Darstellung in der Mitte des Bildschirms, indem dort alle Angaben zum aktuell ausgewählten (oder dem ersten) Datensatz angezeigt werden. Gleiches gilt für den Bildschirm EDITSCREEN1, nach dessen Anwahl ein Bildschirm zum Editieren des aktuellen (oder des ersten) Datensatzes angezeigt wird.

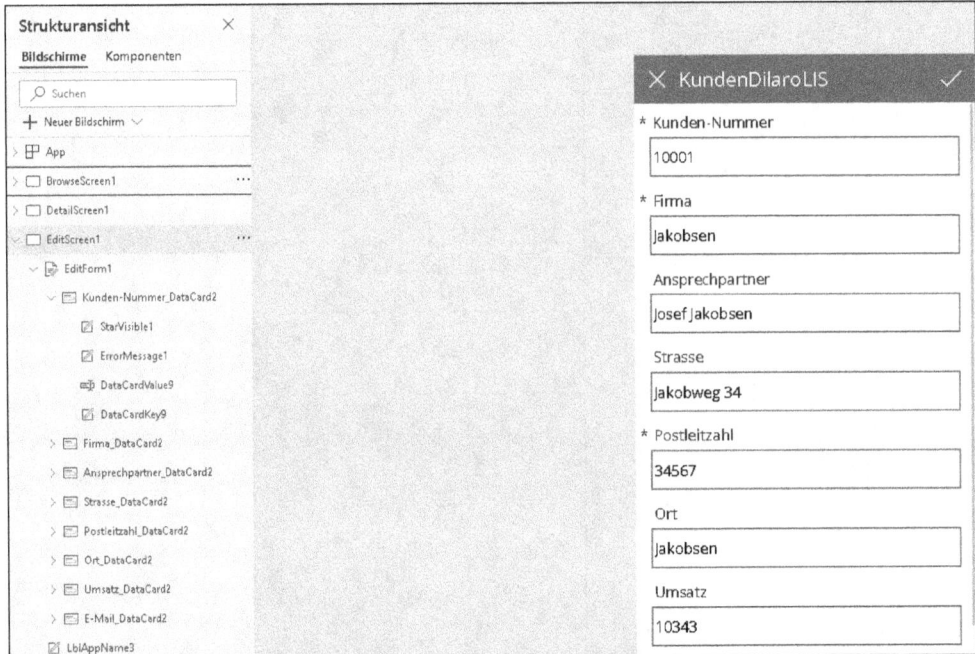

Abbildung 3.10: Bearbeitungsmaske eines Datensatzes im EditScreen1

Im unteren Teil des Bildschirms haben Sie über ein spezielles Auswahlfeld (links) ebenfalls die Möglichkeit, zwischen den unterschiedlichen Bildschirmen zu wechseln.

Damit haben Sie bereits ein wesentliches Strukturmerkmal einer App kennengelernt, die Darstellung auf unterschiedlichen Bildschirmen. Wenn Sie noch einmal in den Vorschaumodus der App wechseln (▶) können Sie mit den Bedienungselementen einmal zwischen den verschiedenen Bildschirmen wechseln.

Um beispielsweise einen neuen Datensatz zu erfassen, klicken Sie bitte im Vorschaumodus auf das Plussymbol (+), wodurch ein leeres Eingabefenster erscheint.

Das Plussymbol in der Menüleiste der App erscheint dann, wenn Sie beim Aufruf des Vorschaumodus in der Aufstellung der Strukturelemente links den Bildschirm BROWSESCRREN1 angewählt haben.

Nach der Erfassung eines neuen Datensatzes muss dies abschließend mit dem Hakensymbol (√) in der Menüleiste der App bestätigt werden.

Und was passiert jetzt? Das ist die spannende Frage. Und tatsächlich ist es so, dass Sie mit Ihrer ersten eignen App die Ursprungs-Datenquelle bearbeitet haben. Sie sehen den neuen Datensatz bereits im Anzeigefenster der App und können dies sehr einfach kontrollieren, indem Sie einmal zu der Datenquelle wechseln (hier: SharePoint-Liste) und sich den aktuellen Datenbestand anzeigen lassen.

KAPITEL 3 Meine erste Power-App 43

Abbildung 3.11: Erfassung eines neuen Datensatzes in der App

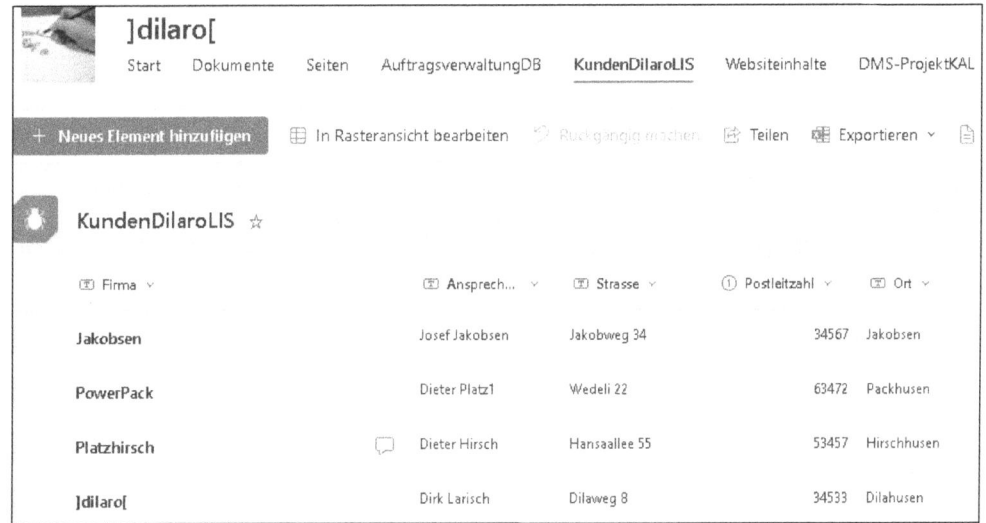

Abbildung 3.12: SharePoint-Liste als Datenquelle mit einem neuen Datensatz

 Zur Wiederholung: Auch wenn die Erstellung einer App mit dem Assistenten sehr schnell erfolgen kann, sollten Sie immer bedenken, dass Sie damit immer den Original-Datenbestand bearbeiten. Dies ist auch der Grund, dass die Ursprungs-Datenquelle im Online-Zugriff sein muss.

Strukturmerkmale

Mit den vorstehenden Erläuterungen haben Sie drei unterschiedliche Bildschirme als Strukturmerkmal einer mit Power Apps erstellten Anwendung kennengelernt. Es gibt aber im linken Bereich weitere Strukturelemente, die mit dem Assistenten angelegt worden sind.

Wenn Sie im Entwurfsmodus das Element BROWSEGALLERY1 anklicken, wird der Großteil des Bildschirms mit einem Rahmen markiert; es ist dies der Teil, in dem die variablen Daten einer App angezeigt werden. Sie sehen, dass der Eintrag in der Liste der Strukturmerkmale eingerückt dargestellt ist, was sich daraus ergibt, dass er dem übergeordneten Merkmal (BROWSESCREEN1) zugeordnet ist, also auf diesem Bildschirm dargestellt wird.

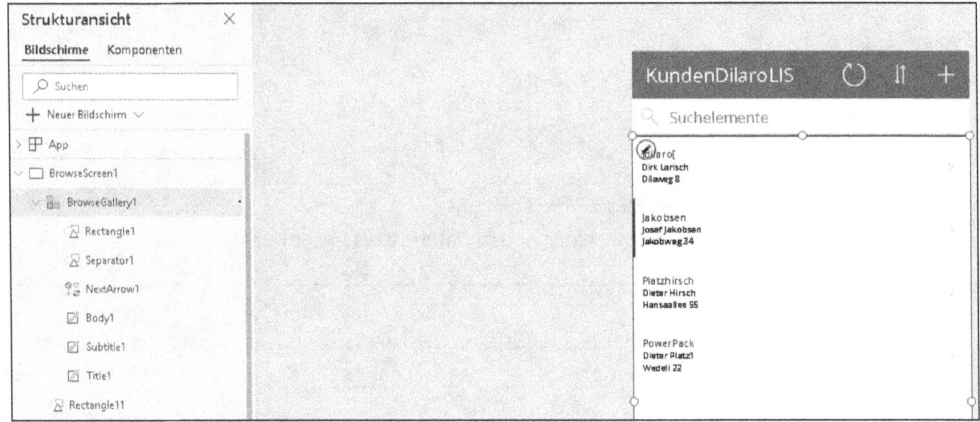

Abbildung 3.13: Anwahl des Gallery-Strukturelementes

Das Strukturmerkmal Katalog (Gallery) ist eine wichtige Komponente in der App-Entwicklung; denn es ermöglicht als Strukturelement die Anzeige mehrerer Datensätze (zum Beispiel Kontakte) einer Datenquelle. In einem Katalog kann auch ein weiterer Katalog als Strukturelement integriert werden.

App-Erstellung mit Excel-Tabelle

Bei der Erstellung Ihrer ersten App haben Sie als Datenquelle auf eine SharePoint-Liste zugegriffen. Es gibt aber noch eine Vielzahl weiterer Optionen und in diesem Abschnitt soll ergänzend die Nutzung einer Excel-Tabelle als Datenquelle erläutert werden.

Wichtig ist dazu zunächst einmal, dass die Excel-Tabelle als (intelligente) Tabelle formatiert worden ist. Hört sich merkwürdig an, ist aber so! Excel selbst stellt dafür in der Menüzeile eine spezielle Option (ALS TABELLE FORMATIEREN oder alternativ Strg+T) zur Verfügung.

KAPITEL 3 Meine erste Power-App

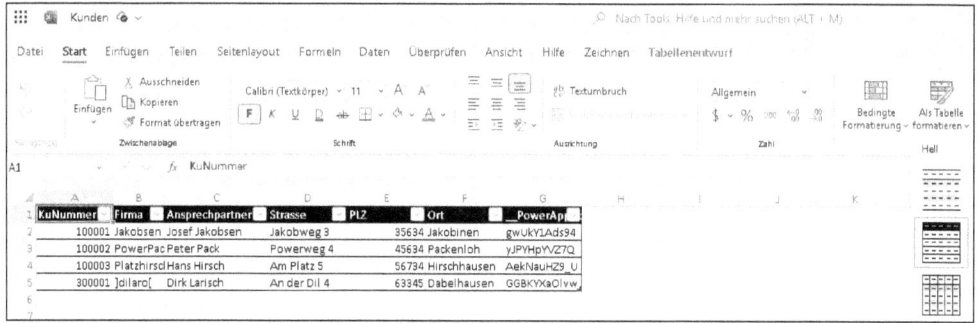

Abbildung 3.14: Excel-Tabelle als intelligente Tabelle formatieren

Des Weiteren bietet es sich an, die Excel-Tabelle in einem Online-Speicher wie beispielsweise OneDrive abzulegen. Sobald diese beiden Voraussetzungen erfüllt sind, kann eine neue App mit der Excel-Tabelle als Datenquelle angelegt werden.

1. Auf der Startseite von Power Apps wählen Sie zunächst die Option ERSTELLEN an.

2. Es erscheint eine Liste verfügbarer Datenquellen, aus der Sie dann im nächsten Schritt EXCEL anklicken müssen.

3. Das Fenster bezüglich der Verbindungen zur Datenquelle kennen Sie bereits von Ihrer ersten App. Für den Zugriff auf OneDrive müssen Sie sicherstellen, dass die entsprechende Datenverbindung verfügbar ist.

 Sollte die Datei auf dem Datenspeicher eines anderen Benutzers abgelegt sein, können Sie an dieser Stelle auch eine Verbindung mit den Anmeldedaten des anderen Benutzers hinterlegen (lassen).

4. Anschließend navigieren Sie zum entsprechenden Ablageort und wählen dann die Excel-Tabelle aus, wobei an dieser Stelle nur die Excel-Tabellen angezeigt werden, die als sogenannte intelligente Tabelle formatiert worden sind (siehe oben).

Abbildung 3.15: Auswahl einer Excel-Liste auf der Ebene von OneDrive

Um eine Excel-Tabelle für eine App-Erstellung nutzen zu können, muss diese Tabelle im Online-Zugriff sein. Entweder muss dazu in Power Apps eine entsprechende Tabelle manuell angelegt und der Inhalt der Excel-Tabelle importiert werden oder die Excel-Tabelle wird beispielsweise direkt in OneDrive abgelegt.

5. Nach Anwahl der Tabelle kann dies mit der Schaltfläche VERBINDEN (unten rechts) bestätigt werden.

6. Der Assistent beginnt seine Arbeit und nach einer kurzen Zeit steht die Anwendung zur Nutzung oder zur Bearbeitung zur Verfügung.

7. Genau wie bei dem Beispiel mit der SharePoint-Liste, so können Sie diese App auch im Vorschaufenster bearbeiten und beispielsweise einen neuen Datensatz hinzufügen. Sie werden bei der anschließenden Kontrolle der Excel-Tabelle feststellen, dass Änderungen an den Daten unmittelbar in der Ursprungs-Datenquelle gespeichert werden.

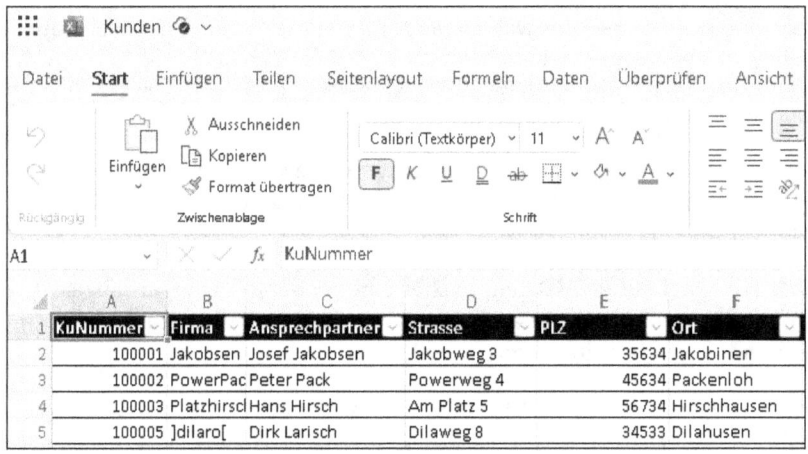

Abbildung 3.16: Excel-Tabelle mit geänderten Daten

 Sollten Sie bei der Änderung von Daten eine Fehlermeldung erhalten (Netzwerkfehler bei Verwendung der Patch-Version), so deutet das auf einen Konflikt hin. Prüfen Sie in dem Fall, ob die zugehörige Excel-Tabelle geschlossen ist.

Noch ein Weg: Leere App!

Eine weitere Möglichkeit, eine App auf Basis einer Excel-Tabelle zu erstellen, besteht darin, die Excel-Tabelle zunächst im Datenspeicher einer Microsoft-365-Umgebung namens Dataverse zu hinterlegen. Darauf kann dann bei der App-Erstellung zugegriffen werden.

1. Um eine Excel-Tabelle, die an einem beliebigen Speicherort abgelegt ist (also auch auf lokalen Festplatten), in Dataverse einzubinden, muss zunächst auf der Startseite von Power Apps im linken Menü der Punkt TABELLEN angewählt werden.

2. Im nächsten Schritt muss in der Aufstellung der verfügbaren Tabelle (standardmäßig systemseitige Tabellen) über den Menüpunkt Neue Tabelle die Option Mit externen Daten erstellen – Datei (Excel, .CSV) angewählt werden. Alternativ kann auf der Übersichtsseite die Schaltfläche Mit Excel oder .CSV-Datei erstellen angeklickt werden.

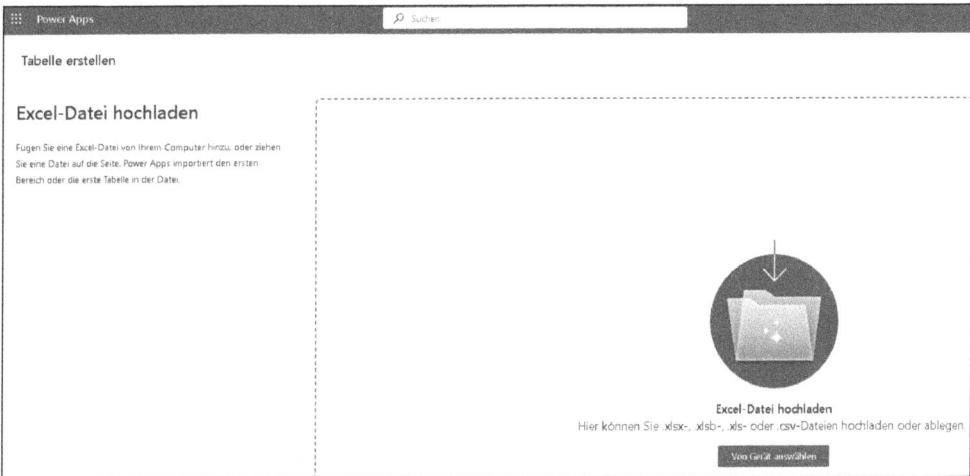

Abbildung 3.17: Hochladen einer Excel-Tabelle in Dataverse

 Mit Dataverse stellt eine Microsoft-365-Umgebung einen zentralen Datenspeicher zur Verfügung, der ebenfalls in der Azure-Cloud gehostet wird. Beachten Sie bitte, dass die kommerzielle Nutzung von Dataverse mit entsprechenden Lizenzkosten verbunden ist.

3. Danach gilt es, über den Punkt Von Gerät auswählen den Speicherort der gewünschten Excel-Tabelle und die Tabelle selbst auszuwählen.

4. Sofern Power Apps die Tabelle verarbeiten kann und die Tabellenstruktur erkennt, erfolgt die Darstellung des Inhalts der Tabelle. Über den Punkt Tabelleneigenschaften bearbeiten oder durch Anklicken des Bleistiftsymbols rechts neben dem Tabellennamen kann an dieser Stelle der Name geändert werden, unter der die Tabelle in Dataverse gespeichert werden soll, oder es können auch weitergehende Einstellungen vorgenommen werden.

KuNummer	Firma	Ansprechpartner	Strasse	PLZ	Ort	_PowerAppsId
100.001	Jakobsen	Josef Jakobsen	Jakobweg 3	35.634	Jakobinen	gwUkY1Ads94
100.002	PowerPack	Peter Pack	Powerweg 4	45.634	Packenloh	yJPYHpYVZ7Q
100.003	Platzhirsch	Hans Hirsch	Am Platz 5	56.734	Hirschhausen	AekNauHZ9_U
300.001	]dilaro[	Dirk Larisch	An der Dil 4	63.345	Dabelhausen	GGBKYXaOIvw

Abbildung 3.18: Vorschaumodus der in Dataverse importierten Daten

5. Mit Bestätigung der Vorgaben über die Schaltfläche ERSTELLEN erfolgt dann der tatsächliche Import der Daten und die Tabelle wird in die Dataverse-Umgebung eingebunden.

6. Die Daten werden importiert und anschließend (auszugsweise) am Bildschirm angezeigt. An dieser Stelle können noch Änderungen an der Tabelle oder Tabellenstruktur vorgenommen werden.

7. Über Menüpunkt ERSTELLEN aus dem Power-Apps-Menü wird dann das Anlegen einer neuen App gestartet, wo Sie im nachfolgenden Fenster die Option DATAVERSE anklicken müssen (denn die Tabelle liegt ja jetzt dort zum Abruf).

8. Sofern eine Verbindung zu Dataverse hergestellt worden ist, kann die Tabelle (hier: KundenAusExcel) angewählt und über die Schaltfläche VERBINDEN der Assistent zur App-Erstellung aufgerufen werden.

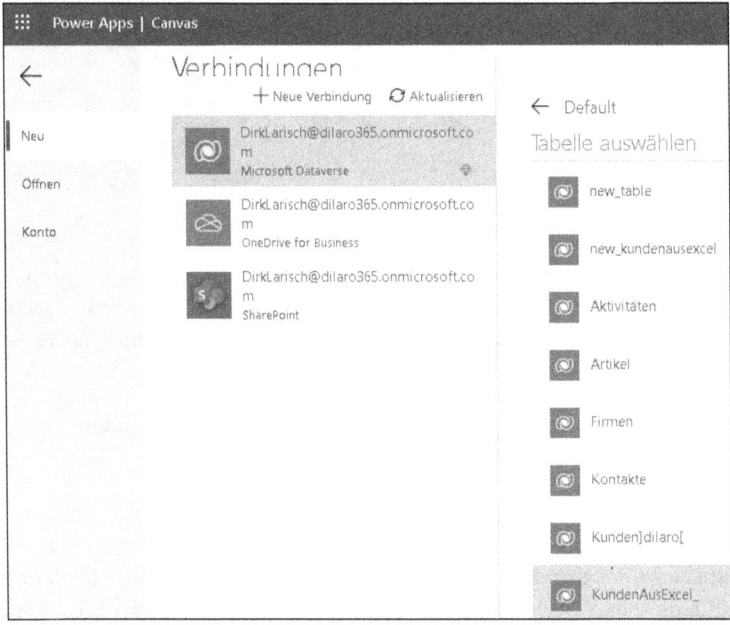

Abbildung 3.19: Auswahl der Tabelle aus Dataverse

9. Nach kurzer Zeit steht die fertige App zur Verfügung und kann ebenso bearbeitet oder erweitert werden wie die sonstigen Apps. Dabei werden die Daten oder die Änderungen an den Daten ausschließlich an der in Dataverse hinterlegten Tabelle gespeichert.

 In Teil IV dieses Buches lernen Sie eine weitere Möglichkeit kennen, mit der Sie direkt und schnell aus einer SharePoint-Liste eine App erstellen können. Dort werden Sie auch erfahren, dass grundsätzlich eine Vielzahl von Datenquellen zur Verfügung stehen, die als Datenbasis einer App genutzt werden können.

IN DIESEM KAPITEL

Anwendung ohne Assistenten erstellen

Taschenrechner als Beispiel-Anwendung

Die vier Grundrechenarten in einer App

Kapitel 4
Eine Rechenmaschine

In diesem Kapitel möchten wir Ihnen die Möglichkeiten aufzeigen, wie Sie mit der Auswahl entsprechender Strukturmerkmale und der Definition bestimmter Logiken eine Anwendung erstellen können, mit der Sie einen Taschenrechner simulieren können, zumindest aber im ersten Schritt die vier Grundrechenarten ausführen können.

Wie eine solche Rechenmaschine (Taschenrechner) im Endergebnis aussehen kann, zeigt die folgende Abbildung:

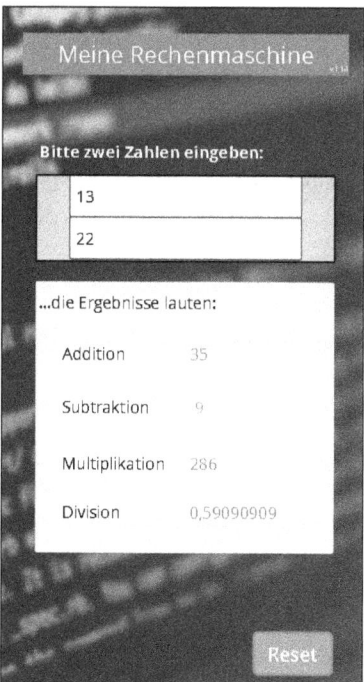

Abbildung 4.1: Die fertige Rechenmaschine

1. Als Basis für diese App verwenden Sie bitte eine leere Canvas-App; dazu im Menü von Power Apps nach Anklicken des Punktes ERSTELLEN den Punkt LEERE APP und dann bei der ersten Option (Leere Canvas-App) erneut ERSTELLEN anklicken.

2. Im nachfolgenden Fenster wählen Sie dann die Option TELEFON an und geben einen Namen für die neue App ein, was anschließend mit ERSTELLEN bestätigt werden muss.

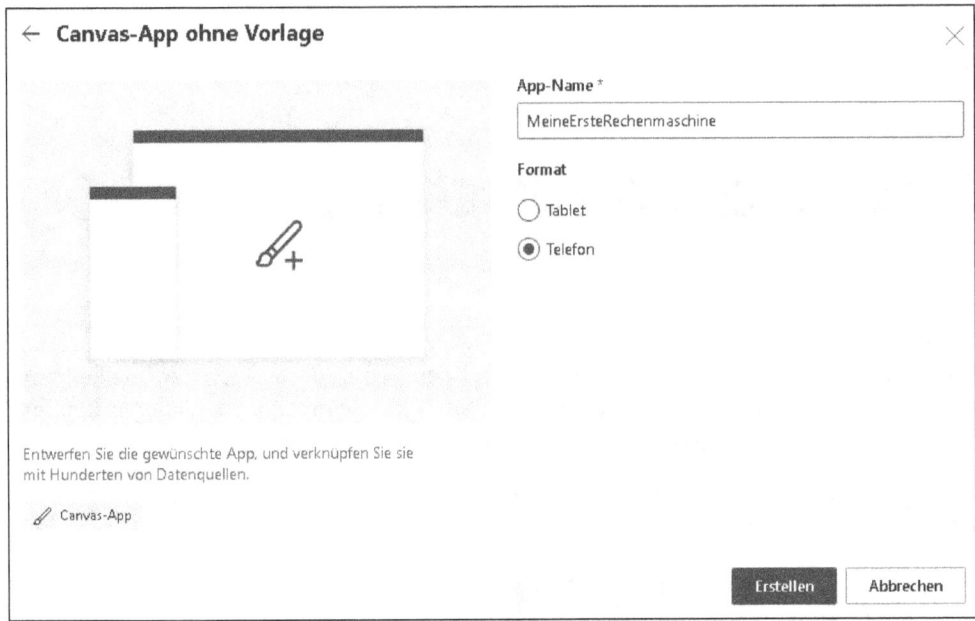

Abbildung 4.2: Anlegen einer leeren Canvas-App für den Taschenrechner

3. Auf dem Bildschirm des Entwurfsmodus sollten Sie als Erstes einen Container als Strukturmerkmal einfügen. Dazu wählen Sie aus dem Menü EINFÜGEN den Unterpunkt LAYOUT – VERTIKALER CONTAINER aus. Dieser Container dient der Aufnahme der Eingaben für die Berechnung.

4. Vor dem Einfügen der benötigten Eingabefelder können Sie den Container über den Eigenschaften-Bereich (rechts) oder direkt über die Befehlszeile (Power-Fx-Zeile) formatieren und von der Größe anpassen; so können Sie beispielsweise eine andere Hintergrundfarbe zuweisen.

5. Über das Pluszeichen (+), das bei angewähltem Container angezeigt wird, oder über das EINFÜGEN-Menü können dann innerhalb des Containers zwei Eingabefelder definiert werden, die für die Eingabe der zu berechnenden Zahlenwerte dienen sollen.

6. Nach Anwählen des Pluszeichens klicken Sie dann auf den Punkt TEXTEINGABE, worauf ein entsprechendes Feld innerhalb des Containers platziert wird.

7. Dieses Textfeld müssen Sie dann anklicken und über den Eigenschaften-Bereich (rechts) formatieren, in dem Sie dort über den Punkt BREITE die Breite des Feldes reduzieren.

8. Da bei der Eingabe ja später Zahlen eingegeben werden sollen, müssen Sie zusätzlich im Eigenschaften-Bereich bei dem Eintrag FORMAT die Angabe TEXT durch ZAHL ersetzen.

9. Um ein zweites Eingabefeld zu erhalten, können Sie dies natürlich ebenso über EINFÜGEN hinzufügen, oder Sie markieren das erste Feld und betätigen dann Strg+C und anschließend Strg+V, wodurch ein weiteres Textfeld eingefügt wird.

10. Anschließend können Sie die Größe des Containers noch anpassen, sodass sich die Eingabefelder passgenau in den Container einfügen. Zudem, wenn Sie mögen, können Sie auch die Namen des Containers und der sonstigen Strukturelemente umbenennen.

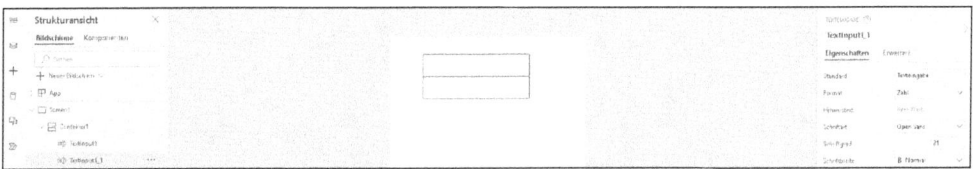

Abbildung 4.3: Container mit zwei Eingabefeldern

 Eine App mit entsprechenden Containern zu erstellen, hat den Vorteil, dass zusammenhängende Strukturelemente zusammengefasst und gemeinsam formiert werden können.

11. Um auf dem Bildschirm einen separaten Bereich für die Ergebnisdarstellung anzuzeigen, müssen Sie als Nächstes einen weiteren Container einfügen (gegebenenfalls als VERTIKALER CONTAINER). Nutzen Sie dafür das EINFÜGEN-Menü und platzieren Sie anschließend den Container unterhalb des ersten Containers für die beiden Eingabefelder.

 Achten Sie beim Einfügen des Containers darauf, dass Sie in der Strukturansicht den Bildschirm angewählt haben, da der zusätzliche Container ansonsten gegebenenfalls innerhalb des ersten Containers eingefügt wird.

12. Innerhalb des zweiten Containers sollen dann vier Zeilen für die Ergebnisse der Grundrechenarten eingefügt werden. Dazu wählen Sie über das Pluszeichen (+) oder über das EINFÜGEN-Menü einmal den Punkt BESCHRIFTUNG aus.

13. Über die Kopier- und Einfügen-Funktion (Strg+C, Strg+V) kopieren Sie das erste Textfeld und verschieben die Kopie rechts neben das erste Feld.

14. Dann wählen Sie das erste Textfeld (links) mit einem Doppelklick an und ändern den Textinhalt, indem Sie dort »Addition« hineinschreiben.

15. Im nächsten Schritt klicken Sie in das zweite Textfeld (wo das Ergebnis erscheinen soll) und wechseln dann in die Befehlszeile, wo standardmäßig der Eintrag »Text« steht. Dort tragen Sie die folgende Formel ein (Dies ist übrigens eine Power-Fx-Anweisung!):

```
Eingabe1.Text+Eingabe2.Text
```

Der entsprechende Eintrag hängt grundsätzlich davon ab, wie Sie die Eingabefelder benannt haben. Sie werden bei der Eingabe aber unterstützt, indem dort die entsprechenden Einträge nach Eingabe der ersten Zeichen in die Power-Fx-Zeile (Befehlszeile) eingeblendet werden.

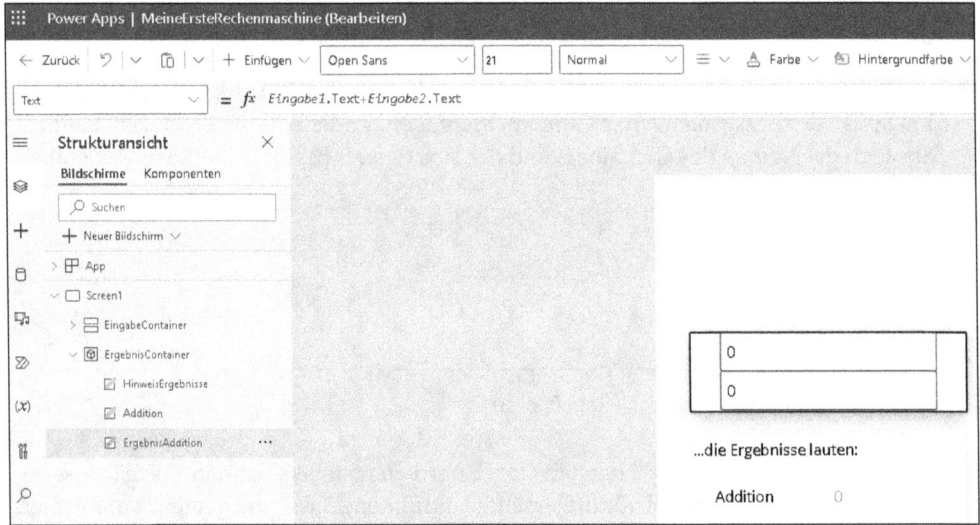

Abbildung 4.4: Zweiter Container mit zwei Textfeldern

16. Sie können die Anwendung an dieser Stelle einmal testen, indem Sie die Taste F5 betätigen oder die Schaltfläche ▶ am rechten oberen Rand anklicken.

17. Wenn Sie in die beiden Eingabefelder Zahlen eingeben, wird das dazugehörige Ergebnis der Addition in dem darunterliegenden Feld in Echtzeit angezeigt.

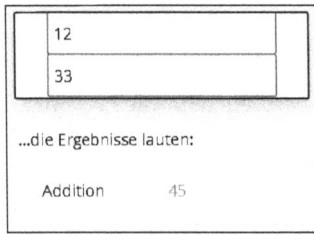

Abbildung 4.5: Ergebnisanzeige der Addition

18. Damit haben Sie einen großen Schritt zur Erstellung der Anwendung vollzogen. Zur Optimierung der Anwendung sollen negative Ergebnisse in roter Schrift angezeigt werden. Dazu klicken Sie bitte im Entwurfsmodus das Feld zur Ergebnisdarstellung an.

19. Danach wählen Sie aus den verfügbaren Eigenschaften (links oben) den Punkt COLOR an.

20. Mit der folgenden, dargestellten Bedingung in der Befehlszeile (Power-FX-Zeile) erreichen Sie, dass bei einer negativen Zahl im Feld ERGEBNISADDITION der Text in roter Schrift dargestellt wird, andernfalls in grüner Schrift:

```
If(Value(ErgebnisAddition.Text)<0;Color.Red;Color.Green)
```

Mit der dargestellten IF-Anweisung haben Sie an dieser Stelle bereits eine weitere, etwas komplexere Power-Fx-Anweisung kennengelernt!

21. Um im nächsten Schritt die Ergebnisse der anderen Grundrechenarten hinzuzufügen, bietet es sich an, die beiden Felder in dem unteren Container mittels *Drag & Drop* dreimal zu kopieren und untereinander anzuordnen.

22. Neben der Textanpassung im linken Feld müssen dann auch die Formeln in den Ergebnisfeldern angepasst werden, indem dort die Operanden ausgetauscht werden und dort das Pluszeichen durch Subtraktion (–), Multiplikation (*) oder Division (/) ersetzt werden.

23. Um die Anzeige zu erklären, kann dann im unteren Container noch eine Überschrift eingefügt und gegebenenfalls die Hintergrundfarbe des Containers angepasst werden.

24. Als letzten Schritt kann die App mit einer Überschrift und gegebenenfalls einem anderen Farbhintergrund oder einem Hintergrundbild versehen werden.

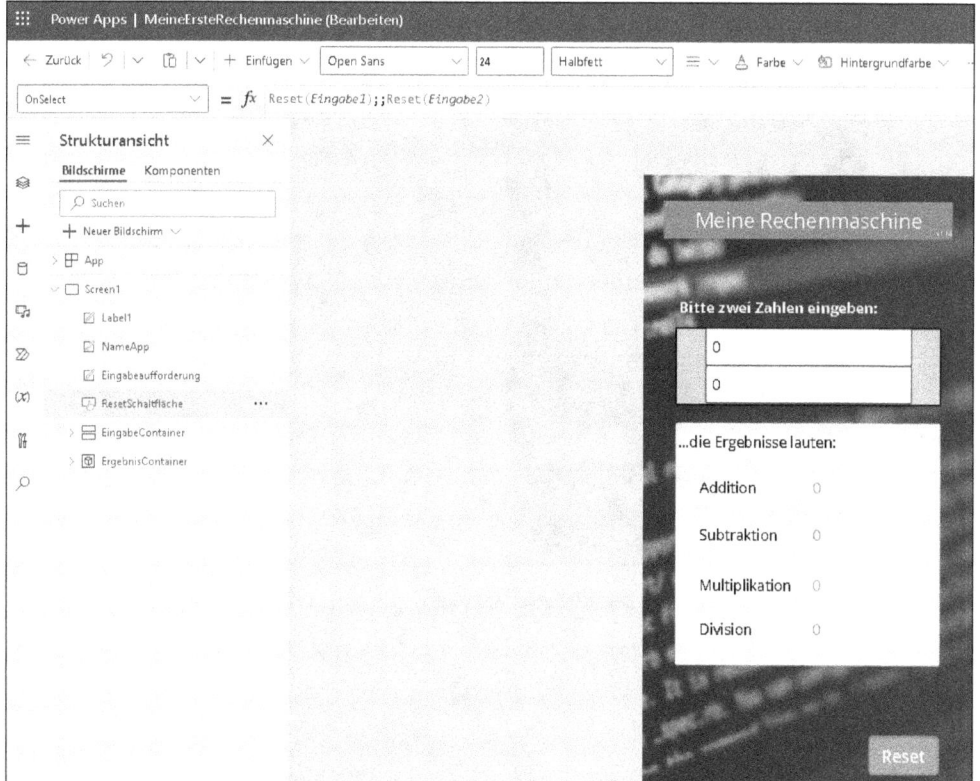

Abbildung 4.6: Fertige Anwendung im Entwurfsmodus

25. Die Schaltfläche Reset dient dem Zurücksetzen der Zahlenwerte. Diese kann im Entwurfsmodus eingefügt und bei der Eigenschaft OnSelect muss dann die folgende Anweisung zum Zurücksetzen der beiden Eingabefelder eingetragen werden:

```
Reset(Eingabe1);;Reset(Eingabe2)
```

Im Beispiel der Anweisung für das Zurücksetzen der beiden Eingabefelder wird die Reset-Anweisung zweimal eingesetzt. Wenn Sie in einer Befehlszeile mehrere Anweisungen benötigen, müssen Sie bei Nutzung der deutschen Sprachversion von Power Apps das Semikolon zweimal als Trennzeichen zwischen den Anweisungen verwenden (in der englischen Sprachversion nur einmal).

26. Nach dem Speichern und der Veröffentlichung der Anwendung kann diese direkt ausprobiert werden, entweder im Vorschaumodus (F5) oder als fertige Anwendung, beispielsweise auf einem mobilen Gerät.

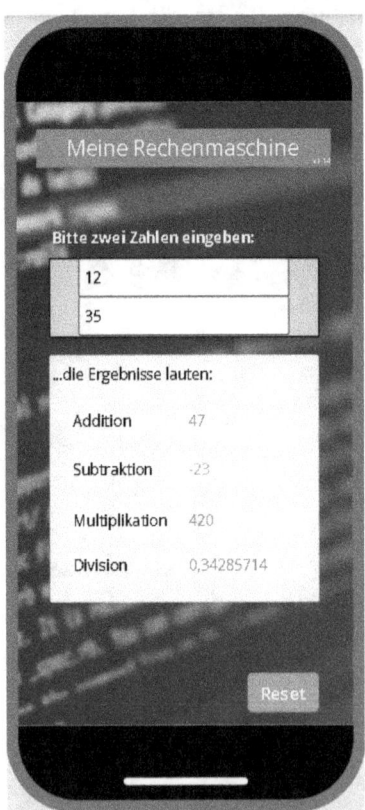

Abbildung 4.7: Einsatz der Rechenmaschine im Smartphone-Format

IN DIESEM KAPITEL

Symbole und Formen

Farbänderungen bei Mausbewegungen

Farbänderung auf Tastendruck

Einsatz eines Schiebereglers

Kapitel 5
Spiel mit Farben

Nach der Erstellung einer Taschenrechner-App im vorhergehenden Kapitel lernen Sie in diesem Kapitel weitere Optionen und Möglichkeiten kennen.

So soll beispielsweise als Ergebnis eine Oberfläche mit mehreren Kacheln erstellt werden, die beim Anklicken jeweils die Farbe ändern. Das zweite Beispiel zeigt anschaulich, in welcher Form eine Farbdarstellung über recht einfache Schiebregler verändert werden kann.

Bunte Schaltflächen

Zur Nachbildung eines Beispiels der Farbänderung bei der Anwahl von Schaltflächen können Sie folgende Arbeitsschritte ausführen:

1. Erstellen Sie eine neue leere Canvas-App als Tablet-Version; das sollte ja kein Problem mehr für Sie darstellen. Als Name für eine Tablet-Version können Sie Folgendes verwenden:

   `MeineErsteFarbspieleApp`

2. Im Entwurfsmodus der App können Sie dann eine Reihe von Symbolen oder Formen einfügen. Nutzen Sie dafür das EINFÜGEN-Menü und wählen dann aus den Untermenüs SYMBOLE und FORMEN verschiedene Strukturelemente aus und platzieren diese auf dem Bildschirm. Anhand der folgenden Abbildung können Sie sich beispielhaft orientieren.

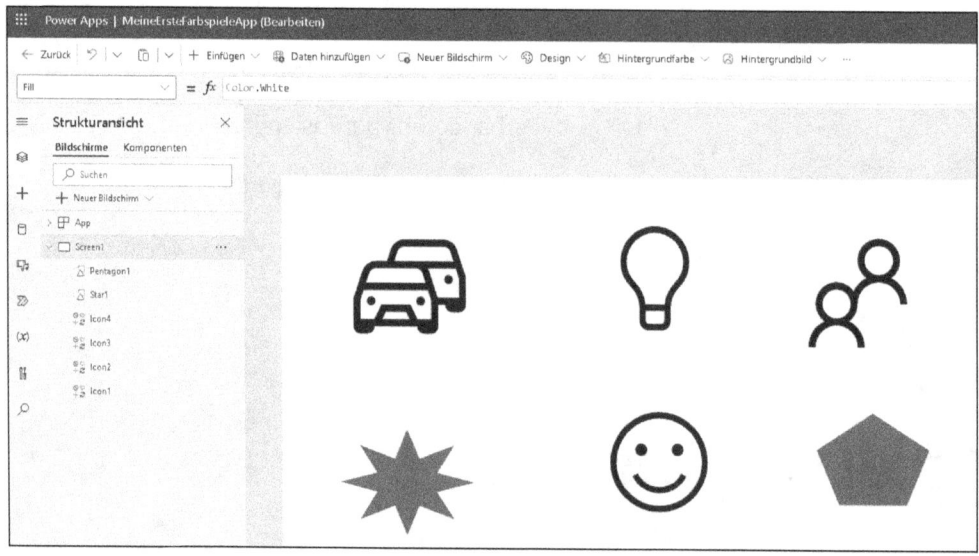

Abbildung 5.1: Entwurfsmodus mit verschiedenen Symbolen und Formen

3. Im nächsten Schritt können Sie die verschiedenen Farbeigenschaften der Elemente ändern. Dabei werden Sie feststellen, dass diese von Typ zu Typ unterschiedlich sein können. Wir wählen in unserem Beispiel zunächst einmal das Auto-Symbol an.

4. In der Liste der Eigenschaften (links oben) wählen Sie dann bitte den Eintrag HoverColor-Border an. In der Befehlszeile erscheint der Standardeintrag (ColorFad(SelfColor; 20%)), den Sie hier einmal mit folgendem Eintrag, nein, mit folgender Power-Fx-Anweisung überschreiben können:

```
Color.Red
```

 Mit der Eigenschaft HOVERCOLOR wird bei einem Strukturelement die Farbe des Symbols festgelegt, die beim Überfahren mit der Maus (*mouse over*) erscheint.

5. Um die Wirksamkeit der Änderung zu überprüfen, können Sie in den Vorschaumodus wechseln. Sobald Sie dort mit dem Mauszeiger über das entsprechende Symbol fahren, wird aus der blauen Darstellung eine rote Anzeige des Symbols.

Abbildung 5.2: Farbänderung beim Mouse-Over-Effekt

6. Für ein weiteres Beispiel können Sie einmal die Glühbirne anwählen und dann aus den Eigenschaften den Punkt PressedColor anwählen. Überschreiben Sie den Standardwert in der Befehlszeile ebenfalls mit *Color.Red*.

7. Wenn Sie dann im Vorschaumodus das entsprechende Symbol anklicken, erscheint bei gedrückter linker Maustaste die Glühbirne in der Farbe Rot.

An der Stelle von Rot können Sie natürlich beliebige andere Farbkombinationen auswählen; sobald Sie in der Befehlszeile die Anweisung Color eingeben, erscheinen automatisch die verfügbaren Farbdarstellungen, aus den Sie dann eine beliebige auswählen können.

8. Ein drittes Beispiel für eine Farbgebung soll eine Farbgebung ermöglichen, die beim Überfahren mit der Maus (*mouse over*) nicht die Farbe des Symbols, sondern dessen Hintergrund ändert; dazu dient die Eigenschaft HoverFill.

9. Wählen Sie ein beliebiges Symbol an, beispielsweise den Emoji-Smile, und dann bitte die Eigenschaft HoverFill.

10. Den Eintrag in der Befehlszeile können Sie überschreiben (zum Beispiel mit der Anweisung *Color.Red*).

11. Wenn Sie den Effekt anschließend im Vorschaumodus prüfen, werden Sie feststellen, dass der Hintergrund des Symbols beim Überfahren mit der Maus rot dargestellt wird.

Abbildung 5.3: Farbänderung beim Überfahren mit der Maus

Die Erläuterungen dieses Kapitel sollen eine Anregung sein, um sich mit den vielfältigen Möglichkeiten der Eigenschaften der einzelnen Strukturelemente zu beschäftigen. Probieren Sie einfach einmal die verschiedenen Optionen aus, denn nur durch Übung werden Sie sattelfester. Und kaputt machen können Sie eigentlich nichts!

Farbänderung über Schieberegler

Im Beispiel der Änderung eines Farbverlaufs über ein spezielles Strukturelement – den Schieberegler – sind folgende Arbeitsschritte erforderlich:

1. Auch in diesem Beispiel gehen wir davon aus, dass Sie den Entwurfsmodus für eine leere Canvas-App aufgerufen haben. Als Name für eine Telefon-Version der App können Sie beispielsweise Folgendes verwenden:

    `MeineZweiteFarbspieleApp`

2. Im Entwurfsmodus wählen Sie als Erstes im EINFÜGEN-Menü das Untermenü EINGABE an.

3. Aus den verfügbaren Optionen wählen Sie dann den Eintrag SCHIEBEREGLER an; dazu müssen Sie im Menü gegebenenfalls ein wenig nach unten scrollen. Damit wird das entsprechende Strukturelement auf dem Bildschirm platziert.

Abbildung 5.4: Schieberegler als Strukturelement

4. Da Sie ja einen Farbverlauf mit den Farben Rot, Grün und Blau darstellen möchten, müssen Sie im nächsten Schritt den Punkt 3 zweimal wiederholen oder die Möglichkeit des *Copy & Paste* (Kopieren und Einfügen) nutzen.

 Wenn Sie im Entwurfsmodus mehrere gleiche Strukturelemente benötigen, können Sie dies einfach und schnell umsetzen, indem Sie ein Element markieren, dies mit [Strg] und [C] kopieren und dann mit [Strg] und [V] wieder einfügen.

5. Sie brauchen die drei Regler anschließend nur noch auf dem Bildschirm untereinander zu platzieren. Zusätzlich können Sie die Schieberegler jeweils mit der Farbbezeichnung versehen; verwenden Sie dazu am besten das Strukturelement BESCHRIFTUNG, so wie beispielhaft in der folgenden Abbildung dargestellt.

6. Der Einfachheit halber sollten Sie dann in der Strukturansicht die entsprechenden Strukturelemente entsprechend umbenennen, damit Sie eine eindeutige Namenszuordnung haben. Bei den jeweils mit dem Begriff *Slider* (Schieberegler) benannten Elementen sollten Sie diese umbenennen und direkt die entsprechende Farbe zuordnen. Dies kann sich dann in der Strukturansicht beispielsweise wie folgt darstellen:

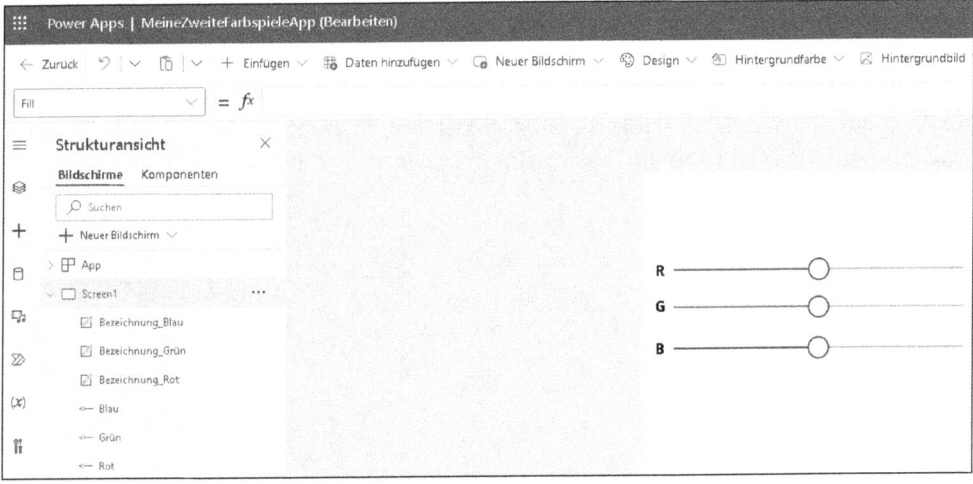

Abbildung 5.5: Strukturelemente mit angepassten Bezeichnungen

7. Ein Arbeitsschritt fehlt noch, bevor Sie die App in Aktion sehen können; dazu wählen Sie in der Strukturansicht das Element für den Bildschirm (hier: *Screen1*) an.

8. In der Auswahl der Eigenschaften des Strukturelementes (links oben) müssen Sie dann die Option FILL auswählen. Damit wird die Eigenschaft für die Füllfarbe (Hintergrundfarbe) des Elements ausgewählt.

9. Standardmäßig steht dort bei Bildschirmhintergründen in der Regel *Color.White*. Um den Eintrag zu überschreiben, müssen Sie in die Befehlszeile klicken, den bestehenden Eintrag löschen und folgende Power-Fx-Anweisung eingeben:

RGBA(*Rot*.Value;*Grün*.Value;*Blau*.Value;1)

10. Damit haben Sie festgelegt, dass die Farbdarstellung des Hintergrundes von den jeweiligen Einstellungen der drei Schieberegler abhängt. Starten Sie einmal den Vorschaumodus (F5) und probieren Sie es einmal aus!

Abbildung 5.6: Schieberegler in Aktion

Auf diese Art und Weise haben Sie die Möglichkeit, mit Power Fx die Farbdarstellung eines Elements (zum Beispiel Rahmen, Bildschirm) über einfache Schieberegler zu verändern.

> **IN DIESEM KAPITEL**
>
> Was ist Low-Code?
>
> Was ist No-Code?
>
> Vor- und Nachteile

Kapitel 6
Low-Code oder No-Code?

Wenig Code oder gar kein Code? Was sollen diese ominös anmutenden Begriffe Low-Code und No-Code ausdrücken? Und was hat das mit Power Fx oder Power Apps zu tun? Es bezieht sich grundsätzlich auf die Programmerstellung mit Programmcode oder ganz ohne Programmcode. Oder anders ausgedrückt: Programmiersprache oder keine Programmiersprache?

Alles ist heutzutage möglich! Während man noch vor einigen Jahren keine Programmlogik umsetzen konnte, ohne nicht wenigstens eine der klassischen Programmiersprachen zu beherrschen, hat sich dies in den letzten Jahren stark gewandelt. So hat sich die Softwareentwicklung in den letzten Jahren stark verändert. Mit dem Aufkommen von Low-Code und No-Code-Plattformen können nun auch Nicht-Programmierer leistungsfähige Anwendungen erstellen. Plattformen wie Power Apps und Power Fx ermöglichen es Benutzern, Anwendungen durch visuelle *Drag-&-Drop*-Schnittstellen und einfache Formelsprachen zu erstellen, anstatt komplexe Codezeilen zu schreiben.

VBA als Vorreiter

In der Microsoft-Welt wurde beispielsweise mit der Einführung von Visual Basic for Applications (VBA) ein großer Schritt in die Richtung der Programmentwicklung mit »natürlicher« Sprache unternommen. Ermöglicht VBA doch den Aufbau einer Programmlogik mit Ablaufschritten, indem dafür »sprechende« Anweisungen eingesetzt werden.

Das folgende Beispiel soll das verdeutlichen, indem in der VBA-Entwicklungsumgebung von Excel ein einfacher Programmcode eingegeben wird.

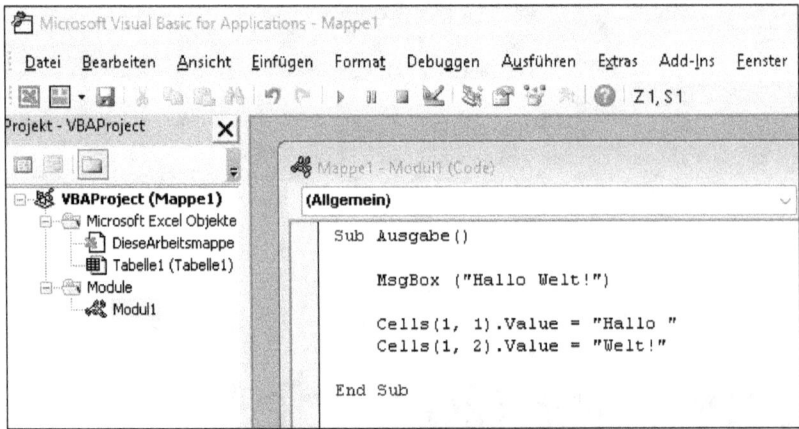

Abbildung 6.1: Einfache VBA-Anweisungen

Mit diesen der natürlichen Sprache angelehnten Anweisungen wird erreicht, dass bei der Ausführung (F5) ein Popup-Fenster mit der Nachricht »Hallo Welt!« angezeigt wird (*MsgBox (»Hallo Welt!«)*); zusätzlich wird über diese Anweisung eine Schaltfläche angezeigt (OK), mit der diese Meldung dann bestätigt werden kann. Anschließend werden nach und nach in die beiden Zellen A1 und B1 der Excel-Tabelle die Wörter »Hallo« beziehungsweise »Welt!« eingetragen.

Abbildung 6.2: Nachrichtenanzeige im Popup-Fenster

Die Weiterentwicklung von VBA oder den »großen Bruder« hat Microsoft mit Power Fx auf die Beine gestellt. So wurde Power Fx ursprünglich für Power Apps entwickelt, um Entwicklern und Nicht-Entwicklern gleichermaßen die Möglichkeit zu geben, leistungsstarke

Geschäftsanwendungen zu erstellen. Power Apps stellt die Werkzeuge zur Verfügung, um Anwendungen (Neudeutsch: Apps) zu erstellen, ohne dass jemand auch nur eine Programmzeile Code schreiben muss. Dies konnten Sie persönlich in den vorhergehenden Kapiteln eindrucksvoll unter Beweis stellen. Ja, man kann sagen: App-Entwicklung war noch niemals so einfach wie heute!

Auch wenn es sich einfach anhört, so entbehrt natürlich auch der Einsatz eines Tools wie Power Apps nicht dem Grundverständnis eines Programmablaufs. Zudem ist es zwingend erforderlich, die Logik eines Programms und der Zusammenhänge zu verstehen.

Low-Code und No-Code-Plattformen

Low-Code und No-Code sind Ansätze zur Anwendungsentwicklung, die es Benutzern ermöglichen, Softwareanwendungen mit wenig bis gar keiner Programmcodierung zu erstellen. Es handelt sich bei Low-Code- und No-Code-Plattformen um Technologien, die die Softwareentwicklung vereinfachen und beschleunigen. Sie ermöglichen es Benutzern, Anwendungen zu erstellen, indem sie visuelle Oberflächen und *Drag-&-Drop*-Funktionen verwenden, anstatt Code manuell zu schreiben.

Low-Code-Plattformen sind für Entwickler konzipiert, indem sie manuelle Programmierung mit visuellen Entwicklungswerkzeugen kombinieren. Sie verwenden ein Entwicklungswerkzeug mit visueller Oberfläche als Hilfsmittel (zum Beispiel Power Apps). Im Gegensatz dazu richten sich No-Code-Plattformen an Endanwender und ermöglichen es, komplexe Anwendungen zu erstellen, indem sie mittels einer grafischen Benutzeroberfläche Komponenten nach ihren eigenen Bedürfnissen einsetzen und bearbeiten.

Beide Plattformen haben das Ziel, die Prozessautomatisierung zu beschleunigen und Skalierbarkeit über diese Prozesse hinweg zu erreichen. Die Einsatzmöglichkeiten sind bei beiden Plattformen vielfältig, um leistungsstarke Anwendungen schnell zu entwickeln. Aber für beide Formen gilt, dass trotz aller Vorteile sie auch ihre eigenen Herausforderungen und Einschränkungen haben.

Power Apps ist ein Beispiel für eine Low-Code-Plattform, die es Benutzern ermöglicht, benutzerdefinierte Geschäftsanwendungen zu erstellen, ohne Code schreiben zu müssen. Power Fx ist die zugrundeliegende Formelsprache von Power Apps, die eine Excel-ähnliche Syntax verwendet, um Logik und Berechnungen zu definieren.

Seit seiner Einführung hat sich Power Fx zu einer vollwertigen Programmier- oder Formelsprache entwickelt, die zukünftig in der gesamten Microsoft Power Platform eingesetzt und als Open-Source-Project veröffentlicht werden soll. In der Microsoft Power Platform spielt Power Fx eine zentrale Rolle, bildet sie doch in Zusammenhang mit Power Apps das Rückgrat für eine professionelle Softwareentwicklung.

Vor- und Nachteile

Wie bei vielen Dingen, so haben auch Low-Code und No-Code-Plattformen Vor- und Nachteile gegenüber der klassischen Softwareentwicklung. Als Vorteile sind zu nennen:

- ✔ Geschwindigkeit
  Anwendungen können schneller entwickelt und bereitgestellt werden, da weniger Code geschrieben werden muss; teilweise lassen sich sehr schnell Apps durch »Zusammenklicken« erstellen.

- ✔ Einstiegshürden
  Die Einstiegshürden sind auch für einen weniger Technik-affinen Anwender bei der Low-Code-/No-Code-Programmierung sehr niedrig. Dadurch erhöht sich der Zugang zu diesen Techniken und die Abhängigkeit von IT-Entwicklerteams reduziert sich.

- ✔ Kosteneffizienz
  Mit der Reduzierung der benötigten Entwicklungszeit und die Möglichkeit der Eigenentwicklung durch Nicht-Fachleute können Kosten gespart werden.

Auch wenn die Vorteile vielleicht überwiegen, gibt es aber bei der Low-Code-/No-Code-Programmierung auch Nachteile:

- ✔ Eingeschränkte Anpassungsfähigkeit
  Die Möglichkeiten zur individuellen Anpassung der Anwendungen sind unter Umständen eingeschränkt oder begrenzt, da der unbedarfte Anwender auf vorgefertigten Schablonen, Vorlagen, Funktionen und Komponenten der Plattform zugreift.

- ✔ Reduzierte Leistungsfähigkeit
  Anwendungen, die auf Low-Code und No-Code-Plattformen erstellt wurden, können in Bezug auf Leistung und Skalierbarkeit eingeschränkt sein, da diese nicht maschinennah programmiert worden sind, sondern immer den Overhead der Entwicklungsumgebung beinhalten.

- ✔ Individualprogrammierung
  Durch die Möglichkeit, dass jeder beliebige Anwender (mit entsprechender Lizenz und Berechtigung) Anwendungen erstellen kann, führt unter Umständen sehr schnell zu Wildwuchs und einer Flut neuer Anwendungen; meistens auch schlecht oder gar nicht dokumentiert.

Fazit

Low-Code und No-Code-Plattformen wie Power Apps und Power Fx bieten eine leistungsstarke Möglichkeit, die Softwareentwicklung wesentlich zu beschleunigen. Sie können somit – trotz einiger Einschränkungen oder Nachteile – einen erheblichen Mehrwert für Unternehmen bieten, die ihre digitale Transformation vorantreiben möchten.

Und auch wenn die Vor- und Nachteile bei der Abwägung oder Betrachtung eine wichtige Rolle spielen, lässt sich der Siegeszug nicht mehr aufhalten. Viel wichtiger ist es, dass es in einem Unternehmen oder einer Organisation klare Spielregeln gibt, nach denen eine derartige Softwareentwicklung erfolgen kann.

Auf diese Art und Weise ist ein ausgeglichener Weg zwischen Wildwuchs und sinnvollen Anwendungen erreichbar. Dazu gehört neben entsprechenden Schulungsangeboten beispielsweise auch eine umfassende Dokumentation der erstellten Anwendungen mit Hinweisen zur Logik, zu den Datenquellen und der Berechtigungsstruktur. Darüber hinaus sollten im Fall von Power Apps die Möglichkeiten genutzt werden, Testumgebungen zur Verfügung zu stellen, wo Anwendungen ausführlich getestet werden, bevor diese in den Produktivbetrieb überführt werden.

Teil II
Jetzt geht's ans Eingemachte!

IN DIESEM TEIL ...

Nachdem Sie in Teil I verschiedene Möglichkeiten kennengelernt haben, wie Sie auf sehr einfache und schnelle Art und Weise eine Anwendung (App) erstellen können und bereits erste Power-Fx-Anweisungen praktisch angewandt haben, werden Sie nachfolgend wesentliche Konzepte und Funktionen von Power Fx und Power Apps kennenlernen, um so Ihr Wissen zu erweitern. So sollen Sie in die Lage versetzt werden, mit Power Fx in Power Apps leistungsstarke und effiziente Anwendungen erstellen zu können. Es ist wichtig, die Konzepte in diesem Teil zu verstehen, da sie eine wichtige Grundlage für die fortgeschrittenen Themen in den folgenden Teilen bilden.

Am Anfang stehen die Erläuterungen zur Einrichtung der notwendigen Tools. Es geht über die systematische Einführung zum Aufbau und Funktionen der Entwicklungsoberfläche von Power Apps bis hin zur Erstellung der ersten eigenen Power App (ohne Assistenten).

Abschließend werden die Syntax und der Aufbau von Power Fx erläutert und anhand von Beispielen erläutert und Sie erhalten Antworten auf die Frage des Typs einer Anwendung: Canvas oder modellgesteuerte App?

> **IN DIESEM KAPITEL**
>
> Installationsvorbereitungen
>
> Registrierung Testumgebung
>
> Start von Power Apps
>
> Apps am Desktop oder Mobilgerät starten

Kapitel 7

Installation, Einrichtung und App-Start

Das Besondere am Einsatz von Power Apps und Power Fx ist, dass sich die Frage der Installation oder Einrichtung eigentlich nur am Rande stellt. In der Regel wird Power Apps als Browser-Anwendung genutzt und erfordert somit keine spezielle Installation.

Eine Ausnahme bildet der Start oder vielmehr die Nutzung der mit Power Apps erstellten Anwendungen, da diese über ein separates Programm gestartet werden können. So sollten Sie also unterscheiden zwischen der Entwicklung und der Nutzung entsprechender Apps.

Entwicklung im Web-Browser

Im Kapitel 2 von Teil I haben Sie bereits die unterschiedlichen Möglichkeiten kennengelernt, wie Sie die Weboberfläche von Power Apps aufrufen können. Aus dem Grund soll an dieser Stelle darauf verwiesen werden.

Start einer Anwendung

Nachdem Sie Apps mit Power Apps und Power Fx erstellt haben, können Sie diese als Entwickler jederzeit über die Weboberfläche von Power Apps starten. Dies sollte aber nicht die Möglichkeit sein, einem Endanwender eine App zur Verfügung zu stellen.

App-Start am Desktop-Rechner

Damit die Anwender eine mit Power Apps erstellte Anwendung losgelöst von der Entwicklungsumgebung starten können, stehen sowohl für Desktop-Systeme als auch für mobile Geräte entsprechende Laufzeitumgebungen zur Verfügung, die wie folgt eingesetzt werden können:

1. Im ersten Schritt müssen Sie zunächst aus einem der verfügbaren Stores (iOS, Microsoft, Google und andere) die App mit dem Namen Power Apps herunterladen.

2. Nach dem Start dieser Anwendung, beispielsweise als Desktop-App, muss zunächst einmal eine Anmeldung an der Microsoft-365-Umgebung erfolgen.

3. Sobald dies erfolgt ist, erscheint der Hauptbildschirm mit der Anzeige der verfügbaren Apps, die diesem Benutzer zugewiesen wurden oder von ihm entwickelt worden sind.

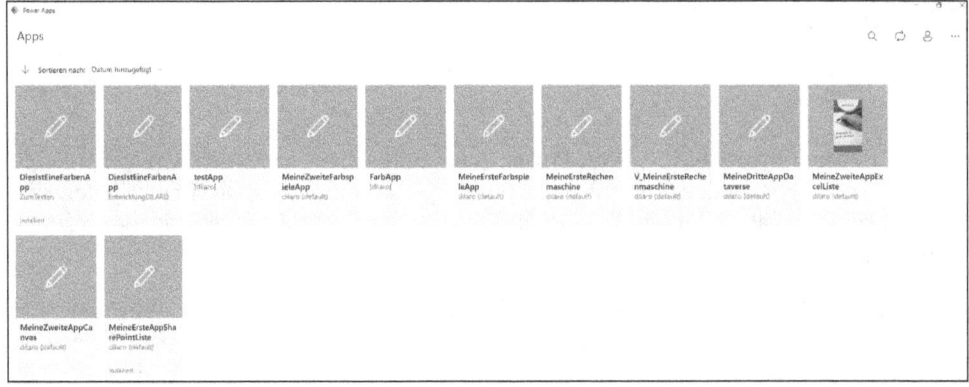

Abbildung 7.1: Oberfläche der Desktop-Anwendung Power Apps

 Unterhalb des Namens der einzelnen Apps finden Sie auch jeweils Angaben zur Umgebung, in der die App entwickelt oder abgelegt worden ist.

4. Um aus den angezeigten Anwendungen eine App zu starten, braucht diese nur angewählt oder angeklickt zu werden. Am Beispiel der in Teil I erstellten App »MeineErsteRechenmaschine« wird diese in der folgenden Abbildung funktionstüchtig dargestellt.

5. Beendet wird eine App in der Laufzeitumgebung in der Regel (Desktop) mit Anklicken des Symbols < oben links in der Ecke.

6. Im Hauptbildschirm können Sie über die drei Punkte oben rechts (Desktop) und den Punkt EINSTELLUNGEN weitere Vorgaben für die Anzeige festlegen. So können Sie beispielsweise die Anzeige auf die Apps einer bestimmten Umgebung beschränken oder auch die Anzeige um die modellgesteuerten Apps erweitern.

KAPITEL 7 Installation, Einrichtung und App-Start   71

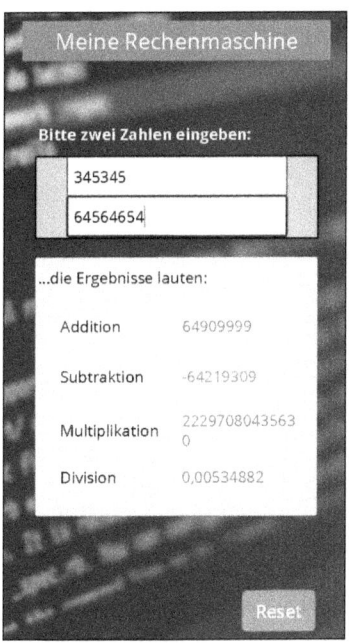

Abbildung 7.2: Einsatz einer App in der Laufzeitumgebung

Abbildung 7.3: Einstellungen in der Laufzeitumgebung der Apps

Damit die Apps in der Laufzeitumgebung ordnungsgemäß funktionieren, ist es erforderlich, dass diese in der Entwicklungsumgebung von Power Apps auch veröffentlicht worden sind. Näheres zur Freigabe und dem Veröffentlichen von Apps enthält das nachfolgende Kapitel 8 dieses Buches.

App-Start in der Microsoft-365-Umgebung

Neben der Nutzung spezieller Laufzeitumgebungen, so wie im vorhergehenden Abschnitt beschrieben, steht eine weitere Möglichkeit unmittelbar in der Weboberfläche der Microsoft-365-Umgebung zur Verfügung.

1. Rufen Sie dazu zunächst einmal den Hauptbildschirm der Microsoft-365-Umgebung auf, indem Sie im Browser Folgendes eingeben:

   www.office.com

2. Nach erfolgter Anmeldung können Sie in der Microsoft-365-Umgebung am schnellsten über das Symbol APPS in der linken Menüleiste auf die verfügbaren Anwendungen zugreifen. Anschließend werden – neben diversen anderen Apps – im Bereich GESCHÄFTS-APPS auch die selbst mit Power Apps erstellten oder zugewiesenen Apps angezeigt.

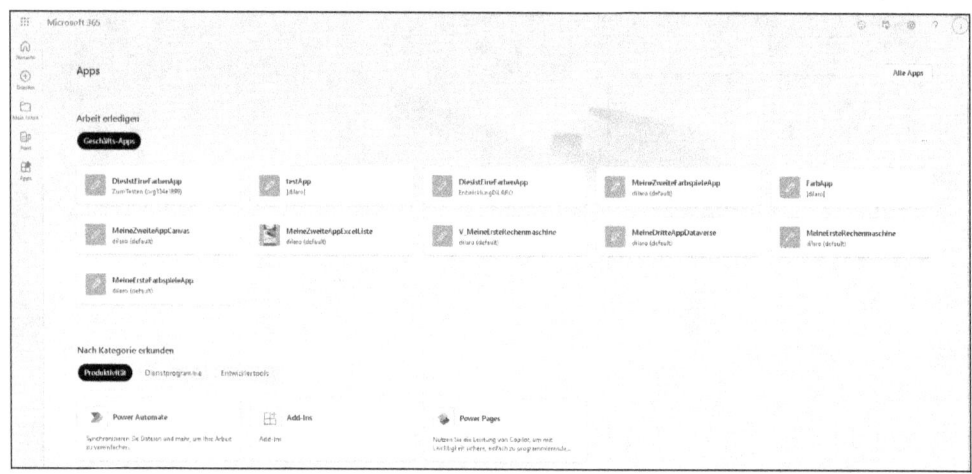

Abbildung 7.4: App-Anzeige in der Microsoft-365-Umgebung

 Zum Wechsel in die Anzeige der Apps können Sie auch das »Waffel«-Menü in der linken oberen Ecke anklicken und dort den Punkt WEITERE APPS oder ALLE APPS auswählen.

3. Zum Start der selbst erstellten oder zugewiesenen Anwendung müssen Sie diese anschließend in der Aufstellung GESCHÄFTS-APPS anklicken.

KAPITEL 7 Installation, Einrichtung und App-Start   73

App-Start am Mobilgerät

Da es verschiedene Möglichkeiten gibt, eine selbst erstellte App den Anwendern zur Verfügung zu stellen, soll an dieser Stelle die Möglichkeit für einen App-Aufruf an einem Mobilgerät (Smartphone oder Tablet) erläutert werden.

1. Auch bei einem mobilen Gerät müssen Sie zunächst einmal aus einem der verfügbaren Stores (iOS, Microsoft, Google und andere) die Laufzeitumgebung in Form der App mit dem Namen »Power Apps« herunterladen.

2. Nach dem Start der App und anschließender Anmeldung an der Microsoft-365-Umgebung werden Ihnen auf der Startseite der Laufzeitumgebung die zugewiesenen Apps angezeigt.

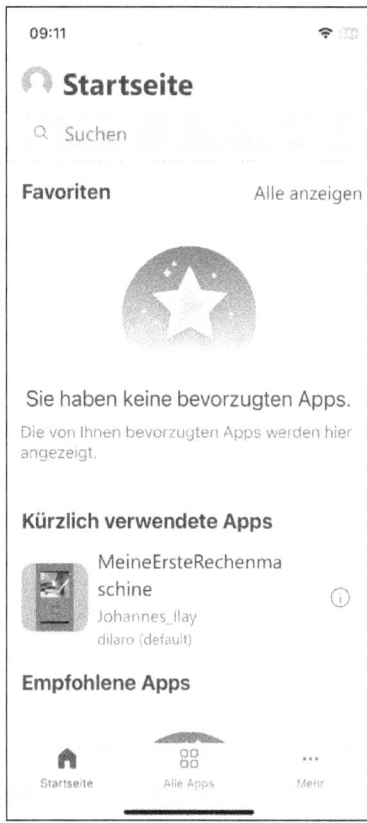

Abbildung 7.5: Anzeige verfügbarer Apps auf einem Smartphone

Damit in einer Laufzeitumgebung entsprechende Apps zum Aufruf zur Verfügung stehen, müssen diese vorab für Sie freigegeben worden sein, sofern Sie die Apps nicht selbst in Ihrer eigenen Umgebung entwickelt haben.

3. Starten Sie auf diese Art und Weise beispielsweise die Beispiel-App aus Kapitel 4, so stellt sich dies anschließend auf dem Mobilgerät so dar, wie in der folgenden Abbildung dargestellt.

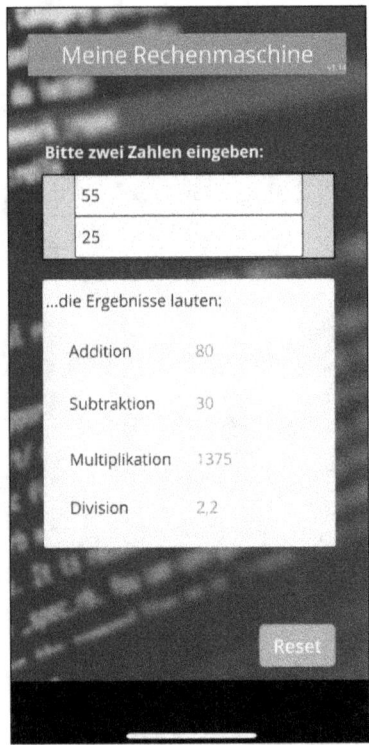

Abbildung 7.6: App-Ausführung in der Laufzeitumgebung eines Smartphones

Um eine App auf einem Mobilgerät wieder zu verlassen, müssen Sie auf dem Bildschirm von links nach rechts wischen.

4. In der Laufzeitumgebung einer Smartphone-App stehen Ihnen – vergleichbar mit dem Desktop – auch diverse Einstellungs- und Konfigurationsmöglichkeiten zur Verfügung. Auf der Startseite der Laufzeitumgebung (siehe Abbildung 5) müssen Sie rechts neben dem Namen der App das eingekreiste *i* anklicken.

Abbildung 7.7: Konfiguration auf einem Smartphone

5. Es erscheint die Konfigurationsseite der App, wo verschiedene Optionen zur Verfügung stehen. So können Sie beispielsweise mit dem Punkt VERKNÜPFUNG HINZUFÜGEN den Start der App in der Liste der Kurzbefehle (Shortcuts) hinterlegen.

6. Aus der Liste der Kurzbefehle können Sie dann beispielsweise diese Verknüpfung auf dem Home-Bildschirm des Mobilgerätes hinterlegen. Somit steht Ihnen über ein eigenes Symbol (Lesezeichen) der direkte Start der App zur Verfügung.

Sie haben gesehen, dass die Apps, die Sie mit Power Apps erstellen, auf einem mobilen Gerät vergleichbar behandelt werden können, wie jede andere beliebige App aus den Stores. Auf diese Weise sind Sie (innerhalb der Microsoft-365-Umgebung) sehr flexibel und schnell mit der Verteilung selbst erstellter Anwendungen.

Einfach mal testen!

Sofern Sie (noch) nicht über eine entsprechende Lizenz zur Nutzung von Power Apps verfügen, bietet Ihnen Microsoft eine Möglichkeit, Power Apps im Rahmen einer Testmöglichkeit auszuprobieren.

Um sich für eine solche Testlizenz zu registrieren, müssen Sie im Browser folgende Adresse eintragen:

```
https://powerapps.microsoft.com/
```

Alternativ können Sie auch direkt die folgende Webseite aufrufen:

```
https://powerapps.microsoft.com/de-de/developerplan/
```

Anschließend gelangen Sie auf eine Webseite, wo Sie sich dann kostenlos registrieren können; das Einzige, was Sie dafür benötigen, ist ein E-Mail-Konto, das Sie bei der Registrierung angeben müssen.

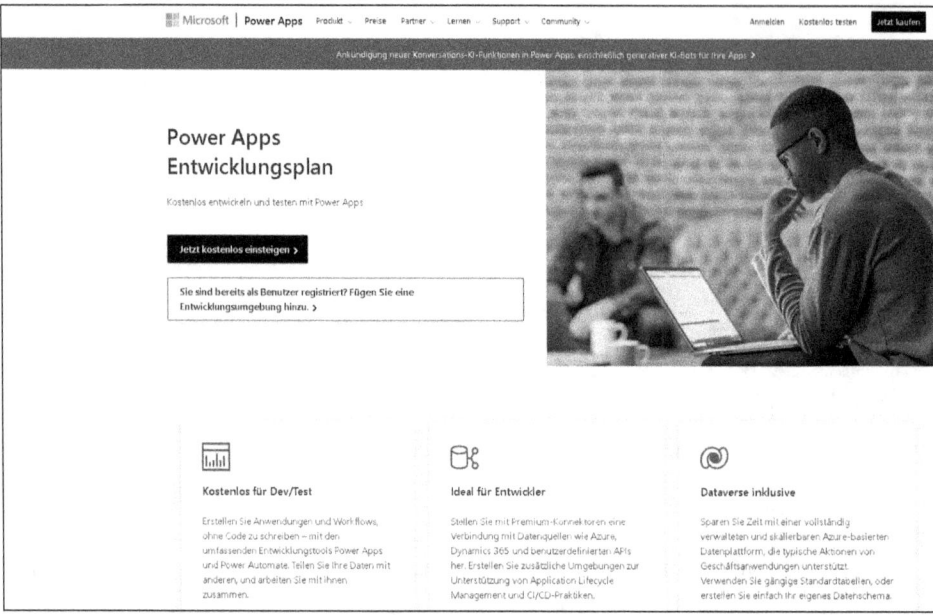

Abbildung 7.8: Registrierung für Power Apps

Eine Registrierung für die Entwicklungsumgebung kann grundsätzlich ohne Zeitlimit erfolgen. Im Gegensatz dazu ist eine Umgebung von Power Apps zur Ausführung der Apps immer auf 30 Tage beschränkt.

Abbildung 7.9: Kostenlose Registrierung für die Power-Apps-Entwicklungsumgebung

Nähere Angaben zur Lizenzierung einer Microsoft-365-Umgebung und der einzelnen Anwendungen erhalten Sie am schnellsten unter der folgenden Web-Adresse:

```
https://www.microsoft.com/de-de/microsoft-365/business/compare-all-
microsoft-365-business-products?market=de
```

IN DIESEM KAPITEL

Arbeiten auf der Oberfläche von Power Apps

Entwicklungsumgebung und Vorschaumodus

Befehlszeile für Power Fx

Speichern, veröffentlichen und freigeben

Besondere Funktionen

Kapitel 8
Oberfläche von Power Apps

Die Entwicklungsumgebung für die Entwicklung von Anwendungen mit Nutzung von Power Fx ist das Programm Power Apps als Komponente einer Microsoft-365-Umgebung. Diese Komponente stellt nicht nur Möglichkeiten zur Konfiguration und Verwaltung der Apps, sondern auch eine komplette Entwicklungsumgebung zur Verfügung. Dazu gehören Assistenten und Funktionen zur App-Entwicklung, sämtliche Entwicklungsoptionen von Power Fx, die Möglichkeit über Konnektoren Verbindungen zu (nahezu) beliebigen Datenquellen herzustellen, ein ausgereifter Vorschaumodus, die Freigabe- und Veröffentlichungsoptionen und und und ...

Start von Power Apps

Sobald die Installation und Einrichtung und die Konfiguration zur Nutzung erfolgt sind, können Sie die Power-Apps-Umgebung in einem Web-Browser wie folgt aufrufen:

https://make.powerapps.com

 Grundsätzlich stehen verschiedene Optionen zum Start von Power Apps zur Verfügung, so wie in Kapitel 2 von Teil I beschrieben.

Aufbau des Hauptbildschirms

Sobald Sie Power Apps im Web-Browser aufgerufen und sich am Tenant angemeldet haben, erscheint der Hauptbildschirm, in dem vielfältige Funktionen und Möglichkeiten zur Verfügung stehen, die im Folgenden erläutert werden.

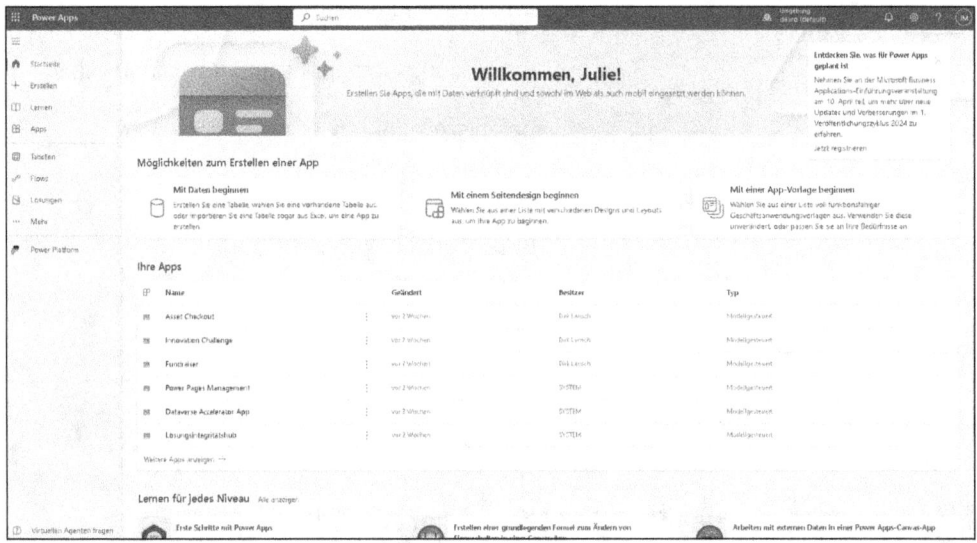

Abbildung 8.1: Hauptbildschirm von Power Apps

 Da die verschiedenen Anwendungen oder Komponenten und die Microsoft-365-Umgebung selbst von Microsoft immer wieder optimiert und angepasst werden (Stichwort *Evergreen*), kann es sein, dass die ein oder andere Darstellung oder Bezeichnung anders lautet.

Der Hauptbildschirm von Power Apps ist so gegliedert, dass er im oberen und im linken Bereich diverse Menüpunkte hat; teilweise erscheinen die Punkte im oberen Bereich erst bei Anwahl einer bestimmten Funktion. Im rechten Bereich der oberen Menüliste sind zudem zusätzliche Funktionen zur Systemverwaltung abgelegt, die im Weiteren noch erläutert werden.

Die Mitte des Bildschirms von Power Apps ist in verschiedene Bereiche unterteilt (gegebenenfalls nach unten scrollen), die wie folgt lauten:

- Andere Möglichkeiten zur Erstellung einer App
- Ihre Apps
- Lernen für jedes Niveau

Was sich hinter diesen Bereichen und den sonstigen Funktionen verbirgt, ist Inhalt der nachfolgenden Ausführungen.

Menü links

Der Menübereich am linken Bildschirmrand stellt eine Vielzahl von Optionen zur Verfügung; diese werden nachfolgend im Einzelnen besprochen.

✔ Mehr
Um alle Optionen anzeigen zu lassen, sollten Sie zunächst einmal den Punkt MEHR anklicken. Anschließend erscheint ein Dialogfenster, in dem Sie dann durch Anklicken des Symbols »Pin-Nadel« auswählen können, welche Menüpunkte in der linken Menüleiste angezeigt werden.

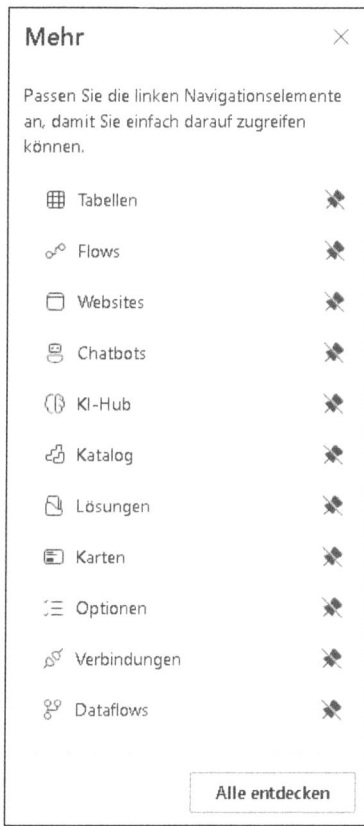

Abbildung 8.2: Auswahloptionen der Menüeinträge

Mit Anwahl der Schaltfläche ALLE ENTDECKEN öffnet sich eine separate Bildschirmdarstellung mit Anzeige der verfügbaren Optionen.

✔ Startseite
Der Menüpunkt STARTSEITE führt Sie immer wieder auf die Einstiegsseite von Power Apps, wo verfügbare Apps angezeigt und gestartet oder auch spezielle Lerninhalte angezeigt werden.

✔ Erstellen
Der Punkt ERSTELLEN ist der Startpunkt, um eine neue App zu erstellen. Dabei stehen im oberen Bereich sowohl die Anwahl einer leeren App als auch Möglichkeiten, direkt auf eine Datenquelle zuzugreifen, zur Verfügung. Im unteren Bereich werden Ihnen Vorlagen angezeigt, die Sie als Grundlage Ihrer eigenen App-Entwicklung nutzen und anpassen können.

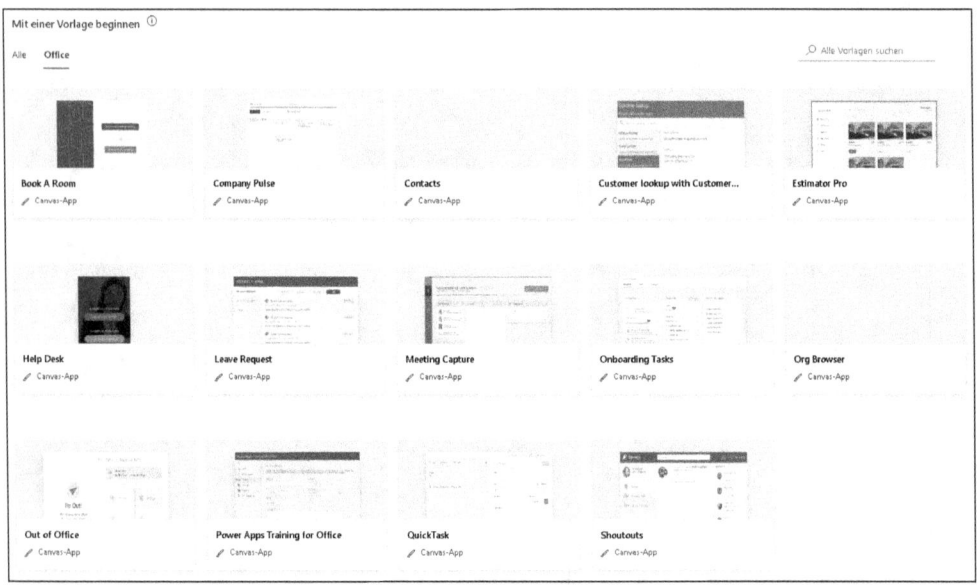

Abbildung 8.3: Verfügbare Vorlagen zur App-Entwicklung

✔ Lernen
Der Menüpunkt LERNEN bietet eine Vielzahl von Lerninhalten und Videos, die insbesondere den Einstieg in die App-Entwicklung mit Power Apps wesentlich vereinfachen sollen. Dabei können Sie im oberen Bildschirmbereich auch ganz gezielt Ihre *Erfahrungsstufe* auswählen, damit Ihnen zielgerichtete Inhalte angezeigt werden. Mit Anklicken der Symbole > und < können Sie innerhalb der Darstellung nach rechts oder links blättern.

 Nach wie vor sind viele Lerninhalte, Beiträge und Videos nur in englischer Sprache verfügbar.

✔ Apps
Das Herzstück von Power Apps stellt natürlich der Menüpunkt APPS dar. Darüber steht Ihnen der Einstieg in die App-Entwicklung oder der Aufruf verfügbarer Apps zur Verfügung.

✔ Mehr
Um alle Optionen anzeigen zu lassen, sollten Sie zunächst einmal den Punkt MEHR anklicken. Anschließend erscheint ein Dialogfenster, in dem Sie dann durch Anklicken des Symbols »Pin-Nadel« auswählen können, welche Menüpunkte in der linken Menüleiste angezeigt werden.

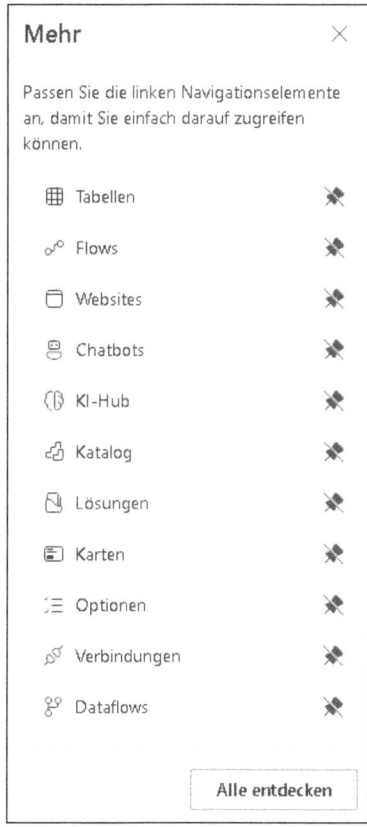

Abbildung 8.2: Auswahloptionen der Menüeinträge

 Mit Anwahl der Schaltfläche ALLE ENTDECKEN öffnet sich eine separate Bildschirmdarstellung mit Anzeige der verfügbaren Optionen.

✔ Startseite
Der Menüpunkt STARTSEITE führt Sie immer wieder auf die Einstiegsseite von Power Apps, wo verfügbare Apps angezeigt und gestartet oder auch spezielle Lerninhalte angezeigt werden.

✔ **Erstellen**
Der Punkt ERSTELLEN ist der Startpunkt, um eine neue App zu erstellen. Dabei stehen im oberen Bereich sowohl die Anwahl einer leeren App als auch Möglichkeiten, direkt auf eine Datenquelle zuzugreifen, zur Verfügung. Im unteren Bereich werden Ihnen Vorlagen angezeigt, die Sie als Grundlage Ihrer eigenen App-Entwicklung nutzen und anpassen können.

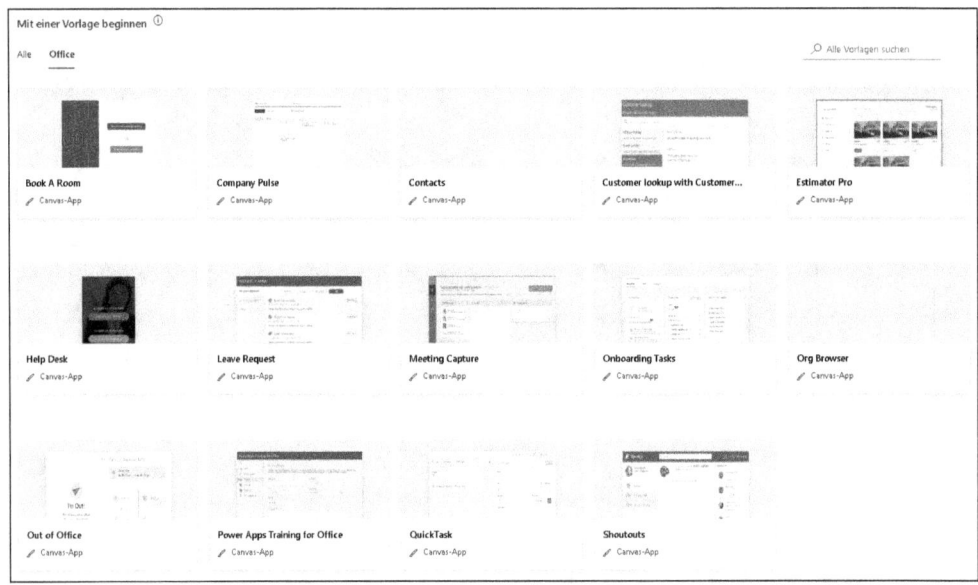

Abbildung 8.3: Verfügbare Vorlagen zur App-Entwicklung

✔ **Lernen**
Der Menüpunkt LERNEN bietet eine Vielzahl von Lerninhalten und Videos, die insbesondere den Einstieg in die App-Entwicklung mit Power Apps wesentlich vereinfachen sollen. Dabei können Sie im oberen Bildschirmbereich auch ganz gezielt Ihre *Erfahrungsstufe* auswählen, damit Ihnen zielgerichtete Inhalte angezeigt werden. Mit Anklicken der Symbole > und < können Sie innerhalb der Darstellung nach rechts oder links blättern.

 Nach wie vor sind viele Lerninhalte, Beiträge und Videos nur in englischer Sprache verfügbar.

✔ **Apps**
Das Herzstück von Power Apps stellt natürlich der Menüpunkt APPS dar. Darüber steht Ihnen der Einstieg in die App-Entwicklung oder der Aufruf verfügbarer Apps zur Verfügung.

KAPITEL 8 Oberfläche von Power Apps 81

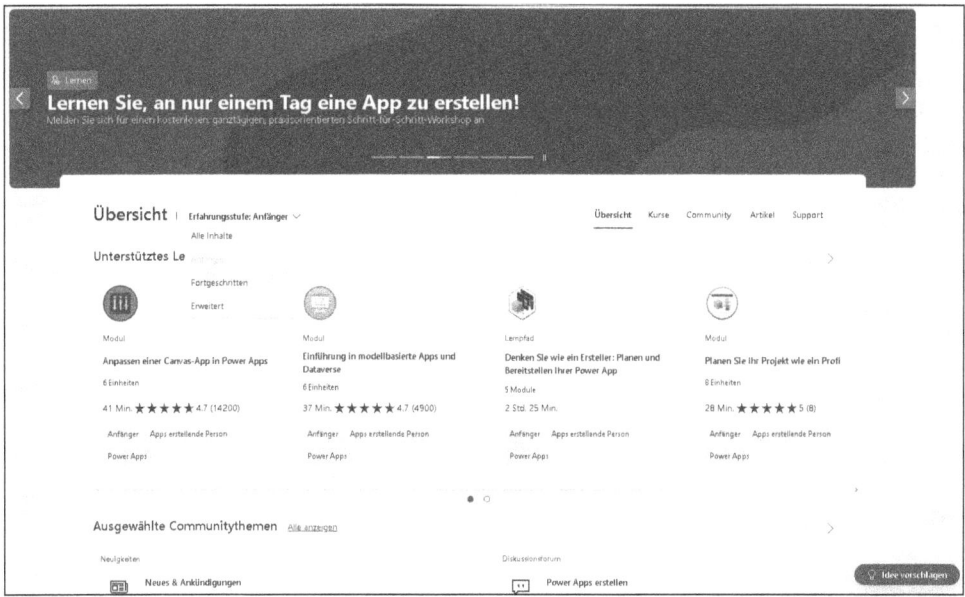

Abbildung 8.4: Lernunterstützungsmöglichkeiten von Power Apps

Die Reihenfolge der optional anwählbaren Menüpunkte im unteren Menübereich (unterhalb der Trennlinie) variiert und kann sich bei Ihnen gegebenenfalls anders darstellen.

✔ Tabellen
Nach Anklicken des Menüpunktes TABELLEN erscheinen die in Power Apps verfügbaren Tabellen. Es handelt sich dabei um Datenspeicher, die bei der Erstellung von Apps eingesetzt werden können. Diese Tabellen liegen in der Regel im zentralen Datenspeicher einer Microsoft-365-Umgebung (Dataverse). Als Benutzer können Sie beispielsweise Daten aus anderen Datenquellen (zum Beispiel Excel-Tabellen) nach Dataverse überführen.

✔ Flows
Der Menüpunkt FLOWS integriert die Möglichkeiten Power Automate, womit Sie Abläufe und Prozesse automatisieren können. So erhalten Sie über diesen Menüpunkt Zugriff auf die Workflows, die direkt in der Entwicklungsumgebung von Power Apps erstellt worden sind.

In Teil IV dieses Buches wird das Zusammenspiel und die Integration von Power Apps und Power Automate dargestellt und erläutert. Zudem finden Sie in Kapitel 16 von Teil III Angaben dazu, wie Sie direkt in der Entwicklungsumgebung von Power Apps einen Flow erstellen können.

✔ **Dataflows**
Mit dem Punkt DATAFLOWS stehen Ihnen Möglichkeiten zur Verfügung, um für eine App-Entwicklung unterschiedliche Datenquellen zusammenzuführen und diese für die Nutzung in einer App zu verwenden.

Die Basis der Datenkonsolidierung über Dataflows stellt das Programm Power Query dar, das Sie gegebenenfalls als Excel-Zusatzprogramm bereits kennen. Die Verwendung der Dataflows steht grundsätzlich auch für Analysen oder die Flow-Entwicklung mittels Power Automate zur Verfügung.

✔ **Optionen**
Bei dem Punkt OPTIONEN handelt es sich um globale Festlegungen für die Dataverse-Umgebung, die auch nur mit entsprechenden Berechtigungen bearbeitet oder ergänzt werden können; so werden beispielsweise mit dem Eintrag *Monat* die verfügbaren Monate (Januar bis Dezember) zusammengefasst.

Die ausführliche Erläuterung einer Dataverse-Umgebung und deren unterschiedliche Optionen und Konfigurationsmöglichkeiten würde den Umfang dieses Buches sprengen; aus dem Grund empfiehlt sich die Hinzuziehung weiterführender Literatur.

✔ **KI-Hub**
Mit dem Punkt KI-HUB wird eine Umgebung zur Verfügung gestellt, um Anwendungen, Abläufe und Prozesse mit Einsatz der künstlichen Intelligenz zu unterstützen; schwerpunktmäßig bei Einsatz von Power Automate. So besteht beispielsweise die Möglichkeit, über Vorlagen die Extraktion von Text aus Dateien (zum Beispiel Rechnungen) zu realisieren.

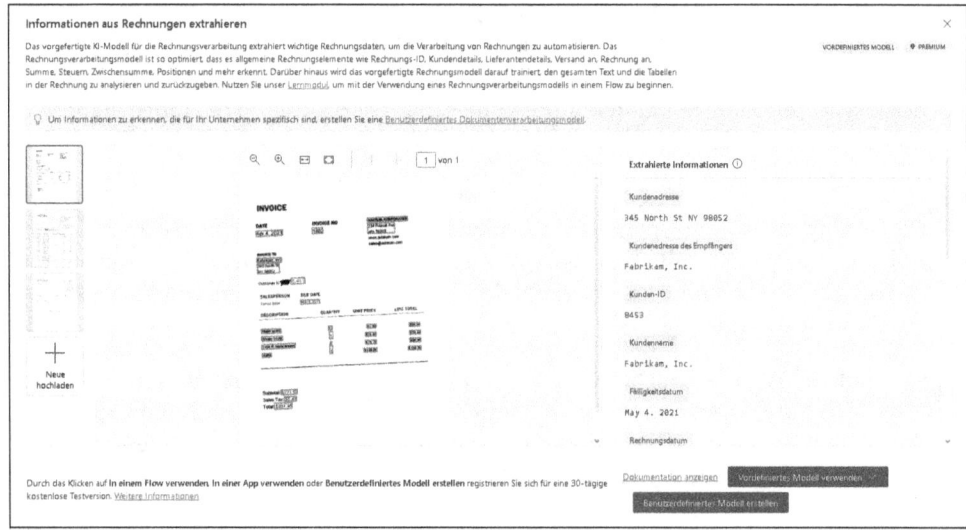

Abbildung 8.5: Bearbeitung von Rechnungen mittels künstlicher Intelligenz

In Teil IV dieses Buches werden Möglichkeiten dargestellt, wie Sie Künstliche Intelligenz am Beispiel des Copiloten von Microsoft bei der App-Erstellung unterstützen kann.

✔ Websites
Über den Punkt WEBSITES wird ein weiteres Modul der Power-Platform-Umgebung aufgerufen. So können Sie mithilfe von Power Pages einzelne Webseiten oder auch zusammenhängende Seiten (zum Beispiel für einen Web-Auftritt) erstellen, gestalten und verwalten.

✔ Lösungen
Mit LÖSUNGEN können die Komponenten und Ressourcen einer Entwicklungsumgebung zusammengefasst werden; dies kann beispielsweise für einen Transfer in eine andere Umgebung dienen.

In Teil IV wird ausführlich dargestellt und erläutert, auf welche Art und Weise ein Export und ein Import mittels Lösungen erfolgen können.

✔ Verbindungen
Der Punkt VERBINDUNGEN dient dazu, in der aktuell gewählten Umgebung die verfügbaren Datenverbindungen anzuzeigen oder neue Verbindungen herzustellen. Auf diese Verbindungen kann dann bei der App-Erstellung (oder auch bei der Verwaltung von Workflows mittels Power Automate) zugegriffen werden.

Name		Geändert	Status
Johannes@dilaro365.onmicrosoft.com SharePoint	...	Vor 9 h	Verbunden
Johannes@dilaro365.onmicrosoft.com Office 365 Users	...	Vor 9 h	Verbunden
DirkLarisch@dilaro365.onmicrosoft.com OneDrive for Business	...	Vor 2 T.	Verbunden
Johannes@dilaro365.onmicrosoft.com Office 365 Outlook	...	Vor 1 h	Verbunden
DirkLarisch@dilaro365.onmicrosoft.com Office 365 Outlook	...	Vor 1 h	Verbunden
Notifications Notifications	...	Vor 1 wo	Verbunden
Johannes@dilaro365.onmicrosoft.com Microsoft Dataverse (legacy)	...	Vor 1 T.	Verbunden

Abbildung 8.6: Aufstellung verfügbarer Datenverbindungen

✔ Karten
Die Option KARTEN ermöglicht eine besondere Form, um schnell und einfach kleinere Apps (Karten) zu erstellen; diese Karten können dann über Power Fx in andere Apps eingebunden oder in einem Teams-Chat oder Teams-Kanal aufgerufen werden.

✔ Chatbots
Mit dem Punkt CHATBOTS steht Ihnen eine Möglichkeit zur Verfügung, eigene Bots oder Copiloten zu erstellen, die Sie dann Ihren Anwendern zur Verfügung stellen können. Als Basis kommt dabei das Microsoft Copilot Studio (ehemals Power Virtual Agents) zum Einsatz.

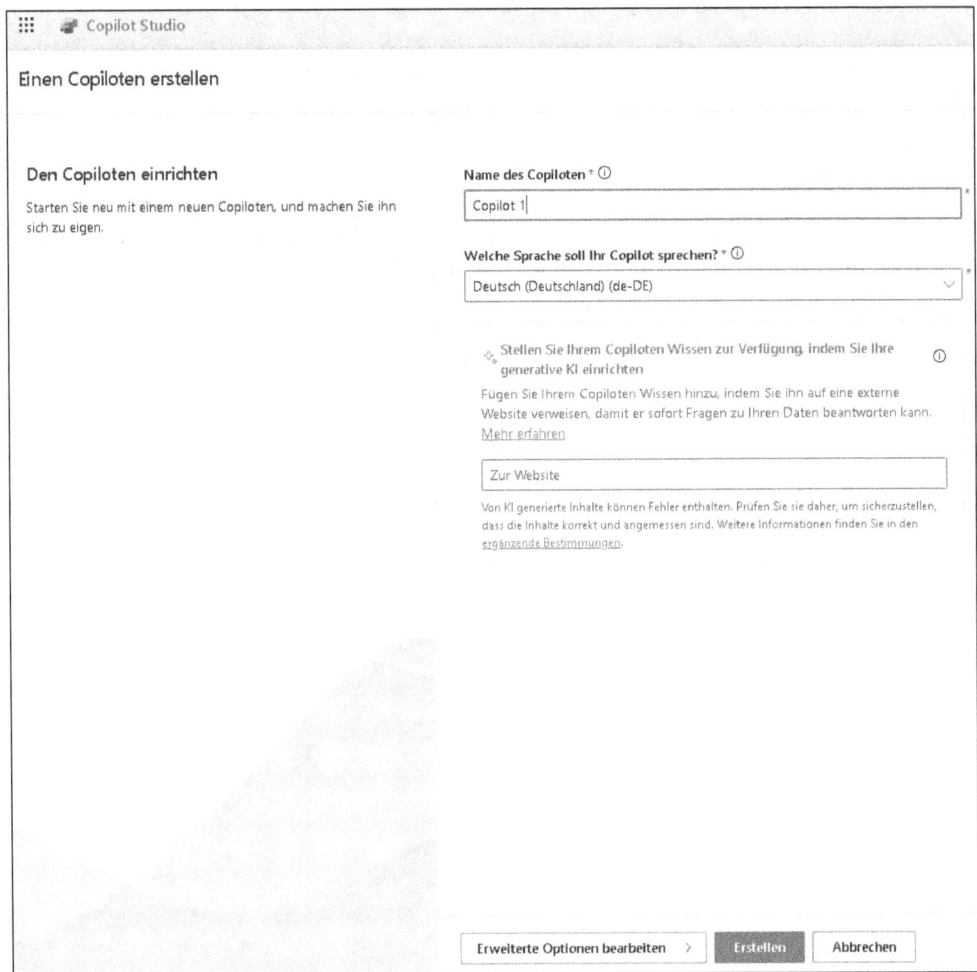

Abbildung 8.7: Erstellung von Chatbots in Power Apps

Es handelt sich bei einem Bot um eine besondere Hilfefunktion, die einem Anwender mithilfe einer bestimmten Menüführung und der Zuordnung ausgewählter Inhalte zu konkreten Fragen Antworten liefert; ein sehr bekannter Chatbot ist beispielsweise ChatGPT.

✔ Katalog
Mit Einsatz der Option KATALOG steht Ihnen in Power Apps eine Möglichkeit zur Verfügung, für eine bestimmte Entwicklungsumgebung (beispielsweise innerhalb einer Firma) bestimmte Vorlagen oder App-Entwicklungen zu sammeln und zu kategorisieren. So können diese dann beispielsweise anderen Entwicklern zur Verfügung gestellt werden.

✔ Power Platform
Über den Menüpunkt POWER PLATFORM haben Sie eine Auswahlmöglichkeit zum Start der verschiedenen Anwendungen der Power Platform, inklusive des Power Platform Admin Centers.

Auch wenn die deutsche Schreibweise von Plattform zwei »t« beinhaltet, verwenden wir in diesem Buch bei Namensnennung wie der Power Platform die korrekte englische Schreibweise mit einem »t«.

✔ Virtuellen Agenten fragen
Die Option VIRTUELLEN AGENTEN FRAGEN im linken Menübereich stellt innerhalb von Power Apps einen eigenen Chatbot zur Verfügung. Dieser dient dazu, Ihnen bei den ersten Schritten in der Power-Platform-Umgebung zu helfen. Dabei können Sie konkrete Fragen stellen oder aus den Vorschlägen jeweils das passende auswählen.

Der in Power Apps und den anderen Power-Platform-Anwendungen integrierte Chatbot ist als eine Art »Vorläufer« des Copiloten nur in englischer Sprache verfügbar.

Menü oben

Neben den Punkten im linken Menübereich stehen auch im oberen Bereich weitere Optionen und Funktionen zur Verfügung. Dabei ist die Anzeige immer davon abhängig, in welchem Programmteil Sie sich befinden welche der linken Menüoptionen Sie angewählt haben.

Wenn Sie beispielsweise links APPS anwählen, erscheinen im oberen Bereich Menüpunkte, um eine neue App zu erstellen oder auch um einen Import durchzuführen. Über den Punkt TABELLEN (links) gelangen Sie zu einem oberen Menübereich zum Anlegen einer neuen Tabelle, zum Im- und Export oder auch zum Aufruf einer Analyse-Funktion. Bei Anwahl einer Tabelle stehen dort weitere Funktionen zur Verfügung (zum Beispiel Eigenschaften).

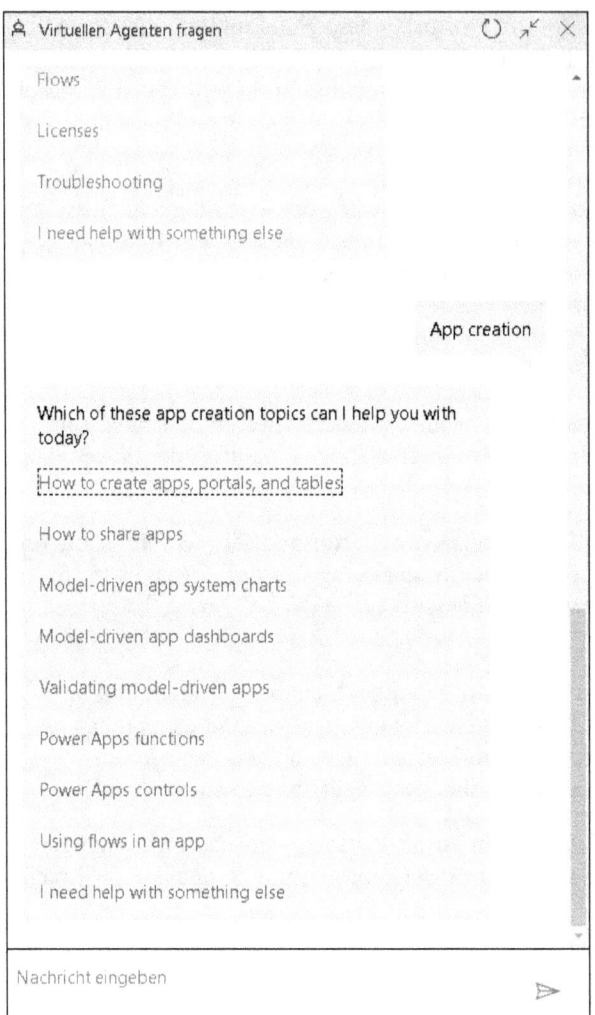

Abbildung 8.8: Virtueller Agent als integrierter Chatbot

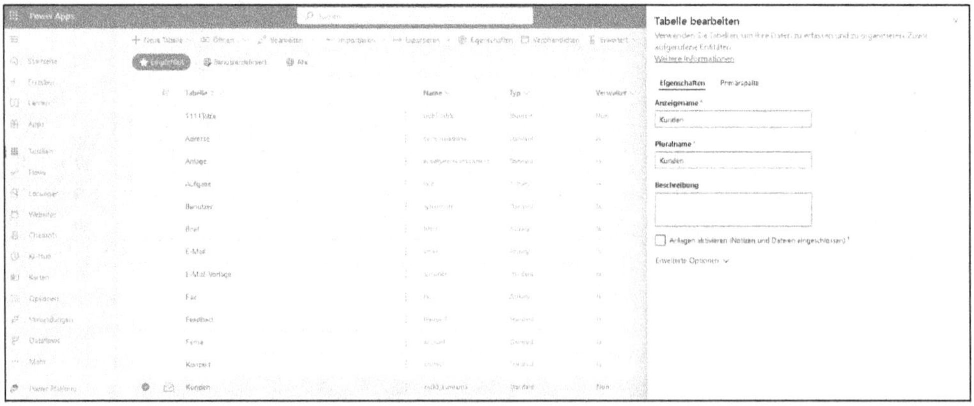

Abbildung 8.9: Oberer Menübereich der Tabellen-Funktion

Umgebungen für meine Apps

Der obere Bereich einer Power-Apps-Umgebung weist mit dem Begriff UMGEBUNG (innerhalb der farblich hinterlegten oberen Zeile) einen sehr wichtigen Baustein aus. Verbergen sich doch dahinter die Optionen zur Umsetzung eines *Life-Cycle-Managements* bei einer App-Entwicklung, genauer eines ALM (*Application Lifecycle Management*). Damit wird beschrieben, welche Zyklen durchlaufen werden, bis eine Anwendung produktiv im Einsatz ist.

Ein recht eingängiger Weg ist die Einrichtung von drei separaten Umgebungen:

- Entwicklung
- Test
- Produktion

Auf diese Art und Weise hat der Entwickler eine separate Umgebung; nach dem Übertragen der Entwicklung in die Testumgebung kann die App dort ausführlich getestet werden (auch durch den Kunden), bevor sie dann nach Freigabe in die Produktivumgebung überführt werden kann.

Wichtig bei der Umsetzung eines ALM ist, dass – neben einer umfassenden Dokumentation – Änderungen an einer App nur in der Entwicklungsumgebung vorgenommen werden dürfen; so wird ein konsistenter Datenbestand sichergestellt.

Power Apps unterstützt die Anforderungen einer professionellen Anwendungsentwicklung, indem es Benutzer in die Lage versetzt, verschiedene Umgebungen zu realisieren. Sobald Sie im oberen Bereich von Power Apps den Punkt UMGEBUNG anklicken, werden die verfügbaren oder zugewiesenen Umgebungen dargestellt, aus denen Sie dann die gewünschte auswählen können.

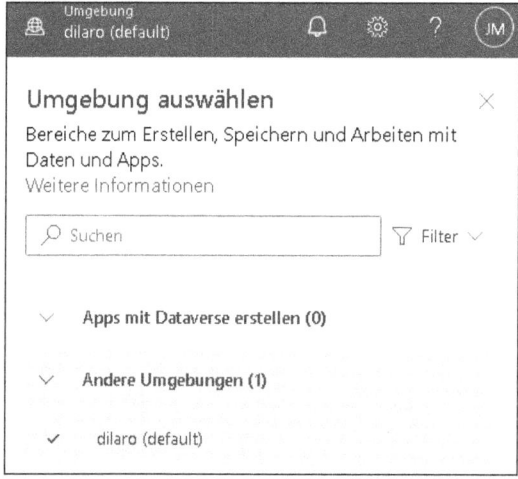

Abbildung 8.10: Darstellung der Standard-Umgebung eines Benutzers

Die Zuordnung der Umgebungen unterliegt natürlich ebenso entsprechender Berechtigungen, die derjenige, der die Umgebung erstellt, zuweisen muss.

Um neue Arbeitsumgebungen festzulegen, müssen Sie das Power Platform Admin Center aufrufen; dies erreichen Sie am schnellsten auf der Startseite von Power Apps über den Menüpunkt POWER PLATFORM und anschließender Anwahl des Punktes POWER PLATFORM ADMIN CENTER.

In der Verwaltungskonsole der Power Platform (Admin Center) müssen Sie zunächst den Punkt UMGEBUNGEN anwählen, um dort entsprechende Arbeitsumgebungen neu anzulegen (zum Beispiel für Entwicklung und Testen).

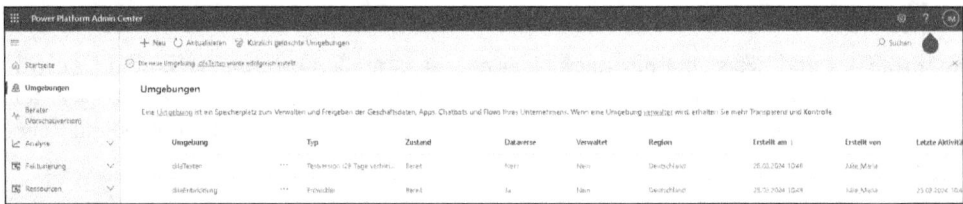

Abbildung 8.11: Anlegen zusätzlicher Umgebungen im Power Platform Admin Center

Sobald Sie über mehrere verschiedene Arbeitsumgebungen verfügen, können Sie diese in der Oberfläche von Power Apps mit dem Punkt UMGEBUNG auswählen.

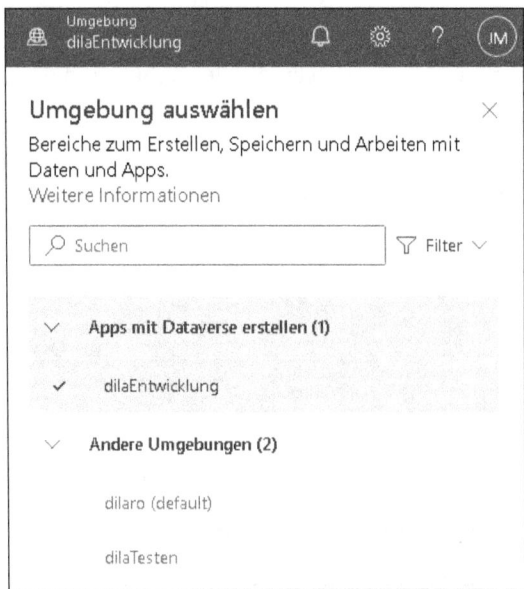

Abbildung 8.12: Auswahl einer Arbeitsumgebung

Weitere Verwaltungswerkzeuge

Der obere Menü- oder Bildschirmbereich hält weitere Funktionen und Möglichkeiten zur Verfügung. Über das Glockensymbol können Sie die Benachrichtigungsfunktion von Power Apps abrufen; hierüber werden Sie bei Änderungen informiert (wenn Ihnen beispielsweise eine App zugewiesen wird) und Sie können sich auch die Historie der Meldungen anzeigen lassen.

Das Zahnradsymbol öffnet ein Untermenü, in dem diverse Optionen und Einstellungen zur Verwaltung der Power-Apps-Umgebung angeboten werden. In diesem Menü zur Systemverwaltung können weitere Anwendungen (zum Beispiel Admin Center) aufgerufen oder Voreinstellungen der Power-Apps-Umgebung vorgenommen werden.

Über das Fragezeichen (?) erhalten Sie Zugriff auf das Hilfecenter von Power Apps. Dahinter verbergen sich interessante Links zu weiterführenden Webseiten oder auch der Zugriff auf die Gemeinschaft (Community) und vielfältige Blog-Beiträge.

Abbildung 8.13: Untermenü mit diversen Verwaltungsmöglichkeiten

Der Kontomanager am rechten äußeren Rand ist eine Komponente, die in der gesamten Microsoft-365-Umgebung angezeigt wird; sie soll an dieser Stelle nicht weiter thematisiert werden. Zudem können die Punkte im Menü zur Systemverwaltung in Abhängigkeit von den zugewiesenen Berechtigungen unter Umständen variieren.

Alle entdecken

Es wurde bereits bei den obigen Erläuterungen darauf hingewiesen, dass der Menüeintrag MEHR in der linken Menüleiste einen besonderen Eintrag aufweist, der Ihnen einen anderen Zugang zu den Möglichkeiten von Power Apps ermöglicht.

Zum Aufrufen können Sie nach Anwahl des Punktes MEHR im nachfolgenden Dialogfenster die Schaltfläche ALLE ENTDECKEN anklicken, woraufhin eine separate Bildschirmdarstellung mit Anzeige der verfügbaren Optionen angezeigt wird.

Abbildung 8.14: Anwahl der Option »Alle entdecken«

Während im oberen Bereich Einträge zu den allgemein verfügbaren Möglichkeiten von Power Apps erscheinen, weist der untere Teil dieses Bildschirms weitergehende Optionen der Oberfläche auf. Wählen Sie dort beispielsweise den Punkt HERAUSGEBER an, so erscheint dieser Punkt in der linken Menüleiste und im mittleren Bereich werden die verfügbaren Herausgeber angezeigt.

\+ Neuer Herausgeber

Herausgeber

Anzeigename ↑	Name	Präfix	Schreibgeschützt	Beschreibung
]dilaro[	dilaro	dilaro	Nein	Dieser Herausgeber wird für alle Entwicklungen bei]dilaro[verwendet
CDS Default Publisher	Cr871be	crdb5	Nein	
Dynamics 365	dynamics365custom...	msdynce	Ja	Microsoft Dynamics 365
Microsoft	adxstudio	adx	Ja	
Microsoft	microsoftdynamicsla...	msa	Ja	
Microsoft	microsoftdynamics	msdyn	Ja	Dynamics 365
Microsoft Dynamics 365	microsoftdynamics365	msdyn	Ja	Microsoft Dynamics 365
Microsoft Dynamics AILabs	MicrosoftDynamicsA...	msdyn	Ja	Microsoft Dynamics AILabs
Microsoft First Party	microsoftfirstparty		Nein	Publisher for Microsoft First Party Solutions
PowerCat	PowerCat	cat	Ja	PowerCAT
Standardherausgeber für orgaa6fccf7	DefaultPublisherorga...	new	Nein	Standardherausgeber für diese Organisation

Abbildung 8.15: Auflistung der verfügbaren Herausgeber

Herausgeber ist derjenige, der in Power Apps eine Entwicklung oder Komponente erstellt beziehungsweise veröffentlicht. In der Praxis hat es sich bewährt, für sämtliche Entwicklungen einer Firma und die unterschiedlichen Umgebungen (Entwicklung, Test, Produktion) immer ein- und denselben Herausgeber zu verwenden.

An diesem einfachen Beispiel sehen Sie, dass Sie über ALLE ENTDECKEN einen anderen Zugang zu bestimmten Funktionen bekommen und somit Zugriff auf zusätzliche Optionen erhalten.

Sie können die zusätzlich in der linken Menüleiste angezeigten Punkte ebenfalls »anpinnen« (Pin-Nadel); dies bietet sich an, wenn Sie bestimmte Funktionen öfter benötigen.

Entwicklungsumgebung von Power Apps

Nachdem Sie in den vorhergehenden Abschnitten den generellen Aufbau der Oberfläche von Power Apps kennengelernt haben, können Sie sich nun dem Herzstück widmen, der Entwicklungsumgebung von Power Apps. Diese Entwicklungsumgebung oder der Entwurfsmodus ist der Bereich in Power Apps, in dem Sie die Benutzeroberfläche und Funktionen Ihrer App erstellen und anpassen können.

An dieser Stelle können Sie Steuerelemente hinzufügen, entfernen und anordnen; zudem können Sie auf dieser Ebene das Aussehen und die Funktionalität Ihrer Anwendungen (Apps) festlegen. So können Sie ein Steuerelement aus der Steuerelementpalette auswählen und es auf die App-Oberfläche ziehen. Es gibt viele verschiedene Arten von Steuerelementen zur Auswahl, einschließlich Textfelder, Schaltflächen, Galerien und Formulare.

Auch wenn Sie in den vorherigen Kapiteln bereits erste Erfahrungen mit dem Entwurfsmodus sammeln konnten, sollen nachfolgend Schritt für Schritt die wesentlichen Funktionen und Bestandteile dargestellt und erläutert werden.

Einstieg in die Entwicklungsumgebung

Als Grundlage der nachfolgenden Erläuterungen verwenden Sie am besten eine leere Arbeitsoberfläche im Entwurfsmodus. Zusätzlich werden Sie aber auch noch einmal auf die in Teil I erstellte Beispiel-App (MeineErsteAppSharePointListe) zurückgreifen (siehe dazu auch die Anlage).

Klicken Sie dazu auf der Startseite von Power Apps auf den Menüpunkt ERSTELLEN und wählen dann LEERE APP – LEERE CANVAS-APP – ERSTELLEN an.

Nach Eingabe eines Namens für die App und der Auswahl einer Darstellungsoption (Tablet, Telefon) wird der Bildschirm der App-Entwicklungsumgebung aufgerufen.

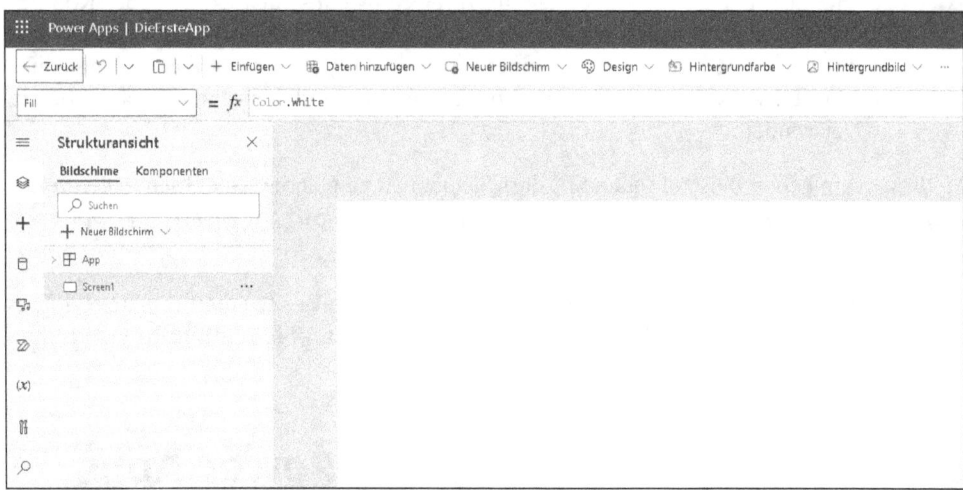

Abbildung 8.16: Entwurfsmodus einer leeren Canvas-App

 Was sich hinter dem Begriff »Canvas« und den sonstigen App-Ausprägungen verbirgt, erfahren Sie in Kapitel 11 dieses Buches.

Bildschirmaufbau der Entwicklungsumgebung

Im Entwurfsmodus der App-Erstellung mit Power Apps gibt es verschiedene Komponenten. So befindet sich im oberen Teil ein Menüsystem, über das Struktur- oder Steuerelemente eingefügt werden können, Datenverbindungen aufgebaut oder auch das Aussehen der App bezüglich Farbe oder Hintergrundbild verändert werden kann. Zudem sind dort die Punkte hinterlegt zur Speicherung oder auch Veröffentlichung einer App.

Unterhalb der oberen Menüzeile befindet sich die Befehlszeile, die Sie ja bereits in den vorhergehenden Kapiteln kennengelernt haben. Diese Befehls- oder Bearbeitungszeile (Power-Fx-Zeile) ist aufgeteilt in die Eigenschaften, die einem ausgewählten Objekt zugeordnet werden können, und der eigentlichen Befehlszeile, in der ein Text, eine Funktion oder ein Programmcode hinterlegt werden kann.

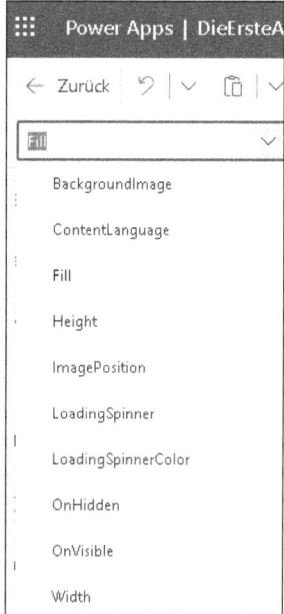

Abbildung 8.17: Eigenschaften eines Strukturelements

Sobald ein Objekt in der App-Oberfläche angewählt wurde, erfolgt die Auswahl der Objekteigenschaften (links oben) mittels eines Dropdown-Menüs. Auf diese Art werden jeweils die objektspezifischen Eigenschaften angezeigt und können entsprechend ausgewählt werden.

Zusätzlich gibt es auch im linken Bildschirmbereich eine Menüstruktur, deren Punkte teilweise inhaltsgleich zu den oberen Menüpunkten sind. Rechts daneben wird standardmäßig die Strukturansicht mit den einzelnen Strukturelementen angezeigt. Mit dem »Hamburger«-Menü kann dabei die Bezeichnung der linken Menüpunkte ein- und ausgeblendet werden.

Im unteren Bereich der linken Menüleiste gibt es dann noch das EINSTELLUNGEN-Menü (Zahnradsymbol) und einen sogenannten Virtuellen Agenten oder Chatbot, der allerdings nur Fragen in englischer Sprache beantworten kann.

Der mittlere Teil des Bildschirms im Entwurfsmodus dient der Darstellung der Ansicht und Bearbeitung der eigentlichen Anwendung. Im Beispiel der oben dargestellten leeren App ist diese leer und muss nach und nach mit Strukturelementen gefüllt werden.

Am rechten Rand ist der Eigenschaften-Bereich abgelegt, mit dem die Eigenschaften der einzelnen Strukturelemente eingetragen oder verändert werden können (siehe nachfolgend).

Strukturelemente

Die Struktur- oder Steuerelemente sind das Herzstück einer jeden Anwendung, die Sie mit Power Apps erstellen. Mit den zugewiesenen Eigenschaften können Sie nicht nur deren Größe, Position oder die Farbe ändern, sondern mit der Zuweisung entsprechender Funktionen, Aktionen oder eines Programmcodes steuern diese unmittelbar den Ablauf oder die Funktion einer App. Dabei können Steuerelemente auch mit Datenquellen verknüpft werden, was wiederum eine dynamische App-Entwicklung und die Bearbeitung der Daten aus unterschiedlichen Quellen ermöglicht.

Das Hinzufügen von Steuerelementen zu einer App erfolgt über das Menü EINFÜGEN, entweder in der oberen Menüzeile oder aus dem linken Menübereich. Wesentliche Struktur-/Steuerelemente sind:

- ✔ Beschriftung
  Textfelder (Beschriftungen) kommen zum Einsatz, um Textinformationen von Benutzern zu sammeln oder anzuzeigen. Bei den Eigenschaften können die Schriftart, -größe, -farbe und natürlich der Inhalt individuell angepasst werden.

- ✔ Bearbeitungsformular
  Mit dem Steuerelement Bearbeitungsformular steht ein spezielles Strukturelement zur Verfügung, um beispielsweise einen Datensatz zu bearbeiten. In der Beispiel-App aus Teil 1 (MeineErsteAppSharePointListe) wurde dieses Strukturelement beispielsweise im EDITSCREEN1 eingesetzt.

- ✔ Katalog (Gallery)
  Kataloge (Gallery) sind leistungsstarke Steuerelemente, mit denen jeweils eine Liste von Datenelementen (Tabelle) angezeigt und bearbeitet werden können. Dabei kann jedes Element in einem Katalog wiederum eigene Steuerelemente enthalten, wie zum Beispiel Textfelder oder Schaltflächen. In der Beispiel-App aus Teil I (MeineErsteApp-SharePointListe) wurde dieses Strukturelement beispielsweise im BROWSESCREEN1 eingesetzt.

Bei Verwendung des Strukturelements Katalog (Gallery) stehen über dem Menüeintrag LAYOUT grundsätzlich verschiedene Optionen zur Verfügung (horizontal, vertikal und weitere).

- ✔ Schaltfläche
  Eine Schaltfläche ist ein besonderes Strukturelement, da damit eine Aktion oder Funktion ausgelöst werden kann; es dient somit unmittelbar der Steuerung in einer entsprechenden Anwendung.

Die Namen der einzelnen Strukturelemente können Sie jederzeit nach Ihren eigenen Vorstellungen umbenennen. Bedenken Sie dabei aber bitte immer, dass damit gegebenenfalls eine Anpassung im Code erforderlich ist, da Power Apps dies nicht immer eindeutig anpassen kann.

Ein spezielles Strukturelement: Bildschirm

In der Beispiel-App (MeineErsteAppSharePointListe) in Teil I dieses Buches haben Sie gesehen, dass diese App über drei Bildschirme verfügt. Wenn Sie einen Bildschirm als separates Strukturelement hinzufügen möchten, erfolgt dies durch Anklicken des Pluszeichens (+) im Bereich der Strukturansicht (links), wo daneben auch der Hinweis Neuer Bildschirm steht.

Es erscheint eine Auswahlmöglichkeit, um den Aufbau des Bildschirms besser strukturieren zu können.

Nach Anwahl des gewünschten Layouts wird der zusätzliche Bildschirm eingefügt, der dann wiederum mit Strukturelementen versehen werden muss.

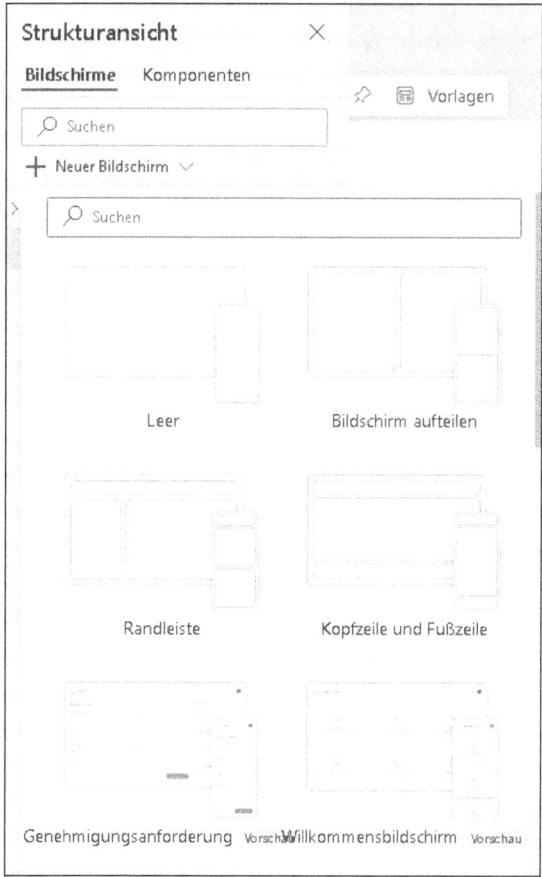

Abbildung 8.18: Auswahl eines Bildschirmlayouts

Hin und wieder benötigt man einen gleich oder ähnlich aufgebauten Bildschirm. In diesem Fall können Sie in der Strukturansicht das Kontextmenü (drei Punkte) eines bestehenden Bildschirms anwählen und dann den Punkt BILDSCHIRM DUPLIZIEREN anwählen. Damit wird nicht nur eine Kopie des Bildschirms, sondern auch sämtlicher Inhalte (Strukturelemente) des Bildschirms angelegt. Probieren Sie es einmal aus ... Sie können den Bildschirm ja jederzeit wieder löschen!

Toolbar-Steuerung

Mit der Toolbar-Steuerung (*Toolbar Control*) verfügen viele der Strukturelemente über eine Möglichkeit, innerhalb der Entwicklungsumgebung von Power Apps schnell auf bestimmte Funktionen zuzugreifen, ohne dazu bestimmte Menüpunkte aufrufen zu müssen.

Dazu gehört beispielsweise die Anpassung des Layouts, der Zugriff auf Daten (Auswahl einer Datenquelle) oder auch die Anordnung oder der Zugriff auf bestimmte Felder einer Datenquelle.

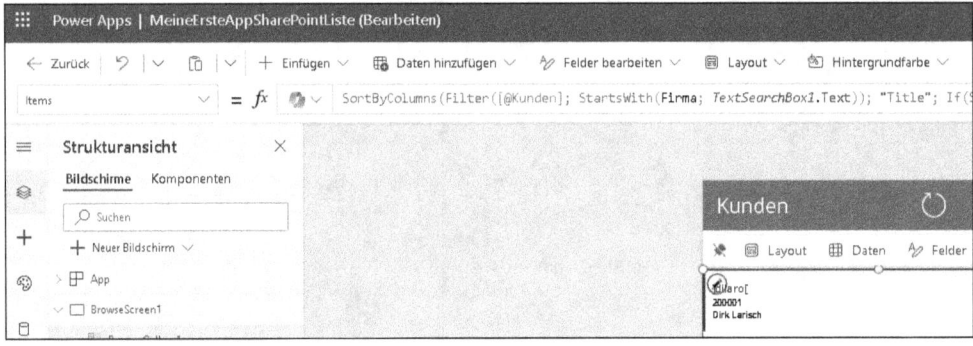

Abbildung 8.19: Toolbar der Strukturelemente

 Die Nutzung der Toolbar-Steuerung erfordert gegebenenfalls eine Aktivierung der Option MODERNE STEUERELEMENTE UND DESIGNS im Einstellungen-Menü.

Eigenschaften-Bereich

Der rechte Bereich des Entwurfsmodus von Power Apps kann dazu eingesetzt werden, um die Eigenschaften der unterschiedlichen Strukturelemente zu verändern oder einzustellen. Dabei variiert die Darstellung des Eigenschaften-Bereichs in Abhängigkeit von dem jeweiligen Strukturelement. Ein Beispiel soll das verdeutlichen.

Sofern Sie sich noch im Entwurfsmodus der leeren App aus den vorhergehenden Kapiteln befinden, sehen Sie rechts einen Eigenschaften-Bereich mit wenigen Einträgen.

Abbildung 8.20: Eigenschaften-Bereich eines leeren Bildschirms

Wählen Sie an der Stelle bitte einmal das Symbol rechts neben dem Wort AUSFÜLLEN an. Es erscheint eine Farbpalette, und wenn Sie jetzt den Cursor auf einer Farbe platzieren, wird der entsprechende RGBA-Wert angezeigt. Den RGBA-Wert der aktuellen Farbzuweisung sehen Sie gleichzeitig in der Befehlszeile (standardmäßig *RGBA(255; 255; 255; 1)* für weiß).

Sobald Sie nun eine andere Farbe aus der Palette durch Anklicken auswählen, ändert sich nicht nur die Hintergrundfarbe der App, sondern auch der entsprechende Eintrag in der Befehlszeile (Power-Fx-Zeile).

Dieser Umstand ist für das weitere Verständnis wichtig, ermöglicht doch damit nicht nur der Eigenschaften-Bereich das Ändern der Eigenschaften, sondern Sie können das gleiche Ergebnis erzielen, indem Sie den entsprechenden Wert direkt in die Befehlszeile eingeben. Wichtig ist dabei, dass links in der Befehlszeile (Eigenschaft) der Eintrag FILL ausgewählt ist, denn es geht ja um das Füllen des Hintergrundes.

 Die Farbpaletten für die Strukturelemente in Power Apps orientieren sich an dem RGBA-Standard (red, green, blue, alpha).

Neben der Farbgebung können Sie Ihrer App oder dem ausgewählten Bildschirm beispielsweise auch ein Hintergrundbild zuweisen. Wählen Sie dazu den Punkt HINTERGRUNDBILD an und wählen dann aus den verfügbaren Bildern ein geeignetes aus. So können Sie Ihren Apps eine persönliche Note verleihen.

 Neben der Festlegung bestimmter Eigenschaften über das gleichnamige Register, können Sie im Eigenschaften-Bereich auch über das Register ERWEITERT weitergehende Einstellungen hinterlegen oder Informationen abrufen. Im weiteren Verlauf dieses Buches werden Sie auch diese Möglichkeiten kennenlernen.

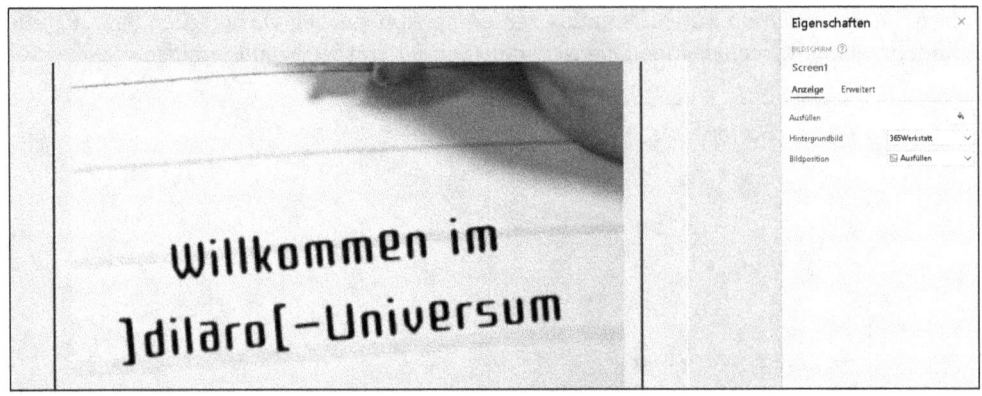

Abbildung 8.21: App mit Hintergrundbild

Befehlszeile

Wenn Sie sich den Bildschirm der letzten Abbildung (oder Ihren Bildschirm) noch einmal ansehen, werden Sie feststellen, dass es im oberen Bildschirm Entwurfsmodus eine Befehlszeile gibt.

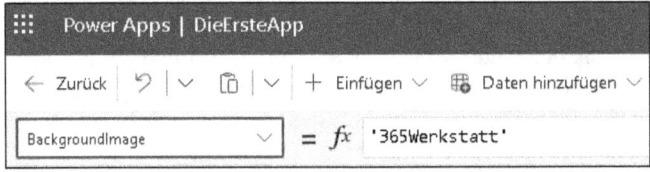

Abbildung 8.22: Eigenschaften und Befehlszeile

Diese Befehlszeile ist eine der wichtigsten Komponenten im Entwurfsmodus von Power Apps; hier werden sämtliche Formeln, Anweisungen, Hinweise, Texte und anderes abgelegt, die für die Funktionsfähigkeit einer App erforderlich sind; letztlich liegt hier der Programmcode.

Um einmal die Funktionsweise zu erläutern, möchte ich – zugegebenermaßen – ein sehr einfaches Beispiel erläutern. Rufen Sie dazu den Bearbeitungsmodus (Entwurfsmodus) der im ersten Teil erstellten App MeineErsteAppSharePointListe auf.

Klicken Sie dann im Entwurfsmodus der App im ersten Bildschirm (BROWSESCREEN1) auf den Eintrag oder die Überschrift »Kunden« in der Menüzeile der App.

Sie werden feststellen, dass ein Rahmen um den Eintrag gezogen wird und in der Strukturansicht ein Eintrag markiert wird (hier: LblAppName1). Zusätzlich steht in der Befehlszeile am oberen Rand der Eintrag »Kunden«.

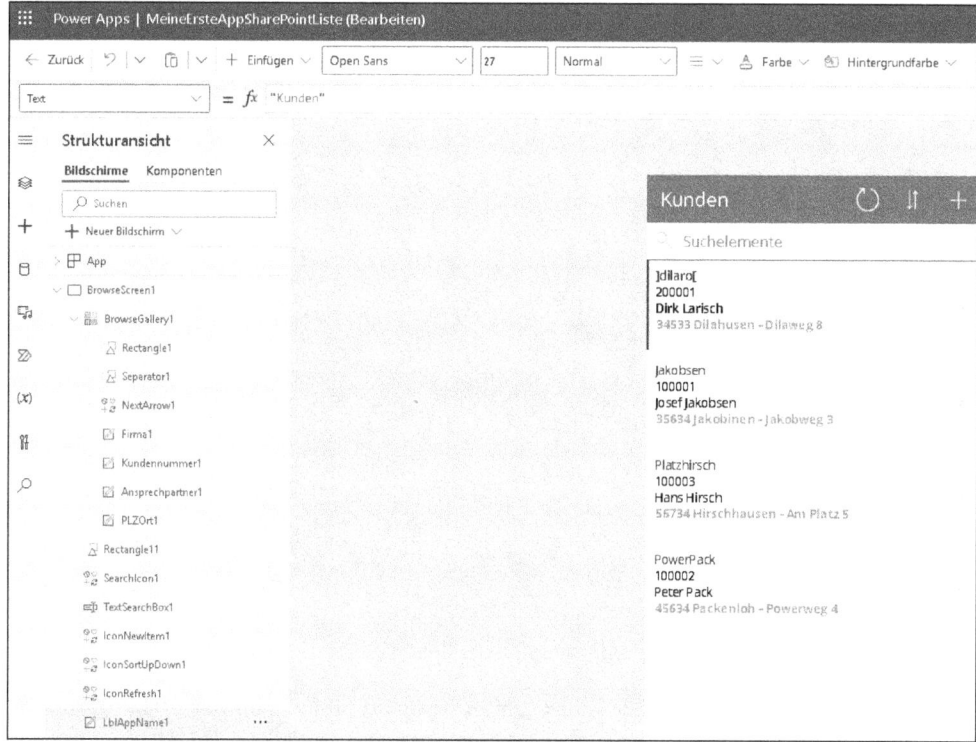

Abbildung 8.23: Befehlszeile zur Festlegung der Überschrift

Der Eintrag besteht immer aus einem Funktionsnamen (hier: Text) und einer zugeordneten Funktion (= fx), also in diesem Beispiel dem Eintrag »Kunden«.

Um die Überschrift der App zu ändern, brauchen Sie nur den Cursor in die Befehlszeile zu setzen und den Text (in Anführungszeichen) entsprechend anzupassen, also beispielsweise dort Folgendes einzutragen: »Kundenliste«.

 Eventuell haben Sie festgestellt, dass die Änderungen in der Befehlszeile (Power-Fx-Zeile) unmittelbar in der App angezeigt werden, also direkt wirksam werden. Diese Interpreter-Funktion ist eines der Grundprinzipien bei der App-Erstellung in Power Apps und wird uns später bei der Generierung von Programmcode wieder begegnen.

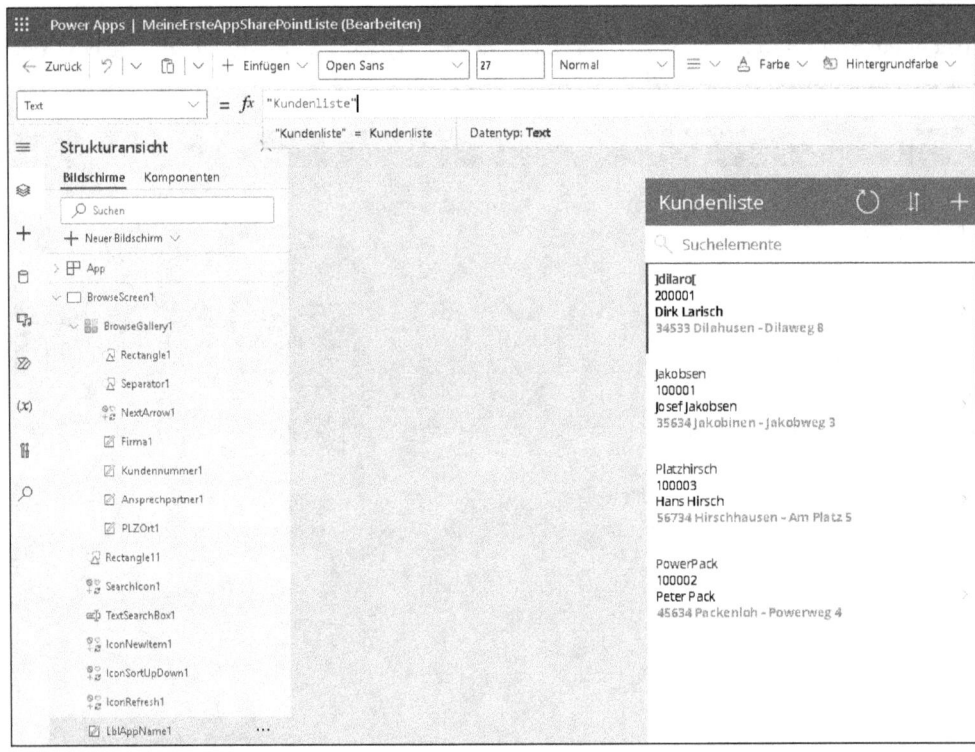

Abbildung 8.24: Änderung der App-Überschrift in der Befehlszeile

Damit wurde die Überschrift der App geändert. Sobald Sie aber in der Strukturansicht einen anderen Bildschirm (zum Beispiel DETAILSCREEN1) anklicken, werden Sie feststellen, dass die vorgenommene Einstellung dort nicht gilt. Dies liegt daran, dass in unserem Beispiel auf jedem Bildschirm ein separates Strukturmerkmal für die Überschrift hinterlegt worden ist.

Damit bei solchen Mehrfach-Bildschirmen immer die gleiche Überschrift erscheint (sofern gewollt) und die Änderung nur einmal gemacht werden muss, müssen Sie eine Verbindung zwischen der Überschrift auf der ersten Seite und den Überschriften auf den anderen Bildschirmen herstellen. Dies gelingt am schnellsten, indem Sie das Strukturmerkmal für die Überschrift auf einem Folgebildschirm anwählen (zum Beispiel DETAILSCREEN1 – LBLAPPNAME2).

Anschließend klicken Sie in die Befehlszeile, wo in der Text-Funktion der bisherige Name angezeigt wird; diese löschen Sie und tragen dort den Namen des Strukturelementes des Bildschirms ein, der auf diesem Bildschirm angezeigt werden soll. Geben Sie also beispielsweise folgende Zeichen ein:

```
lblApp
```

So erscheinen in der Befehlszeile automatisch mehrere Einträge, so wie nachfolgend beispielhaft dargestellt.

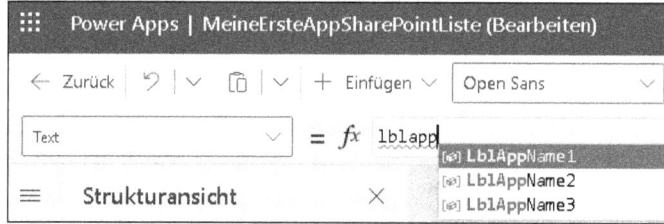

Abbildung 8.25: Auswahl von Strukturelementen

 Wenn Sie über die Befehlszeile (Power-Fx-Zeile) Verbindungen zu anderen Strukturelementen herstellen möchten, müssen Sie natürlich immer die Namen verwenden, die in der Strukturansicht zugewiesen worden sind.

Da der Text des ersten Bildschirms auch für den zweiten Bildschirm übernommen werden soll, wählen Sie bitte in diesem Beispiel den Eintrag LBLAPPNAME1 aus.

Unterhalb der Befehlszeile wird anschließend eine Fehlermeldung angezeigt, denn die App weiß bisher noch nicht, was sie mit dem Strukturelement machen soll. Da es sich bei dem Element um ein Textfeld handelt, müssen Sie dies Power Apps noch mitteilen, indem Sie hinter den Namen die Zeichenfolge *.Text* (den Punkt nicht vergessen) setzen. Damit ist die eingetragene Funktion komplett und der Name (vom ersten Bildschirm) wird auch auf dem weiteren Bildschirm angezeigt.

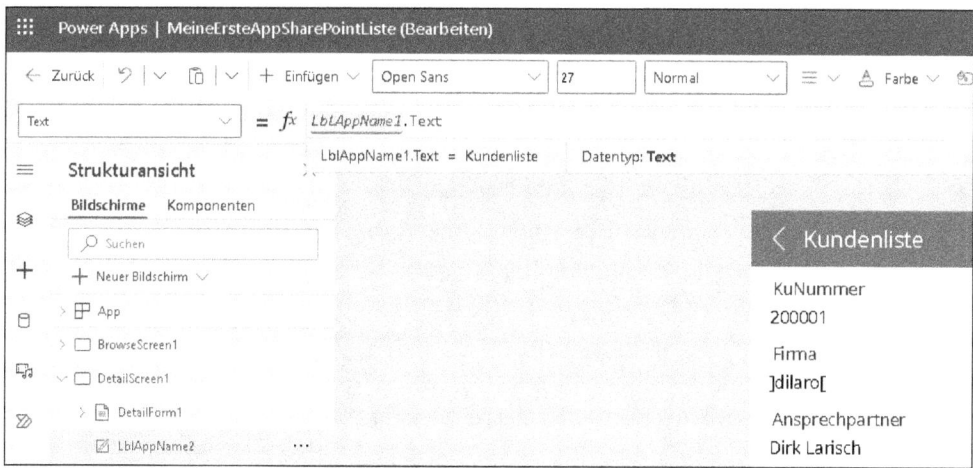

Abbildung 8.26: Befehlszeile mit angepasster Überschrift

Und das ist im Grunde genommen schon der erste Programmcode, den Sie in Ihrer ersten App erstellt haben. **Herzlichen Glückwunsch!** Auch die weiteren Erläuterungen orientieren sich immer sehr stark an den Eigenschaften und den zugewiesenen Funktionen. Wenn Sie möchten, können Sie das jetzt noch einmal üben und die Überschrift vom ersten Bildschirm auch dem dritten Bildschirm (EDITSCREEN1) zuweisen. Das können Sie ja jetzt ohne weitere Unterstützung!

Ohne an der Stelle weitere Änderungen vorzunehmen, möchte ich Sie bitten, im Entwurfsmodus in dem Bildschirm EDITSCREEN1 einmal das Hakensymbol anzuklicken; alternativ können Sie das Strukturmerkmal ICONACCEPT1 anwählen.

Wenn Sie sich den Eintrag in der Befehlszeile ansehen, so steht dort der folgende Eintrag:

```
SubmitForm(EditForm1)
```

Auch dies ist eine Anweisung von Power Fx und bewirkt, dass der Eintrag (in EDITFORM1) in die Datenquelle geschrieben wird. Sie haben sich das zunutze gemacht, als Sie in einem der vorhergehenden Kapitel einen neuen Datensatz angelegt haben.

Der Unterschied zu der vorherigen Anweisung mit Angleichung der Überschriften auf den verschiedenen Bildschirmen besteht in der zugewiesenen Eigenschaft; diese lautet in dem Fall nicht mehr TEXT, sondern ONSELECT. Dies bedeutet also, dass bei Auswahl der Schaltfläche oder des Hakensymbols (*on select*) eine Aktion ausgeführt wird. In diesem Fall erfolgt mittels der Anweisung *SubmitForm* das Anlegen eines neuen oder das Aktualisieren eines bestehenden Datensatzes.

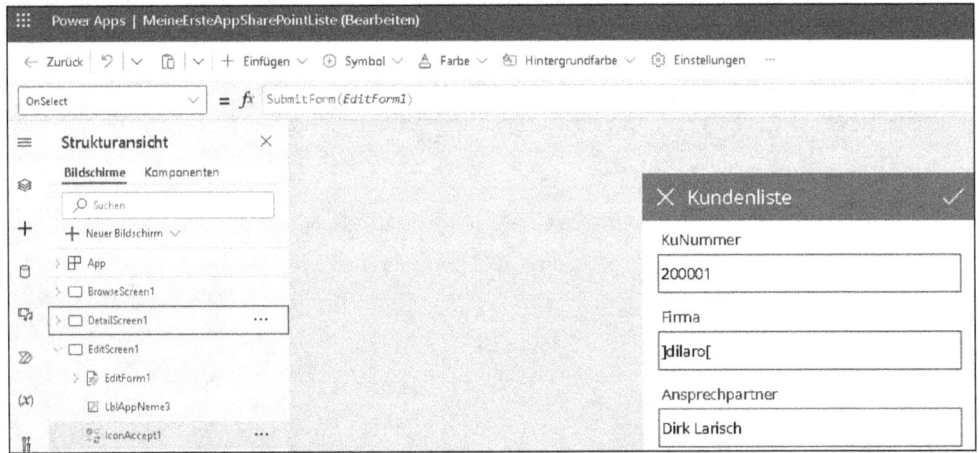

Abbildung 8.27: Befehlszeile mit Eigenschaft und Funktion zur Datenaktualisierung

Um schneller in die App-Erstellung einzusteigen, hat es sich als sinnvoll herausgestellt, den Entwurfsmodus fertiger Apps aufzurufen und sich die Inhalte der einzelnen Strukturmerkmale anzeigen zu lassen. Einfach mal »durchklickern«!

Felder der Datenquelle bearbeiten

Wenn Sie die Darstellung des Beispiels aufmerksam verfolgt haben, werden Sie festgestellt haben, dass im Editiermodus im unteren Feld der Hinweis auf fehlende Anlagen stand; diese Angabe basiert auf der SharePoint-Liste als Ursprungs-Datenquelle. Wenn dieses Feld (oder ein anderes) nicht benötigt wird, können Sie das aus der App-Darstellung entfernen.

Wählen Sie dazu zunächst das Strukturmerkmal für den Editiermodus an, also beispielsweise EDITFORM1 im Bildschirm EDITSCREEN1.

Als Nächstes wählen Sie dann im rechten Bereich des Entwurfsmodus, wo die Eigenschaften der Strukturmerkmale angezeigt werden, den Punkt FELDER BEARBEITEN an.

 Alternativ können Sie bei Aktivierung der modernen Steuerelemente auch die Option FELDER in der Toolbar-Steuerung verwenden.

In der Aufstellung der Felder können Sie einzelne Felder verschieben, neue hinzufügen (aus der Datenquelle) oder Felder aus der App entfernen.

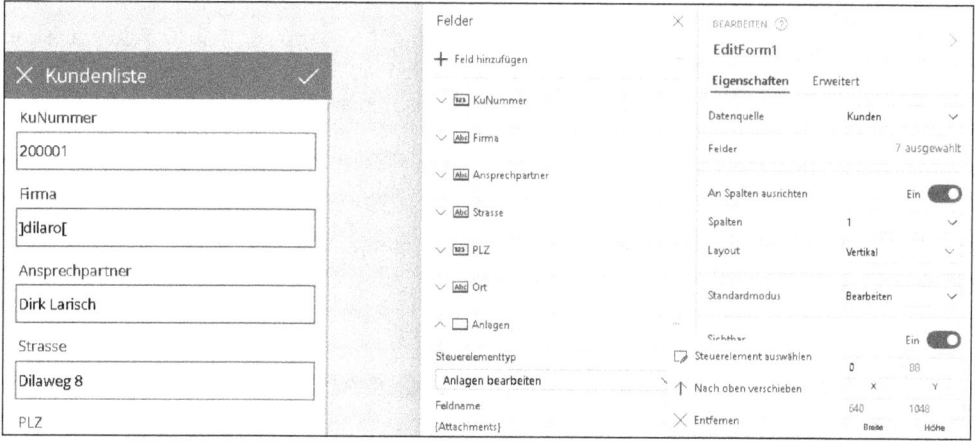

Abbildung 8.28: Löschen eines Feldes aus der App-Darstellung

 Das Löschen eines Feldeintrages in der App-Darstellung hat keinen Einfluss auf die Datenquelle; dort werden entsprechende Felder mit dieser Aktion nicht automatisch gelöscht.

Alternativ können Sie Felder, die Sie für die Darstellung in der App nicht benötigen, auch direkt in der Strukturansicht löschen. Wählen Sie dazu das Kontextmenü des Eintrages (Feldes) an (drei Punkte) und klicken Sie dann auf die entsprechende Option zum Löschen des Eintrages.

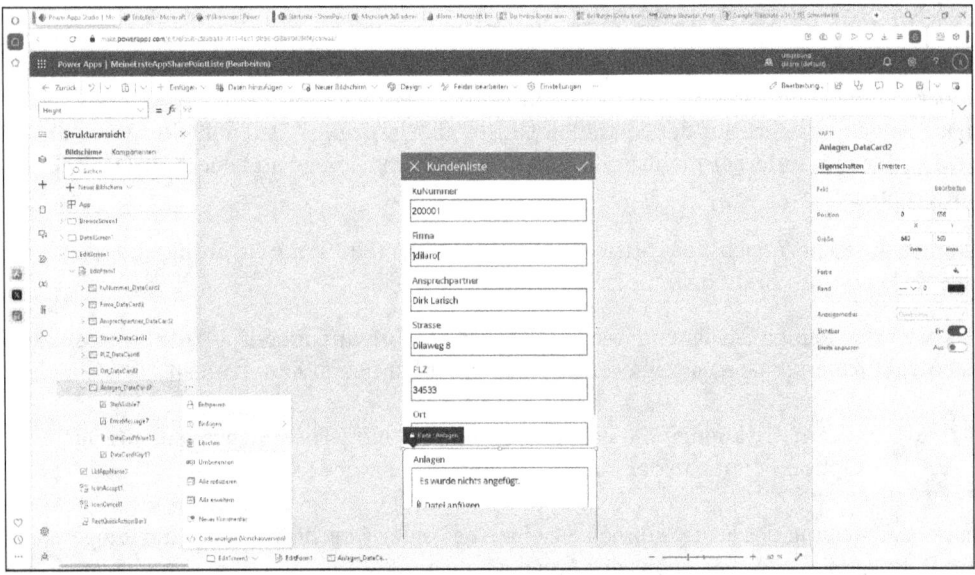

Abbildung 8.29: Löschen eines Feldes in der Strukturansicht

Auf ähnliche Art und Weise können Sie der Darstellung Ihrer App zusätzliche Felder aus der Datenquelle hinzufügen. Nach Anwahl des entsprechenden Strukturelements (zum Beispiel EDITFORM1) können Sie im Eigenschaften-Bereich (rechts) auf FELDER BEARBEITEN klicken.

Im nächsten Schritt öffnet sich mit dem Punkt FELD HINZUFÜGEN eine Auswahlbox, in der alle Felder der Ursprungs-Datenquelle angezeigt werden.

Mit Auswahl eines Feldes und anschließender Bestätigung kann das Feld dann für die Darstellung auf der App-Oberfläche verwendet werden.

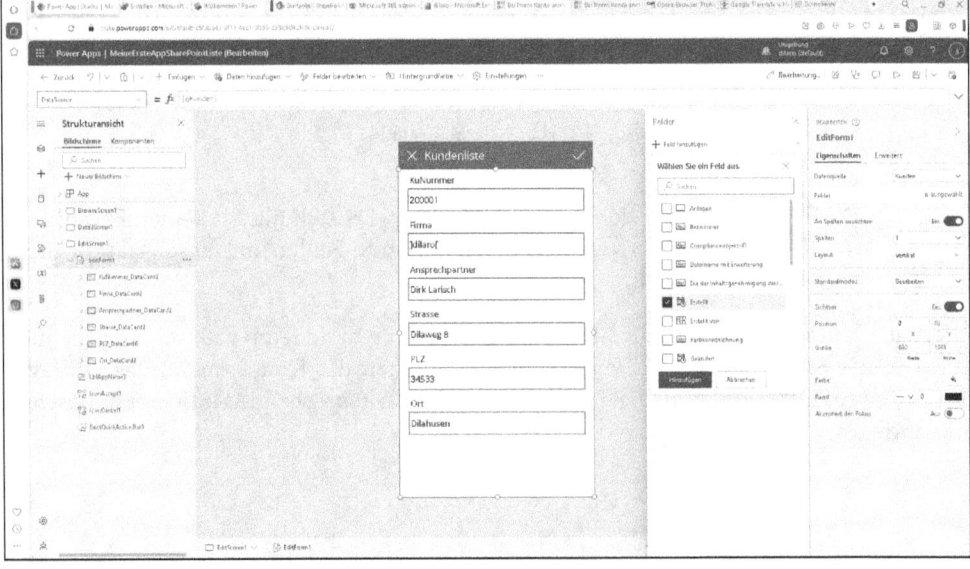

Abbildung 8.30: Zusätzliche Felder in die App einbinden

Die Darstellung auf den unterschiedlichen Bildschirmen unterscheidet sich in der Regel, so auch in dem dargestellten Beispiel, was aber auch sinnvoll ist (sonst bräuchten Sie nicht mehrere Bildschirme). Dennoch kann es gewünscht sein, dass auf einem Bildschirm beispielsweise zusätzliche Felder der Datenquelle angezeigt werden.

So zeigt die Darstellung aus der Beispiel-App auf dem Startbildschirm (BROWSESCREEN1) lediglich die drei Felder für den Firmennamen, die Kundennummer und den Ansprechpartner. Um dies mit einem Feld für die Postleitzahl und den Ort zu ergänzen, müssen Sie in dem Bildschirm zunächst einen einzelnen Datensatz anklicken.

Mit dem umschließenden Rahmen können Sie dann zunächst den Rahmen oder den verfügbaren Platz für einen Datensatz vergrößern, um Platz für weitere Felder zu schaffen, indem Sie dazu die von Windows gewohnten Funktionen nutzen.

Im nächsten Schritt können Sie mit der Schaltfläche EINFÜGEN aus dem oberen Menü des Entwurfsmodus dann ein zusätzliches Feld einfügen (zum Beispiel BESCHRIFTUNG).

Das Feld oder der Platzhalter dafür wird eingefügt und Sie müssen im nächsten Schritt in der Befehlszeile festlegen, welcher Feldinhalt zugewiesen werden soll. Bei Feldern aus der Datenquelle muss dazu immer die Anweisung *ThisItem* vorangestellt werden. Sobald Sie in der Befehlszeile Folgendes eingeben:

ThisItem.o

Es erscheint bereits eine Auswahlliste der verfügbaren Felder (in diesem Fall, die mit dem Buchstaben »o« beginnen), wie in Abbildung #8.31# beispielhaft dargestellt.

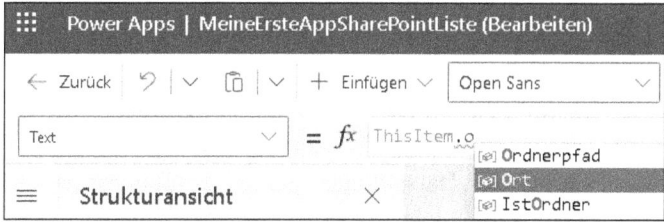

Abbildung 8.31: Einfügen eines zusätzlichen Feldinhalts

Nach Anwahl des zweiten Eintrags (hier: *Ort*) erscheint in allen Textfeldern direkt der zugehörige Feldinhalt.

Das entsprechende Feld kann dann innerhalb der Datensatzanzeige noch verschoben werden und über den Eigenschaften-Bereich (rechts) können Sie die Textgröße oder auch die Farbe des Objekts verändern.

Im Beispiel wurde als Feldinhalt der Ort zugewiesen; Sie können dies aber auch noch ergänzen, indem Sie (nach Anklicken des Feldes) folgende Power-Fx-Anweisung in die Befehlszeile einfügen:

ThisItem.PLZ & " " &ThisItem.Ort & " - " & ThisItem.Strasse

Das Ergebnis stellt sich anschließend am Bildschirm so dar, wie in der folgenden Abbildung dargestellt. Dabei ist zu berücksichtigen, dass mit dem Verkettungsoperator (&) mehrere Daten oder Inhalte aneinandergereiht werden können. Gleichzeitig wurde für den Feldinhalt über den Eigenschaften-Bereich (rechts) auch noch eine andere Farbe gewählt und die Schrift auf fett eingestellt.

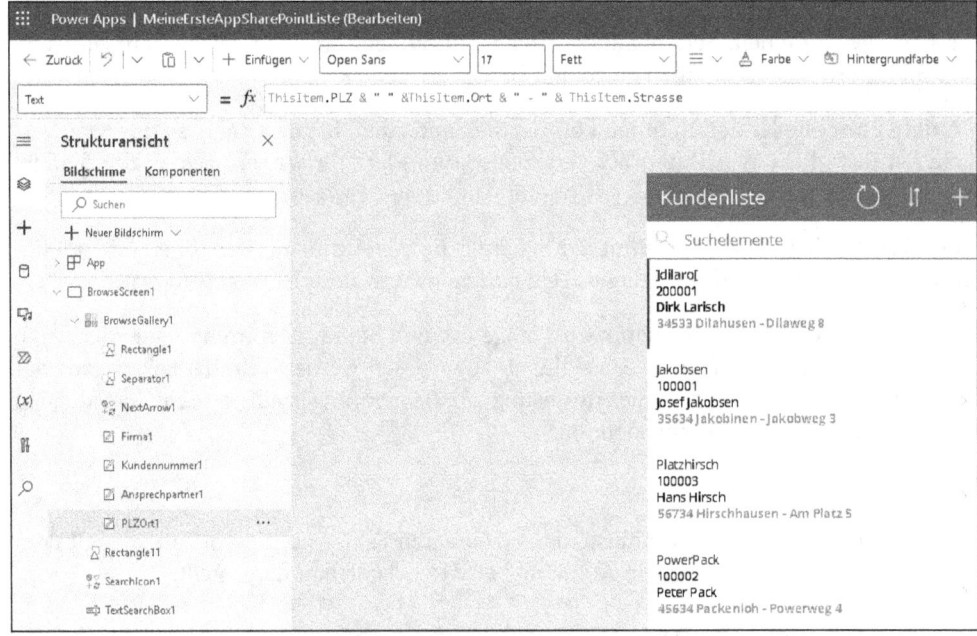

Abbildung 8.32: Verkettung von Daten in der Befehlszeile

Sie können die Feldinhalte und Anpassungen grundsätzlich immer nur im ersten Datensatz einer Katalogdarstellung (Gallery) ändern. Jede Änderung wirkt sich aber unmittelbar auf alle anderen Darstellungen der übrigen Datensätze aus.

Optimierung der Strukturansicht

Sie können die Strukturansicht lesbarer gestalten, indem Sie dort sprechende Feldnamen einsetzen oder auch eine Sortierung der Inhalte vornehmen.

Um beispielsweise einzelne Elemente umzubenennen, kann der entsprechende Punkt aus dem Kontextmenü des Elements eingesetzt werden.

Darüber hinaus können Sie zur Gestaltung der Felddarstellung in der Strukturansicht im gleichen Kontextmenü den Punkt NEU ANORDNEN einsetzen, um beispielsweise Einträge nach oben oder unten zu verschieben.

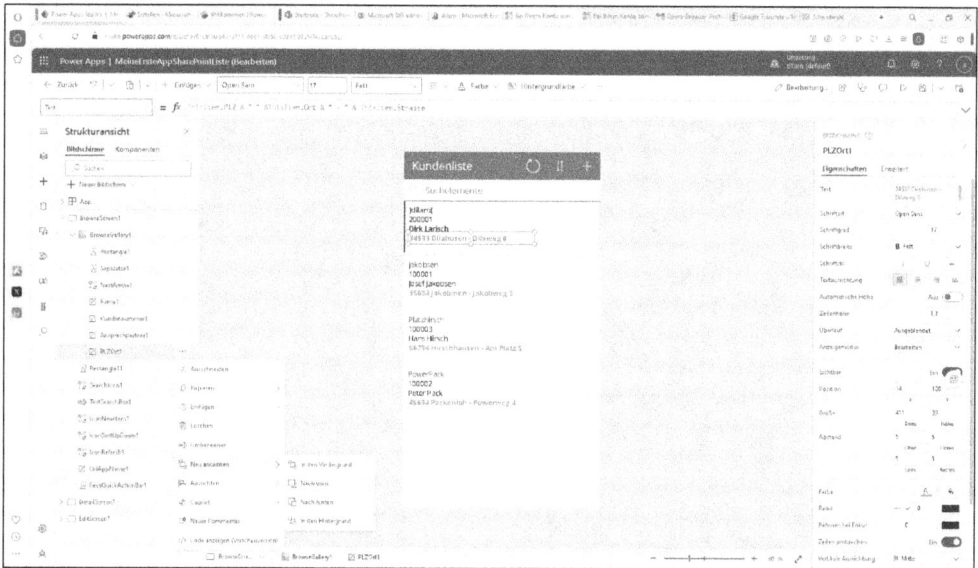

Abbildung 8.33: Umbenennen und Umgruppieren einzelner Strukturelemente

Gestaltungsassistent und Kommentar

Die Weiterentwicklung der Entwicklungsumgebung (Entwurfsmodus) von Power Apps ergibt immer wieder neue Funktionen und Möglichkeiten. Als Ergebnis der unter dem Begriff »Evergreen« bekannten Anpassungsstrategie von Microsoft, bei der Funktionen permanent verändert oder ergänzt werden, stehen auch im Entwurfsmodus von Power Apps zusätzliche Funktionen bereit.

So kann beim Aufruf der Entwicklungsumgebung mit einer leeren App am oberen Rand der App-Entwicklungsoberfläche ein Assistent aufgerufen werden, der diverse Vorlagen als Gestaltungselement für den Seitenaufbau einer App zur Verfügung stellt.

Ein weiterer Assistent bietet die Möglichkeit, dass bei einem Objekt Kommentare hinterlegt werden können; dazu steht im Kontextmenü jedes Strukturelements ein entsprechender Punkt (KOMMENTAR) zur Verfügung. Dies ist insbesondere interessant, um Entwicklungsschritte zu dokumentieren oder auch um in einer Umgebung mit mehreren Entwicklern bestimmte Informationen an andere Entwickler weitergeben zu können.

 Die Assistenten zur Verwaltung der Ressourcen (Felder, Daten und anderes) sind bei vielen Gestaltungselementen in der App-Entwicklungsumgebung verfügbar.

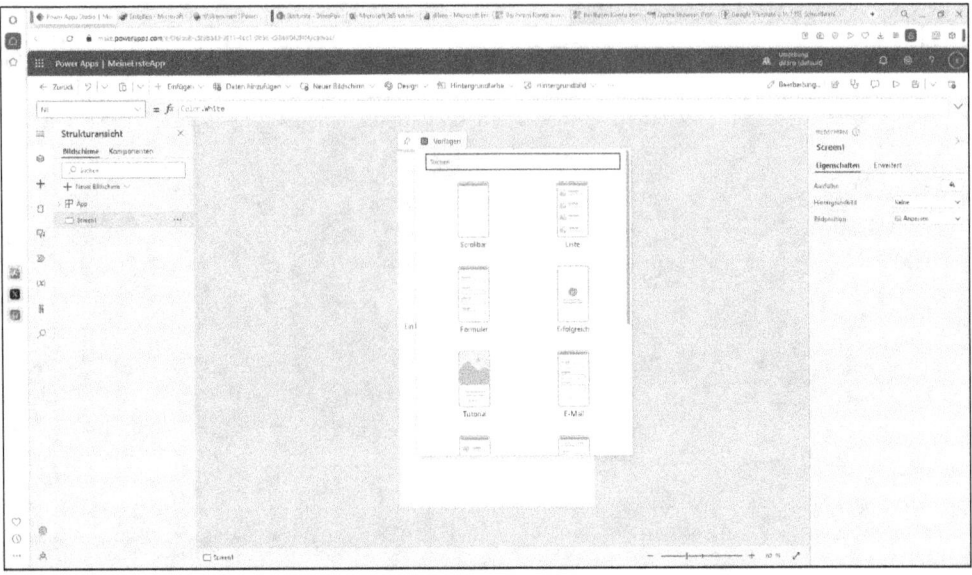

Abbildung 8.34: Assistent zur Auswahl des Seitenaufbaus einer App

Abbildung 8.35: Hinterlegung eines Kommentars zu einem Strukturelement

Speichern, Veröffentlichen und Freigeben

Das Menü der Entwicklungsumgebung stellt im oberen Bereich (rechts) zusätzliche Funktionen bereit, die nicht ganz unwichtig sind (rechts neben der Anzeige BEARBEITUNG). Sie können mit der Maus über die entsprechenden Symbole fahren und erhalten dann weitergehende Informationen. Im Einzelnen sind dort folgende Funktionen hinterlegt:

✔ Freigeben
Mit dieser Funktion vergeben Sie Berechtigungen zur Nutzung Ihrer App. Dabei können Sie aber nicht nur die eigentlichen Anwender (Nutzer) der App berechtigen, sondern Sie können auch bestimmte Personen auswählen und berechtigen, die App mit zu bearbeiten oder mit zu gestalten.

Näheres zu den verschiedenen Optionen der Freigabe enthält der nachfolgende Abschnitt.

✔ App-Überprüfung
Manchmal sieht man den »Wald vor Bäumen« nicht und da kann diese Funktion gegebenenfalls bei der Fehlersuche helfen. Auch wenn dieser Prüfvorgang permanent im Hintergrund läuft, können Sie diesen aber jederzeit auch manuell anstoßen; er liefert dann wertvolle Hinweise zur Fehlerbehebung oder Korrektur.

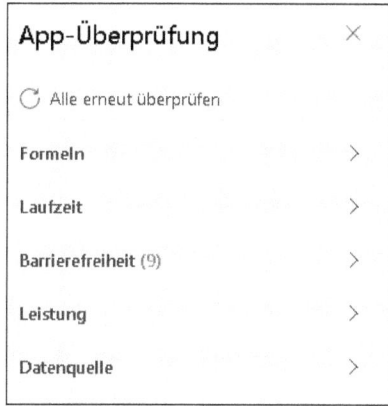

Abbildung 8.36: Hinweise bei der Fehlersuche und Korrektur

✔ Kommentare
Die Kommentarfunktion kann genutzt werden, um Hinweise zur Optimierung, Veränderung oder Erweiterung der App zu hinterlegen.

✔ Vorschau der App anzeigen
Diese Funktion kennen Sie schon von Ihrer ersten App. Damit rufen Sie den Vorschaumodus auf, wo Sie sämtliche Funktionen der App austesten können; alternativer Aufruf mit der Taste F5 .

 Beachten Sie bei Nutzung der Vorschaufunktion immer, dass Änderungen an den Daten auch unmittelbar in der Datenquelle gespeichert werden.

✔ Speichern/Speichern unter
Dieser Punkt ist selbstredend, dient er zum erstmaligen aber auch permanenten Zwischenspeichern des Entwicklungsstandes einer App. Mit dem Pfeil nach unten (˅), der rechts daneben zu finden ist, können Sie die App unter einem anderen Namen oder eine Kopie der App anlegen.

✔ Veröffentlichen
Sobald Sie mit der Ausführung oder Funktion einer Anwendung (App) zufrieden sind, muss diese natürlich noch veröffentlicht werden, damit auch andere Anwender darauf zugreifen können. Dazu dient diese Funktion, wobei Sie nach dem Aufruf noch einige Detailinformationen hinterlegen können, bevor Sie die App dann über DIESE VERSION VERÖFFENTLICHEN publizieren.

Abbildung 8.37: Angaben bei Veröffentlichung einer App

Da eine App im Laufe der Zeit Veränderungen erfährt, empfiehlt es sich, bei der Veröffentlichung der aktuellen Version eine Syntax zu verwenden, um eine Versionsbezeichnung und eine Erläuterung der vorgenommenen Änderungen zu hinterlegen. In der vorstehenden Abbildung ist dies beispielhaft wie folgt dargestellt:

```
-V1.14_15062024-Erweiterung im Feld "Umsatz"; Farbgebung angepasst;
-V1.13_10062024-Hinzufügen einer Überschrift;
-V1.12_08062024-Verwaltung der Kundendaten;
```

Möglichkeiten der Freigabe

Gerade bei der Freigabe einer App für die Benutzung durch andere Anwender gibt es einige Besonderheiten, auf die an dieser Stelle eingegangen werden sollen. Dabei soll im Speziellen auch auf die Möglichkeit eingegangen werden, Zugriffe auch außerhalb eines Tenants (Unternehmen oder Organisation) umsetzen zu können.

Freigabe in Unternehmen oder Organisation

Innerhalb eines Tenants (Unternehmen oder Organisation) können Sie die Freigabe einer App entweder innerhalb der Entwicklungsumgebung durchführen oder im Startbildschirm von Power Apps mit Darstellung der verfügbaren Apps (Markieren der App und Anwahl des Punktes FREIGEBEN).

 Bevor eine App für andere Benutzer freigegeben werden kann, muss diese (in der Cloud) gespeichert und veröffentlicht worden sein.

Nach Anwahl der FREIGEBEN-Option erscheint ein Dialogfenster, in dem Sie (links oben) die Namen der Anwender oder der Gruppen auswählen können, die diese App nutzen sollen. Zusätzlich können Sie im rechten Bereich Text für eine E-Mail hinterlegen, die den gewählten Anwendern zugesendet wird.

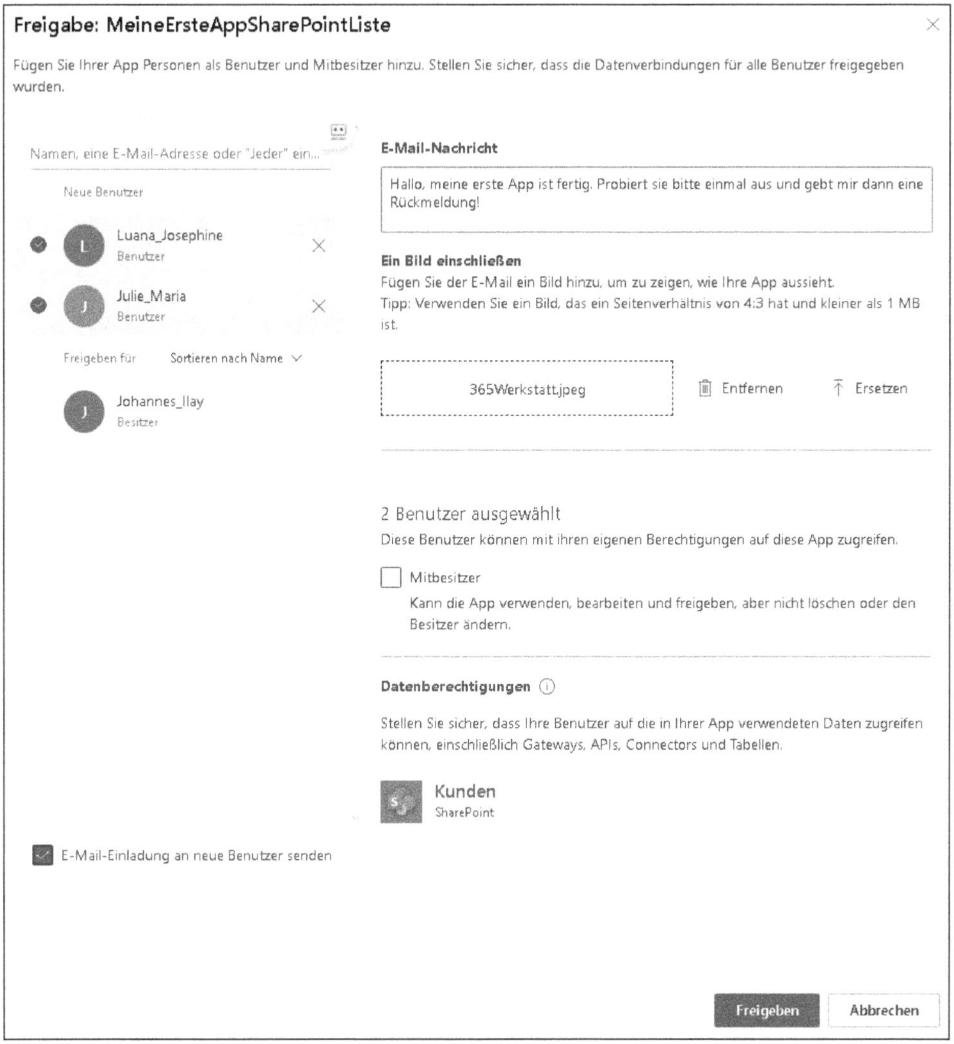

Abbildung 8.38: Dialogfenster der Freigabeberechtigungen

Möchten Sie allen Anwendern Ihrer Organisation oder Ihres Unternehmens den Zugriff auf die App ermöglichen, müssen Sie im Eingabefeld »jeder« oder »everyone« eintragen und die Auswahl des nachfolgenden Vorschlages (zum Beispiel *Alle Benutzer in dilaro*) bestätigen.

Neben der Freigabe des Zugriffs auf eine App ist es wichtig, dass Sie gegebenenfalls auch den Zugriff auf die in der App eingebundenen Ressourcen (zum Beispiel Datenquelle) erteilen oder zuweisen; sollte dies erforderlich sein, erhalten Sie dazu im dargestellten Dialogfeld einen Hinweis. In der Regel können Sie den entsprechenden Eintrag direkt anklicken, um die Ressource aufzurufen und die Berechtigung zu erteilen.

Freigabe für externe Anwender

Eine besondere Möglichkeit stellt die Nutzung einer App für externe Anwender dar. Auf diese Art können Anwender, die nicht zu Ihrem Unternehmen oder Organisation gehören, also nicht Teil Ihrer Microsoft-365-Umgebung sind, dennoch ebenfalls auf Ihre App (und Ressourcen) zugreifen.

Im ersten Schritt müssen Sie die Voraussetzung schaffen, indem Sie für diese Gastbenutzer in Azure AD (Entra ID) eine Kennung anlegen; dies kann sich so darstellen, wie in der folgenden Abbildung dargestellt.

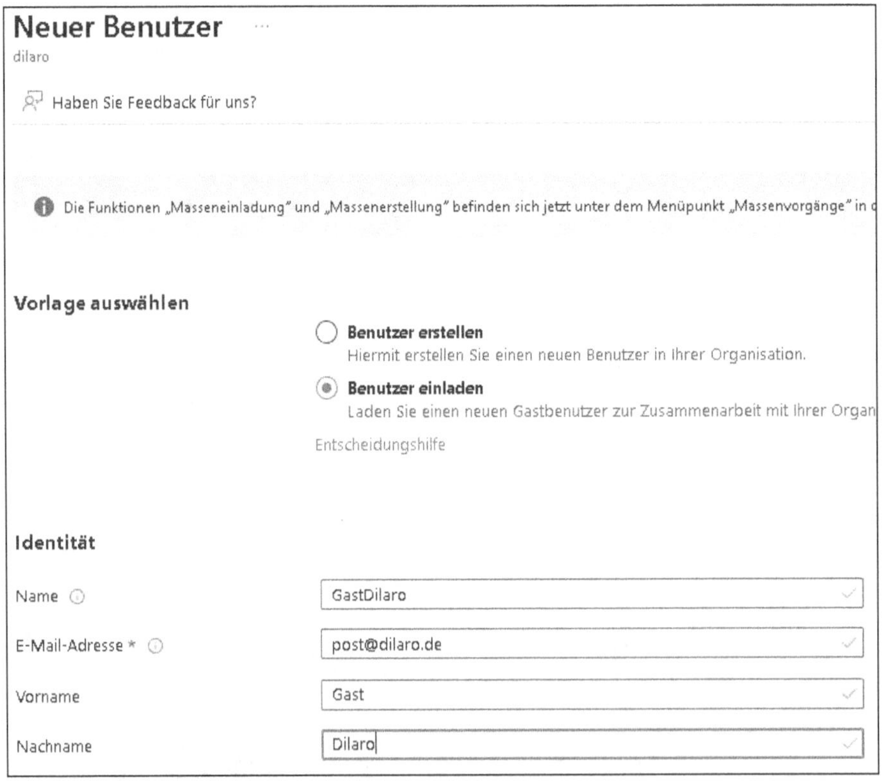

Abbildung 8.39: Anlegen eines Gastbenutzers in Azure AD (Entra ID)

Nachdem der Gastbenutzer auf diese Art angelegt wurde und dieser das anhand der zugestellten E-Mail bestätigt hat, können Sie ihn im nächsten Schritt im Freigabe-Dialog der App hinzufügen (siehe Abbildung 41).

Abbildung 8.40: Hinzufügen eines externen Anwenders als App-Benutzer

Dem externen Anwender sollten Sie über den Dialog auf jeden Fall eine E-Mail zusenden, über die er dann informiert wird, wie er die App aufrufen und gegebenenfalls bearbeiten kann.

Abbildung 8.41: E-Mail für einen externen Anwender einer App

Damit ein externer Gastbenutzer eine App bearbeiten kann, muss in dem entsprechenden Dialog die Eigenschaft Mitbesitzer zugewiesen werden. Zudem gilt natürlich auch hierbei, dass er für entsprechende Ressourcen (zum Beispiel Datenquellen) über entsprechende Berechtigungen verfügen muss und ihm eine Lizenz für den Power-Apps-Zugriff zugewiesen wurde.

Damit sollen die Erläuterungen zu den wesentlichen Komponenten der Entwicklungsumgebung von Power Apps abgeschlossen werden; Sie werden dazu in den anderen Teilen und Abschnitten weitergehende Angaben finden.

> **IN DIESEM KAPITEL**
>
> Strukturierter Aufbau einer App-Entwicklung
>
> Anlegen einer Dataverse-Tabelle
>
> Einsatz »moderner« Steuerelemente
>
> Darstellung einer App anpassen

Kapitel 9
Schritt-für-Schritt-Projekt

In diesem Kapitel werden Sie lernen, wie Sie von Grund auf eine App erstellen können und was dabei beachtet werden sollte. Dazu gehört das Anlegen einer Daten-Tabelle in Dataverse, der Einsatz von Gestaltungsmöglichkeiten und der verfügbaren Assistenten und natürlich der Einsatz von Power Fx, um der Anwendung bestimmte Funktionalitäten zuordnen zu können. Darüber hinaus werden Sie lernen, wie Sie eine solche Entwicklung in die Struktur von Power Apps einpassen, indem Sie Lösungen, Herausgeber, Pipelines und Umgebungen einsetzen.

Ausgangslage

Es soll eine Anwendung erstellt werden, um damit eine Kundentabelle mit folgenden Inhalten bearbeiten zu können:

1. Kunden-Nummer
2. Firmenname
3. Ansprechpartner
4. Straße
5. Postleitzahl

6. Ort

7. Umsatz

8. Zuständigkeit

9. Top3-Artikel

Diese Anwendung soll zur Bearbeitung der Daten der Kundentabelle dienen, aber gleichzeitig auch einen Überblick der Umsätze der einzelnen Kunden und der meistgekauften Artikel zur Verfügung stellen.

Den genauen Aufbau und Beschreibung der Struktur der entsprechenden Dataverse-Tabelle finden Sie in der Anlage dieses Buches.

Struktur für Power Apps schaffen

Bevor Sie mit dem Anlegen der Datentabelle oder dem Entwurf der App beginnen, ist es wichtig, dass Sie diese Arbeiten in der gewünschten Umgebung ausführen.

Umgebung

Im ersten Schritt müssen Sie dazu auf der Startseite von Power Apps eine entsprechende Umgebung auswählen, wozu Ihnen der gleichnamige Punkt im rechten oberen Bildschirmbereich zur Verfügung steht.

Sofern Sie eine neue Umgebung anlegen möchten, müssen Sie dies über das Power Platform Admin Center abbilden; dies erreichen Sie über den entsprechenden Punkt im Zahnrad (oben rechts) zugeordneten Menü.

Im Power Platform Admin Center können Sie dann über den Punkt UMGEBUNGEN die entsprechende Funktion aufrufen und über NEU eine Neuanlage durchführen.

Bei der Namensvergabe einer Umgebung bietet es sich an, diesen gegebenenfalls mit einem Zusatz bezüglich des Typs der Umgebung zu ergänzen (zum Beispiel Entwicklung).

KAPITEL 9 Schritt-für-Schritt-Projekt 117

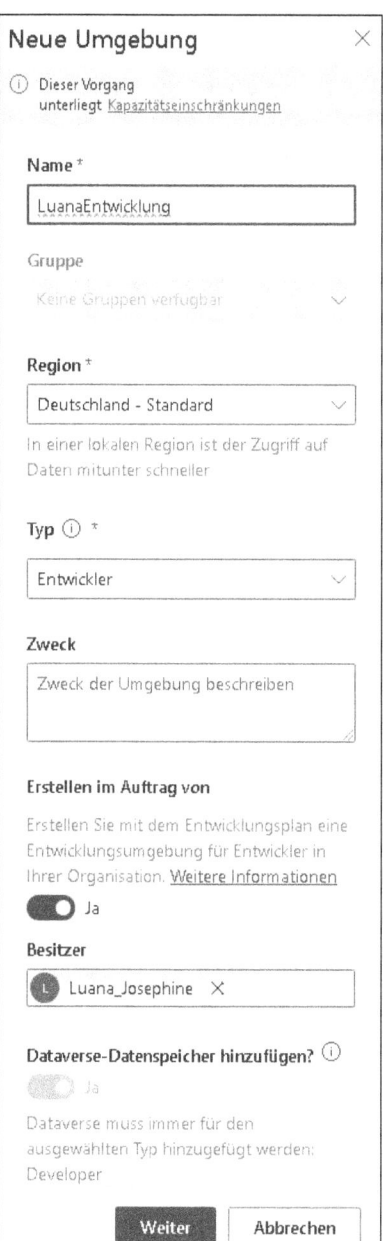

Abbildung 9.1: Anlegen einer neuen Entwicklungsumgebung

Lösung

Auf der Startseite von Power Apps sollten Sie im nächsten Schritt einen Lösungsbereich (*Solution*) anlegen, in dem sämtliche Ressourcen und Komponenten der Anwendung zusammengefasst werden. Natürlich können Sie an der Stelle auch eine bestehende Lösung auswählen.

Achten Sie unbedingt darauf, dass Sie vor den weiteren Arbeitsschritten auf der Startseite von Power Apps die richtige Umgebung auswählen (rechts oben).

Um eine neue Lösung anzulegen, wählen Sie im linken Menübereich den Menüpunkt Lösungen an, um dann mit dem Menüpunkt Neue Lösung (oben) eine Neuanlage durchzuführen.

Abbildung 9.2: Neuanlage einer Lösung

Bei der Auswahl eines Herausgebers können Sie an dieser Stelle gegebenenfalls einen neuen Datensatz anlegen; der Herausgeber ist dabei immer gleichbedeutend mit dem Eigentümer. Für Unternehmen und Organisationen bietet es sich an, einen eindeutigen Herausgeber für die gesamte Organisation zu verwenden.

Sobald eine neue Lösung angelegt worden ist, sollte diese als sogenannte *Bevorzugte Lösung* definiert werden. Auf diese Weise ist sichergestellt, dass alle Komponenten und Ressourcen, die anschließend angelegt oder generiert werden, dieser (bevorzugten) Lösung zugeordnet werden.

Zur Festlegung müssen Sie aus dem Kontextmenü der Lösung (drei Punkte) oder aus dem oberen Menübereich den Punkt Bevorzugte Lösung festlegen anwählen. Im nachfolgenden Dialogfenster können Sie dann die gewünschte Lösung auswählen und dies mit der Schaltfläche Anwenden bestätigen.

Abbildung 9.3: Auswahl einer Bevorzugten Lösung

Der Hinweis auf die Zuordnung einer »Bevorzugten Lösung« wird in der Aufstellung der Lösungen hinter dem jeweiligen Namen eingeblendet.

Tabelle für Daten

Nachdem Sie die wesentlichen Strukturvoraussetzungen geschaffen haben (siehe vorhergehende Abschnitte) können Sie im nächsten Schritt eine neue Tabelle mit den Kundendaten anlegen. Dazu wird eine solche Tabelle in Dataverse – dem zentralen Datenspeicher einer Microsoft-365-Umgebung – angelegt.

Nachdem Sie die entsprechende Lösung in der gewünschten Umgebung angewählt haben und sich auf Ebene der Lösung befinden, erscheinen die zugewiesenen Komponenten. Bei einer neu angelegten Lösung ist die Darstellung leer.

Neuanlage

Um eine neue Tabelle für die Kundendaten anzulegen, müssen Sie im oberen Menübereich den Punkt Neu und daraus dann nacheinander zweimal den Punkt Tabelle anklicken.

Sie können bei der Tabellenanlage grundsätzlich auch bestehende Daten (zum Beispiel SharePoint, SQL-Server) importieren. Nachfolgend soll die manuelle Erstellung einer neuen Tabelle erläutert werden.

Im nachfolgenden Dialogfenster müssen Sie dann für die neue Tabelle im Register Eigenschaften grundsätzliche Angaben wie Anzeigename, Besitzer und weitere angeben.

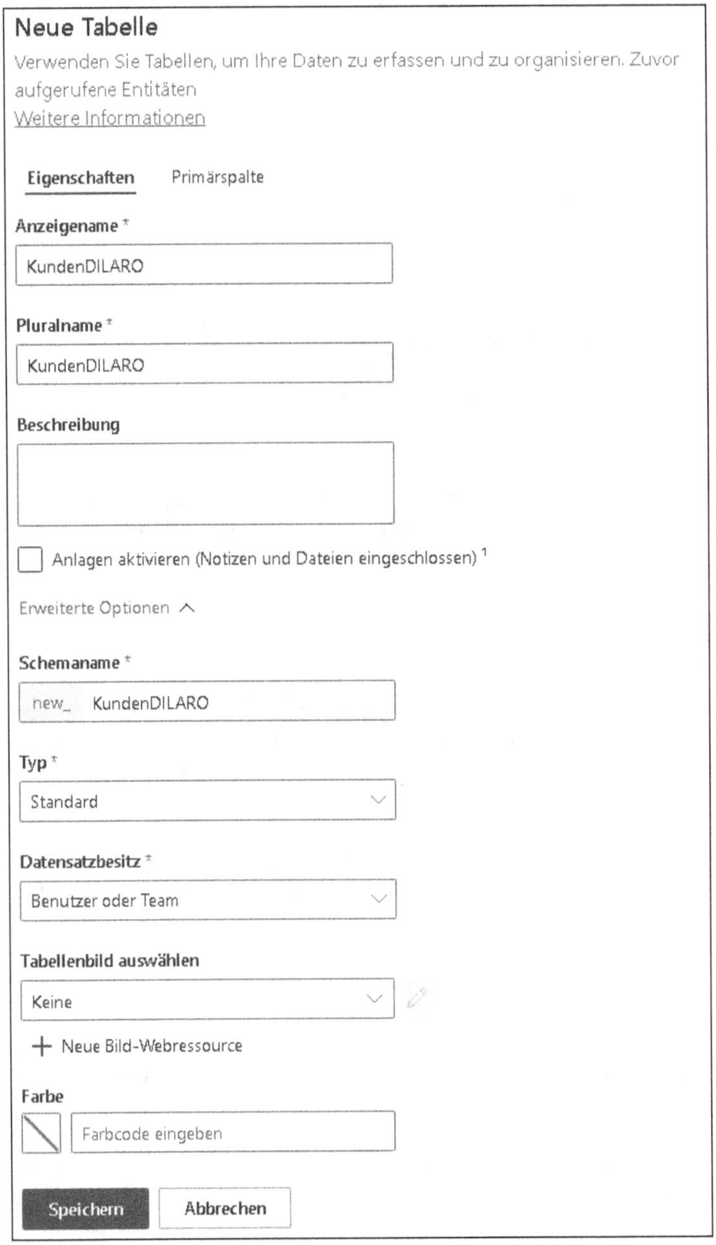

Neue Tabelle

Verwenden Sie Tabellen, um Ihre Daten zu erfassen und zu organisieren. Zuvor aufgerufene Entitäten
Weitere Informationen

Eigenschaften   Primärspalte

Anzeigename *

[KundenDILARO]

Pluralname *

[KundenDILARO]

Beschreibung

[   ]

☐ Anlagen aktivieren (Notizen und Dateien eingeschlossen) [1]

Erweiterte Optionen ∧

Schemaname *

[new_ KundenDILARO]

Typ *

[Standard ⌄]

Datensatzbesitz *

[Benutzer oder Team ⌄]

Tabellenbild auswählen

[Keine ⌄]

+ Neue Bild-Webressource

Farbe

[⬚] [Farbcode eingeben]

[**Speichern**] [Abbrechen]

Abbildung 9.4: Grundlegende Festlegungen einer Dataverse-Tabelle

An der Stelle bietet es sich erfahrungsgemäß auch direkt an, ein Feld als Indexfeld festzulegen. Wählen Sie dazu beim Anlegen einer Tabelle im Register PRIMÄRSPALTE direkt einen Feldinhalt aus, der als Indexfeld oder Primärschlüssel eingesetzt werden soll. An der Stelle können Sie in dem Eingabefeld auch einen neuen Feldnamen angeben und unter ERWEITERTE OPTIONEN zusätzliche Eigenschaften definieren.

KAPITEL 9 Schritt-für-Schritt-Projekt

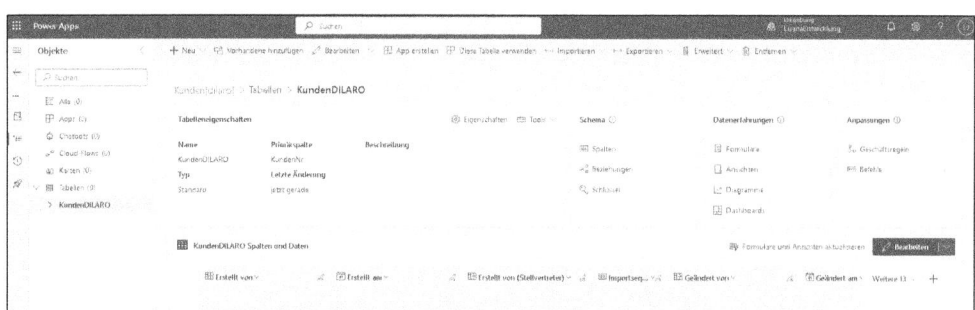

Abbildung 9.5: Festlegung der Kundennummer als Primärspalte

Sobald Sie die Basisinformationen der neuen Tabelle mit der Schaltfläche SPEICHERN bestätigt haben, wird die neue Tabelle gemäß den Vorgaben angelegt. Es erscheint ein Bildschirmfenster, das die wesentlichen Elemente zur Verwaltung der Tabelle beinhaltet.

Abbildung 9.6: Optionen einer neu angelegten Dataverse-Tabelle

> Jede neu angelegte Tabelle weist bereits eine Vielzahl von Feldern auf, die zur Verwaltung der Daten und zur Nachvollziehbarkeit der Datenerfassung oder der einzelnen Datensätze genutzt werden; dazu zählen beispielsweise Angaben zum Anlage- oder Änderungsdatum, zum Benutzer oder auch zur Versionierung.

Tabelle nachträglich bearbeiten

Um die Tabelle abzubilden, die der Ausgangslage (siehe oben *Ausgangslage*) entspricht, müssen Sie im nächsten Schritt die Tabelle um die benötigten Feldangaben ergänzen, also die Struktur der Tabelle anpassen. Dazu wählen Sie am schnellsten das Pluszeichen + unterhalb der Option BEARBEITEN (rechts), worauf ein Dialogfeld zum Anlegen einer neuen Felddefinition (Spalte) erscheint. Tragen Sie dort nach und nach die Angaben für die neue Spalte der Tabelle ein.

Abbildung 9.7: Eingabemaske zum Anlegen eines neuen Datenfeldes der Tabelle

Auf eine besondere Felddefinition soll an dieser Stelle eingegangen werden, indem als zusätzliches Feld (Spalte) ein sogenanntes Formelfeld eingefügt wird. Dieses Formelfeld soll als Textkombination aus dem Firmennamen und dem Ansprechpartner bestehen, auf die dann beispielsweise in der App zugegriffen werden kann.

Legen Sie also bitte eine neue Felddefinition an und wählen Sie als Datentyp FORMEL an; damit signalisieren Sie, dass sich der Inhalt aus der Berechnung anderer Felder oder aus dem Inhalt anderer Datenfelder zusammensetzt.

Es erscheint in dem Dialogfenster ein separates Feld (Formelfeld), wo Sie dann beispielsweise folgende Anweisung eintragen müssen, um einen zusammengesetzten Feldinhalt zu erhalten (hier Firmname und Ansprechpartner):

Firma&" - AP: „&Ansprechpartner

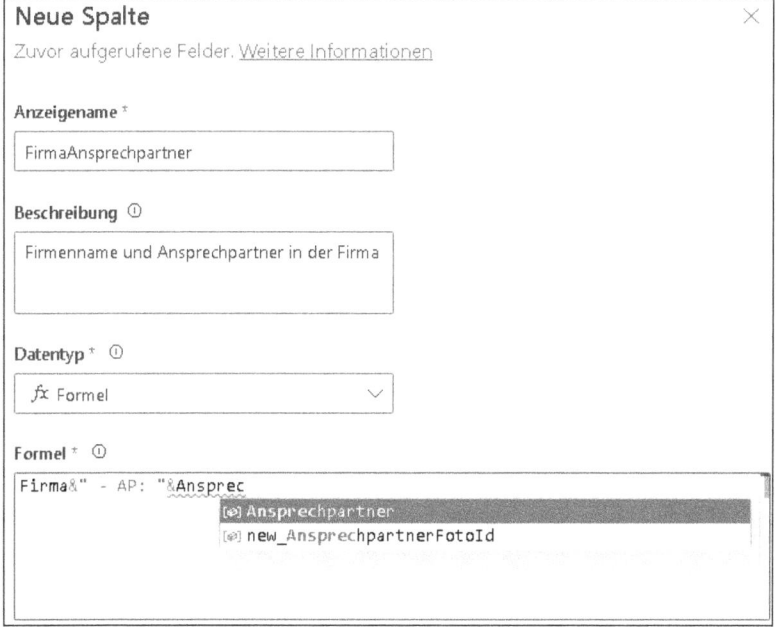

Abbildung 9.8: Anlagen eines berechneten Formelfeldes

 Bei der Eingabe eines Teils der Feldnamen werden verfügbare Felder bereits angezeigt, sodass Sie diese dann auswählen können (siehe Abbildung).

Nachdem die Struktur der Tabelle angelegt oder angepasst wurde, können Sie diese nun mit ein paar Beispieldaten füllen; hier bietet es sich an, auf die Beispieldaten aus Teil I zurückzugreifen, wobei Sie an der Stelle natürlich auch beliebige Daten verwenden können. Der Übersichtlichkeit halber sind in der folgenden Abbildung die Beispieldaten noch einmal dargestellt.

Abbildung 9.9: Tabelle mit Beispieldaten

> Im Rahmen dieses Buches kann die Verwaltung einer Tabelle im Dataverse-Umfeld nur ansatzweise erläutert werden. Für weiter- und tiefergehende Angaben wird an dieser Stelle auf weiterführende Literatur verwiesen.

Neuanlage der App

Nachdem die Datenquelle als Basis für die Anwendung erstellt und mit Inhalt versehen wurde, können Sie mit der eigentlichen App-Erstellung beginnen. Dafür gehen wir davon aus, dass Sie sich in Power Apps immer noch innerhalb der (ausgewählten) Lösungsoberfläche befinden.

Sobald Sie innerhalb der Lösungsoberfläche links die Option ALLE oder APPS angewählt haben, müssen Sie im oberen Menübereich die Option NEU und dann APP und CANVAS-APP anklicken.

Nach Bestätigung der Eingabe eines Namens für die neue Anwendung erscheint der leere Bildschirm des Entwurfsmodus von Power Apps.

Moderne Steuerelemente und Designs

Im Entwurfsmodus der App sollten Sie im ersten Schritt einige Vorgaben für die Konfiguration der Anwendung auswählen. Wählen Sie dazu im oberen Menübereich den Punkt EINSTELLUNGEN an.

Im nachfolgenden Dialogfenster können Sie eine Vielzahl von Einstellungen vornehmen, die sich allesamt auf die neu zu erstellende Anwendung beziehen. Sie können im Fenster nach unten und oben scrollen; zudem verfügt dieses Fenster links über mehrere Bereiche und innerhalb einzelner Bereiche über weitergehende Register (zum Beispiel bei UPDATES).

Für unseren Anwendungsfall scrollen Sie bitte im Bereich UPDATES nach unten und stellen die Option MODERNE STEUERELEMENTE UND DESIGNS (*Modern Themes*) auf EIN, sofern diese an der Stelle noch deaktiviert ist.

Einstellungen

- Allgemein
- Anzeige
- **Updates**
- Support

Updates

🔍 Suchen

Neu Vorschau Experimentell Zurückgezogen

Diese Updates wurden kürzlich veröffentlicht. Sie sind beim Erstellen einer neuen App aktiviert. Für bestehende Apps sind sie deaktiviert, sodass Sie sie zuerst testen können. Eventuell sind sie für alle Apps aktiviert, oder können an anderer Stelle in den Einstellungen verwaltet werden.

Moderne Steuerelemente und Designs

Stellen Sie Ihrer App die neuesten Steuerelemente und Designs bereit, sobald diese veröffentlicht werden. Wenn diese Option aktiviert ist, werden die modernen Steuerelemente auf der Registerkarte „Modern" des Bereichs „Einfügen" angezeigt. Moderne Designs werden im neuen Themenbereich angezeigt und klassische Designs werden aus der Symbolleiste entfernt. Weitere Informationen

🔘 Ein

Neues Analysemodul

Aktiviert ein neues Analysemodul mit verbesserter Dokumenterstellungsleistung

🔘 Ein

Abbildung 9.10: Aktivierung der »Modern Themes«

Sobald Sie die in der Abbildung dargestellte Option aktivieren, verändert sich in Power Apps der Bildschirm der Entwicklungsumgebung (Entwurfsmodus). Zum einen wird die Symbolleiste im linken Menübereich um den Eintrag DESIGNS erweitert und der Bereich zum Einfügen von Strukturelementen wird um zusätzliche Optionen erweitert.

Datenverbindung

Eine weitere Einstellung – bevor es an die Gestaltung der neuen App-Oberfläche geht – bezieht sich auf die Einbindung der Datenquelle; hierbei nutzen wir die in den vorstehenden Abschnitten erstellte Dataverse-Beispieltabelle.

Wählen Sie dazu im linken Menübereich den Punkt DATEN und klicken Sie dann auf DATEN HINZUFÜGEN.

Im nächsten Schritt wählen Sie dann aus den verfügbaren Datenquellen die gewünschte aus; in diesem Fall also beispielsweise die Beispieltabelle mit dem Namen *Kunden]dilaro[*. Die gewählte Tabelle oder die gewählte Datenquelle wird anschließend im Datenbereich angezeigt.

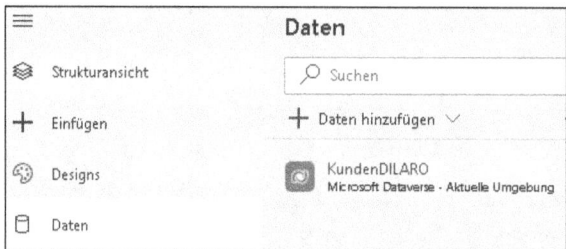

Abbildung 9.11: Anzeige der ausgewählten Datenquelle

Struktur der Darstellung anpassen

Sobald alle Vorbereitungen getroffen worden sind (siehe vorhergehende Abschnitte) können Sie mit der Entwicklung und Gestaltung der App-Oberfläche und der Zuweisung der gewünschten Funktionen beginnen.

Bei einigen Anwendungen bietet es sich an, der App eine spezielle Hintergrundfarbe zuzuweisen, um auf diese Weise bestimmte Inhalte besser voneinander trennen zu können. Dazu wählen Sie in der Strukturansicht das Strukturelement Screen1 an (es sei denn, Sie haben es schon umbenannt) und wählen dann im Eigenschaften-Bereich (rechts) die Option Ausfüllen an. Nach Auswahl der gewünschten Farbgebung erscheint der dazugehörige RGBA-Eintrag auch in der Befehlszeile, wo Sie diesen dann grundsätzlich auch jederzeit noch manuell verändern können.

Im nächsten Schritt können Sie der App, mit der die Kundendaten verwaltet werden sollen, eine Überschrift zuweisen. Wählen Sie dazu unter Einfügen im Bereich Layout den Eintrag Container aus, wodurch am Bildschirm ein leeres Rechteck angezeigt wird. Dieses Rechteck sollten Sie dann am oberen Rand positionieren und die Größe entsprechend anpassen, sodass es am oberen Rand steht.

 Der Einsatz von Containern bietet sich an, um logisch zusammenhängende Strukturelemente zu gruppieren; so können mehrere Steuer- oder Strukturelemente zusammengefasst und gemeinsame Eigenschaften verändert werden, die sich nicht auf das gesamte Aussehen (Layout) der App, sondern nur auf einen Teilbereich auswirken.

Über das Plussymbol (+) innerhalb des Containers erscheint automatisch das Einfügen-Menü, wo Sie dann im Bereich Layout die Option Kopfzeile auswählen müssen. Damit wird innerhalb des Containers automatisch ein (modernes) Strukturelement eingefügt, das in der Größe an den Container angepasst werden kann.

 Ein sogenanntes modernes Strukturelement können Sie jederzeit über den Menüpunkt Design sehr schnell ein angepasstes Aussehen zuordnen, was sich aber immer auf alle (modernen) Strukturelemente bezieht.

Um innerhalb der zugewiesenen Kopfzeile den Namen zu ändern, wählen Sie bei diesem Element aus dem Dropdown des Eigenschaften-Menüs (links oben) den Punkt Title an.

In der Befehlszeile können Sie anschließend den gewünschten Namen eingeben, beispielsweise mit folgender Anweisung:

"Verwaltung der Kunden von]dilaro["

Das eingefügte Strukturelement (Kopfzeile) ermöglicht eine weitergehende Anpassung, indem im rechten Eigenschaften-Bereich die Schrift oder die Schriftgröße angepasst werden können. Zudem verfügt das Strukturelement über zwei weitere Standardvorgaben; so wird links ein Logo und im rechten Bereich das Foto des aktuell angemeldeten Benutzers angezeigt; die Steuerung oder beispielsweise die Auswahl (Hochladen) des Logos erfolgen ebenfalls über den Eigenschaften-Bereich (rechts).

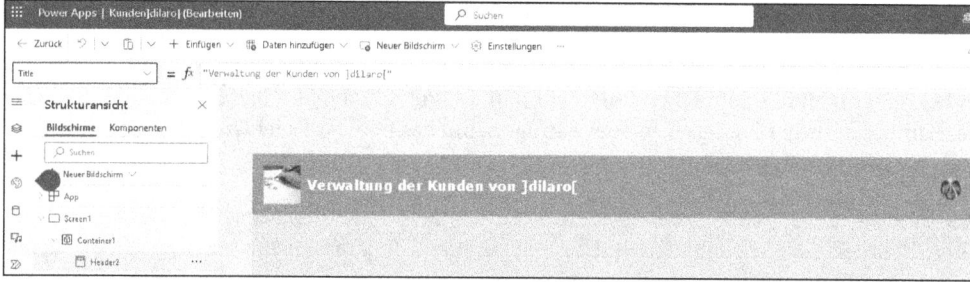

Abbildung 9.12: Konfiguration des (modernen) Steuerelements »Kopfzeile«

Um in der Mitte des Bildschirms die Daten der Datenquelle anzeigen und bearbeiten zu können, wird dort über die gesamte restliche Ausdehnung der Oberfläche ein weiterer leerer Container eingefügt. Innerhalb des Containers wird dann über das EINFÜGEN-Menü ein LEERER VERTIKALER KATALOG (Klassisch) eingefügt.

Im nächsten Schritt wird automatisch die der App zugewiesene Datenquelle angezeigt, die an dieser Stelle direkt ausgewählt und mit dem Katalog verbunden werden kann.

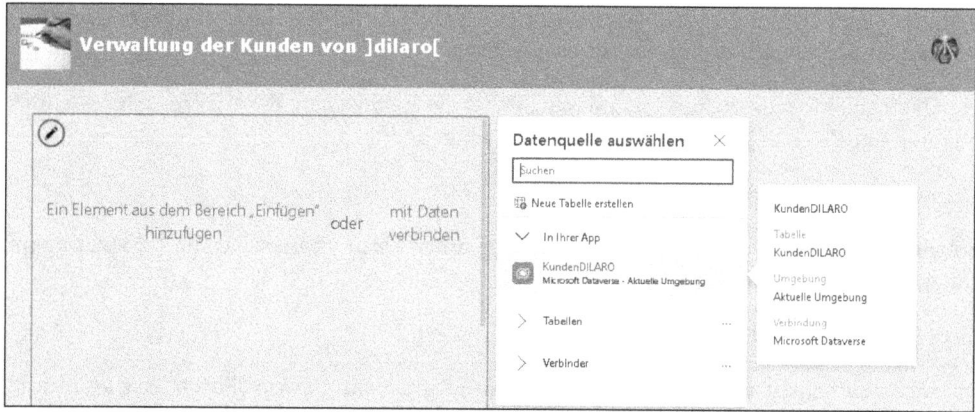

Abbildung 9.13: Vertikaler Katalog mit Zugriff auf die Datenquelle

Nach Anpassung der Größe des Kataloges an die Bildschirmhöhe und Bildschirmbreite können Sie innerhalb des Kataloges die Datenfelder positionieren. Dazu fügen Sie am besten zunächst einmal über das EINFÜGEN-Menü ein Textfeld ein.

Diesem Textfeld weisen Sie dann über die Befehlszeile bei der Eigenschaft TEXT (Dropdownfeld links oben) den folgenden Eintrag zu (sofern dies nicht bereits automatisch erfolgt):

```
ThisItem.KundenNr
```

Mit der Anweisung *ThisItem* kann in Katalogen, Listen oder Formularen auf die Inhalte der zugewiesenen Datenquelle referenziert werden (siehe nachfolgende Beispiele).

Damit wird in dem Feld die Kundennummer des ersten Datensatzes angezeigt. Für das nächste Feld (Firma und Ansprechpartner) können Sie am schnellsten das bestehende Feld mit der Kundennummer kopieren, wieder einfügen und dann in der Befehlszeile (Power Fx-Zeile) entsprechend anpassen.

Als Eintrag in der Befehlszeile greifen Sie mit folgender Befehlszeilenanweisung auf das oben definierte Formelfeld *FirmaAnsprechpartner* (Zusammensetzung der Felder Firma und Ansprechpartner) aus der Beispieltabelle zu:

```
ThisItem.FirmaAnsprechpartner
```

Im Übrigen können Sie die kombinierte Darstellung von Feldinhalten auch in der App selbst definieren. Wenn Sie in einem Textfeld beispielsweise folgende Anweisung eingeben, erhalten Sie eine kombinierte Anzeige der Datenfelder (hier: Straße, Postleitzahl und Ort):

```
ThisItem.Strasse&" - "&ThisItem.Postleitzahl&" "&ThisItem.Ort
```

Der nächste Arbeitsschritt soll darin bestehen, die Darstellung im Feld *Umsatz* so zu formatieren, dass eine angepasste Darstellung des Zahlenformats erfolgt und bei bestimmten Werten die Schriftfarbe von grün auf rot wechselt.

Um das Zahlenformat zu ändern, müssen Sie bei der Eigenschaft TEXT (Eigenschaften links oben) in der Befehlszeile folgende Anweisung eingeben:

```
Text(ThisItem.Umsatz;"€ ##,###.00")
```

Sobald Sie diese Anweisung eingegeben haben, ändert sich unmittelbar die Darstellung im Datenbereich des Bildschirms.

Ein echtes WYSIWYG (*What you see is what you get!*)!

Im nächsten Schritt wählen Sie dann bitte die Eigenschaft COLOR (FONTCOLOR) an und tragen in der Befehlszeile (Power Fx-Zeile) Folgendes ein:

```
If(ThisItem.Umsatz>100000; Color.Green; Color.Red)
```

Es handelt sich dabei um die Prüfung der folgenden Bedingung: Wenn der Wert im Datenfeld *Umsatz* größer als 100000 ist, soll der Eintrag in grüner Farbe dargestellt werden, andernfalls in roter.

Im Weiteren soll eine Besonderheit erläutert werden, indem innerhalb eines Kataloges ein weiterer Katalog eingefügt werden soll. Dieser wird in diesem Beispiel benötigt, um ein Mehrfachauswahlfeld (hier: Top3Artikel) einzufügen und den Inhalt darstellen zu können. Dazu müssen Sie in dem bestehenden Katalog mit der Option LEERER VERTIKALER KATALOG einen leeren (vertikalen) Katalog einfügen.

Vor dem Einfügen eines Katalogs (Gallery) in einen anderen Katalog muss in dem bestehenden Katalog zwingend ein (beliebiges) Element angewählt werden; die Markierung des gesamten Kataloges führt nicht zum gewünschten Erfolg!

Wählen Sie also zunächst ein Feld innerhalb des bestehenden Kataloges aus, also beispielsweise in der Strukturansicht das Feld für die Umsatzdarstellung. Danach wählen Sie über das EINFÜGEN-Menü den Punkt KLASSISCH – LEERER VERTIKALER KATALOG aus.

Das neue Element wird innerhalb des bestehenden Kataloges platziert, wo Sie es dann an den gewünschten Platz verschieben und bezüglich der Höhe und Breite anpassen können.

Als Nächstes wählen Sie die Eigenschaft ITEMS (Dropdown links oben) an und weisen in der Befehlszeile folgende Anweisung zu:

```
ThisItem.Top3Artikel
```

Im nächsten Schritt müssen Sie dann in dem zusätzlichen Katalog (vorher anwählen) ein Textfeld zuweisen, beispielsweise über EINFÜGEN – TEXT.

Der Eigenschaft TEXT dieses Feldes (links oben) – dessen Größe Sie in den neuen Katalog einpassen sollten – weisen Sie folgende Anweisung zu:

```
ThisItem.Value
```

Auf diese Art und Weise werden die Inhalte des Feldes (*Top3Artikel*) innerhalb des bestehenden Kataloges angezeigt.

Als letzter Arbeitsschritt soll die Kopfzeile angepasst werden, indem dort nicht nur das Foto des angemeldeten Benutzers, sondern auch der Name angezeigt wird. Dazu wählen Sie das entsprechende Strukturelement der Kopfzeile an und fügen dort ein Textfeld ein (EINFÜGEN –TEXT).

In der TEXT-Eigenschaft können Sie mit folgender Anweisung den Anzeigenahmen des angemeldeten Benutzers abrufen:

```
User().FullName
```

Nachdem Sie das Feld entsprechend positioniert und in der Größe angepasst haben, kann sich dies am Bildschirm so präsentieren, wie in der folgenden Abbildung beispielhaft dargestellt:

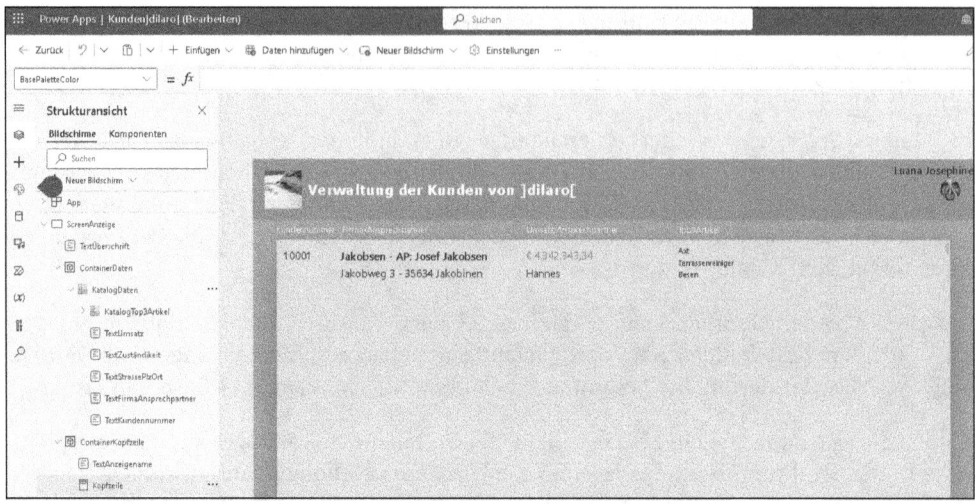

Abbildung 9.14: App-Darstellung mit zugewiesenen Feldern

Auf die dargestellte Art und Weise können Sie den Katalog mit den gewünschten Feldern füllen. Wenn Sie anschließend die Höhe des (ersten) vertikalen Kataloges reduzieren, also den Rahmen nach oben schieben, werden darunter anschließend die weiteren Datensätze der Tabelle angezeigt.

Nachdem Sie diese App gespeichert und veröffentlicht haben, können Sie diese starten (F5) und erhalten mit Darstellung der Beispieldaten eine Anzeige wie in folgender Abbildung.

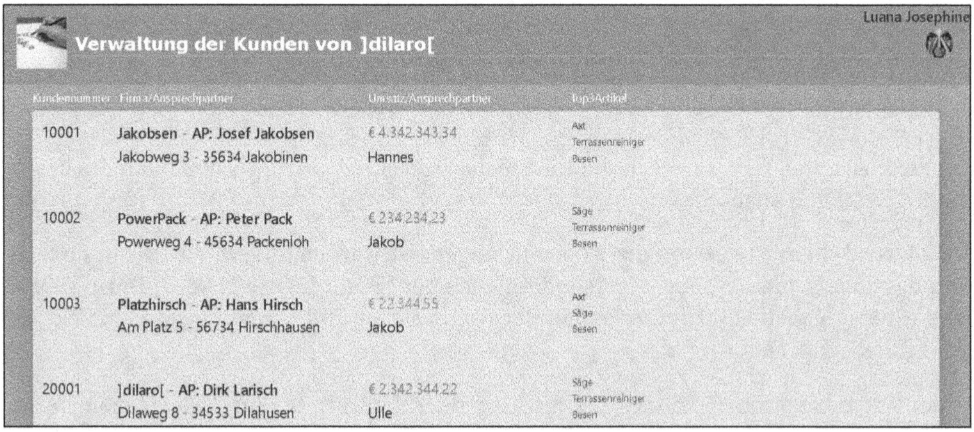

Abbildung 9.15: Ausführbare Anwendung mit Darstellung der Beispieldaten

Damit soll die Schritt-für-Schritt-Anleitung zum Erstellen einer Anwendung (App), mit der die Daten einer Dataverse-Tabelle angezeigt werden, abgeschlossen werden. Diese App können Sie natürlich weiterentwickeln, indem Sie beispielsweise noch einen separaten Bildschirm (Screen) einfügen, um einen einzelnen Datensatz zu bearbeiten oder um neue Datensätze anlegen zu können.

> **IN DIESEM KAPITEL**
>
> Verständnis von Power Fx
>
> Anweisungen der Befehlszeile (Power-Fx-Zeile)
>
> Zusammengesetzte Anweisungen
>
> Funktions-Trenner
>
> Komma oder Semikolon?
>
> Besonderheiten

Kapitel 10
Power Fx verstehen!

Für die weitergehenden Erläuterungen und das tiefergehende Verständnis ist es wichtig, dass Sie das Prinzip der Syntax von Power Fx kennen und verstehen. Die Grundlagen dafür werden in diesem Kapitel gelegt, wozu insbesondere der Aufbau der Anweisungen und die Hinweise zur Beachtung der Besonderheiten zählen.

Noch eine Erklärung

Die generellen Erläuterungen und mögliche Einsatzgebiete von Power Fx haben Sie unter Umständen ja bereits in Teil I gelesen. An der Stelle soll jedoch zunächst noch einmal eine Darstellung der grundlegenden Funktionen aus einer anderen Blickrichtung erfolgen, bevor es anschließend anhand ausgewählter Beispiele konkret wird.

Verwandtschaft zur Excel-Formelsprache

Zu Beginn ein wichtiger Hinweis: Wenn Sie sich mit der Formelsprache von Microsoft Excel auskennen oder schon einmal beschäftigt haben, werden Sie sich wahrscheinlich sehr schnell in Power Fx einfinden und erste Anweisungen umsetzen können.

Power Fx ist in einer Microsoft-365-Umgebung nicht zuletzt deshalb so interessant und wichtig, weil dabei Formeln oder Anweisungen Anwendung finden, die bereits sehr vielen Anwendern von Excel her bekannt sind. Auch wenn sich die Anweisungen teilweise unterscheiden, hilft das Verständnis der Logik und des Aufbaus der Excel-Formelsprache bei der

Anwendung von Power Fx. Auf diese Art ist Power Fx zu einer gemeinsamen Grundlage für Anwender und professionelle (App-)Entwickler geworden, um Anforderungen durch entsprechende Programmlogik zu lösen.

Die Logik einer Power-Fx-Anwendung wird in prägnanten, aber leistungsstarken – meist einzeilige – Formeln beschrieben. Damit lässt sich die Komplexität reduzieren und das notwendige Verständnis auf Ebene eines (erfahrenen) Excel-Anwenders begrenzen. Etwas überspitzt ausgedrückt, könnte man sagen, dass mit Power Fx die App-Entwicklung so einfach wird, wie das Erstellen einer (komplexen) Excel-Tabelle.

Professioneller Einsatz

Nicht zuletzt die heutigen Möglichkeiten zur Nutzung der Künstlichen Intelligenz (zum Beispiel auf Basis des Copiloten) machen Power Fx als Low-Code-/No-Code-Lösung absolut einsatzfähig für die professionelle Programmentwicklung (App-Entwicklung).

Professionelle Entwickler können mit Power Fx die Entwicklungszeiten ihrer Anwendungen drastisch verkürzen. Ermöglicht wird dies durch ausgeprägte deklarative, stark typisierte und funktionale Programmiersprache auf Basis von Power Fx. Dazu zählt ebenso die inkrementelle Kompilierung, Intellisense, sofortige Fehlerberichterstattung und insbesondere die Ausführung während der App-Erstellung (Interpreter-Funktion).

Speziell der integrierte, inkrementelle Compiler sorgt für ein Erfolgserlebnis (oder für Frust), da damit die Syntax einer Anweisung unmittelbar ausgewertet und das Ergebnis dargestellt wird. Ähnliches gilt für Änderungen an den Eigenschaften einzelner Strukturelemente. Nehmen Sie dort Änderungen vor (zum Beispiel eine Farbänderung am Hintergrund), erscheint anschließend in der Befehlszeile (Power Fx-Zeile) automatisch die daraus resultierende Anweisung im Klartext.

Aufgrund der Open-Source-Funktionalität von Power Fx gibt es mittlerweile eine breite Gemeinschaft (Community), die sich rund um das Thema App-Entwicklung mit Power Fx rankt. Dort findet der Hobby-Entwickler, aber ebenso auch professionelle App-Entwickler bei auftretenden Fragen oder Problemen jederzeit schnelle und kompetente Unterstützung.

So stellt sich Power Fx als eine Programmiersprache oder Programmierumgebung für die Beschreibung von Funktionen und Interaktionen dar, ohne jedoch eventuell *coden*, also Programmcode erstellen zu müssen, auch wenn dies natürlich jederzeit möglich ist. So bleibt Power Fx leistungsstark, leicht zu analysieren und bietet die benötigte Flexibilität für die Anwendungsentwicklung.

Warum Power Fx?

An diesem Punkte stellen Sie sich – als Hobby-Programmentwickler – vielleicht jetzt die Frage, warum Sie Power Fx einsetzen sollten. Nun, aus Erfahrung und wenn Sie die Beispiele aus dem Teil I vielleicht schon nachvollzogen haben, entsteht relativ schnell eine Begeisterung dafür, wie einfach und schnell sich Anwendungen entwickeln lassen, die beispielsweise auf einem mobilen Gerät (zum Beispiel Smartphone) eingesetzt werden können.

Ein weiterer Grund, sofern Sie sich einer Microsoft-365-Umgebung verschrieben haben, ist die hohe Integration in viele andere Anwendungen dieser Plattform. So können Sie Power Fx bereits heute nicht nur in Power Apps, sondern beispielsweise auch in anderen M365-Anwendungen nutzen (zum Beispiel Power Automate, Power BI). Die Abbildung als Open-Source-Projekt fördert eine stetige Weiterentwicklung und eine große Gemeinschaft von App-Entwicklern.

So ist – außerhalb der Frage benötigter Lizenzen – Power Fx ein äußerst zielführendes Erlebnis für den (gemeinen) Hobby-Entwickler. Der professionelle Entwickler von Anwendungen einer Microsoft-365-Umgebung kommt daran ohnehin nicht vorbei.

Aufbau und Funktion

Der Aufbau, die Funktion und die Syntax von Power Fx lassen sich am besten erklären, wenn Sie einmal in Power Apps eine leere Canvas-App anlegen und auf der Oberfläche verschiedene Funktionen ausprobieren. Wählen Sie dazu auf der Startseite von Power Apps den Menüpunkt ERSTELLEN (links) und anschließend dann LEERE APP – LEERE CANVAS-APP – ERSTELLEN an. Nach Eingabe eines Namens erhalten Sie dann über die Schaltfläche Erstellen den Entwurfsmodus einer Canvas-App.

Befehlszeile/Power-Fx-Zeile

Eine der entscheidenden Komponenten des Entwurfsmodus stellt die Befehlszeile im oberen Bildschirmbereich dar. Diese Power-Fx-Zeile – wie sie auch genannt wird – enthält sämtliche Eigenschaften, Anweisungen (Programmcode), Formeln, Funktionen, Hinweise, Texte und so weiter, die für die Funktionsfähigkeit einer App erforderlich sind.

Die Zeile selber besteht immer aus zwei Komponenten: links das Feld für die Auswahl der Eigenschaft und rechts daneben (= FX) der Eingabebereich für die Anweisung, Funktion, Text und anderes also letztlich den Programmcode für die ausgewählte Eigenschaft.

Bei einer leeren Canvas-App stellt sich die Befehlszeile so dar, wie nachfolgend dargestellt:

Abbildung 10.1: Komponenten einer Befehlszeile

In diesem Fall ist die Eigenschaft FILL ausgewählt; dies steht für das Ausfüllen einer Bildschirmfläche. Als Funktion wird die Anweisung *Color* eingesetzt und dieser die Erweiterung *.White* zugeordnet, getrennt durch einen Punkt. Damit ist definiert, dass dem Bildschirmhintergrund der aktuellen Anwendung die Farbe Weiß zugeordnet wird.

Klicken Sie einmal in die Befehlszeile (rechts) und ersetzen Sie manuell den Eintrag *White* durch den Eintrag *Red*. Es ändert sich unmittelbar die Hintergrundfarbe der Anwendung von Weiß auf Rot. Eigentlich ganz einfach, oder?

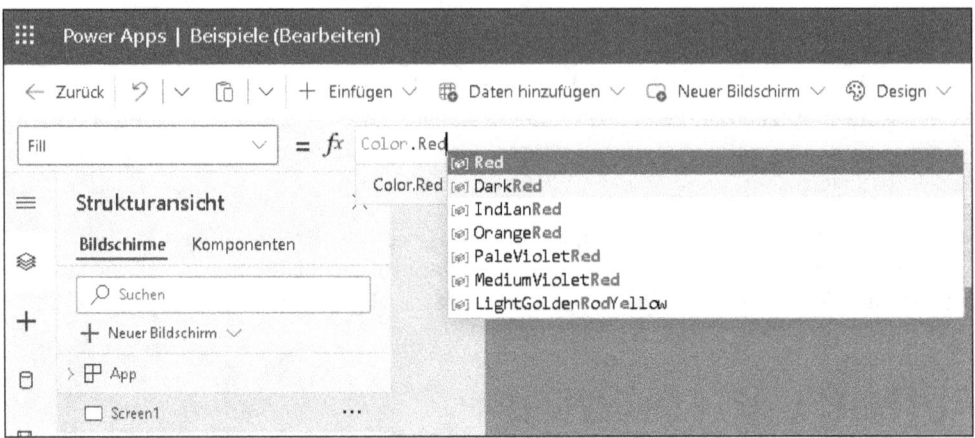

Abbildung 10.2: Änderung der Hintergrundfarbe

Die Erfassung von Anweisungen in der Befehlszeile wird nicht nur durch das Vorblenden der unterschiedlichen Anweisungen unterstützt (*Intellisense*), sondern ein Tooltip liefert bei jeder Anweisung immer auch Angaben zur Verwendung der unterschiedlichen Parameter einer Anweisung.

Da es in Power Apps sehr oft verschiedene Weg zum Ziel gibt, gilt dies auch für eine Änderung der Farbe des Hintergrundes. Sowohl über den separaten Eigenschaften-Bereich (rechts) als auch über den Menüpunkt HINTERGRUNDFARBE (oben) können Sie dieselbe oder eine andere Farbanpassung vornehmen.

Im nächsten Schritt sollten Sie nun einmal auf der Oberfläche der Anwendung ein Textfeld einfügen. Wählen Sie dazu im Menü EINFÜGEN die Option EINGABE und aus den dann erscheinenden Unterpunkten den Punkt TEXTEINGABE an. Auf dem Bildschirm erscheint ein weißes Feld; um den Text des Feldes (Texteingabe) zu ändern, klicken Sie in die Befehlszeile und überschreiben den Text beispielsweise mit *Land*. Sie werden feststellen, dass der Text in dem weißen Feld bereits während Ihrer Eingabe angepasst wird.

Durch den Effekt des inkrementellen Kompilierens (Interpreter-Funktion) sehen Sie bei jeder Eingabe sofort die Auswirkungen auf die zu entwickelnde Anwendung, wozu zwangsläufig auch Fehler zählen.

Beachten Sie, dass sich diese Namensänderung eines Feldes nicht automatisch auf die Bezeichnung des Strukturelementes (links) bezieht; dort steht standardmäßig für das erste Textfeld »TextInput1«, was Sie dort aber jederzeit über das zugehörige Kontextmenü (drei Punkte) ändern können.

Für die weiteren Erläuterungen sollten Sie bitte noch ein zweites Textfeld einfügen und dies mit dem Namen *Hauptstadt* versehen. Beim Einfügen wird das zweite Feld in der Regel teilweise über das erste Feld gesetzt. Wie Sie es gewohnt sind, können Sie dieses Feld dann per *Drag & Drop* auf der Oberfläche verschieben.

KAPITEL 10 Power Fx verstehen! 135

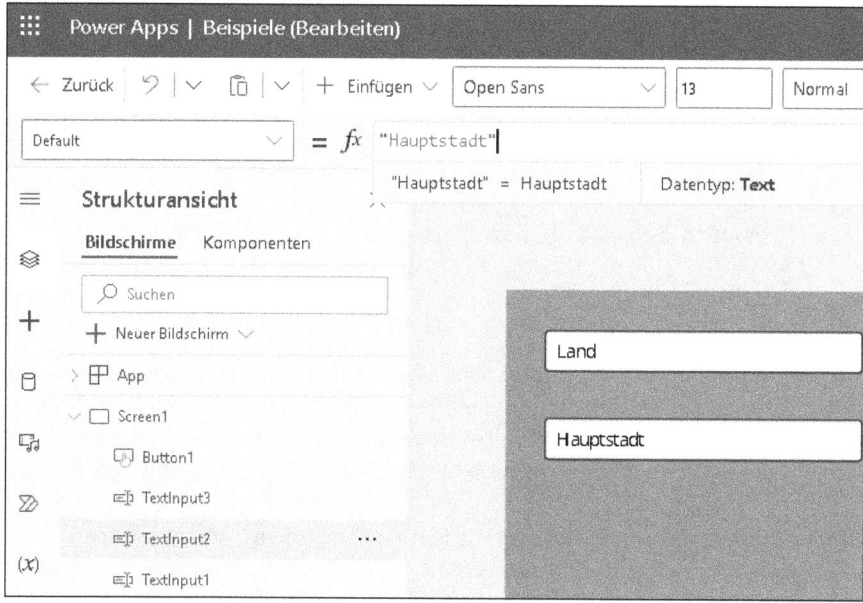

Abbildung 10.3: Textfelder auf der App-Oberfläche

Mit dem Kombinieren der beiden Textfelder kommt jetzt die erste Funktion zum Einsatz. Fügen Sie dazu ein weiteres Textfeld auf der Oberfläche ein. Klicken Sie das Feld an und geben Sie anschließend in der Befehlszeile folgende Funktion ein:

Concatenate(*TextInput1*.Text;" ";*TextInput2*.Text)

Mit dieser Funktion (Concatenate) wird der Inhalt der beiden angeführten Textfelder kombiniert und in dem dritten Feld als Ergebnis dargestellt; dabei werden die Inhalte der Textfelder durch zwei Leerzeichen (" ") getrennt. Auf diese Art sollte dann ein Eintrag wie *Land Hauptstadt* erscheinen. Sollten Sie die Bezeichnung der Strukturelemente angepasst haben, müssen Sie dies an der Stelle natürlich entsprechend berücksichtigen. Sobald Sie die App ausführen (F5) und zwei Namen eingeben, werden diese als Ergebnis im dritten Textfeld angezeigt.

 Achten Sie bei der Anweisung darauf, dass Sie bei der Auswahl definierter Textfelder in einer Anweisung an den Namen des Feldes immer den Zusatz *.Text* (Kontrolleigenschaft) anhängen müssen, um damit den Typ des Feldes zu spezifizieren.

Sonderfunktion Schaltfläche

Wenn Sie sich die verschiedenen Möglichkeiten im EINFÜGEN-Menü ansehen, werden Sie feststellen, dass die Auswahl schier unerschöpflich scheint. Neben Symbolen und sonstigen Darstellungsformen wird sicherlich öfter das Strukturelement SCHALTFLÄCHE zum Einsatz kommen, da damit beispielsweise ausführbare Aktionen zugeordnet werden können.

Nachdem Sie das Schaltflächen-Element über das EINFÜGEN-Menü (Bereich EINGABE) der Anwendungsoberfläche zugewiesen haben, sollten Sie dieses zunächst einmal entsprechend platzieren. Bei angeklicktem Feld erscheint im Auswahlfeld der Eigenschaften (links) automatisch der Eintrag ONSELECT; dies weist darauf hin, dass die in der Befehlszeile hinterlegte Anweisung beim Anklicken der Schaltfläche ausgeführt wird (standardmäßig steht hier *false*, es wurde also noch nichts zugewiesen).

Überschreiben Sie dann in Befehlszeile den Eintrag *false* beispielsweise mit folgender Anweisung:

```
Set(KombiName;Concatenate(TextInput2.Text;" ";TextInput1.Text));;Notify(KombiName)
```

Diese eher sperrig anmutende Anweisung ist schnell erklärt. Mit der Anweisung/Funktion *Set* wird in Power Fx immer eine Variable definiert; diese trägt in diesem Beispiel den Namen *KomiName*. Die Zusammensetzung oder der Inhalt wiederum ergibt sich aus dem Zusammensetzen (Kombinieren) der beiden genannten Textfelder über die Funktion *Concatenate*.

Beachten Sie in der Anweisung für die Schaltfläche (oben), dass die beiden Textfelder in der Anweisung vertauscht werden (*TextInput2* steht vorn).

Nach Abschluss der Anweisungen *Set* und *Concatenate* stehen in der Anweisung zwei Semikolon (;;); dies ist das Trennungszeichen und der Hinweis, dass eine weitere Anweisung folgt. In diesem Fall wird in der nächsten Anweisung mit *Notify* der Inhalt der Variablen *KombiName* am Bildschirm ausgegeben.

Eine solche Anweisung stellt einen Sonderfall dar, da eine Funktion (*Concatenate*) als Parameter einer zweiten Funktion (*Set*) eingesetzt wird. Bei der Entwicklung von Anwendungen mit Power Fx werden Sie feststellen, dass diese Form der geschachtelten Funktionen sehr häufig zum Einsatz kommt.

Wenn Sie über die Befehlszeile (Power-Fx-Zeile) Verbindungen zu anderen Strukturelementen herstellen möchten, müssen Sie immer die Namen verwenden, die in der Strukturansicht zugewiesen worden sind.

Sobald Sie die definierte Anwendung starten (F5) und in die beiden Textfelder zwei Namen eingeben, werden diese automatisch im dritten Textfeld angezeigt. Wenn Sie jetzt aber zusätzlich die Schaltfläche anklicken, erscheint im oberen Bereich des Bildschirms der kombinierte Name, jedoch in umgekehrter Reihenfolge (so wie in der Anweisung definiert).

Abbildung 10.4: Bildschirmmeldung mit Einsatz einer Schaltfläche

Funktions-Trenner und Eingabebereich

Im vorhergehenden Beispiel haben Sie eine kombinierte Anweisung kennengelernt, indem innerhalb einer Zeile zwei Anweisungen verwendet werden, die durch ein doppeltes Trennzeichen getrennt waren. Dieser Funktions-Trenner oder -Separator muss in Power Fx grundsätzlich immer zwischen zwei eigenständigen Anweisungen gesetzt werden.

Grundsätzlich ist es aber nicht erforderlich, dass mehrere Anweisungen immer in einer einzigen Befehlszeile stehen. Um die Übersichtlichkeit zu erhöhen, können Sie die Struktur oder den Bearbeitungsbereich der Befehlszeile erweitern. Klicken Sie dazu entweder rechts neben der Befehlszeile auf den Pfeil nach unten (˅) oder ziehen Sie den unteren Rand der Zeile bei gedrückter Maustaste weiter nach unten. Damit haben Sie die Möglichkeit, beispielsweise hinter jeder einzelnen Anweisung manuelle Zeilenumbrüche einzufügen, um die Übersichtlichkeit zu erhöhen.

Mit der Option TEXT FORMATIEREN steht Ihnen direkt unterhalb der Befehlszeile aber auch eine spezielle Möglichkeit zur Verfügung, verschiedene zu strukturieren. Dies kann sich dann beispielsweise wie im Folgenden abgebildet darstellen.

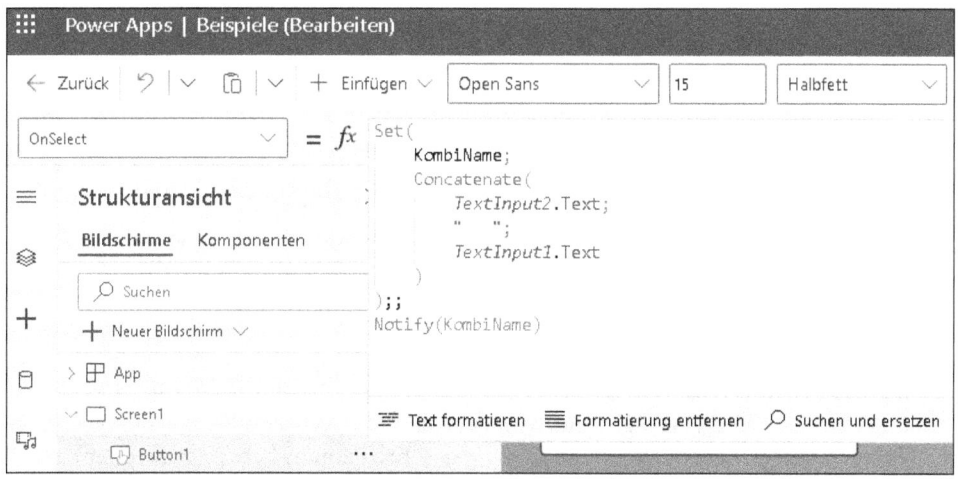

Abbildung 10.5: Strukturierte Ansicht der Anweisungen einer Befehlszeile

 Beachten Sie, dass das doppelte Semikolon als Funktions-Trenner nur bei Einsatz der deutschsprachigen Oberfläche von Power Fx zum Einsatz kommt. Nutzen Sie beispielsweise die englischsprachige Version, genügt ein einfaches Semikolon.

Anweisungen und Funktionen

Es gibt eine Reihe von Webseiten und Online-Handbüchern, in denen die Anweisungen und Funktionen von Power Fx im Einzelnen aufgeführt und erläutert werden (siehe dazu auch Teil V). Generell macht es aber beispielsweise Power Apps einem Entwickler sehr leicht, auf verfügbare Optionen, Funktionen und Anweisungen zuzugreifen.

Dazu genügt in der Regel die Eingabe des ersten Buchstabens, um sich die verfügbaren Möglichkeiten anzeigen zu lassen. Die Interpreter-Funktion über das inkrementelle Kompilieren optimiert das Ganze noch, indem Ergebnisse einer Anweisung unmittelbar dargestellt und die Ergebnisse von Funktionen und Anweisungen direkt am Bildschirm angezeigt werden. Ein Beispiel der Darstellung des Inhalts der Funktion *Pi* zur Darstellung der Pi-Zahl zeigt die folgende Abbildung.

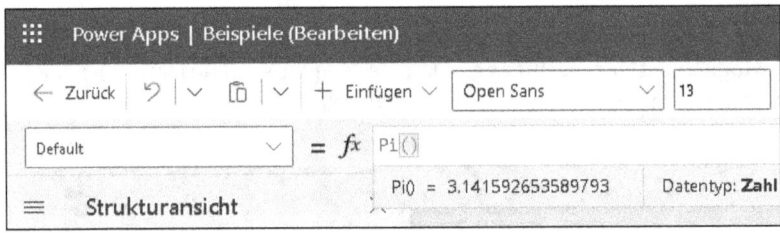

Abbildung 10.6: Beispiel für den Abruf einer Funktion

 In Teil III dieses Buches werden die wichtigsten und wesentlichsten Funktionen zur Nutzung in einer Power-Fx-Umgebung dargestellt und erläutert.

Eigenschaften

Bei der App-Entwicklung mit Power Apps und Power Fx ist es wichtig, zu verstehen, dass es einen unmittelbaren Zusammenhang zwischen den Eigenschaften der unterschiedlichen Strukturelemente und den verfügbaren Anweisungen gibt. Während Sie beispielsweise bei einem Textfeld eine Möglichkeit zur Anpassung des Textnamens haben (siehe oben), steht Ihnen diese Option beispielsweise bei Auswahl eines Symbols als Steuerelement nicht zur Verfügung, was aber auch keinen Sinn ergeben würde.

Haben Sie ein Strukturelement auf der Entwicklungsoberfläche angeklickt, können Sie die zugeordneten Eigenschaften über das entsprechende Dropdown-Feld (links oben) auswählen. Dies stellt somit einen Teil der Logik für die anschließend in der Befehlszeile einzutragenden Anweisungen und Funktionen dar.

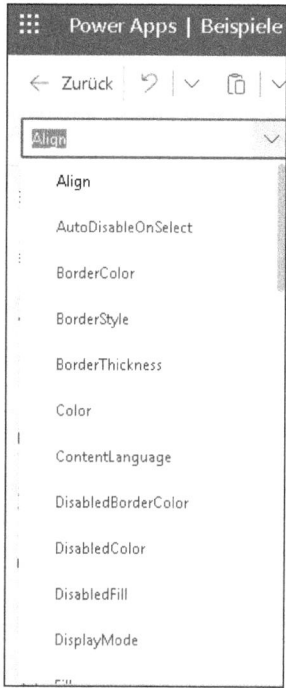

Abbildung 10.7: Eigenschaften eines Strukturelementes

Komma oder Semikolon?

Bei der Entwicklung von Anwendungen mit Power Fx werden Sie unter Umständen sehr oft zu Recherche-Zwecken auf englischsprachigen Webseiten oder in Blogs und Foren landen, die Erläuterungen in englischer Sprache geben. Dies kann unter Umständen dazu führen, dass dort in englischer Sprache angeführte Beispiele in einer deutschsprachigen Entwicklungsumgebung nicht funktionieren. Der Grund liegt darin, dass Microsoft in Power Fx für verschiedene Komponenten unterschiedliche Trennzeichen verwendet.

Haben Sie Ihre Entwicklungsumgebung auf die deutsche Sprache eingestellt (so wie auch als Basis für dieses Buch) werden beispielsweise einzelne Parameter einer Funktion durch ein Semikolon getrennt; in der englischen Version kommt dafür ein Komma zum Einsatz.

Werden in einer Befehlszeile mehrere Anweisungen oder Funktionen in einer Zeile geschrieben, werden diese im Englischen durch ein Semikolon getrennt; in der deutschsprachigen Umgebung müssen Sie jeweils zwei Semikolons angeben (siehe obige Beispiele).

Und auch bei dem Dezimaltrennzeichen gilt es, besondere Vorsicht walten zu lassen. Während im Deutschen das Komma als Dezimaltrennzeichen verwendet wird, kommt in der englischsprachigen Version ein Punkt zum Einsatz. Dies kann insbesondere dann zu merkwürdigen Effekten führen, wenn beispielsweise das Ergebnis eines Strukturelements auf ein anderes Element referenziert wird, das diese Unterscheidung nicht vornimmt. Bei Einsatz von HTML gibt es beispielsweise diese Unterscheidung zwischen Deutsch und Englisch nicht und dann ist eventuell eine vorherige Umwandlung der Werte erforderlich.

Anhand des folgenden Beispiels soll das verdeutlicht werden; zunächst die Darstellung für eine deutschsprachige Umgebung von Power Fx:

```
Set(KombiName;Concatenate(TextInput2.Text;" ";TextInput1.Text));;
Notify(KombiName)
```

Die gleiche Anweisung in einer englischsprachigen Umgebung müsste dann wie folgt lauten:

```
Set(KombiName,Concatenate(TextInput2.Text," ",TextInput1.Text));
Notify(KombiName)
```

Anhand der nachfolgenden Tabelle können Sie noch einmal die wesentlichen Unterschiede herauslesen, die Sie bei der Entwicklung für unterschiedliche Länder (Punkt-Länder wie beispielsweise USA, Komma-Länder wie beispielsweise Deutschland) berücksichtigen müssen.

Funktion	deutsch	englisch
Dezimaltrennzeichen	, (Komma)	. (Punkt)
Parameter-Trennung	; (Semikolon, einfach)	, (Komma)
Funktions-Trennung	;; (Semikolon, doppelt)	; (Semikolon, einfach)

Tabelle 10.1: Unterscheidung zwischen Punkt- und Komma-Ländern

Self und Parent

In der Power-Fx-Welt gibt es eine Vielzahl von Anweisungen mit speziellen Funktionen oder Bedeutung. Zwei davon ermöglichen einen Zugriff auf die Eigenschaften einzelner Steuerelemente: *Self* und *Parent*.

Während *Self* den Zugriff auf die Eigenschaften eines (beliebigen) Steuerelementes ermöglicht, können Sie dies bei übergeordneten Steuerelementen wie einem Container mit der Anweisung *Parent* realisieren. Auf diese Weise können Sie im Power-Fx-Code auf bestimmte Eigenschaften des jeweiligen Steuerelements zugreifen. Dies optimiert den relativen Zugriff auf die Eigenschaften eines Strukturelements, indem es damit auf sich selbst referenziert.

Self

Fügen Sie beispielsweise in einer Anwendung ein beliebiges Steuerelement (zum Beispiel Textfeld) ein und geben Sie dann (bei angewähltem Steuerelement) in der Befehlszeile Folgendes ein:

```
Self.Width
```

Dies bewirkt, dass beispielsweise innerhalb eines Textfeldes die Breite des aktuellen Steuerelementes angezeigt wird. Wenn Sie die Breite des Elements mit den bekannten Funktionen (*Drag & Drop*) direkt in der Oberfläche ändern, so ändert sich auch automatisch die Anzeige der Breitenangabe.

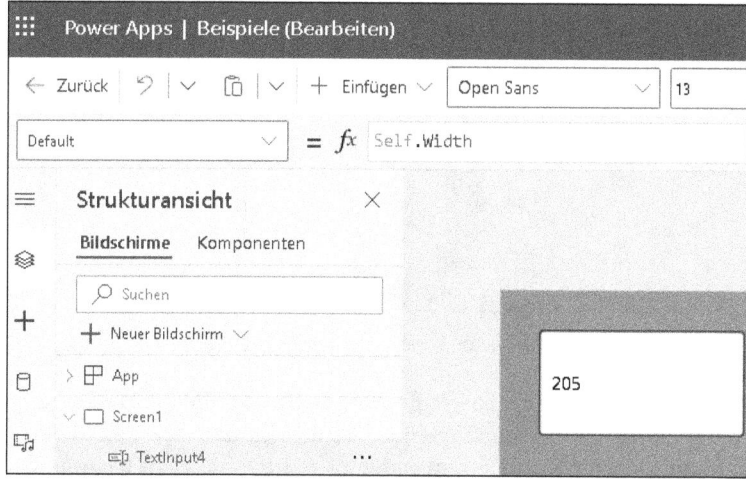

Abbildung 10.8: Anzeige der Breite eines Elements mit der Anweisung Self

 Welche Optionen bei der Self-Anweisung zur Verfügung stehen, erfahren Sie nach Eingabe des Punkts (.) direkt hinter der Anweisung *Self*, worauf die verfügbaren Auswahlmöglichkeiten angezeigt werden.

Parent

Verwenden Sie bei einem Steuerelement die Anweisung *Parent*, erhalten Sie entsprechende Angaben zum übergeordneten Steuerelement. Geben Sie also in das gleiche Textfeld (siehe oben) einmal die folgende Anweisung ein:

Parent.Width

Die im Textfeld angezeigte Zahl verändert sich, denn damit erhalten Sie nun nicht mehr die Breitenangabe des aktuellen Steuerelements (Textfeld), sondern die Angabe der Breite des übergeordneten Elements. Sofern das Steuerelement beispielsweise nicht in einem anderen Element (zum Beispiel Container, Katalog) integriert ist, ist dies in der Regel die Breite der gesamten Entwicklungsumgebung, also der gesamten Bildschirmbreite (*Screen*).

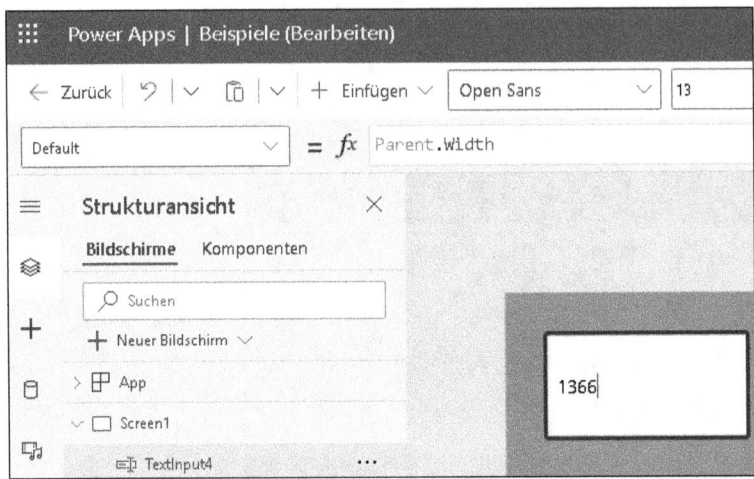

Abbildung 10.9: Breite des übergeordneten Elements mit der Anweisung Parent

Durch geschickten Einsatz der Anweisungen *Self* und *Parent* können Sie die Darstellung des entsprechenden Steuerelements oder das Ergebnis beeinflussen. So können Sie beispielsweise auch mathematische Operationen anwenden. Möchten Sie gern wissen, wie groß 1/3 der aktuellen Breite des Steuerelements ist, verwenden Sie einfach folgende Anweisung:

```
Self.Width/3
```

Damit erhalten Sie als Ergebniswert die Darstellung einer Zahl, die sich aus der Breite des gewählten Steuerelements geteilt durch die Zahl 3 ergibt.

Kommentarfunktion

In jeder Entwicklungsumgebung und in jeder eingesetzten Programmiersprache stehen besondere Funktionen zur Verfügung, um innerhalb des Programmcodes Kommentare einzufügen. Dies ist nicht nur unabdingbarer Teil der Entwicklungsarbeit, sondern hilft unter Umständen auch direkt bei der Entwicklung, wenn Sie beispielsweise mit unterschiedlichen Entwicklungsständen einer Anwendung arbeiten.

Dabei stehen Ihnen in Power Fx grundsätzlich mehrere Möglichkeiten zur Verfügung. So können Sie mit Einsatz der Zeichenfolge /* den Beginn eines Kommentars einleiten; alle nachfolgenden Eingaben werden somit im Programmcode nicht berücksichtigt. Abgeschlossen wird der Kommentarbereich dann mit der Zeichenfolge */. Diese Option wird in der Regel verwendet, wenn es sich um einen mehrzeiligen Kommentar handelt.

```
/*App zur Kombination von Textfeldern*/
```

Darüber hinaus steht mit der Zeichenfolge // eine Möglichkeit zur Verfügung, um beispielsweise in einer Zeile nachfolgende Hinweise oder Kommentare zu hinterlegen. Dabei müssen Sie berücksichtigen, dass alle hinter // folgenden Angaben in der Zeile nicht als

Anweisung ausgewertet werden. Eine solche Kommentarzeile kann sich beispielsweise wie folgt darstellen:

```
//Variable KombiName setzen
```

Interessant dabei ist, dass Sie die Kommentarfunktionen // und /* auch in einer Zeile im Anschluss an eine Anweisung einsetzen können. So können Sie eine entsprechende direkt in der gleichen Zeile kommentieren, so wie beispielsweise nachfolgend:

```
Notify(KombiName) //Anzeige im oberen Bildschirmbereich
```

Alternativ könnte eine Kommentierung auch wie folgt lauten:

```
Notify(KombiName) /*Anzeige im oberen Bildschirmbereich*/
```

Ein vollständig kommentierter Power-Fx-Programmcode kann sich dann beispielsweise wie folgt darstellen:

```
/*
App zur Kombination von Textfeldern
Zusammensetzen der Variablen «KombiName»
Auswertung der Inhalte der Textfelder TextInput2 und TextInput1
Zusammensetzen der Inhalte mit der Funktion Concatenate; Ergebnis in
«KombiName» speichern
Abschluss der ersten Anweisung mit Doppel-Semikolon
Neue Anweisung zur Ausgabe des Inhalts von «KombiName»
*/

//Variable KombiName setzen
Set(
    KombiName;
    Concatenate(
        //TextInput2 enthält die Hauptstadt
        TextInput2.Text;
        "    ";
        //TextInput1 enthält das Land
        TextInput1.Text
    )
//Abschluss und Doppel-Semikolon als Funktions-Trenner
);;

/*Hier wird das Ergebnis im oberen Bildschirmbereich dargestellt*/
Notify(KombiName)
```

Auch wenn die Anweisungen noch so klein oder wenig sind, sollten Sie die Kommentarfunktion immer nutzen, um jederzeit nachvollziehen zu können, wozu diese oder jene Anweisung eingesetzt wird.

Namenskonventionen

Auch wenn Sie in Power Apps oder beim Einsatz von Power Fx nahezu vollkommen frei in der Gestaltung und Benamung der Strukturelemente und sonstiger Objekte sind, sollten Sie sich eine gewisse Struktur oder Konventionen für die Verwendung von Namen und Bezeichnungen überlegen. So vereinfachen Sie nicht nur sich selbst und anderen das Verstehen eines Programmcodes, sondern es wird unter Umständen Fehler vermeiden und auch bei der Fehlersuche helfen.

Der Automatismus bei der Erstellung von Anweisungen oder Formeln mit der Auto-Vervollständigung (*Intellisense*) kann schnell dazu führen, dass eine strukturierte Namensvergabe als unwichtig angesehen wird. Dies sollte aber keinesfalls dazu führen, beliebige, unstrukturierte Benamungen zu verwenden, denn dies erschwert eine mögliche Fehlersuche oder auch das Verständnis der Anweisungen unter Umständen erheblich.

Aus dem Namen eines Steuerelements (Strukturelement) sollte bestenfalls direkt der Inhalt oder Zweck und der Typ hervorgehen. Das folgende Beispiel kann für ein Textelement dienen, in das eine Zahleneingabe erfolgt (also vom Typ *Zahl*) und das erste von mehreren Eingabefeldern darstellt:

TxtZahlEingabe1

Das gleiche Feld als Eingabefeld für einen Text (vom Typ *Text*) könnte dann wie folgt lauten:

TxtTextEingabe1

Ergänzend können Sie eine solche Bezeichnung auch noch eine Ergänzung hinzufügen, aus der hervorgeht, dass es sich um ein Strukturelement handelt. Ihren Ideen und Vorstellungen sind dabei nahezu keine Grenzen gesetzt; das folgende Beispiel steht exemplarisch dafür:

StruktTxtTextEingabe1

oder auch:

SteuerTxtTextEingabe1

Es gibt in der Literatur Hinweise oder Empfehlungen, zwischen den einzelnen Komponenten eines Namens einen Unterstrich zu verwenden. Dies ist eine mögliche Alternative, wobei sich der Einsatz der Groß-, Kleinschreibung (*Camelcase*) in der Regel als praktischer darstellt.

Die Bezeichnung einer Schaltfläche als Strukturelement könnte sich beispielsweise wie folgt darstellen:

SfAktionRechnenAddition1

Dieser Name kennzeichnet eine Schaltfläche als Strukturelement (*Sf*), die bei Betätigen (OnSelect) eine Berechnung ausführt (*AktionRechnen*), und zwar wird eine Addition gestartet (*Addition1*).

Ein drittes Beispiel bezieht sich auf die Namen unterschiedlicher Bildschirme (*screens*). Auch wenn diese in der Strukturansicht in der Regel an oberster Stelle stehen, sollten Sie »sprechende« Namen verwenden. So kann ein Bildschirm, den Sie für die Präsentation eines Ergebnisses verwenden, beispielsweise wie folgt bezeichnet werden:

ScrDarstellungErgebnis

Welche Syntax Sie bei der Namensvergabe verwenden, bleibt Ihnen überlassen; entscheidend ist eine Einheitlichkeit oder Durchgängigkeit innerhalb einer Anwendung. Dabei ergeben Namenskonventionen nicht nur bei Strukturelementen Sinn, sondern beispielsweise auch bei Variablen, Bildschirmen (*Screen*) oder auch Datenquellen.

Beispiele aus diesem Buch

Zur Komplettierung des Verständnisses von Power Fx sollen nachfolgend Bezug auf einige Beispiele genommen werden und erläutert werden, die in den vorhergehenden Abschnitten zum Einsatz gekommen sind.

ThisItem

Mit der Anweisung oder dem Operator *ThisItem* greifen Sie auf die Daten der ausgewählten Datenquelle (Tabelle) zu, um diese anzuzeigen. So erhalten Sie nach Auswahl der Eigenschaft TEXT (links oben) mit folgender Anweisung die Darstellung des Inhalts des Feldes »Firma« einer angeschlossenen Tabelle:

ThisItem.Firma

Dabei können Sie die Feldinhalte beispielsweise auch kombinieren, indem Sie in einem Textfeld beispielsweise folgende Anweisung eingeben, erhalten Sie eine kombinierte Anzeige unterschiedlicher Datenfelder:

ThisItem.Firma & " - " & ThisItem.Postleitzahl & " " & ThisItem.Ort

Die Kombination mehrerer Inhalte beispielsweise eines Textfeldes erfolgt mit dem Operator &.

Zahlenwerte formatieren

Möchten Sie die Darstellung von Zahlen (in einem Textfeld) beeinflussen, können Sie nach Anwahl der Eigenschaft TEXT beispielsweise eine Anweisung der folgenden Art eingeben:

```
Text(ThisItem.Gewinn;"##,###.00 €")
```

Dazu kommt die Funktion *Text* zum Einsatz, bei der zunächst das Zahlenfeld (*ThisItem.Gewinn*) ausgewählt und als weiterer Parameter das gewünschte Zahlenformat inklusive Währungsangabe angegeben wird («##,###.00 €»). Mit einer solchen Anweisung ändert sich unmittelbar die Darstellung im Datenbereich des Bildschirms.

Entgegen der deutschsprachigen Syntax wird bei dieser Anweisung als Tausendertrennzeichen ein Komma und als Dezimalkomma ein Punkt eingesetzt. Die Darstellung des Ergebnisses entspricht aber dann der korrekten Anzeige.

Bedingte Formatierung

Um die Anweisung aus dem vorhergehenden Abschnitt noch zu optimieren, können Sie eine bedingte Formatierung einsetzen. So können Sie Darstellung im Feld *Gewinn* beispielsweise so formatieren, dass eine angepasste Darstellung des Zahlenformats erfolgt und bei bestimmten Werten die Hintergrundfarbe von *grün* auf *gelb* wechselt.

Dazu müssen Sie aus den Eigenschaften des Feldes (links oben) zunächst einmal die Option FILL anwählen. Im nächsten Schritt tragen Sie in der Befehlszeile (Power-Fx-Zeile) Folgendes ein:

```
If(ThisItem.Gewinn>10000; Color.Green; Color.Yellow)
```

Dies bewirkt eine Prüfung der Bedingung, ob der Wert im Datenfeld *Gewinn* größer als der Wert *10000* ist. Sollte dies zutreffen, erfolgt die Hintergrundanzeige der Zahl in grüner Farbe, andernfalls in gelber Darstellung.

Nähere und weitergehende Angaben zum Einsatz von Anweisungen und Funktionen, zu Datentypen, Formeln, Funktionen und Variablen enthält Teil III dieses Buches.

IN DIESEM KAPITEL

Unterschiedliche App-Typen

Vorteil von Canvas-Apps

Einsatzgebiete modellgesteuerter Apps (MD-Apps)

App mit handschriftlichem Formular

Kapitel 11
Canvas, MD oder was?

Grundsätzlich stehen beim Einsatz von Power Apps verschiedene Konzepte der App-Entwicklung zur Verfügung. Bisher haben Sie sich in den vorhergehenden Abschnitten fast ausschließlich mit der Entwicklung von Apps vom Typ *Canvas* beschäftigt. Power Apps bietet bei der App-Entwicklung aber noch einen anderen Modelltyp an, der an dieser Stelle nicht unerwähnt bleiben soll, der sogenannte modellgesteuerte (*model driven*) Typ.

Canvas-App

Der Begriff *Canvas* ist englischsprachig und bedeutet übersetzt so viel wie Leinwand. Wie auf einer Leinwand können Sie auf einer Oberfläche die Komponenten und Bestandteile einer Anwendung (Steuerelemente, Bilder und anderes) frei platzieren und gestalten.

So bietet sich dieser App-Typ für Anwendungen an, bei denen Anpassungen und Flexibilität bezüglich des Designs und der Datenquellen erforderlich sind. Sie sind somit ideal für individuelle Lösungen, Prototypen und kleinere Anwendungen. Änderungen können schnell durchgeführt und direkt im Entwicklungsmodus überprüft werden.

Die Handhabung der Benutzeroberfläche von Canvas-Apps ist sehr einfach und intuitiv, indem Sie Steuerelemente (zum Beispiel Textfelder, Schaltflächen, Galerien) per *Drag & Drop* auf dem Bildschirm platzieren können, um das Aussehen zu gestalten. Durch individuelle Standard-Anpassungen gelingt auch sehr schnell eine App-Entwicklung für beispielsweise mobile Geräte.

Ein großer Vorteil der Canvas-Apps ist der Zugriff auf beliebige Datenquellen (SharePoint-Listen, Excel-Tabellen, SQL-Datenbanken, externe Quellen und anderes). Dazu stehen in einer Canvas-App eine nahezu unbegrenzte Anzahl an Konnektoren zur Verfügung, die auch eine Vielzahl externer Datenquellen berücksichtigen. Bei der Gestaltung einer Anwendung können zudem komplexe Formeln verwendet werden, um Daten zu transformieren und anzuzeigen.

Modellgesteuerte App

Eine modellgesteuerte App (*model driven app*) wird in der Regel bei komplexen Projekten mit einem sehr komplexen Datenmodell (Daher der Name!) eingesetzt, wobei die Daten hauptsächlich in Dataverse-Tabellen abgelegt werden. Diese Form bietet sich bei umfangreichen Anwendungen in einem Unternehmen oder einer Organisation an. Dazu gehören Geschäftsprozessanwendungen wie ERP-Systeme (*Enterprise Resource Planning*) oder auch ein CRM (*Customer Relationship Management*). Aus diesem Grund kommen MD-Apps (model driven Apps) auch häufig im Umfeld von Dynamics 365 zum Einsatz, wobei es sich dabei um eine Zusammenfassung oder Kombination von Microsoft für entsprechende Geschäftsanwendungen handelt.

Durch die hohe Integration in die Dynamics-365-Umgebung stellen MD-Apps erweiterte Funktionen wie Workflows, Genehmigungsprozesse und Dashboards zur Verfügung. Darüber hinaus erfordern MD-Apps als Datenbasis zwingend eine Dataverse-Umgebung.

Die Benutzeroberfläche einer MD-App ist bei Weitem nicht so intuitiv wie bei einer Canvas-App; es gibt eine standardisierte Benutzeroberfläche, die auf dem *Common Data Service* (CDS) basiert. Dabei handelt es sich bei CDS um eine Definitionsschicht für ein Datenmodell, das die Komponenten, Beziehungen und die Geschäftslogik enthält. Auf diese Art werden viele Komponenten der App durch das hinterlegte Datenmodell definiert, im Gegensatz zu einer Canvas-App, wo der Entwickler die volle Kontrolle über die App-Oberfläche hat.

Darüber hinaus können Sie bei der Erstellung einer MD-App auch bestehende Tabellen (zum Beispiel Excel) oder auch SharePoint-Listen in das entsprechende Datenmodell transferieren und somit dort nutzen.

Es ist unumstößlich, dass MD-Apps weniger optisch ansprechend sind als Canvas-Apps, aber sie ermöglichen eine konsistente Darstellung von Daten und Prozessen. Zudem unterstützen diese spezielle, im Unternehmensumfeld geforderte und Sicherheitsregeln.

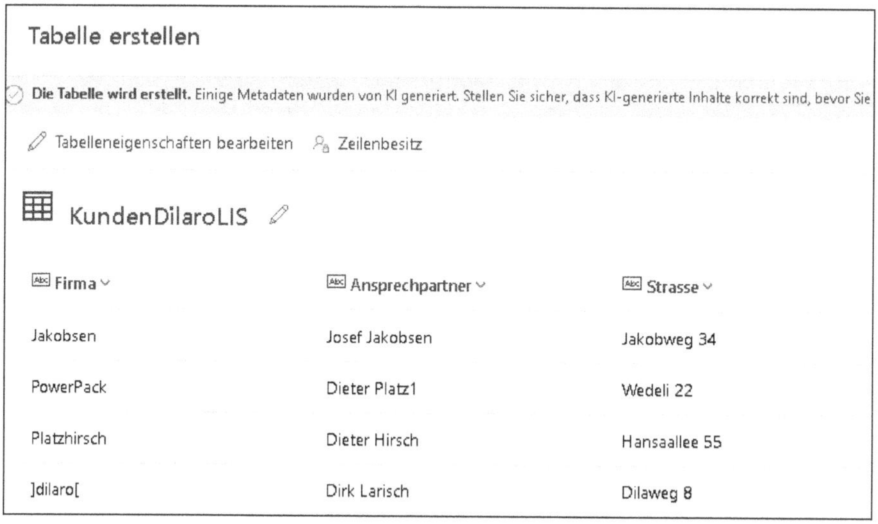

Abbildung 11.1: Tabellen-Integration aus einer SharePoint-Liste bei einer MD-App

Entscheidungshilfe

Bei der Frage, welches App-Modell Sie einsetzen sollten, helfen sicherlich die Ausführungen der vorhergehenden Abschnitte. Ergänzend dazu können Sie anhand der folgenden Tabelle die wesentlichen Unterschiede dieser beiden App-Typen herauslesen, um die für Sie richtige Entscheidung treffen zu können.

Merkmal	Canvas-App	Modellgesteuerte App
Benutzerfreundlichkeit	volle Flexibilität bei der Gestaltung der Benutzeroberfläche	strukturierte Oberfläche, die sich aus dem Datenmodell ergibt; wenig flexibel
Datenmodell	einfache Datenmodelle (zum Beispiel auf Basis Excel, SharePoint)	komplexe Datenmodelle mit vielen Entitäten und Beziehungen
Anforderungen	Entwicklung startet auf »grüner Wiese« und erfordert somit gegebenenfalls mehr Anforderungen bei der Entwicklung	aufgrund der Vorgaben durch das Datenmodell gegebenenfalls weniger Anforderungen bei der Entwicklung
Integration	sehr hohe Integration in die anderen Anwendungen einer Microsoft-365-Umgebung	Schwerpunkt ist die (nahtlose) Integration in die Dynamics-365-Umgebung
Kosten/Lizenzen	Grundlizenz in M365-Lizenz enthalten; in Abhängigkeit der benötigten Konnektoren gegebenenfalls Zusatzkosten	benötigt Dataverse-Premium-Konnektor (*Dataverse-only*); in Abhängigkeit der benötigten Konnektoren gegebenenfalls Zusatzkosten

Tabelle 11.1: Canvas-App versus MD-App

Die Wahl oder Entscheidung zwischen der Entwicklung einer Canvas-App und einer *Model-Driven-App* (MD-App) hängt von den individuellen Anforderungen ab. Mehr Flexibilität und Gestaltungsfreiheit bieten Canvas-Apps. Sobald der Schwerpunkt auf einem komplexen Datenmodell und der Abbildung von Geschäftsprozessen liegt, sind MD-Apps unter Umständen die bessere Wahl. Der Schwerpunkt in diesem Buch liegt auf der Entwicklung und Gestaltung von Apps auf der Canvas-Basis.

Manche Fachleute vergleichen eine Canvas-App aufgrund der größeren Flexibilität mit Lego-Bausteinen. Als Pendant für MD-Apps bieten sich Playmobil-Komponenten an, die eine feste Struktur, aber weniger Flexibilität zur Gestaltung aufweisen.

Teil III
Noch eine Schippe drauf!

IN DIESEM TEIL ...

In Teil I und Teil II haben Sie erfahren, auf welche Art und Weise Sie Anwendungen erstellen und dabei Power-Fx-Anweisungen einsetzen können. Darauf aufbauend werden Sie in diesem Teil weitergehende Praktiken kennenlernen, die unabdingbare Voraussetzung für eine (professionelle) Programmentwicklung sind: Die Rede ist von Variablen, Datentypen, Operatoren, Funktionen und weitergehenden Kontrollstrukturen.

Dabei legen wir noch eine »Schippe drauf«! So werden Sie nicht nur wesentliche Komponenten einer Power-Fx-Umgebung kennenlernen und anwenden, sondern beispielsweise auch erfahren, wie Sie eigene Funktionen definieren und in Ihren Anwendungen einsetzen können.

Das Zusammenspiel zwischen den verschiedenen Umgebungstypen (Entwicklung, Test, Produktion) und deren Besonderheiten über den Ex- und Import oder auch den Einsatz sogenannter Lösungen sind wichtige Komponenten für einen strukturierten Lebenszyklus (ALM=*Application Lifecycle Management*) von Anwendungen. Erfahren Sie, was es dabei zu beachten gibt.

Ergänzend dazu lernen Sie spezielle Funktionen und Möglichkeiten kennen, mit denen Sie ein System wie Power Apps auf Systemebene verwalten können und welche Sicherheitsmechanismen bei der Freigabe und dem Veröffentlichen von Anwendungen berücksichtigt werden sollten.

> **IN DIESEM KAPITEL**
>
> Power-Fx-Operatoren
>
> Einsatz von Variablen
>
> Verwendung spezieller Datentypen
>
> Power-Fx-Anweisungen optimieren

Kapitel 12
Variablen, Datentypen und Operatoren

Der Einsatz von Variablen, Datentypen und Operatoren in Power Fx ist Schwerpunkt dieses Kapitels. So werden nicht nur die verschiedenen Arten von Variablen, Datentypen und Operatoren erläutert, die in Power Fx verfügbar sind, sondern auch anhand praktischer Beispiele erläutert.

Variablen

Bei der Entwicklung von Programmen und Anwendungen (Apps) spielen Variablen eine sehr wichtige Rolle. Dabei steht eine Variable immer – egal ob in der Mathematik oder bei der Softwareentwicklung – als Platzhalter für einen bestimmten Wert oder Inhalt. Dabei kann es sich beispielsweise um eine Zahl oder auch um einen alphanumerischen Inhalt handeln, wobei eine Variable immer einen Namen hat und jeweils einen aktuellen Wert aufweist.

Variablen in der Mathematik

Ein kleines Beispiel aus der Mathematik soll das erläutern. Sehen Sie sich folgende Anweisung an:

```
x + 3 = 9
```

Wenn Sie diese Gleichung nach x auflösen, erhalten Sie folgendes Ergebnis:

```
x = 6
```

Dies bedeutet, dass der Variablen *x* der Wert oder die Zahl 6 zugewiesen wurde oder diese beinhaltet. Setzen Sie diese Zahl in die Ursprungsgleichung (x + 3 = 9) ein, erhalten Sie ein korrektes Ergebnis.

Variablen in Power Fx

Da sich die Syntax von Power Fx an der Excel-Formelsprache anlehnt, verfolgt auch Power Fx teilweise einen anderen Ansatz, indem auf Variablen verzichtet wird. So wie Sie beispielsweise in Excel in der Regel auf den Einsatz von Variablen verzichten, können Sie auch in Power Fx durch die inkrementelle Kompilierung (Interpreter-Funktion) ein Ergebnis direkt darstellen, ohne dieses in einer Variablen zwischenspeichern zu müssen.

Aus diesem Grund können Sie eine Anweisung der folgenden Art eingeben (ohne Variablen-Deklaration) und erhalten direkt am Bildschirm das Ergebnis angezeigt:

```
Eingabe1 * Eingabe2
```

In dem zugewiesenen Feld wird damit direkt und unmittelbar das Ergebnis der Multiplikation der beiden Strukturelemente *Eingabe1* und *Eingabe2* angezeigt.

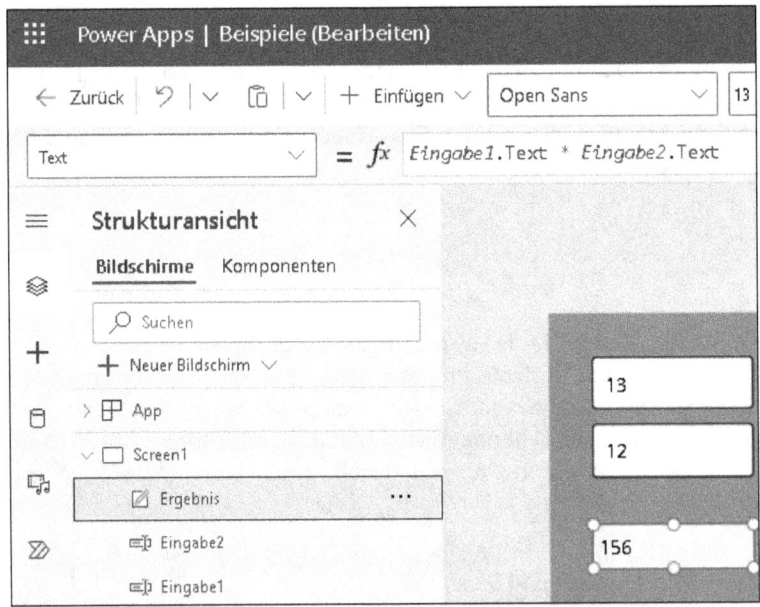

Abbildung 12.1: Ergebnisermittlung ohne Variablen in Power Fx

Dennoch können Sie in Power Fx auch Variablen definieren; dies ist besonders dann wichtig und wird benötigt, wenn Sie den Inhalt der Variablen innerhalb der Programmlogik an verschiedenen Stellen (zum Beispiel auf verschiedenen Bildschirmen) brauchen. Zudem benötigen Sie Variablen, sobald Sie aus Power Fx heraus andere Systeme oder Anwendungen einbinden und dabei Daten übergeben müssen.

KAPITEL 12 Variablen, Datentypen und Operatoren

Am Beispiel einer Endlos-Addition soll die Verwendung einer Variablen in Power Fx demonstriert werden. Als Ergebnis soll eine Anwendung erstellt werden, bei der ein Anwender zu einer bestehenden Zahl (die am Anfang *0* ist) immer wieder beliebige Zahlenfelder addieren kann. Um dies umsetzen zu können, wird eine Variable benötigt, in der das Ergebnis jeweils zwischengespeichert wird.

Zur Umsetzung müssen Sie zunächst ein Eingabefeld vom Typ *Zahl* einfügen und beispielsweise rechts daneben eine Schaltfläche. Unterhalb können Sie dann zwei Steuerelemente vom Typ Beschriftung einfügen, um eine Überschrift (Neues Ergebnis) und ein Ergebnisfeld darzustellen.

Die entscheidende Anweisung müssen Sie dann bei der Schaltfläche einsetzen, wobei Sie nach Anklicken des Feldes zunächst einmal die Eigenschaft ONSELECT anwählen müssen. Auf die Art legen Sie nachfolgend fest, was passieren soll, wenn die Schaltfläche angeklickt wird. Tragen Sie dazu folgende Anweisung ein, wodurch mit der Anweisung *Set* eine Variable mit dem Namen *NeuesErgebnis* definiert wird. Gleichzeitig wird dieser Variablen dann das (neue) Ergebnis aus der Addition des Variableninhalts und der neuen Eingabe (Zahlenwert.Text) zugewiesen.

```
Set(NeuesErgebnis;NeuesErgebnis + Zahlenwert.Text)
```

Die Ergebnisdarstellung erfolgt in dem darunter liegenden Beschriftungsfeld, wo Sie dann lediglich bei der TEXT-Eigenschaft den Variablennamen (*NeuesErgebnis*) zuweisen müssen.

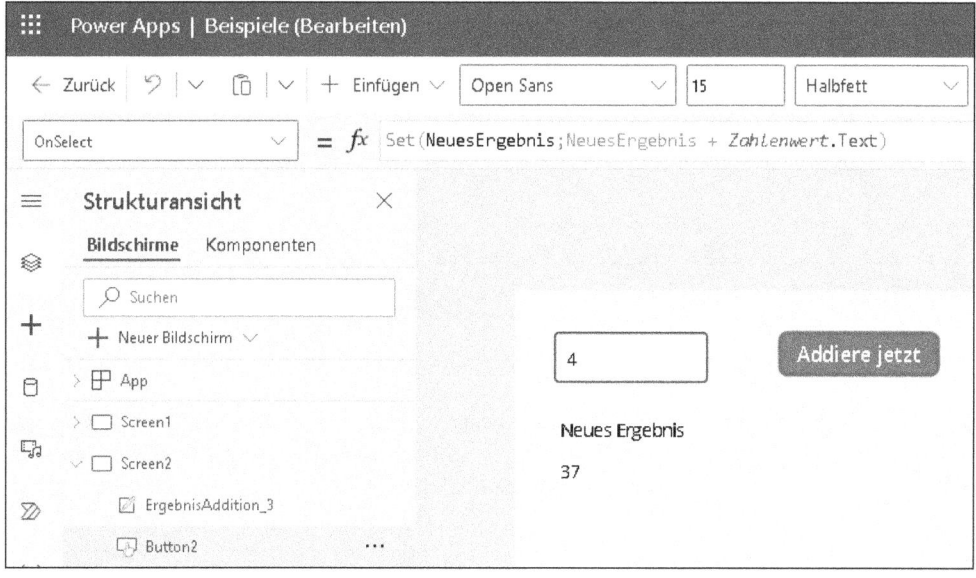

Abbildung 12.2: Beispiel zur Verwendung einer Variablen

Das Beispiel können Sie an der Stelle beispielsweise noch ergänzen, indem Sie den Inhalt der Variablen *NeuesErgebnis* zurücksetzen (auf 0), um beispielsweise eine neue Berechnung durchführen zu können. Fügen Sie dazu einfach eine weitere Schaltfläche (zum Beispiel mit der Bezeichnung *...auf 0*) ein und weisen Sie dieser Schaltfläche bei der Eigenschaft ONSELECT folgende Anweisung zu:

```
Set(NeuesErgebnis;0)
```

Sobald Sie Variablen einsetzen oder definieren, werden diese in Power Apps in einem speziellen Bereich verwaltet. Dazu können Sie im Menü von Power Apps den entsprechenden Menüpunkt VARIABLEN (X) anwählen, worauf die in der aktuellen Anwendung definierten Variablen angezeigt werden. Dabei wird nicht nur der Name angezeigt, sondern auch Bezug genommen auf die Anweisungen, in denen die Variablen Verwendung finden.

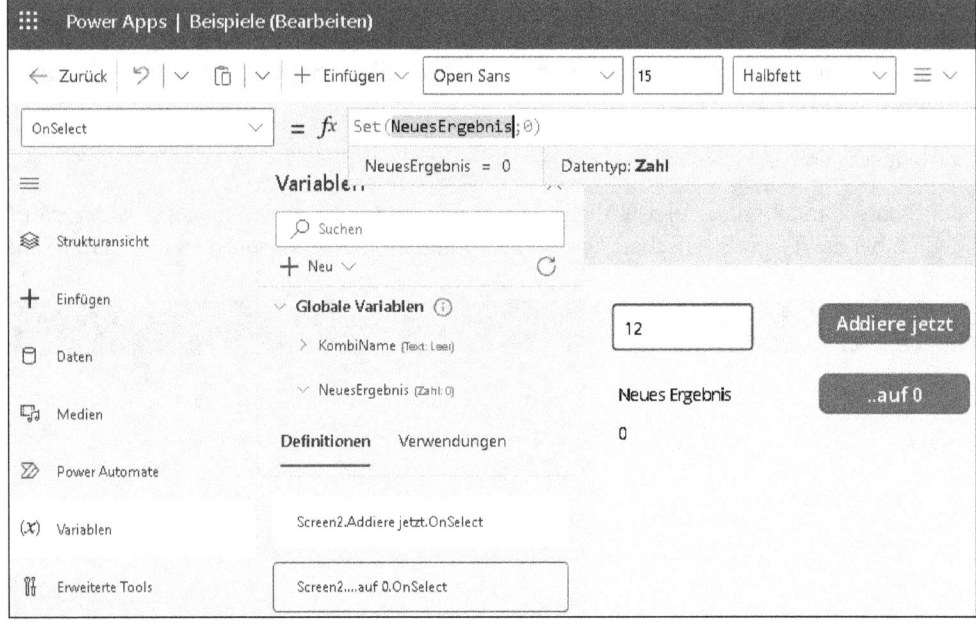

Abbildung 12.3: Variablenbereich in Power Apps

 Es gibt in Power Apps oder bei Einsatz von Power Fx keine spezielle Anweisung für die Deklaration von Variablen. Stattdessen erfolgt dies immer in Kombination mit der Zuweisung eines Variableninhalts.

Typ einer Variablen

Sofern Sie andere Programmiersprachen anwenden, sind Sie es eventuell gewohnt, eine Variablendeklaration und die Zuweisung eines Typs für die Variable vorzunehmen. In Power Fx entfällt beides! So werden Variablen weder definiert noch der Typ (Zahl, Text oder

Ähnliches) festgelegt. Einzig aus der entsprechenden Anweisung (zum Beispiel Set) und dem nachfolgenden Inhalt ergibt sich beispielsweise der Typ.

Verwenden Sie beispielsweise folgende Anweisung, so wird eine Variable mit dem Namen *Zahl* vom Typ Zahl angelegt und dieser Variablen das Ergebnis der Addition der Zahlen 7 und 4 zugewiesen:

```
Set(Zahl;7+4)
```

Bei der folgenden Anweisung handelt es sich um die Zuordnung der Variablen mit dem Namen *Text*, als Variable vom Datentyp Text und dem Inhalt *HierBinIch*.

```
Set(Text;"HierBinIch")
```

Sie können den Typ einer Variablen in einer bestehenden Anwendung grundsätzlich nicht ändern oder überschreiben. Nutzen Sie beispielsweise eine Variable vom Typ Zahl, so können Sie dieser Variablen kein Textfeld zuweisen; dies wird am Bildschirm mit einer entsprechenden Fehlermeldung quittiert.

Globale Variablen, Kontextvariablen und Sammlungen

Bei Verwendung von Power Fx in Power Apps stehen grundsätzlich drei unterschiedliche Ebenen der Variablen zur Verfügung: Globale Variablen, lokale oder Kontextvariablen und sogenannte Sammlungen.

Neben der Anweisung *Set* können Sie in Power Fx beispielsweise auch mit folgenden Anweisungen Variablen definieren und Inhalte zuweisen:

ClearCollect

Collect

Navigate

UpdateContext

So können globale Variablen eingesetzt werden, die in der gesamten Anwendung eingesetzt werden können. Auf diese Weise können Sie diese Variablen beispielsweise auch in unterschiedlichen Bildschirmbereichen der Anwendung genutzt werden. Globale Variablen werden in Power Fx mit der Funktion oder der Anweisung *Set* definiert.

Eine Sammlung (*Collection*) definiert eine Anzahl von Datensätzen, die als Tabelle dargestellt (vergleichbar mit Arrays) und für die weitere Verarbeitung auch lokal gespeichert werden kann (andernfalls sind diese beim Beenden der Anwendung verloren). Sammlungen im Variablenbereich werden in Power Fx mit den Funktionen und Anweisungen *Collect* beziehungsweise *ClearCollect* definiert.

Sie können eine *Collect*-Anweisung beispielsweise einer Schaltfläche zuweisen, wozu Sie dort dann die Eigenschaft ONSELECT anwählen und anschließend eine Anweisung der folgenden Art eingeben müssen:

```
Collect(Samm1;{Vorname:"Dirk";Nachname:"Larisch"};
{Vorname:"Hans";Nachname:"Meyer"})
```

Damit wird eine Sammlungsvariable mit dem Namen *Samm1* angelegt (sofern noch nicht vorhanden). Dies bewirkt eine Tabellenanlage mit zwei Feldern (Vorname, Nachname), denen die beiden Datensätze (temporär) zugewiesen werden.

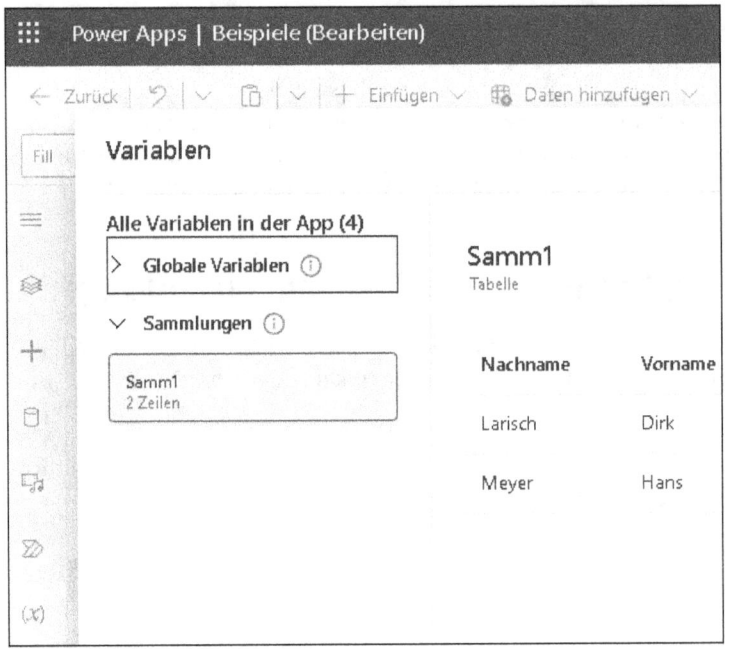

Abbildung 12.4: Sammlungsvariable als Tabelle

Die dritte Variante von Variablentypen wird als Kontextvariable (lokale Variable) bezeichnet, die immer ausschließlich innerhalb eines Bildschirms (Screen) verwendet werden können. Kontextvariablen – auch lokale Variablen genannt – werden in Power Fx (nur in Power Apps verfügbar) mit den Funktionen und Anweisungen *UpdateContext* beziehungsweise *Navigate* definiert.

Wenn einer Kontextvariablen der gleiche Name wie einer globalen Variable zugewiesen wird, hat die Kontextvariable immer Vorrang. Für den Zugriff auf die globale Variable kann jedoch grundsätzlich ein spezieller Operator (@) eingesetzt werden.

Namenskonventionen

Wie bei anderen Objekten (zum Beispiel Strukturelemente) einer Power-Apps-Umgebung, so sollten Sie auch bei der Namensvergabe an Variablen nach Möglichkeit eine Einheitlichkeit oder Durchgängigkeit verwenden; zumindest innerhalb einer einzelnen Anwendung.

Aus dem Namen einer Variablen sollte wenigstens der Datentyp, der Gültigkeitsbereich (lokal, global) und auch der Zweck hervorgehen; zudem macht es Sinn, eine Variable als solche zu kennzeichnen. Angenommen, Sie definieren eine globale Variable vom Datentyp *Text*, die den Nachnamen enthält, so könnte der Variablenname beispielsweise wie folgt lauten:

VarGlobTextNachname

Der Datentyp einer Variablen innerhalb einer Anwendung kann nicht geändert werden. Aus dem Grund ist der Hinweis auf den Datentyp in einem Variablennamen zur Fehlereingrenzung nahezu unerlässlich. Welche Syntax Sie bei der Namensvergabe verwenden, bleibt Ihnen überlassen; entscheidend ist eine Einheitlichkeit oder Durchgängigkeit innerhalb einer Anwendung.

Ein anderes Beispiel zeigt den Namen einer Variablen vom Typ Zahl als lokale Variable (Kontextvariable), in der das Ergebnis einer Addition gespeichert wird:

VarKontZahlErgAddition1

oder alternativ:

VarLokZahlErgAddition1

Sofern der dritte Variablentyp Sammlung (*Collection*) eingesetzt wird, bietet sich eine Syntax der folgenden Art an, womit eine Sammlungsvariable benannt werden könnte, die als Tabelle jeweils Vor- und Nachnamen enthält:

VarColTextVornameNachname

Alternativ können Sie bei der Benennung auch auf den Einsatz von Tabellen innerhalb der Sammlungsvariable hinweisen:

VarTblTextVornameNachname

Ergänzend können Sie bei einer Sammlungsvariablen (*Collection*) gegebenenfalls auch eine Angabe der Datenquelle ergänzen. Sofern diese beispielsweise *Rechnung* lautet und in Dataverse abgelegt ist, könnte sich der Variablenname wie folgt darstellen:

VarTblTextDvRechnungVornameNachname

In der Literatur gibt es hier und da Hinweise oder Empfehlungen zwischen den einzelnen Komponenten eines Variablennamens einen Unterstrich zu verwenden. Dies ist eine mögliche Alternative, wobei sich der Einsatz der Groß- und Kleinschreibung (*Camelcase*) aus Erfahrung als praktischer darstellt.

Variablen zurücksetzen

Beim Beenden oder Start einer Anwendung werden sämtliche Variablen grundsätzlich zurückgesetzt, Zahlenwerte auf 0 und Textvariablen auf einen leeren Wert (*Blank*).

Innerhalb einer Anwendung können Sie dies explizit steuern, indem Sie Anweisungen der folgenden Art einsetzen:

```
Set(NeuesErgebnis;0)
Set(Textausgabe;"")
```

Damit wird zum einen die Variable vom Typ Zahl (*NeuesErgebnis*) auf den Wert 0 gesetzt und die Textvariable (*Textausgabe*) auf eine leere Zeichenkette zurückgesetzt.

Darüber hinaus können Sie den Inhalt einer Variablen auch explizit zurücksetzen, indem Sie dazu die Funktion *Blank* einsetzen. So bewirkt folgende Anweisung, dass der Inhalt der Variablen *NeuesErgebnis* auf den Wert 0 gesetzt wird.

```
Set(NeuesErgebnis;Blank())
```

Datentypen

Variablen ohne definierten Typ oder Datentyp würden nicht funktionieren. So müssen Sie bei einer Variablendefinition immer auch festlegen, welche Inhalte diese Variable enthalten soll. Nur Zahlenwerte, Text oder vielleicht auch Boolesche Ausdrücke (*wahr* oder *falsch*). Diese Definition des Datentyps erfolgt bei Power Fx aber nicht explizit, sondern immer anhand der Festlegung bei Zuweisung der Variablen. Power Fx erkennt den Datentyp also anhand der Zuweisung.

Mit folgender Anweisung ist für Power Fx klar und eindeutig, dass die Variable *Zahl1* als Variable vom Typ Zahl definiert wird:

```
Set(Zahl1;55)
```

Eine Kommazahl führt zu dem gleichen Ergebnis, indem diese Variable vom Typ Zahl definiert wird:

```
Set(Zahl1;5,67)
```

Mit der Anweisung *Set* wird nicht nur eine Variable definiert, sondern gleichzeitig auch der gewünschte Wert oder Inhalt zugewiesen.

Im Gegensatz zu einer Variablen vom Typ Zahl können Sie eine Textvariable wie folgt festlegen:

```
Set(Darstellung;"HierKommeIch"
```

Damit wird die Variable *Darstellung* definiert (wenn nicht bereits erfolgt) und dieser Variablen als Text der Inhalt *HierKommeIch* zugewiesen.

Sie können einer Variablen beispielsweise auch einen Hyperlink zuweisen. Dieser wird dann als Textvariable gespeichert und kann in der Anwendung beliebig verarbeitet werden. Mit folgender Anweisung wird eine Variable namens DILARO definiert, der dann ein entsprechender Hyperlink zugewiesen wird:

`Set(DILARO;"https://www.dilaro.de")`

Benötigen Sie im Programmablauf logische Entscheidungen, kommen in der Regel sogenannte Boolesche Variablentypen zum Einsatz. So können Sie einer solchen Variable die beiden Werte richtig (*true*) und falsch (*false*) zuordnen. Dies basiert in der Regel auf einer Logik, also beispielsweise einer Abfrage, ob eine Darstellung einer bestimmten Farbe entspricht oder auch, ob ein bestimmter Zustand erreicht ist.

Ein Beispiel für den Einsatz von Booleschen Variablen stellt folgende Anweisung dar. Damit wird der Inhalt einer Variablen *Status* überprüft; sollte dort *false* stehen, wird der aktuell angewählte Eintrag des gewählten Strukturelements in roter Farbe und andernfalls in grüner Farbe dargestellt:

`If(Status = false; ColorRed; Color.Green)`

Bei Festlegung einer solchen Bedingung ist es wichtig, dass Sie dies beispielsweise bei der Eigenschaft COLOR (FONTCOLOR) hinterlegen, diese Eigenschaft des Strukturelements also vorher anwählen.

Bei der Definition von Datumsfeldern als Variablen können Sie die spezielle Datumsfunktion *Date* beispielsweise wie folgt einsetzen:

`Set(Datum1;Date(2017;9;30))`

Damit wird eine Variable mit dem Namen *Datum1* definiert und dieser Variablen das Datum 30.09.2017 zugewiesen. Das Interessante dabei ist, dass Sie dabei sogar Tage addieren oder subtrahieren können. Folgende Anweisung liefert als Ergebnis oder Variableninhalt den 08.06.2020 (es werden 982 Tage zum 30.09.2017 dazu addiert):

`Set(Datum1;Date(2017;9;30)+982)`

Mit Einsatz der Funktion *Today* können Sie einer Variablen automatisch das aktuelle Datum zuweisen, beispielsweise wie folgt:

`Set(AktuDat;Today())`

Weitergehende Angaben zu den in Power Fx (aktuell) verfügbaren Datentypen entnehmen Sie sinnvollerweise den Webseiten von Microsoft.

Operatoren

Bei der Definition oder dem Einsatz von Variablen spielen Operatoren eine ebenso wichtige Rolle. Ermöglichen sie doch, dass Variablendefinitionen und sonstige Anweisungen flexible Inhalte zugewiesen werden können. Im vorhergehenden Abschnitt haben Sie bereits einen arithmetischen Operator, das Pluszeichen als Additions-Operator, kennengelernt.

Grundsätzlich stehen in Power Fx verschiedene Typen von Operatoren zur Verfügung:

- Arithmetische Operatoren

    vier Grundrechenarten (+, −, *, /)

    Potenzierung (^)

    Prozentsatz (%)

- As-Operator

    ermöglicht das Überschreiben der Bezeichnungen der Operatoren *ThisItem* und *ThisRecord*

- Logische Operatoren

    Konjunktion (&& oder And)

    Disjunktion (|| oder Or)

    Negation (! oder Not)

- Mitgliedschafts-Operatoren

    exactin (in einer Tabelle oder Sammlung enthalten, mit Berücksichtigung Groß-/Kleinschreibung)

    in (in einer Tabelle oder Sammlung enthalten, ohne Berücksichtigung Groß-/Kleinschreibung)

- Mehrdeutigkeitsvermeidungs-Operator

    [@variable]

    Tabelle[@Feld]

- Parent-Operator

    Zugriff auf Eigenschaften des Strukturelements (Container)

- Self-Operator

    Zugriff auf Eigenschaften des aktuellen Strukturelements

✔ ThisItem-Operator

  Zugriff auf Feldinhalte eines Strukturelements

✔ ThisRecord-Operator

  Zugriff auf Feldinhalte oder den ganzen Datensatz eines Strukturelements

✔ Vergleichsoperatoren

  entspricht; ist gleich (=)

  entspricht nicht (< >)

  größer als (>)

  größer oder gleich (>=)

  kleiner als (<)

  kleiner oder gleich (<=)

✔ Verkettungs-Operator

  ermöglicht separate Aufrufe von Funktionen

✔ Zeichenfolgenverkettungs-Operator

  zur Verkettung mehrerer Zeichenfolgen (&)

 Weitergehende Angaben zu den in Power Fx (aktuell) verfügbaren Operatoren entnehmen Sie sinnvollerweise den Webseiten von Microsoft.

IN DIESEM KAPITEL

Abfragebedingungen

Einsatz unterschiedlicher Schleifen

Einsatz der If-Funktion

Verwendung von Switch

ForAll als ForEach-Schleife

Kapitel 13
Kontrollstrukturen in Power Fx

Wie in jeder anderen Programmiersprache, so ist es auch in einer Entwicklungsumgebung wie Power Apps mit Einsatz der Formel- oder Programmiersprache Power Fx unabdingbar, dass Sie jederzeit alle Eventualitäten im Programmablauf berücksichtigen. So müssen Sie zum einen sicherstellen, dass die Funktion der Anwendung einwandfreie Ergebnisse liefert, aber ebenso müssen Sie beispielsweise auch mögliche Fehlbedienungen der Anwender bestenfalls abfangen.

Auch wenn die aus klassischen Programmiersprachen bekannten Kontrollstrukturen wie Schleifen und bedingte Anweisungen in Power Apps nur rudimentär verfügbar sind, bestehen dennoch Möglichkeiten, vergleichbare Strukturen oder Funktionen im Code zu verwenden. Welche das sind und wie deren Anwendung erfolgt, wird in diesem Kapitel erläutert.

Bedingte Schleifen

Bedingte Schleifen ermöglichen als spezielle Kontrollstruktur die Überprüfung eines bestimmten Zustands oder eines Variableninhalts. Ausgehend vom Ergebnis der Prüfung können dann verschiedene Aktionen ausgelöst werden. Ein einfaches Beispiel soll dies verdeutlichen. Unterschreitet beispielsweise der Zahlenwert einer Variablen einen definierten Grenzwert, kann die Farbdarstellung auf *Rot* wechseln.

Im Bereich der bedingten Schleifen stehen Ihnen in Power Fx mit IF und SWITCH zwei unterschiedliche Optionen zur Verfügung, die im Nachfolgenden dargestellt und erläutert werden.

Funktion IF

Bei Einsatz der Funktion IF werden eine oder mehrere Bedingungen überprüft und anhand des Ergebnisses der Prüfung ein Wert zurückgegeben. Dabei wird grundsätzlich nur zwischen den beiden Möglichkeiten oder Zuständen Bedingung »trifft zu« und »Bedingung trifft nicht zu« unterschieden.

In Teil II dieses Buches haben Sie bereits eine bedingte Schleife mit der Funktion IF eingesetzt; hier das dazu gehörige Beispiel:

`If(ThisItem.Umsatz>100000; Color.Green; Color.Red)`

Mit dieser Anweisung wird das Feld *Umsatz* der Datenquelle überprüft. Sofern der Inhalt den Wert 100000 übersteigt, erfolgt die Farbdarstellung in grün, andernfalls in roter Farbe. Eigentlich recht einfach, oder?

Sie können dabei beispielsweise auch eine Negation der Bedingung erreichen, indem Sie eine Anweisung der folgenden Art eingeben:

`If(!ThisItem.Umsatz>100000; Color.Green; Color.Red)`

oder

`If(Not ThisItem.Umsatz>100000; Color.Green; Color.Red)`

Die allgemeine Syntax der Funktion IF lautet wie folgt:

`If(Bedingung; wenn wahr, dann; wenn falsch, dann)`

Nach Prüfung der Bedingung folgen also immer zwei Aktionen, wobei die erste bei positivem Ergebnis ausgeführt und die zweite abgearbeitet wird, wenn die Bedingung nicht zutrifft, das Ergebnis also negativ ist.

Das nachfolgende Beispiel prüft den Inhalt eines Textfeldes (*Vorname*). Sollte bei der Prüfung festgestellt werden, dass dieses Feld leer ist, so erscheint im Ergebnisfeld (grün) lediglich ein Hinweistext, dieses Feld auszufüllen. Ist es gefüllt, erscheint im Ergebnisfeld der zusammengesetzte Name (Vorname und Nachname):

`If(IsBlank(`*`Vorname`*`.Text);"Bitte Vorname eingeben!";`*`Vorname`*`.Text & " " & `*`Nachname`*`.Text)`

Das Ergebnis kann sich dann beispielsweise so darstellen wie in der nachfolgenden Abbildung:

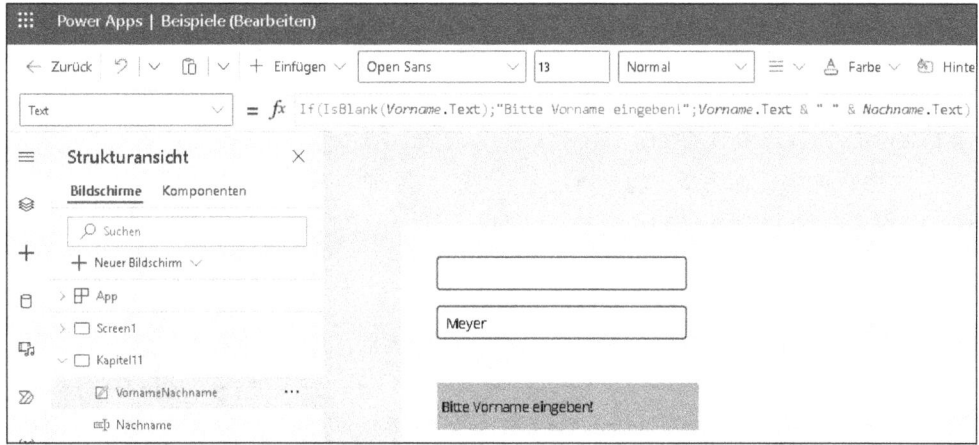

Abbildung 13.1: Prüfung einer Bedingung mit IF

Die oben dargestellte IF-Funktion wurde in dem Ausgabefeld vom Typ Beschriftung bei der Eigenschaft TEXT zugewiesen. Alternativ können Sie auch eine Bedingung definieren, die das Ergebnisfeld solange ausblendet, bis im Feld *Vorname* etwas eingetragen wird. Um das umzusetzen, müssen Sie im Ergebnisfeld (grün) die Eigenschaft VISIBLE (Sichtbarkeit) anwählen und anschließend in der Befehlszeile folgende Anweisung eintragen:

If(IsBlank(*Vorname*.Text);false;true)

Diese Anweisung prüft ebenfalls den Inhalt des Feldes *Vorname*. Trifft die Bedingung zu, ist der Inhalt also leer (*IsBlank*), wird das Feld ausgeblendet (*false*). Sobald ein Text in dem Feld *Vorname* eingetragen wird (*true*), erscheint das Ergebnisfeld wieder. Probieren Sie es einmal aus!

 In Power Apps können Sie (zum Beispiel im Gegensatz zu Microsoft Excel) mit Einsatz der Funktion IF auch grundsätzlich mehrere Bedingungen verschachteln.

Funktion Switch

Die Funktion *Switch* ermöglicht es, eine Formel auszuwerten und anschließend dann das Ergebnis mit beliebigen Werten zu prüfen, um so gegebenenfalls mehrere mögliche Übereinstimmungen festzustellen oder nacheinander unterschiedliche Werte zu prüfen.

Die folgende Anweisung überprüft den Inhalt des Feldes *Vorname* anhand von drei Bedingungen. Sobald darin ein bestimmter Name aus der Bedingung auftaucht, gilt die Bedingung als erfüllt und das Ergebnisfeld wird mit einem zweiten Namen ergänzt:

Switch(*Vorname*.Text;"Johannes";"Ilay";"Julie";"Maria";"Luana";"Josephine")

Wird also im Feld *Vorname* der Name *Luana* eingetragen, erscheint im Ergebnisfeld automatisch der Eintrag *Josephine*, so wie nachfolgend beispielhaft dargestellt:

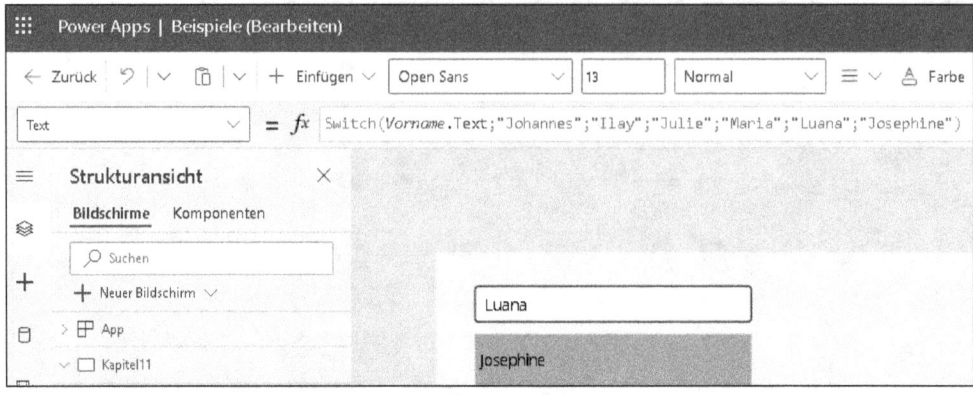

Abbildung 13.2: Prüfung mehrerer Bedingungen mit SWITCH

For-Each-Schleife

Während IF und Switch einzelne Bedingungen überprüfen können, können Sie mit einer sogenannten *For-Each*-Schleife alle Datensätze einer Tabelle oder Liste auswerten, um dort nach Übereinstimmungen zu suchen. So können Sie in Listen oder Tabellen nach bestimmten Inhalten oder Attributen suchen.

ForAll

Die *For-Each*-Schleife wird in Power Fx durch die Funktion/Anweisung *ForAll* abgebildet und hat folgende Syntax:

```
ForAll(Tabelle, Formel/Aktion)
```

Der Parameter *Tabelle* gibt die Daten (Tabelle, Liste oder Ähnliches) an und die Angabe *Formel/Aktion* steht für den Programmcode oder die entsprechende Aktion, die auf die einzelnen Elemente oder Datensätze angewendet werden soll.

Die *ForAll*-Funktion erfordert ein Array, Liste oder Tabelle, die inkrementell (Datensatz für Datensatz) abgearbeitet wird, wobei einige Dinge zu beachten sind:

✔ Mit *ForAll* selbst können keine Variablen definiert werden; sollte dann vorher erfolgen.

✔ *ForAll* selbst kann keine Daten aktualisieren; dazu müssen dann weitere Anweisungen oder Funktionen (*Patch* und so weiter) integriert werden.

✔ Die Schleife (Loop) wird immer vollständig durchlaufen, sodass keine Pause, Verzögerung oder Stopp möglich sind.

✔ *ForAll* selbst baut keinen Index für die Tabelle, Liste oder das Array auf.

- ✔ Verweis auf die Datensätze der Tabelle oder Liste erfolgt mit der Anweisung *ThisRecord*, was den Verweis bei verschachtelten Schleifen unter Umständen erschwert.
- ✔ Die Schleife wird bei *ForAll* immer inkrementell in Einzelschritten umgesetzt (von sich kein Überspringen von Datensätzen möglich).

Beispiele für die ForAll-Schleife

Ein sehr einfaches Beispiel für den Schleifendurchlauf mit *ForAll* kann die Darstellung des Inhalts einer Tabelle oder Liste sein, das sich wie folgt darstellen kann:

```
ForAll(Produkte;Notify(Preis))
```

Wenn Sie diesen Code in Power Apps beispielsweise einer Schaltfläche zuweisen (*OnSelect*), so wird in der *ForAll*-Schleife auf die Tabelle *Produkte* zugegriffen und dabei der Inhalt des Feldes *Preis* am oberen Bildschirmrand angezeigt. Da dies so schnell geht, sehen Sie nach dem Ende der Ausführung lediglich den Preis des letzten Artikels (der 10 Sekunden angezeigt wird).

Im folgenden Beispiel kommt die Funktion *ForAll* zum Einsatz, um automatisch eine Zahlenreihe zu generieren. Dabei wird zunächst eine Sammlungsvariable *Samm2Loop* definiert und der Inhalt mit der Anweisung *Clear* geleert. In der Schleife (*ForAll*) erfolgt dann über den Aufruf der Funktion *Sequence* die Darstellung beliebiger Zahlenwerte, wobei der Start mit der Zahl 1 beginnt und dann in Zweier-Schritten (1, 3, 5 und so weiter) erfolgt; insgesamt sollen 20 Zahlenwerte dargestellt werden. Die Ergebnisse, also die Zahlenreihe wird mithilfe der Anweisung *Collect* in der Variablen *Samm2Loop* gespeichert. Der Inhalt der Variablen kann dann beliebig weiterverarbeitet werden.

```
/*Variable definieren und leeren*/
Clear(Samm2Loop);;

ForAll(
/*Aufruf der Funktion Sequence mit Parametern*/
  Sequence(20;1;2);
  Collect(
    Samm2Loop;
/*Zuweisung eines Wertes in der Variablen*/
    {ID: ThisRecord.Value}
  )
)
```

Wenn Sie diesen Code in Power Fx beispielsweise einer Schaltfläche als Strukturelement zuweisen (Eigenschaft ONSELECT) und diese dann beim Ausführen der Anwendung anklicken, wird die entsprechende Zahlenreihe generiert. Wenn Sie anschließend wieder in den Edit-Modus wechseln, können Sie sich nach Anwahl der Variablen (*Samm2Loop*) im Programmcode im darunter liegenden Fensterbereich durch Anklicken des Namens den Inhalt anzeigen lassen.

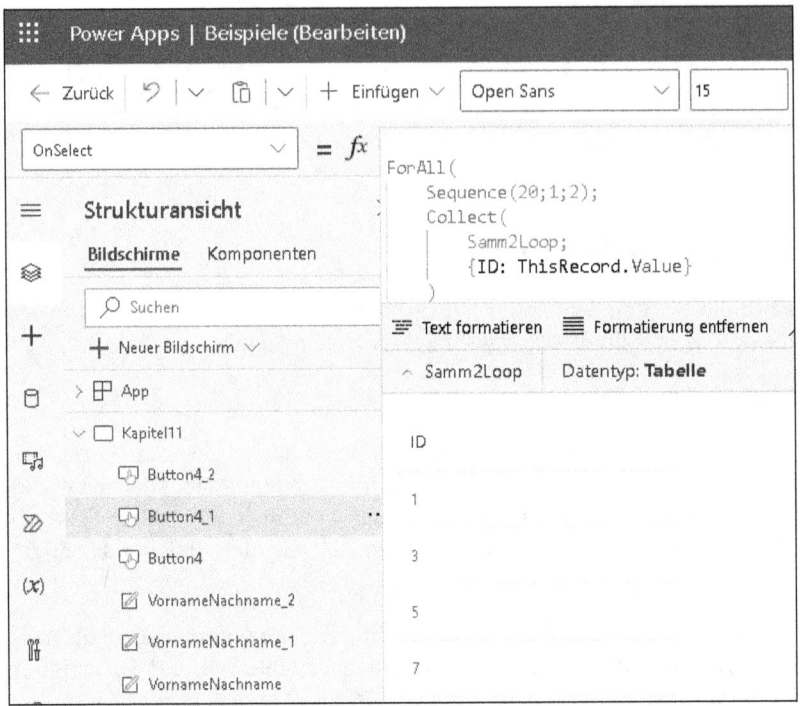

Abbildung 13.3: Darstellung der Ergebnisse einer ForAll-Schleife

 Den Inhalt der im dargestellten Beispiel erstellten Variable (*Samm2Loop*) können Sie natürlich innerhalb des Programmablaufs an beliebiger Stelle auswerten oder darstellen. Es sollte hier lediglich die Funktionsweise der Schleife *ForAll* dargestellt werden.

Im folgenden Beispiel wird mit *ForAll* auf eine Tabelle namens *Produkte* zugegriffen. Dann wird mithilfe der Funktion *Patch* in jedem Datensatz der Tabelle der Inhalt des Feldes *Preis* um 5 % erhöht (*1,05*). Der neue Preis wird dann direkt in das entsprechende Feld in die Tabelle geschrieben. Dazu wird vorab eine (temporäre) Sammlungsvariable (*TempProdukte*) angelegt, in der innerhalb der *ForAll*-Schleife der Preis angepasst wird:

```
// Temporäre Sammlung erstellen
ClearCollect(TempProdukte; Produkte);;

// ForAll-Schleife über die temporäre Sammlung
ForAll
(
        TempProdukte As Produkt;
        Patch(Produkte;
        LookUp(Produkte;
        ID = Produkt.ID);
        {Preis: Produkt.Preis * 1,05})
)
```

Abschließend verbleibt dann noch die entsprechende Anweisung, um den Inhalt der (temporären) Variable (*TempProdukte*) in die Ursprungstabelle zu schreiben, sofern dies gewünscht ist.

In einem der folgenden Abschnitte erfahren Sie, wie Sie mithilfe der Funktion *Update* den Inhalt eines Feldes innerhalb einer Tabelle direkt ändern können.

Einfache Schleifen

Auch wenn der dritte Kontrollstrukturtyp als *einfache Schleife* bezeichnet wird, ist dieser dennoch nicht minder wichtig. Können Sie doch damit beispielsweise auch sehr einfach und schnell eine einzelne Aktion, Berechnung oder Ähnliches ausführen.

Die sogenannten *einfachen Schleifen* erfordern keine spezielle Anweisung (wie beispielsweise *ForAll*), sondern ergeben sich aus der Funktionalität einzelner Anweisungen (zum Beispiel *ClearCollect*).

Angenommen, Sie möchten einer Variablen oder einem Array mit dem Namen *IndArr* die Zahlen 0 bis 5 zuweisen, wobei das Feld im Array den Namen *Zahl* tragen soll, dann können Sie dazu eine Anweisung der folgenden Art einsetzen:

```
ClearCollect(IndArr;{Zahl:0};{Zahl:1};{Zahl:2};{Zahl:3};{Zahl:4};{Zahl:5})
```

Sobald Sie im Editiermodus der Anweisung das Array *IndArr* anklicken, können Sie im mittleren Fensterbereich den Arraynamen anwählen, worauf der Inhalt angezeigt wird.

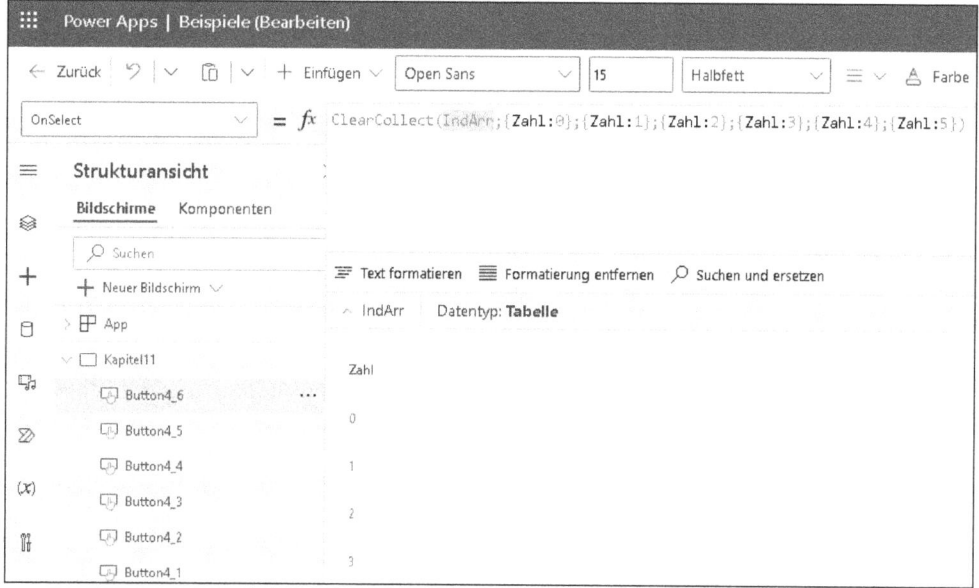

Abbildung 13.4: Ergebnis einer einfachen Schleife zur Indexerstellung

Auch wenn das folgende Beispiel vielleicht etwas sinnbefreit erscheint, zeigt das zumindest, dass Sie auch in einer Schleife mehrere Anweisungen einsetzen können, um die Ergebnisdarstellung zu beeinflussen.

So wird die Erstellung des Arrays *IndArr* ergänzt, indem bei jeder Zahl mit dem Feld *Name* auch noch eine Beschreibung hinzugefügt wird. Mit einer separaten Anweisung wird dann ein neues Array mit dem Namen *Ungerade* angelegt, das als Ergebnis eine gefilterte Ausgabe der Datensätze mit ungeraden Zahlenwerten (1, 3, 5) aufweist.

```
ClearCollect(IndArr;{Zahl:0;Name:"null"};{Zahl:1;Name:"eins"};
{Zahl:2;Name:"zwei"};{Zahl:3;Name:"drei"};{Zahl:4;Name:"vier"};
{Zahl:5;Name:"fünf"});;

ClearCollect (Ungerade;Filter(IndArr;Zahl=1 Or Zahl=3 Or Zahl=5))
```

Das Ergebnis und den Inhalt des zweiten Arrays *Ungerade* können Sie sich anschließend im Editiermodus anzeigen lassen.

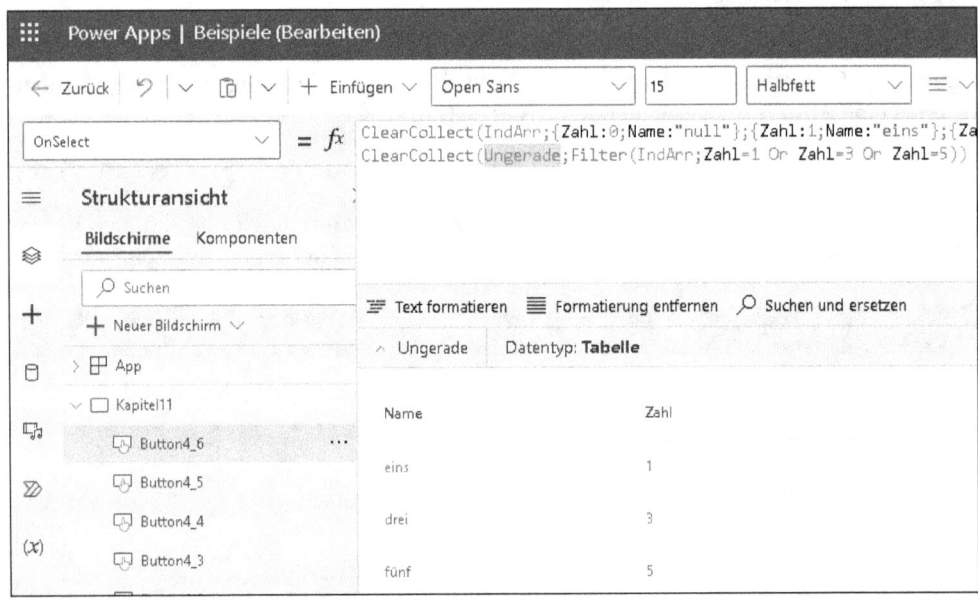

Abbildung 13.5: Filtern der Ergebnisdarstellung in einem Array

Mit dem Einsatz der unterschiedlichen Anweisungen zur Nutzung der Schleifen-Funktionen stehen Ihnen in Power Fx nahezu unbegrenzte Möglichkeiten zur Verfügung. Es zeigt sich im Praxisbetrieb, dass es teilweise schwierig ist, die richtige Syntax auf Anhieb zu finden, aber hier unterstützt Power Apps mit der automatischen Funktion oder dem Vorschlag zur Vervollständigung mittlerweile recht gut.

IN DIESEM KAPITEL

Unterschied zwischen Funktion und Prozedur

Erläuterung der unterschiedlichen Funktionstypen

Beispiele für unterschiedliche Funktionstypen

Benutzerdefinierte Funktionen erstellen

Einsatzgebiete der Funktionen Search, Lookup und Filter

Kapitel 14
Prozeduren und Funktionen

In den vorhergehenden Kapiteln und Abschnitten dieses Buches haben Sie bereits einige Funktionen von Power Fx kennengelernt. Darauf aufbauend sollen in diesem Kapitel bestimmte Teilbereiche thematisch zusammengefasst werden. So finden Sie beispielsweise Funktionen und Prozeduren zum Suchen von Daten, Funktionen zum Aktualisieren von Tabellen, Listen oder Arrays oder auch Angaben, wie Sie Berechnungen durchführen oder auch einfach nur die Zeilen einer Tabelle ermitteln können.

Gibt es einen Unterschied?

Grundsätzlich verfügt Power Fx sowohl über Funktionen als auch über Möglichkeiten, Prozeduren abzubilden. Beide Formen werden Sie in den nachfolgenden Abschnitten und Kapiteln noch näher kennenlernen. Sie unterstützen beide den Aufbau modularer Programme, was das Verständnis und die Lesbarkeit erhöht und es dem Entwickler erleichtert, immer wiederkehrende Aufgaben (zum Beispiel Ausführen einer Berechnung) durch einen Funktions- oder Prozeduraufruf zu realisieren.

Nicht selten werden Funktionen und Prozeduren gleichgesetzt, obwohl es einen grundlegenden Unterschied gibt. Dieser besteht darin, dass eine Funktion über Parameter verfügt, die beim Aufruf mitgegeben werden. Dann wird eine Operation, also die eigentliche Funktion, ausgeführt und anschließend erfolgt wieder die Rückgabe eines Wertes an die aufrufende Aktion.

Im Gegensatz dazu wird eine Prozedur – gegebenenfalls ebenfalls mit Parametern – aufgerufen, eine oder mehrere Aktionen ausgeführt, aber kein Wert zurückgegeben. Eine

Prozedur kann man am besten vergleichen mit einer Ansammlung von einzelnen Anweisungen, die zusammengefasst werden, da sie in den Anwendungen unter Umständen öfter benötigt werden. So bezeichnet eine Prozedur eine Art Mini-Programm, Unterprogramm oder einen Code-Abschnitt.

In den nachfolgenden Abschnitten werden Sie eine Vielzahl von Funktionen und Prozeduren kennenlernen, die Power Fx zur Verfügung stellt oder die innerhalb von Power Apps eingesetzt werden können. Diese Angaben erheben keinen Anspruch auf Vollständigkeit, sodass Sie bei Bedarf einer Gesamtübersicht auf spezielle Referenzübersichten zurückgreifen sollten (zum Beispiel `learn.microsoft.com`); siehe dazu auch Teil V dieses Buches.

Arten von Funktionen

Grundsätzlich lassen sich die Funktionen und Prozeduren, die in Power Fx beziehungsweise Power Apps eingesetzt werden können, grob einteilen beziehungsweise klassifizieren:

- Mathematik
- Statistik
- Datenverwaltung
- Farbdarstellung
- Datum und Uhrzeit
- Textbearbeitung
- Navigation
- Logische Funktionen
- Suche und Finden

Bei der Arbeit mit Power Apps oder der Nutzung von Power Fx werden Sie feststellen, dass Sie in vielen Anweisungen oder Formeln nicht selten eine Kombination aus unterschiedlichen Typen von Funktionen und Prozeduren einsetzen können, wobei die Verfügbarkeit und Funktionalität natürlich immer auch von der gewählten Komponente (Struktur- oder Steuerelement) abhängt.

Mathematische Funktionen

Mathematische Funktionen dienen dazu, in Anwendungen Zahlen darzustellen oder um Berechnungen durchzuführen. Dies reicht von einer einfachen Funktion zur Ermittlung der Quadratwurzel (*Sqrt*) bis hin zu trigonometrischen Funktionen wie *Sin* oder *Cos* zur Winkelberechnung.

Die mathematische Funktion *Pi* haben Sie in einem der vorhergehenden Abschnitte bereits kennengelernt, mit der Sie die Darstellung der Pi-Zahl(3,1415...) abrufen können. Nachfolgend soll als Beispielfunktion *Rand* und *RandBetween* erläutert werden. Die Funktion *Rand* generiert eine Zufallszahl als Dezimalzahl zwischen *0* und *1* und wird ohne Parameter wie folgt eingesetzt:

```
Rand()
```

Diese Funktionen können Sie beispielsweise in einem Text- oder Beschriftungsfeld einsetzen; meistens kommt sie aber in Formeln zum Einsatz, um mit einer Zufallszahl eine mathematische Berechnung durchzuführen.

Funktionen bestehen grundsätzlich immer aus einer Bezeichnung und einem nachfolgenden Klammerausdruck, der gegebenenfalls Übergabeparameter enthält. Werden beim Aufruf keine Parameter übergeben, so bleibt der Ausdruck leer, also beispielsweise *Rand()* oder *Pi()*.

Im Gegensatz zu der Funktion *Rand()* können Sie mit *RandBetween()* eine ganzzahlige Zufallszahl erzeugen, wobei Sie dabei zwei Parameter als Grenzwert angeben müssen, beispielsweise wie folgt:

```
RandBetween(23;66)
```

Diese Anweisung als Teil einer mathematischen Berechnung oder zur Anzeige in einem Text- oder Beschriftungsfeld liefert eine ganzzahlige Zufallszahl zwischen *23* und *66*.

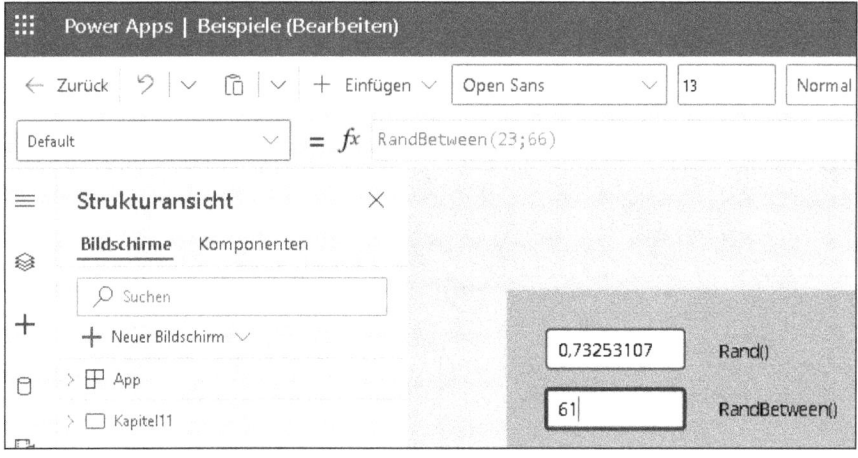

Abbildung 14.1: Ergebnisse der Funktionen Rand und RandBetween

Um in Power Fx zwei oder mehr Zahlenwerte zu addieren, steht Ihnen die *Sum*-Funktion zur Verfügung. Als Parameter geben Sie dabei einfach nacheinander die Zahlenwerte an, jeweils getrennt durch ein Semikolon, beispielsweise wie folgt:

```
Sum(13,8;45,6;4)
```

Mit der Funktion *Int* steht Ihnen eine Möglichkeit zur Verfügung, den ganzzahligen Wert einer Dezimalzahl zu separieren. Als Parameter wird dabei die Dezimalzahl angegeben. So liefert beispielsweise die folgende Anweisung als Ergebnis die Zahl 43:

`Int(43,534554)`

Dabei können Sie beispielsweise auch eine Funktion mit einer weiteren Funktion kombinieren. Möchten Sie beispielsweise den ganzzahligen Wert der Pi-Funktion ermitteln, können Sie dazu die folgende Anweisung einsetzen:

`Int(Pi())`

Die Berechnung der Potenzen einer Zahl gelingt in Power Fx mit der Funktion *Power*. So liefert beispielsweise die folgende Anweisung als Ergebnis die Zahl 16 (2 hoch 4, also 2*2*2*2):

`Power(2;4)`

Auch im Bereich der trigonometrischen Funktionen liefert Power Fx viele wichtige Funktionen, die Sie in diesem Bereich eventuell benötigen. Die klassische Sinus-Funktion kann sich beispielsweise wie folgt darstellen:

`Sin(90)`

Das Ergebnis liefert den Sinus-Wert von 90 Grad und lautet *0,8939*.

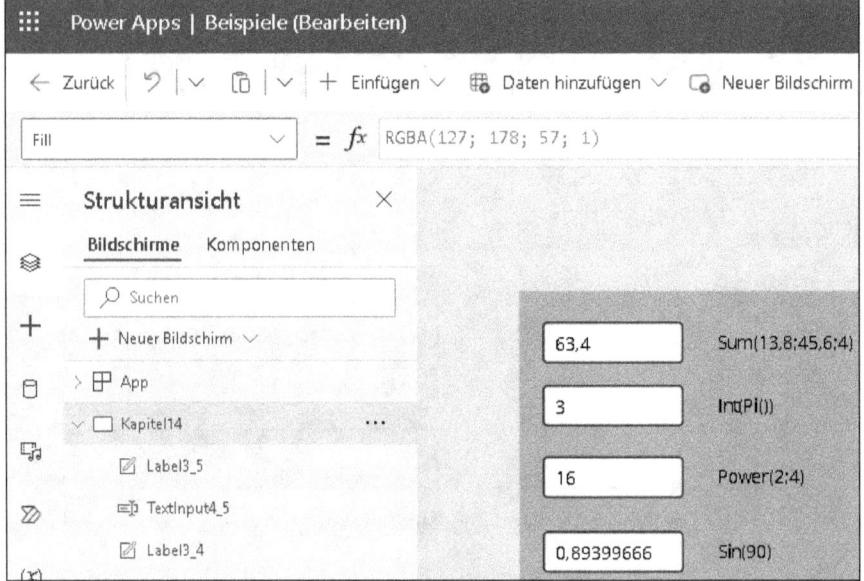

Abbildung 14.2: Beispiele für mathematische Funktionen

Statistische Funktionen

Im Bereich der Statistik-Funktionen stellt Power Fx ebenfalls Möglichkeiten zur Verfügung, um beispielsweise Mittel- oder Durchschnittswerte zu berechnen oder auch einfach nur die Anzahl der Zeilen (Datensätze) einer Tabelle zu ermitteln. Letztlich geht es immer um die Ermittlung bestimmter Zahlenwerte oder eben statistischer Angaben.

Die Funktion Average liefert aus einer vorgegebenen Zahlenreihe den Mittelwert, indem sie alle Zahlen addiert und durch die Anzahl der Zahlen dividiert. So liefert die folgende Anweisung als Ergebnis die Zahl 31,675:

```
Average(13;45,7;23;45)
```

Um in einer solchen Zahlenreihe den kleinsten Wert zu ermitteln (hier: 13), können Sie die *Min*-Funktion wie folgt einsetzen:

```
Min(13;45,7;23;45)
```

Im Gegensatz dazu steht Ihnen mit der Funktion *Max* eine Möglichkeit zur Verfügung, um die größte Zahl der Zahlenreihe zu ermitteln (hier: 45,7):

```
Max(13;45,7;23;45)
```

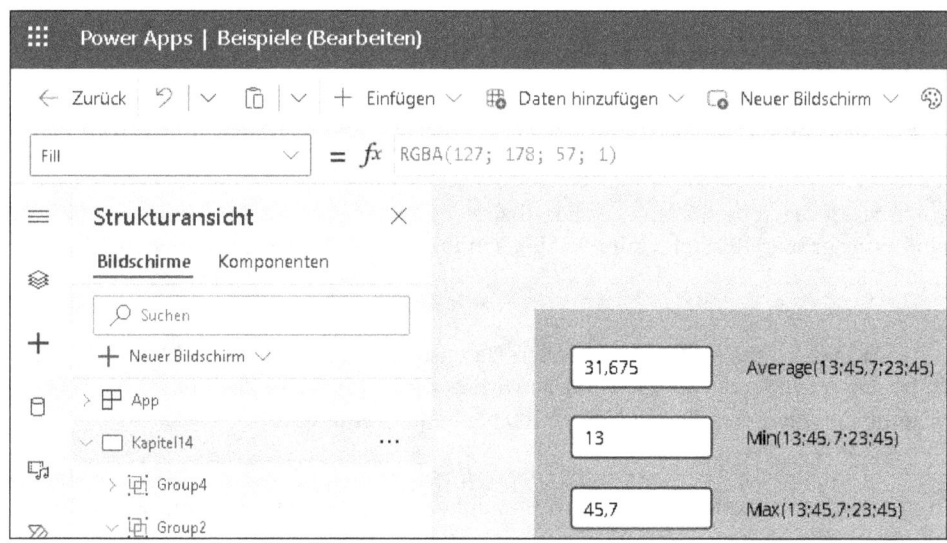

Abbildung 14.3: Ausgewählte Ergebnisse einer Zahlenreihe

Zum Bereich der statistischen Funktionen werden auch Funktionen gezählt, mit denen beispielsweise die Anzahl der Datensätze (Zeile = *row*) einer Tabelle ermittelt werden können. So liefert beispielsweise die folgende Anweisung die Anzahl der Zeilen der Tabelle *Produkte*:

```
CountRows(Produkte)
```

Um bei der Ermittlung der Anzahl der Datensätze gegebenenfalls eine Bedingung abzufragen, steht in Power Fx die Funktion *CountIf* zur Verfügung. So werden beispielsweise mit der folgenden Anweisung nur die Datensätze (Zeilen) gezählt, bei denen im Feld *Preis* eine Zahl steht, die größer als 100 ist:

```
CountIf(Produkte;Preis>100)
```

Funktionen zur Datenverwaltung

Da mit einer Anwendung, die mit Power Apps erstellt wird, in der Regel auch Daten verarbeitet werden, stehen im Bereich der Daten- oder Tabellenverwaltung eine Vielzahl von Funktionen für entsprechende Power-Fx-Anweisungen zur Verfügung, von denen die wesentlichen in diesem Abschnitt erläutert werden sollen.

In der Regel verwenden Sie zur Verwaltung von Daten eine Tabelle, eine SharePoint-Liste oder auch einfach nur ein (temporäres) Array. In allen Fällen stehen mit den Funktionen *Patch*, *Update* oder *UpdateIf* Möglichkeiten zur Verfügung, die Inhalte der Datenquellen zu verändern.

Mit einer recht einfachen Anweisung können Sie beispielsweise alle Datensätze einer Tabelle bezüglich eines bestimmten Feldes (oder auch aller Felder) ändern. Die folgende Anweisung greift beispielsweise auf die Tabelle *Produkte* zu und setzt bei allen Datensätzen den Wert im Feld Preis auf »0«:

```
UpdateIf(Produkte;true;{Preis:0})
```

Diese Anweisung durchläuft alle Datensätze (Zeilen) der Tabelle *Produkte* und setzt in jeder Zeile im Feld *Preis* den Wert »0« ein.

Möchten Sie dagegen beispielsweise alle Inhalte des Feldes *Preis* um fünf Prozent erhöhen, wo ein Betrag größer 100 steht, können Sie dazu folgende Anweisung verwenden:

```
UpdateIf(Produkte;Preis>100;{Preis:Preis*1,05})
```

Damit wird in der Tabelle *Produkte* in allen Datensätzen der Inhalt des Feldes *Preis* überprüft. Ist dieser größer als die Zahl 100, so wird der Inhalt um fünf Prozent (*1,05) erhöht. Die Feldinhalte mit einem Betrag kleiner 100 bleiben unverändert.

Der Einsatz der Anweisung *UpdateIf* sollte immer mit Bedacht und Vorsicht eingesetzt werden, verändern (manipulieren) Sie damit unmittelbar den Inhalt einer Datenquelle.

Neben den Anweisungen *Update* oder *UpdateIf* steht Ihnen in Power Fx mit der *Patch*-Funktion eine weitere, sehr leistungsstarke Anweisung zur Verfügung, mit der Sie die Daten einer Datenquelle manipulieren (verändern) können.

Um beispielsweise im ersten Datensatz (erste Zeile) einer Tabelle den Inhalt des Feldes *Preis* auf den Wert 567 festzulegen oder zu ändern, können Sie innerhalb der *Patch*-Funktion die Funktion *First* wie folgt einsetzen:

```
Patch(Produkte;First(Produkte);{Preis: 567})
```

Die Funktion *First* greift immer auf den Datensatz mit der niedrigsten ID-Nummer in der Tabelle zu (in der Regel lautet diese *1*).

Um einer Tabelle einen neuen Datensatz hinzuzufügen, können Sie eine Patch-Funktion der folgenden Art einsetzen:

```
Patch(Produkte;Defaults(Produkte);{Title:"Drucker";Preis:234})
```

Damit wird die Tabelle *Produkte* um einen neuen Datensatz (Zeile) erweitert; dieser Datensatz trägt im Feld *Title* den Namen *Drucker* und im Feld *Preis* steht ein Betrag von 234.

Beim Zugriff auf die Feldnamen müssen Sie immer den eindeutigen Namen aus der Felddefinition verwenden (hier: Feld *Title* aus einer SharePoint-Liste).

Eine Alternative zum Anlegen eines neuen Datensatzes (Zeile) kommt mit einer Anweisung der folgenden Art zum Einsatz:

```
Patch(Produkte;Table({Title:"Maus2";Preis:45}))
```

Mit Verwendung der *Patch*-Funktion werden hierbei mit dem Parameter *Table* ebenfalls direkt die Inhalte der beiden Felder (hier: *Title* und *Preis*) angegeben, wodurch in der Ursprungstabelle *Produkte* ein neuer Datensatz angelegt wird.

Um den Feldeintrag einer bestimmten Zeile (Datensatz) zu ändern, müssen Sie ein Merkmal dieses Datensatzes zur Selektion verwenden (hier: *ID*). Um also beispielsweise den *Preis* beim Datensatz mit der ID-Nummer 3 anzupassen (hier: 189), kommt eine Anweisung der folgenden Art zum Einsatz:

```
Patch(Produkte;First(Filter(Produkte;ID=3));{ Preis: 189})
```

Produkte ☆		
Bezeichnung	Preis	ID
Computer	595,35 €	1
Maus	23,00 €	2
Bildschirm	189,00 €	3
Drucker	234,00 €	9
Maus2	45,00 €	10

Abbildung 14.4: Änderungen in der Ursprungstabelle

So wie Sie mit den Funktionen *Update*, *UpdateIf* oder auch *Patch* einer Tabelle Datensätze hinzufügen oder bestehende Datensätze verändern können, stehen mit *Remove* oder *RemoveIf* zwei Anweisungen (Funktionen) zur Verfügung, um Datensätze einer Tabelle zu löschen.

Mit der folgenden Anweisung wird der Datensatz aus der Datenquelle *Produkte* gelöscht, der die ID-Nummer 10 trägt:

```
Remove(Produkte;{ID:10})
```

Schneller und einfacher geht das Löschen einer Zeile (Datensatz) mit der *RemoveIf*-Funktion; so führt die folgende Anweisung zum gleichen Ergebnis wie vorstehend:

```
RemoveIf(Produkte;ID=10)
```

Wenn die ID eines Datensatzes nicht bekannt ist, können Sie mit *RemoveIf* auch jederzeit nach einem beliebigen anderen Feldinhalt selektieren. Mit der folgenden Anweisung werden die Datensätze selektiert und anschließend gelöscht, bei denen im Feld *Name* der Eintrag *Maus2* steht:

```
RemoveIf(Produkte;Name="Maus2")
```

Die Anweisung *RemoveIf* löscht – ohne weitere Parameter – alle Datensätze einer Tabelle mit dem entsprechenden Feldeintrag (nicht nur den ersten Datensatz mit dem Eintrag).

Funktionen zur Farbdarstellung

Die farbige Gestaltung einer Anwendung sollte immer mit Bedacht vorgenommen und nicht »überfrachtet« werden. Dennoch macht es Sinn, bestimmte Farbfunktionen zu nutzen, um in einer Anwendung beispielsweise Eingabefelder oder weitergehende Hinweise besonders hervorzuheben.

Power Fx und Power Apps stellen verschiedene Möglichkeiten und Funktionen zur Verfügung, um die Farbdarstellung zu beeinflussen; dazu zählen insbesondere Funktionen wie *Color*, *ColorFade* oder auch *RGBA*.

Die folgende Anweisung bewirkt eine spezielle Farbdarstellung des gewählten Strukturelements. Dazu wird in diesem Fall vorab eine Schaltfläche eingefügt, diese angeklickt und dann die Eigenschaft FILL ausgewählt, um die Farbe der Schaltfläche mit der RGBA-Funktion anzupassen und eine hellblaue Darstellung der Schaltfläche zu erreichen:

```
RGBA(156; 196; 244; 1)
```

Die Parameter der *RGBA*-Funktion stehen für die Farben *Rot*, *Grün* und *Blau*; der vierte Parameter (Zustand 0 oder 1) entscheidet über die Transparenz der Darstellung. Die Werte für die drei Farben liegen immer zwischen 0 und maximal 255.

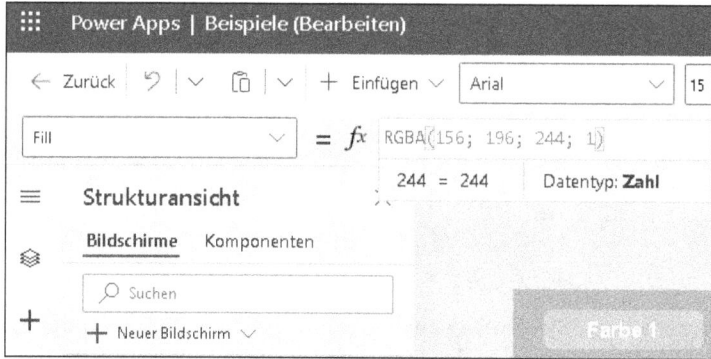

Abbildung 14.5: Farbanpassung einer Schaltfläche

 Die Farbeinstellungen eines Strukturelements lassen sich auch jederzeit über den rechten Eigenschaften-Bereich anpassen, wodurch auch automatisch eine Anpassung in der Befehlszeile erfolgt.

Neben dem Einsatz der RGBA-Funktion können Sie auch nach Anwahl eines Strukturelements und Anwahl einer Eigenschaft für die Farbdarstellung (zum Beispiel FILL oder BORDERCOLOR für den Rahmen) direkt die Color-Anweisung verwenden und eine Farbe zuweisen, beispielsweise wie folgt:

```
Color.Red
```

Interessant und nützlich kann eine Farbdarstellung sein, wenn diese in Abhängigkeit eines Wertes oder eines Zustandes (Status) erfolgt. Dabei können Sie dann beispielsweise über eine bedingte Abfrage die Darstellung beeinflussen. Mit folgender Anweisung wird der Inhalt einer Variablen mit dem Namen *Status* abgefragt. Sofern der Status unwahr (falsch) ist, erfolgt eine Darstellung in roter Farbe, andernfalls in grüner.

```
If(Status = false; ColorRed; Color.Green)
```

Ein anderes Beispiel für die Anpassung der Farbdarstellung bei Zutreffen einer bestimmten Bedingung liefert das folgende Beispiel. Solange der Zahlenwert im Feld Umsatz der aktuell angewählten Datenquelle größer als 2000 ist, erfolgt eine Darstellung in grüner Farbe, andernfalls in gelber Farbe:

```
If(ThisItem.Umsatz>2000; Color.Green; Color.Yellow)
```

Eine solche bedingungsabhängige Anweisung können Sie beispielsweise einem Strukturelement bei der Eigenschaft BORDERCOLOR (Rahmen) oder FONT (Schrift) zuweisen, wodurch Sie bei Änderung des Inhalts des Feldinhalts automatisch eine Farbanpassung erhalten.

Funktionen für Datum und Uhrzeit

Das Datum und die Uhrzeit können bei der Verwaltung beliebiger Daten und damit auch in einer Anwendung, die Sie mit Power Apps erstellen, eine wichtige Rolle spielen.

Eine häufig genutzte Funktion liefert das aktuelle Tagesdatum. So können Sie dies mit folgender Anweisung jederzeit abrufen:

Today()

Eine andere, sehr einfache Funktion wie *Day* liefert in dem angegebenen Datum den Tag des Monats; folgende Anweisung liefert so für das aktuelle Datum (*Today*) den Tag des aktuellen Monats:

Day(Today())

Mit der folgenden Anweisung können Sie den Tag der Woche ermitteln, wobei die Zählung standardmäßig am Sonntag beginnt; danach ist der Dienstag der dritte Tag der Woche.

Weekday(Today())

So wie die meisten anderen Funktionen können Sie beispielsweise auch *Today* in beliebigen anderen Funktionen einsetzen, wo dies Sinn ergibt (Datumsfunktionen).

Mit der *Calendar*-Funktion können Sie die lokalisierten Angaben zu Wochentagen, Monaten und so weiter abrufen und einer Tabelle zuordnen. Wählen Sie dazu beispielhaft einmal ein Strukturelement vom Typ *Vertikaler Katalog* aus; nach Anwahl wählen Sie dann die Eigenschaft ITEMS an und tragen in der Befehlszeile folgende Anweisung ein:

Calendar.WeekdaysLong()

Damit wird in dem vertikalen Katalog eine Aufstellung der Tage einer Woche dargestellt, was Sie beispielhaft der folgenden Abbildung entnehmen können.

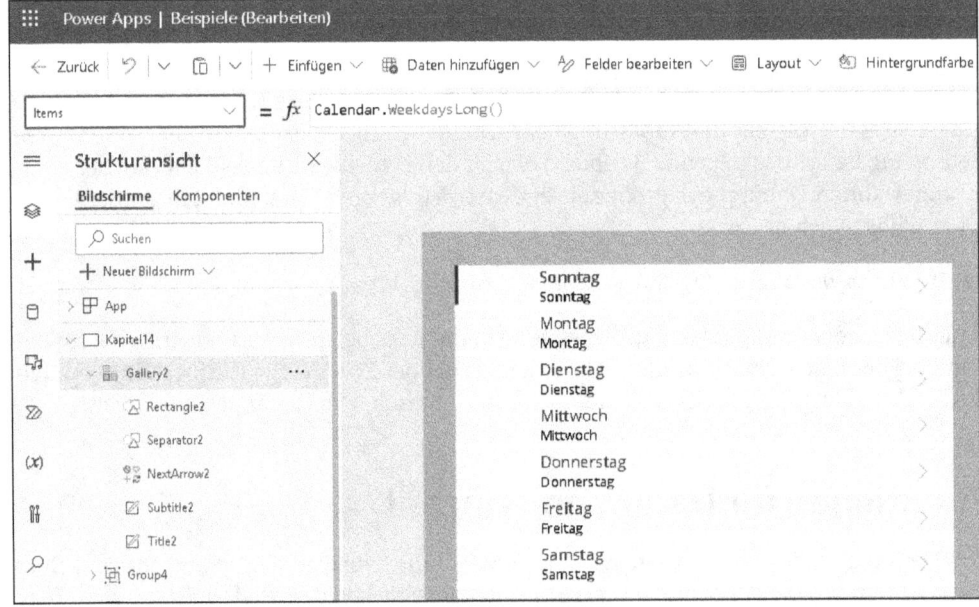

Abbildung 14.6: Darstellung der Tage einer Woche

Eine ebenfalls sehr interessante Funktion ist *DateDiff*, mit der die Differenz in Tagen zwischen zwei Datumswerten ermittelt werden kann. So liefert beispielsweise folgende Anweisung die Tagesdifferenz zwischen dem 14.08.2022 und dem heutigen Tag (*Today*):

```
DateDiff("14.8.2022";Today())
```

Soll diese Anweisung noch etwas verfeinert werden, kann aus der Tagesdifferenz die Anzahl der Jahre ermittelt werden (*/365*) und das Ergebnis mithilfe der Round-Funktion auf zwei Nachkommastellen gerundet werden; die Anweisung dazu lautet dann wie folgt:

```
Round(DateDiff("14.8.2022";Today())/365;2)
```

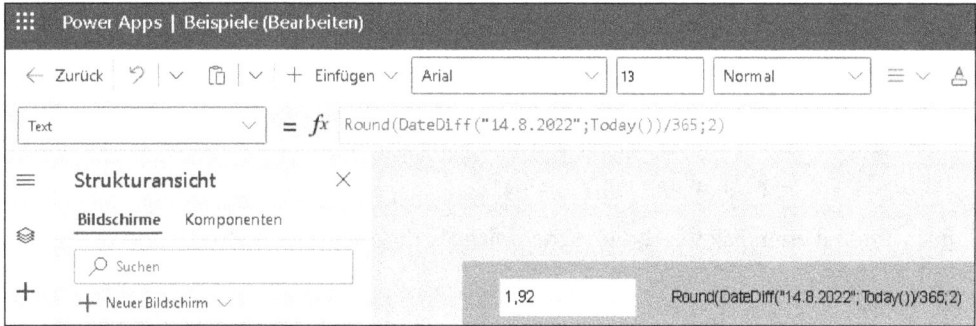

Abbildung 14.7: Berechnung und Umwandeln einer Datumsdifferenz

Selbstredend können Sie eine Funktion wie *DateDiff* auch in einer Schleife oder einer Bedingung (*If*) einsetzen und in Abhängigkeit vom Ergebnis entsprechende Aktionen oder Darstellungen auslösen.

Mit der *Now*-Funktion können Sie nicht nur das aktuelle Datum des heutigen Tages, sondern auch die aktuelle Uhrzeit abrufen:

```
Now()
```

Möchten Sie daraus beispielsweise die Uhrzeit extrahieren, um diese beispielsweise anzuzeigen oder weiterzuverarbeiten, gelingt Ihnen das mit einer Anweisung der folgenden Art:

```
TimeValue(Now())
```

Textbearbeitungs-Funktionen

Sowohl zur Darstellung von Text als auch zum Umwandeln eines Text- oder Zahlenfeldes stellt Power Fx ebenfalls einige Funktionen zur Verfügung. Um beispielsweise einen Zahlenwert (ASCII-Zahlenwert) in eine Textdarstellung umzuwandeln, können Sie beispielsweise eine Anweisung der folgenden Art einsetzen, wodurch der Buchstabe *A* (ASCII-Wert = 65) zugewiesen oder angezeigt wird:

```
Char(65)
```

Mit der Copy-Funktion verfügen Sie über eine Möglichkeit, einen Text oder das Ergebnis einer Anweisung in die Zwischenablage zu kopieren; so wird mit folgender Anweisung der Buchstabe A in die Zwischenablage kopiert:

```
Copy(Char(65))
```

Um die Länge einer Texteingabe oder eines Textfeldes zu ermitteln, können Sie die *Len*-Funktion beispielsweise wie folgt einsetzen:

```
Len("Dies ist ein sehr langer Satz!")
```

Als Ergebnis einer solchen Anweisung erhalten Sie den Zahlenwert 30 und haben damit die Anzahl der Zeichen in der angeführten Zeichenfolge.

Sicherlich häufig zum Einsatz kommen Funktionen wie *Right* oder *Left*, mit denen Zeichenfolgen gekürzt oder eingegrenzt werden können. So liefert die folgende Anweisung als Ergebnis eine Zeichenfolge, die aus den ersten 12 Zeichen des angegebenen Textes besteht:

```
Left("Dies ist ein sehr langer Satz!";12)
```

Somit wird in diesem Fall folgende Zeichenfolge als Ergebnis dargestellt:

```
Dies ist ein
```

Die *Right*-Funktion funktioniert ähnlich wie *Left*, nur dass dabei die Zählung rechts beginnt.

Navigations-Funktionen

Sobald Sie eine strukturierte Anwendung (App) erstellen, werden Sie in der Regel auch bestimmte Funktionen innerhalb der App auf verschiedenen Bildschirmen (Screens) verteilen. Dabei ist es natürlich wichtig, dass Sie jederzeit zwischen verschiedenen Bildschirmen wechseln können.

Fügen Sie beispielsweise auf einem Bildschirm eine Schaltfläche als Strukturelement ein und weisen der Eigenschaft ONSELECT die folgende Anweisung zu, können Sie durch Anklicken der Schaltfläche auf den dort genannten Bildschirm (*BearbeitenBS*) wechseln:

```
Navigate(BearbeitenBS)
```

Auf diese Art können Sie jede Bildschirmseite der App mit entsprechenden Schaltflächen versehen. Sie können zusätzlich aber auch die Back-Funktion einsetzen, um zum jeweils letzten Bildschirm zu wechseln:

```
Back()
```

Die Anweisung *Back* wechselt immer zum vorherigen Bildschirm. Sollte sich die Notwendigkeit ergeben, dass Sie zwischen verschiedenen Bildschirmen »kreuz und quer« wechseln müssen, sollten Sie stattdessen die gezielte Steuerung über die Funktion *Navigate* nutzen.

Logik-Funktionen

Im Bereich der Logik-Funktionen haben Sie mit *Switch* und *IF* schon zwei Varianten kennengelernt. Generell dient dieser Funktionstyp dazu, aufgrund bestimmter Ergebnisse eine logische Entscheidung für den weiteren Programmablauf zu treffen.

Am Beispiel eines Schiebereglers soll mit der logischen Funktion (Bedingung) *IF* ein Beispiel dargestellt werden, mit dem in Abhängigkeit von der Position des Schiebereglers sich die Farbe eines Textfeldes ändert. Fügen Sie dazu einen Schieberegler als Steuerelement ein (*Slider1*) und setzen Sie beispielsweise daneben ein Beschriftungsfeld ein. Wechseln Sie dann in das Feld, wählen dort die Eigenschaft FILL aus und tragen dann beispielsweise folgende Anweisung ein:

```
If(Slider1.Value>50;Color.Aquamarine;Color.Red)
```

Diese logische Funktion bewirkt eine Farbänderung, sobald Sie den Schieberegler über die Mitte hinausschieben, der Wert also größer *50* wird.

Die Kombination logischer Funktionen oder Funktionen und Operatoren hilft dabei, entsprechende Anweisungen zu optimieren. So bewirkt die folgende Anweisung mit Einsatz des Or-Operators, dass die Farbänderung dann erfolgt, wenn der Wert des Schiebereglers (*Slider.Value*) unter 30 oder über 80 liegt:

```
If(Slider1.Value<30 Or Slider1.Value>80;Color.Aquamarine;Color.Red)
```

Funktionen zum Suchen und Finden

Der Bereich »Suchen und Finden« kann man eigentlich eher zu den Funktionen zur Verwaltung beliebiger Datenquellen zählen, aber aufgrund der Besonderheiten sollen die Möglichkeiten und die verschiedenen Anweisungen in einem separaten Abschnitt erläutert werden. Folgende Suchfunktionen werden Sie an dieser Stelle kennenlernen:

- ✔ Search()
- ✔ Lookup()
- ✔ Filter()

Search ist eine recht einfache und schnell umsetzbare Suchfunktion mit folgender Syntax:

```
Search(Datenquelle;Suchtext;Feldname1[;Feldname2])
```

Dabei können Sie nicht nur einen Feldnamen (*Feldname1*) angeben, in dem innerhalb der Datenquelle gesucht wird, sondern optional können sie auch innerhalb mehrerer Felder (*Feldname2* und so weiter) danach suchen.

Um also beispielsweise in einer Tabelle mit dem Namen *Produkte* alle Inhalte des Feldes *Bezeichnung* einem Suchbegriff zu durchsuchen, können Sie die Tabelle als *Vertikaler Katalog* darstellen; anschließend erstellen Sie ein Textfeld als Strukturelement mit dem Namen *TextSearch* zur Eingabe des Suchbegriffes.

Um die Darstellung im vertikalen Katalog, wo die Inhalte der Datenquelle *Produkte* angezeigt werden, zu filtern, geben Sie dort dann bei der Eigenschaft ITEMS folgende Befehlszeile ein:

Search(Produkte;*TextSearch*.Text;Bezeichnung)

Beim Zugriff auf eine Datenquelle mit einer Such-Funktion kann ein Hinweis auf eine mögliche Delegierung erscheinen. Dies hängt damit zusammen: Wenn die Daten in der Datenquelle die Anzahl von 500 Datensätzen (zum Beispiel in einer SharePoint-Liste) überschreitet und die Funktion nicht delegiert werden, kann die Anwendung möglicherweise nicht darauf zugreifen und unter Umständen falsche Ergebnisse liefern. Dies können Sie umgehen, indem Sie für die Datenquelle eine (temporäre) Sammlungsvariable erstellen.

Beim Einsatz der Funktion *Search* können Sie beliebige viele Spalten (Felder) eingeben (hier: hinter *Bezeichnung*), in denen nach dem vorgegebenen Text gesucht werden soll. Soll also zusätzlich auch im Feld *Bemerkungen* nach dem Eintrag gesucht werden, würde die Anweisung wie folgt lauten:

Search(Produkte;*TextSearch*.Text;Bezeichnung;Bemerkung)

Damit wird in den beiden angegebenen Feldern nach dem Suchbegriff gesucht und das Ergebnis in der Darstellung der Daten (Vertikaler Katalog) angezeigt.

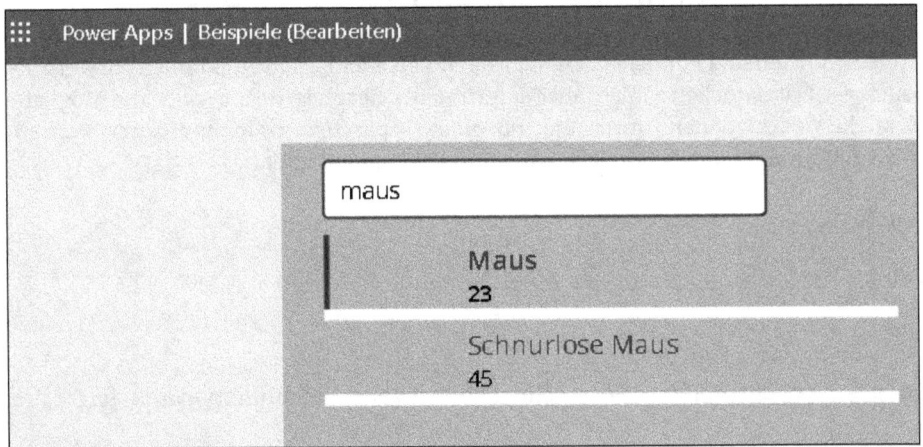

Abbildung 14.8: Selektieren mit der Search-Funktion

Die Search-Funktion lässt sich sehr einfach und schnell umsetzen, hat allerdings auch ein paar Einschränkungen; so lässt sich beispielsweise ein Dropdown als Auswahlfeld nur mit sehr großem Aufwand umsetzen.

Die Lookup-Funktion dient ebenfalls der Suche in einer Datenquelle, wobei sich die Syntax von der Search-Funktion unterscheidet:

Lookup(Datenquelle;Bedingung)

Der Parameter *Datenquelle* ist an dieser Stelle selbstredend; bei der Bedingung müssen Sie angeben, was gesucht werden soll, und anschließend müssen Sie angeben, in welcher Spalte (Feld) gesucht werden soll, was in der Bedingung mit dem Schlüsselwort *In* eingeleitet wird.

So sucht beispielsweise folgende Anweisung innerhalb der Spalte *Bezeichnung* nach dem Inhalt des Textfeldes *TextLookup.Text*. Der Datensatz, in dem der Suchbegriff erstmalig auftritt, wird anschließend angezeigt:

LookUp(Produkte;*TextLookup*.Text in Bezeichnung)

Möchten Sie statt in einem Textfeld in einem Zahlenfeld suchen, ohne dazu die Zeichenfolge konvertieren zu müssen, können Sie das Eingabe-Textfeld für den Suchbegriff (*TextLookup*) als Zahlenfeld definieren (Eigenschaft FORMAT; *TextFormat.Number*). Damit können Sie dann in das Feld auch eine Zahl eingeben, nach der Sie in dem entsprechenden Feld (hier: Preis) suchen können; die entsprechende Anweisung lautet wie folgt:

LookUp(Produkte;*TextSearch*.Text in Preis)

Die *Lookup*-Funktion liefert als Ergebnis grundsätzlich immer nur den ersten Datensatz einer Datenquelle, der dem Suchkriterium entspricht. Sicherlich gibt es auch dafür Anwendungsfälle, aber Sie sollten sich bei Verwendung von *Lookup* dieses Umstands immer bewusst sein.

Die dritte Funktion zur Filterung von Daten einer Datenquelle und zur Suche lautet *Filter*. Diese Funktion ist sehr flexibel, auch wenn sie von der Syntax her erst einmal mit der *Lookup*-Funktion vergleichbar ist:

Filter(Datenquelle;Bedingung)

Die Flexibilität von Filter zeigt sich bereits in sehr einfachen Anweisungen, wenn Sie beispielsweise in der Datenquelle (hier: *Produkte*) den Datensatz finden möchten, dem die ID-Nummer 3 zugewiesen wurde:

Filter(Produkte;ID=3)

Eine solche Anweisung können Sie natürlich auch auf andere Spalten (Felder) der Datenquelle (*Produkte*) ausdehnen. Um sich beispielsweise alle Datensätze anzeigen zu lassen, die im Feld *Preis* eine Zahl (Betrag) stehen haben, die größer als 30 ist, müssen Sie bei der Eigenschaft ITEMS eine Anweisung der folgenden Art verwenden:

Filter(Produkte;Preis>30)

Sehr interessant und mit der *Filter*-Funktion auch einfach umsetzbar ist, eine Selektion mithilfe eines Dropdown-Feldes als Steuerelement vorzunehmen. Dabei können Sie beispielsweise auch den Inhalt des Dropdowns direkt über ein Mehrfachauswahlfeld in der Datenquelle füllen (hier: DropFeld). Das nachfolgende Beispiel zeigt eine kombinierte

Suche, indem *TextSearch* eine (manuelle) Eingabe im Feld *Bezeichnung* auswertet und zusätzlich der Inhalt von *DropTyp* ausgewertet wird, der wiederum den Inhalt mit dem Feld *DropFeld* aus der Datenquelle abgleicht:

```
Filter(Produkte;TextSearch.Text in
Bezeichnung;DropFeld.Value=DropTyp.Selected.Value)
```

In der Anwendung können Sie dann über das Dropdown-Feld beliebige Inhalte auswählen, wodurch sich die Darstellung oder das Ergebnis der Suche sofort ändert.

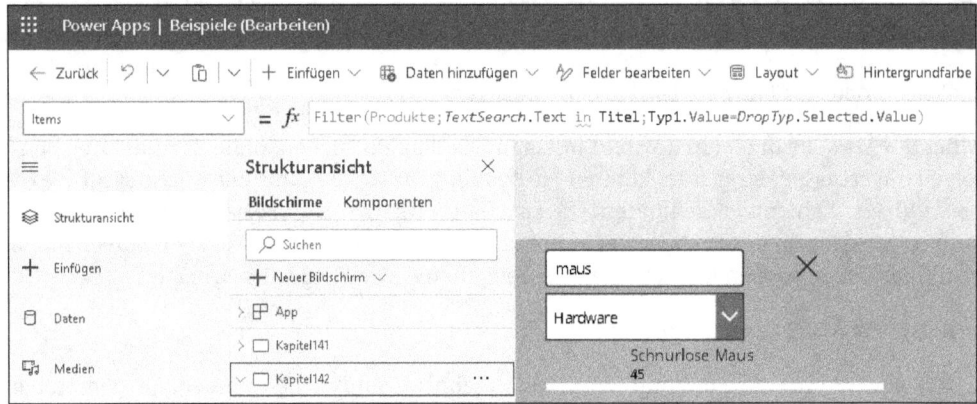

Abbildung 14.9: Zwei Suchfelder inklusive Dropdown-Auswahlfeld

 Sehr interessant beim Einsatz der unterschiedlichen Such-Funktionen (Search, Lookup, Filter) ist, dass Sie diese in einer Anweisung oder einem Programmcode nahezu beliebig kombinieren können.

Sonstige Funktionen

In Power Fx und beim Einsatz von Power Apps gibt es noch eine Vielzahl weiterer Funktionen und Formeln, die Sie in Ihren Anwendungen einsetzen können. Einige ausgewählte Funktionen und Anweisungen, die in Power Fx oder Power Apps eingesetzt werden können, sollen nachfolgend beschrieben werden.

Eine sehr wichtige Funktion kommt beim Einsatz von Zahlenfeldern zum Einsatz. Nicht selten müssen Sie dabei die Formatierung eines Zahlenfeldes anpassen, da die Daten in der Datenquelle unter Umständen nicht im richtigen Format abgelegt werden. Nutzen Sie in einer Anweisung (Funktion) den Zugriff auf ein Zahlenfeld können Sie dies beispielsweise wie folgt für die Darstellung formatieren:

```
Text(ThisItem.Preis;"##,###.00 €")
```

Damit wird die Darstellung des Feldes *Preis* in der Anwendung mithilfe der *Text*-Funktion derart formatiert, dass ein Trennzeichen für die Darstellung von großen Zahlen eingefügt wird (Tausender-Trennzeichen); zudem wird der Nachkommawert mit dem Punkt separiert. Abschließend wird die Ausgabe des Feldinhaltes noch um die Angabe eines Währungszeichens (€) ergänzt.

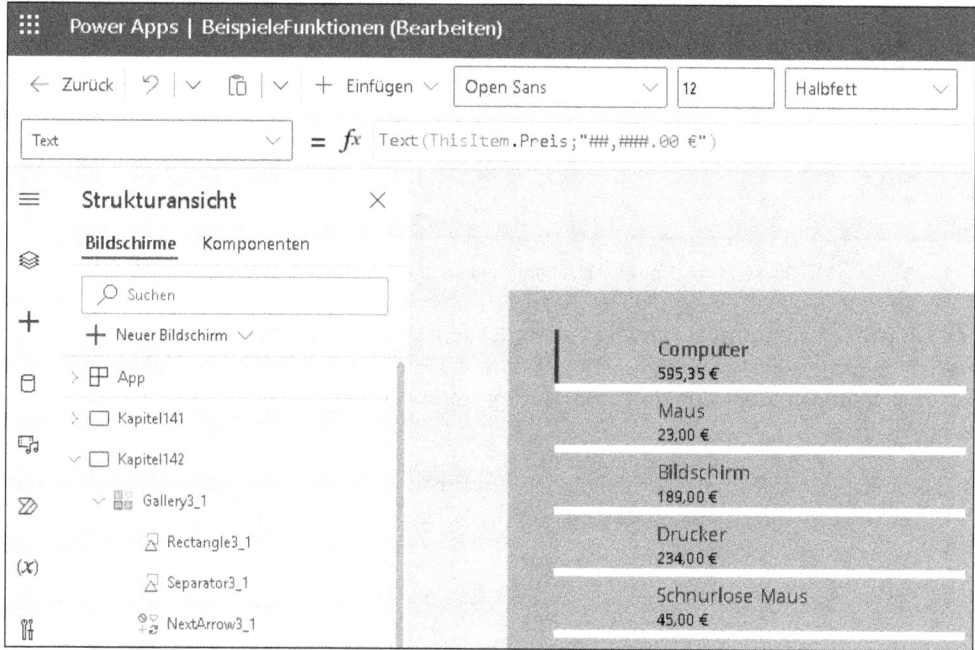

Abbildung 14.10: Formatierung der Zahlendarstellung

 Bei der Formatierung von Zahlenfeldern mit Einsatz der *Text*-Funktion müssen Sie darauf achten, dass Sie dabei die englische Syntax verwenden müssen. Ein Tausender-Trennzeichen wird als Komma symbolisiert und für das Dezimaltrennzeichen steht der Punkt als Symbol.

Die Funktion *Location* erlaubt es, bestimmte Signalwerte anhand der GPS-Koordinaten des aktuelles Gerätes (GPS = *Global Position System*) auszulesen, die eine Angabe zum aktuellen Standort ermöglichen. So kann damit sowohl eine Angabe zur Höhe (über Meeresspiegel) als auch Angaben zum Breiten- und Längengrad ausgelesen werden.

Folgende Anweisung liefert beispielsweise die Angabe des aktuellen Breitengrades in Abhängigkeit vom Äquator (Werte zwischen −90 Grad und +90 Grad):

```
Location.Latitude
```

Folgende Anweisung liefert den dazugehörigen Längengrad (Werte zwischen −180 Grad und +180 Grad):

```
Location.Longitude
```

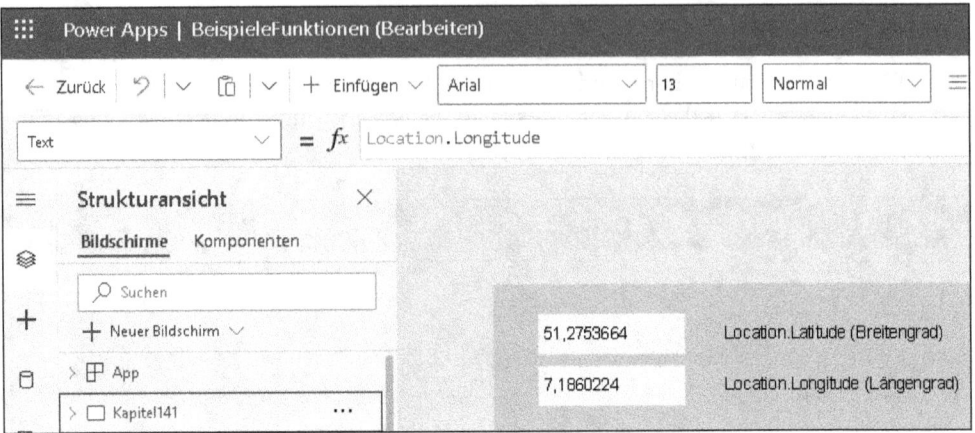

Abbildung 14.11: Darstellung Breiten- und Längengrad in einer Anwendung

Bei einigen Anwendungen kann es erforderlich sein, dass eine Netzwerkverbindung besteht, beispielsweise beim Zugriff auf eine externe Datenquelle. Um dabei mögliche Fehler abzufangen, steht mit der Funktion *Connection* eine Möglichkeit zur Verfügung, dies zu überprüfen.

So können Sie mit Einsatz der folgenden Anweisung einen Wahrheitswert (Boolescher Wert) ermitteln; sofern eine Verbindung zum Netzwerk besteht, liefert diese Anweisung den Wert *true*, andernfalls *false*:

```
Connection.Connected
```

Ergänzend dazu können Sie mit folgender Anweisung weitergehende Angaben abfragen:

```
Connection.Sync
```

Besteht beispielsweise eine Verbindung, die jedoch nicht konstant ist, erhalten Sie mit der *Sync*-Option beispielsweise die Meldung *ConnectedWithWarning* zurück. Daraus können Sie dann entsprechende Rückschlüsse ziehen und in der Anwendung entsprechende Hinweise ausgeben, um beispielsweise eine mögliche Fehlersuche einzugrenzen.

Mit der Funktion *User* können Sie in einer Anwendung Angaben zum aktuell angemeldeten Benutzer abrufen. Dazu weisen Sie diese Funktion mit der Anweisung *User()* zu (zum Beispiel bei der Eigenschaft ITEMS eines Kataloges) und können dann bei den einzelnen Einträgen die gewünschte Information abrufen, also beispielsweise den vollständigen Namen mit folgender Anweisung:

```
ThisItem.FullName
```

Um den Dialog für die Druckausgabe des aktuellen Bildschirms zu starten, können Sie die *Print*-Funktion einsetzen. Sobald Sie beispielsweise einer Schaltfläche als Aktion (*OnSelect*) die folgende Anweisung zuweisen, wird beim Betätigen dieser Schaltfläche der Ausgabe-Dialog des aktuellen Systems aufgerufen.

Es gibt in Power Fx zwar eine experimentelle Funktion zur Ausgabe einer PDF-Datei, aber die Verwendung des Ausgabe-Dialogs macht diese eigentlich überflüssig, da Sie in der Regel auch darüber die Ausgabe in eine PDF-Datei umleiten können.

Standardmäßig wird beim Start einer Anwendung immer der erste Bildschirm der Strukturansicht gestartet, wo diese alphabetisch sortiert sind. Möchten Sie beim Start einer Anwendung immer einen speziellen Bildschirm aufrufen, können Sie dies realisieren, indem Sie im linken Bereich den Eintrag *App* anwählen.

Wählen Sie anschließend aus den verfügbaren Eigenschaften den Eintrag STARTSCREEN aus und tragen Sie als Funktion oder Befehlszeile den Namen des Bildschirms ein, der beim Anwendungsstart aufgerufen werden soll. Nach Eingabe der ersten Zeichen des Namens können Sie diesen dann in der Regel aus der Aufstellung auswählen.

 Wie zu Beginn dieses Kapitels bereits erwähnt, erhebt die Darstellung aller Funktionen und Anweisungen von Power Fx in diesem Buch keinen Anspruch auf Vollständigkeit; zumal der Evergreen-Ansatz von Microsoft dafür sorgt, dass sich hier und da bei Funktionen die Syntax ändert oder unter Umständen verschwindet und durch andere ersetzt wird. Nutzen Sie aus diesem Grund bitte weitergehende Literatur und entsprechende Referenzübersichten.

> **IN DIESEM KAPITEL**
>
> Benutzerdefinierte Funktionen
>
> Benutzerdefinierte Prozeduren

Kapitel 15
Benutzerdefinierte Funktionen und Prozeduren

Neben den Einsatzmöglichkeiten der integrierten Funktionen und Prozeduren von Power Fx, so wie im vorhergehenden Kapitel erläutert, stehen zusätzliche Funktionalitäten zur Verfügung, mit denen ein Benutzer selbst Funktionen erstellen kann, um sich auf diese Art und Weise wiederkehrende Aufgaben zu vereinfachen. So werden in diesem Kapitel die Vorteile benutzerdefinierter Funktionen und die Einbindung in den Code erläutert.

Im vorhergehenden Kapitel wurde bereits ein grundlegender Unterschied zwischen Funktionen und Prozeduren erläutert, dass nämlich in der Regel Funktionen immer (mindestens) einen Wert zurückliefern, dagegen Prozeduren eher als kleinere Unterprogramme gelten, in denen bestimmte Aktionen zusammengefasst sind.

Benutzerdefinierte Funktion

Um eine benutzerdefinierte Funktion anzulegen, gibt es grundsätzlich mehrere Wege. Zum einen können Sie innerhalb einer App entsprechende Formeln definieren und zum anderen steht Ihnen mit der besonderen Form der Komponenten eine menügesteuerte Form zur Verfügung.

Vorarbeiten

Bevor Sie damit beginnen, eine benutzerdefinierte Funktion anzulegen, sollten Sie zunächst einmal prüfen, ob in Ihrer Umgebung die benötigte Zusatzfunktion der erweiterten Komponenteneigenschaften aktiviert ist.

1. Wählen Sie in Power Apps zunächst einmal das Menü EINSTELLUNGEN an.

2. Klicken Sie anschließend im linken Bereich auf den Eintrag UPDATES.

3. Es erscheint ein Dialogfenster, in dem Sie dann innerhalb des Registers Experimentell nach unten scrollen müssen, bis Sie an dem Eintrag Erweiterte Komponenteneigenschaften stehen.

4. Sofern der Eintrag nicht aktiviert ist, sollten Sie dies an dieser Stelle nachholen.

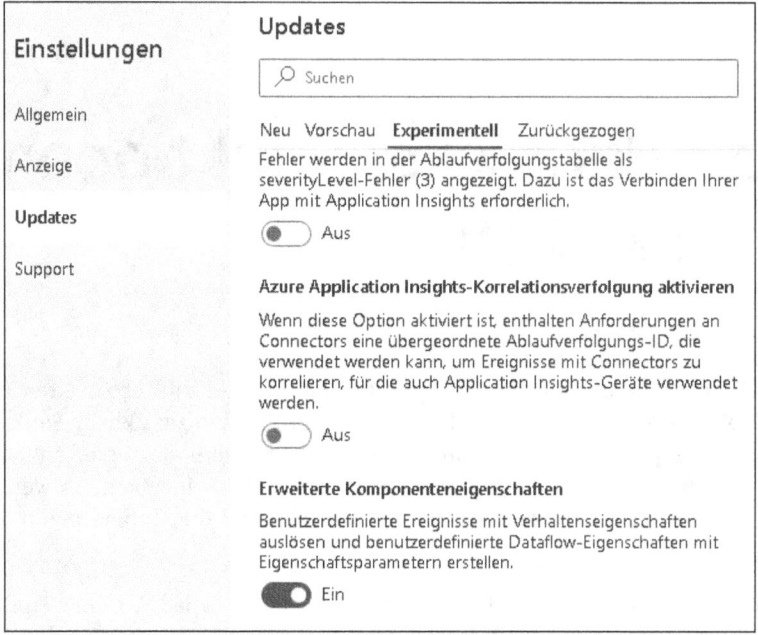

Abbildung 15.1: Aktivierung der erweiterten Komponenteneigenschaften

5. Im nächsten Schritt müssen Sie sich in den Einstellungen weiter nach unten bewegen und den Eintrag Benutzerdefinierte Funktionen ebenfalls überprüfen; auch dieser muss aktiviert sein.

6. Anschließend können Sie den Dialog für die Einstellungen über die Schaltfläche Schließen wieder verlassen.

 Aufgrund der ständigen Erweiterung und Anpassung der Umgebung seitens Microsoft (Stichwort: *Evergreen*), kann es sein, dass diese Eigenschaften standardmäßig bereits aktiviert oder in Power Apps integriert ist.

Formeleingabe

Zunächst einmal wird erläutert, auf welche Weise Sie bei einer App durch eine Formeleingabe eine benutzerdefinierte Funktion hinterlegen oder definieren können.

1. Um eine neue Funktion über eine entsprechende Formeleingabe zu hinterlegen, müssen Sie innerhalb einer Anwendung im linken Bereich den Eintrag App anwählen.

2. In den verfügbaren Eigenschaften der App (links) müssen Sie dann den Eintrag FORMULAS anklicken.

3. Danach können Sie rechts daneben in der Befehlszeile die gewünschte Formel eingeben, wobei Sie dazu folgende Syntax berücksichtigen müssen:

```
Funktionsname(Parameter1:Typ1; ParameterN:TypN):Typ=Aktion;;
```

4. Möchten Sie also beispielsweise eine neue benutzerdefinierte Funktion mit dem Namen *MalAcht* anlegen, die eine eingegebene Zahl mit acht multipliziert, können Sie folgende Befehlszeile verwenden:

```
MalAcht(EingabeZahl:Number):Number=EingabeZahl*8;;
```

Die Auswahl des Typs eines Parameters (hier: *Number*) erfolgt während der Eingabe auch automatisch über einen entsprechenden *Tooltip* oder Intellisense.

5. Sobald Sie die Definition einer neuen Funktion über die obige Befehlszeile abgeschlossen haben (Wichtig: Abschluss mit zwei Semikolon!) können Sie die Funktion auch direkt nutzen. Dazu können Sie innerhalb der App einen beliebigen Bildschirm anwählen, dort beispielsweise ein Textfeld einfügen und die Funktion aufrufen.

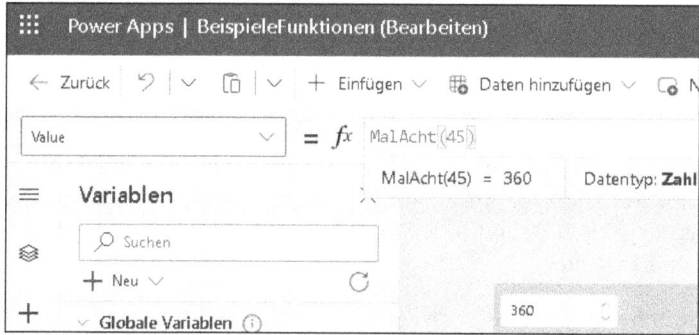

Abbildung 15.2: Ergebnisdarstellung einer benutzerdefinierten Funktion

Bei der Zuweisung einer benutzerdefinierten Funktion können Sie die unter anderem Anweisungen, Berechnungen nahezu beliebig komplex gestalten. Dies bietet sich somit immer dann an, wenn beispielsweise bestimmte Berechnungen oder Aktionen immer wieder benötigt werden.

Bei der Zuweisung einer benutzerdefinierten Funktion, so wie oben beschrieben, können Sie natürlich auch mehrere Funktionen parallel zuweisen. Wählen Sie dazu nach Anwahl des Steuerelements APP die Eigenschaft FORMULAS an und weisen dann die gewünschten Funktionen zu.

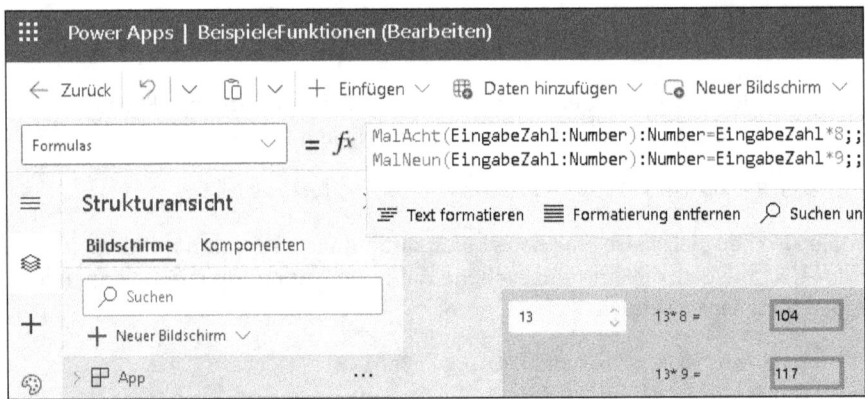

Abbildung 15.3: Zuweisung mehrerer benutzerdefinierter Funktionen

Komponenten

Die direkte Zuweisung der Funktionen über die FORMULAS-Eigenschaft der aktuellen Anwendung (App) ist eine einfache und schnelle Methode. Allerdings müssen Sie in dem Fall die komplette Syntax der Anweisungen für die Funktion und deren Ausgestaltung kennen. Um das zu umgehen, stellt Power Apps die sogenannten Komponenten zur Verfügung, mit denen Sie letztlich dasselbe umsetzen können, aber auf Basis einer grafischen Oberfläche.

Dazu müssen Sie in der Strukturansicht das Register KOMPONENTEN anwählen und eine neue Komponente anlegen, die Sie dann auch noch entsprechend benennen können. Mit der Option NEUE BENUTZERDEFINIERTE EIGENSCHAFT im rechten Eigenschaften-Bereich können Sie dann die grundlegenden Definitionen für die neue Funktion angeben (Anzeigename, Name, Datentyp und so weiter).

Bei Auswahl eines bestimmten Eigenschaftstyps (zum Beispiel Funktion) können Sie über die Option NEUER PARAMETER spezielle Einstellungen definieren, die für die Funktion benötigt werden (Name, Datentyp, Beschreibung).

Nach Bestätigung der Erstellung über die Schaltfläche ERSTELLEN wird die neue Funktion bei den Eigenschaften der App (links oben) angezeigt. Nach Anwahl können Sie dann für die neue Funktion die gewünschten Anweisungen und Befehle hinterlegen.

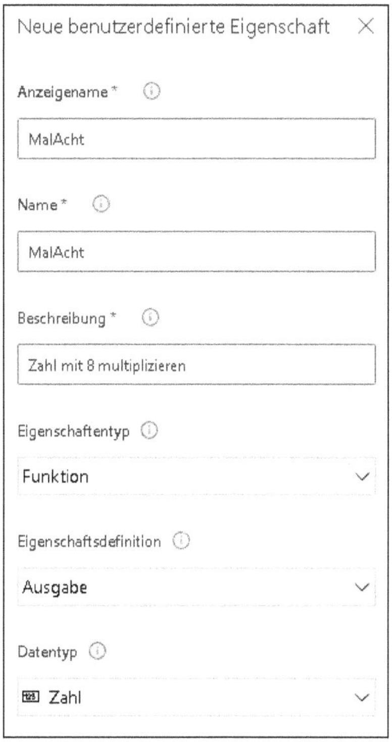

Abbildung 15.4: Anlegen einer benutzerdefinierten Eigenschaft

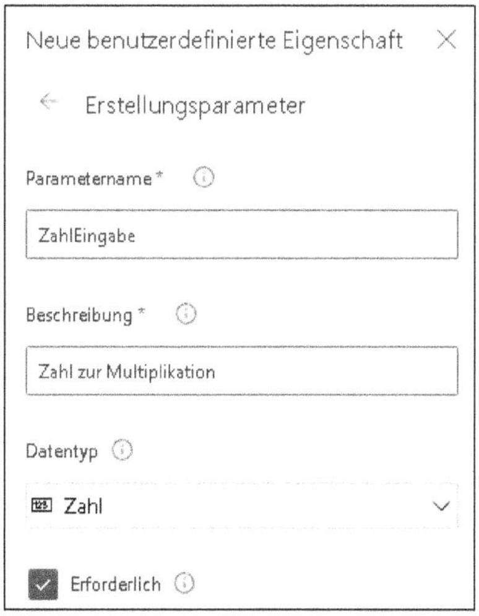

Abbildung 15.5: Parameter einer benutzerdefinierten Funktion

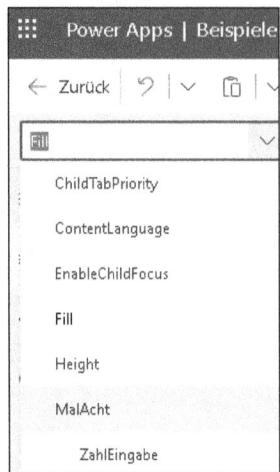

Abbildung 15.6: Neue Funktion im Auswahlmenü

Zur Nutzung einer benutzerdefinierten Komponenten-Funktion müssen Sie diese Funktion zunächst einem Bildschirm der Anwendung über das Einfügen-Menü hinzufügen. Den auf dem Bildschirm angezeigten Rahmen können Sie verkleinern und am besten in einer Ecke des Bildschirms verschieben.

Benutzerdefinierte Prozedur

Sicherlich werden Sie benutzerdefinierte Funktionen sehr oft nutzen, wahrscheinlich öfter als benutzerdefinierte Prozeduren, um dabei bestimmte Rückgabewerte zu erhalten (was es bei den Unterprogrammen nicht gibt). Dies mag vielleicht allein schon an der Unterstützung von Power Fx und Power Apps liegen, welche die Erstellung und Verwendung benutzerdefinierter Funktionen explizit unterstützen.

Dennoch soll an dieser Stelle anhand eines Beispiels aufgezeigt werden, wie Sie in einer Anwendung auch Unterprogramme (Prozeduren) nutzen können. Dabei sollen Sie an dieser Stelle eine Möglichkeit kennenlernen, wie Sie eine globale Variable definieren, die beim Start einer Anwendung definiert oder zugewiesen wird; diese Nachricht oder Variable wird dann später Teil der Prozedur.

1. Klicken Sie zunächst in der Strukturansicht den Eintrag App an und wählen im nächsten Schritt die Eigenschaft ONSTART.

2. In der Befehlszeile rechts tragen Sie dann die folgende Anweisung ein, um der (globalen) Variablen *NachrichtRefresh* den aufgeführten Informationstext zuzuweisen.

```
Set(NachrichtRefresh;"Einen Moment, ich setze alles zurück!")
```

Alle Anweisungen, die Sie bei der ONSTART-Eigenschaft der App eintragen, werden beim Start der Anwendung ausgeführt. Auf diese Art können Sie hier auch globale Variablen definieren.

3. Im nächsten Schritt wechseln Sie auf den entsprechenden Bildschirm und fügen dort über das EINFÜGEN-Menü zwei Schaltflächen ein.

4. Bei der ersten Schaltfläche tragen Sie bei der Eigenschaft ONSELECT folgende Anweisungen ein:

```
Notify(NachrichtRefresh);;
Refresh(KundenAusExcel);;
Refresh(Produkte)
```

Mit diesen drei Anweisungen wird zunächst am Bildschirm (Nachrichtenzeile oben) die in der Variablen *NachrichtRefresh* gespeicherte (siehe oben) Meldung angezeigt. Zusätzlich wird der Inhalt der Tabellen *KundenAusExcel* und *Produkte* aktualisiert und noch einmal neu in den Arbeitsspeicher eingelesen.

5. Geben Sie der Schaltfläche in der Strukturansicht einen sinnvollen Namen, wie beispielsweise *SFTabRefresh*.

6. Diese Schaltfläche sollten Sie auf dem Bildschirm verbergen, indem Sie deren Eigenschaft ONVISIBLE (Sichtbarkeit) auf den Wert *false* setzen.

7. Der zweiten Schaltfläche, die auch sichtbar bleibt, weisen Sie dann bei der Eigenschaft ONSELECT eine Anweisung der folgenden Art zu:

```
Select(SFTabRefresh)
```

Damit wird beim Anklicken dieser Schaltfläche auf die erste (definierte) Schaltfläche verwiesen und die dort hinterlegten Anweisungen ausgeführt.

Prozeduren haben im Gegensatz zu Funktionen den Nachteil, dass diese immer pro Bildschirmebene definiert werden müssen; sie greifen also nicht automatisch bildschirmübergreifend.

> **IN DIESEM KAPITEL**
>
> Systemverwaltung auf unterschiedlichen Ebenen
>
> Einsatz des Power Platform Admin Centers
>
> Verwaltung der Entwicklungsumgebung

Kapitel 16
Werkzeuge zur Systemverwaltung

Die Umgebung der Power Platform bietet eine Vielzahl von Möglichkeiten und Funktionen zur Systemverwaltung. Neben dem Power-Platform-Manager in Form des Power Platform Admin Centers gehören dazu auch individuelle Einstellungsmöglichkeiten der jeweiligen Umgebung.

Unterschieden wird dabei grundsätzlich zwischen der Programmebene von Power Apps und der Entwicklungsumgebung, wo jeweils besondere Konfigurationsmöglichkeiten zur Verfügung stehen.

 Das Power Platform Admin Center ist ein wichtiges Verwaltungswerkzeug für die Power Platform und dient neben Power Apps auch der Systemverwaltung der anderen Programme der Power-Platform-Umgebung (Power Automate, Power Pages, Power BI, Copilot Studio).

Power Platform Admin Center

Auf Ebene der Power Platform, zu der unter anderem auch weitere Anwendungen wie Power Automate, Power Pages zählen, stellt eine Microsoft-365-Umgebung mit dem Power Platform Admin Center eine leistungsstarke Konfigurationsebene zur Systemverwaltung zur Verfügung. Darüber hinaus verfügt aber auch die Programmebene von Power Apps über diverse Menüeinträge und sonstige Optionen, mit denen wichtige Systemeinstellungen vorgenommen werden können.

Das Herzstück der Systemverwaltung ist das Power Platform Admin Center. Den Aufruf des Admin Centers erreichen Sie auf der Startebene von Power Apps, indem Sie im linken

Menübereich den Menüpunkt POWER PLATFORM anklicken und im nachfolgenden Dialogfenster den Punkt POWER PLATFORM ADMIN CENTER anwählen.

Damit rufen Sie die Verwaltungskonsole auf, wo Ihnen dann eine Vielzahl von Auswahloptionen und Menüpunkten zur Verfügung stehen. Der Hauptbildschirm gibt Ihnen dabei zunächst einmal einen direkten Überblick über aktuelle Systemmeldungen der einzelnen Anwendungen (Dienststatus), über aktuelle Nachrichten des Systems und Hinweise auf weitergehende Dokumentation.

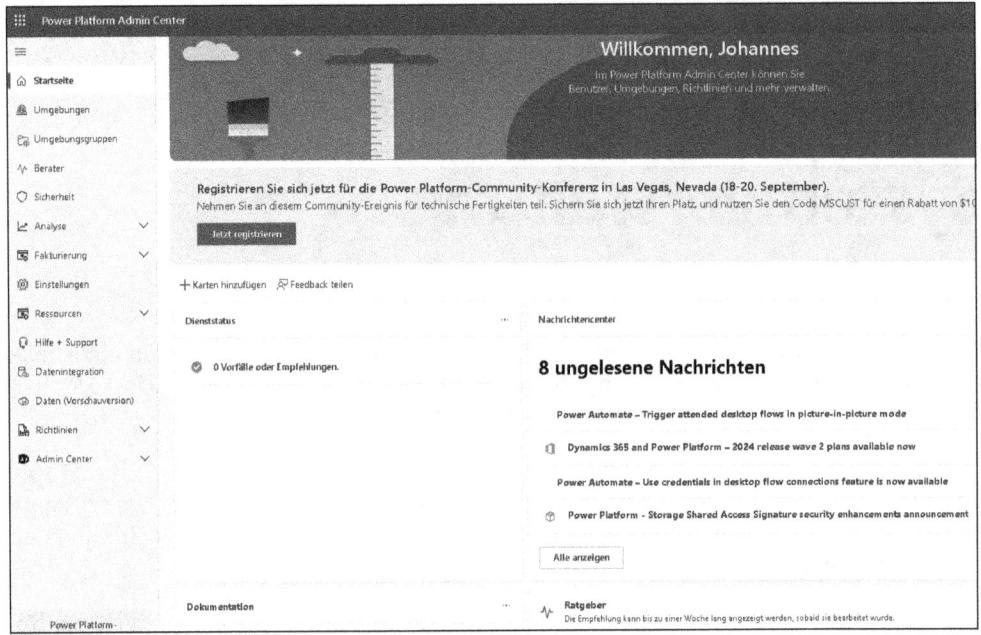

Abbildung 16.1: Hauptbildschirm des Power Platform Admin Centers

 Die Darstellung, Anzahl oder die Bezeichnung der einzelnen Menüpunkte kann bei Ihnen unter Umständen abweichen. Dies kann mit den unterschiedlichen Berechtigungsstufen zusammenhängen oder ist der Weiterentwicklung der Microsoft-365-Umgebung durch Microsoft geschuldet (Stichwort: *Evergreen*!). Im Übrigen sollten Sie immer bedenken, dass Einstellungen oder Konfigurationen, die Sie im Power Platform Admin Center vornehmen, immer auch Auswirkungen auf die anderen Platform-Anwendungen (Power Automate, Power Pages und weitere) haben können.

Admin Center

Auch wenn es in der Power-Platform-Umgebung mit dem Power Platform Admin Center eine zentrale Verwaltungskonsole gibt, gibt es in einer Microsoft-365-Umgebung darüber hinaus für bestimmte Aufgaben und Anwendungen einige spezielle Admin Center. Zu nennen ist dabei zum einen die zentrale Verwaltungskonsole in Form des Microsoft 365 Admin

Center, zum anderen spielt auch das Microsoft Entra Admin Center in einer Microsoft-365-Umgebung eine wichtige Rolle bei der Verwaltung eines solchen Systems.

Mit dem Menüpunkt ADMIN CENTER steht Ihnen im Power Platform Admin Center eine Möglichkeit zur Verfügung, ein Teil der anderen Admin-Center einer Microsoft-365-Umgebung aufzurufen.

Analyse

Hinter dem Menüpunkt ANALYSE verbergen sich unterschiedliche Möglichkeiten, die eigene Microsoft-365-Umgebung zu überprüfen; Sie erhalten hier ausführliche Statistiken und Auswertungen zur Nutzung Ihrer Umgebung. Dabei wird jeweils unterschieden zwischen den verschiedenen Anwendungen oder Umgebungen, also beispielsweise Dataverse, Power Automate und natürlich auch Power Apps.

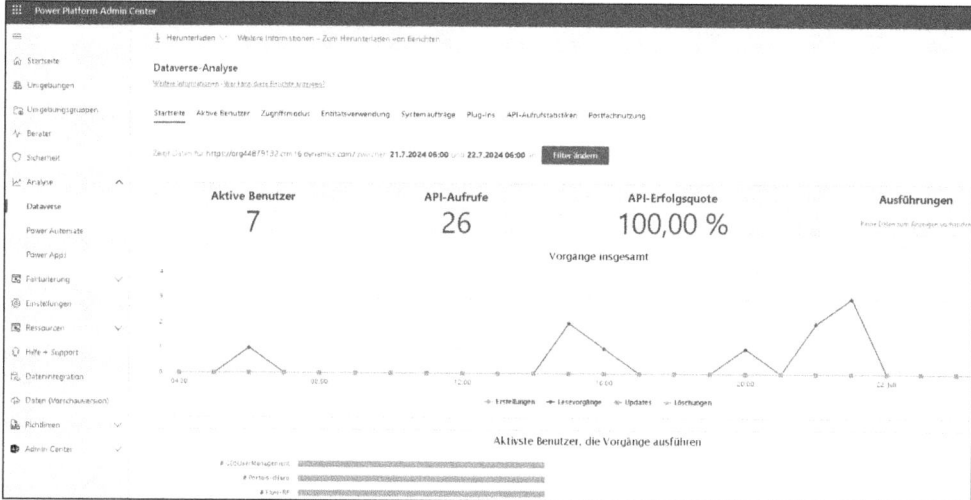

Abbildung 16.2: Ausführliche Analyse der Nutzung von Dataverse

Mit der Option FILTER ÄNDERN können Sie nicht nur den Auswertungszeitraum ändern, sondern beispielsweise auch eine andere Umgebung anwählen.

Berater

Den Menüpunkt BERATER sollten Sie einsetzen, wenn Sie – beispielsweise bei der Fehlersuche – nicht weiterkommen und erfolglos nach bestehenden Fragen oder Problemen suchen. Sofern das System Sie unterstützen kann, werden offene Themen hier angezeigt.

Daten

Mit dem Einsatz spezieller Gateways können Sie eine Verbindung (Schnittstelle) zwischen lokalen Anwendungen und der Cloud-Umgebung in Microsoft 365 herstellen. Über den Menüpunkt DATEN können Sie sich jederzeit einen Überblick über definierte Gateways verschaffen; darüber hinaus erhalten Sie hier Hinweise zum Betrieb und dem aktuellen Status der installierten Gateways.

Datenintegration

Mit der DATENINTEGRATION besteht eine Möglichkeit, eine Punkt-zu-Punkt-Verbindung zwischen zwei Anwendungen herzustellen, um Daten aus einer Anwendungsumgebung in eine andere Umgebung zu integrieren. So steht Ihnen eine Möglichkeit zur Verfügung, beispielsweise Daten aus Dataverse mit einer Anwendung zu synchronisieren. Diese Form der Datenintegration kommt überwiegend im Bereich des Umfelds von Dynamics-Anwendungen zum Einsatz.

Der Menüpunkt DATENINTEGRATION ist in Abhängigkeit vom Einsatzgebiet unter Umständen ohne Funktion, da dieses Merkmal nicht überall unterstützt wird.

Einstellungen

Individuelle Konfigurationen auf Ebene des Tenants (Mandant) können Sie im Power Platform Admin Center mit dem Menüpunkt EINSTELLUNGEN vornehmen. Hier stehen Ihnen eine Vielzahl von Möglichkeiten zur Verfügung, Ihre Microsoft-365-Umgebung individuell anzupassen und beispielsweise festzulegen, welche Anwender spezielle Entwicklungsumgebungen definieren können.

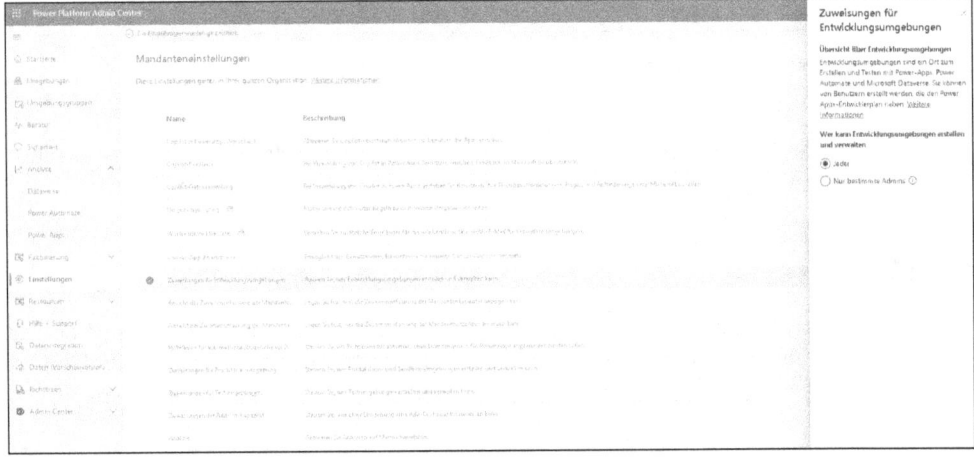

Abbildung 16.3: Einstellungsmöglichkeiten der Microsoft-365-Umgebung

Fakturierung

Um jederzeit einen Überblick über die Lizenzierung einer Power-Platform-Umgebung zu haben, können Sie den Punkt FAKTURIERUNG (Abrechnung) einsetzen. Diese Option liefert nicht nur die aktuell verfügbaren und zugewiesenen Lizenzen, sondern auch Hinweise darauf, wenn Anwender für bestimmte Anwendungen der Power Platform Lizenzen angefordert haben.

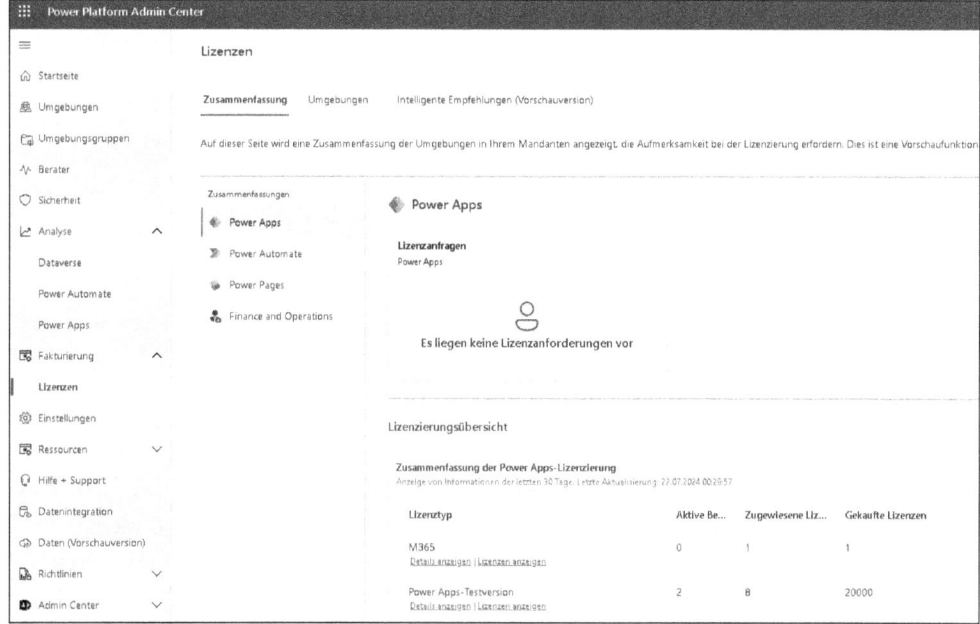

Abbildung 16.4: Übersicht der Lizenzen einer Power Platform

Hilfe und Support

Eigentlich selbstredend ist der Menüpunkt HILFE UND SUPPORT. Dabei können Sie damit nicht nur selbst Supportanfragen an Microsoft stellen, sondern sich beispielsweise über den Punkt BEKANNTE PROBLEME und der Auswahl der entsprechenden Anwendung unmittelbare Hilfe zu bereits bekannten Einschränkungen der gewählten Anwendung abrufen.

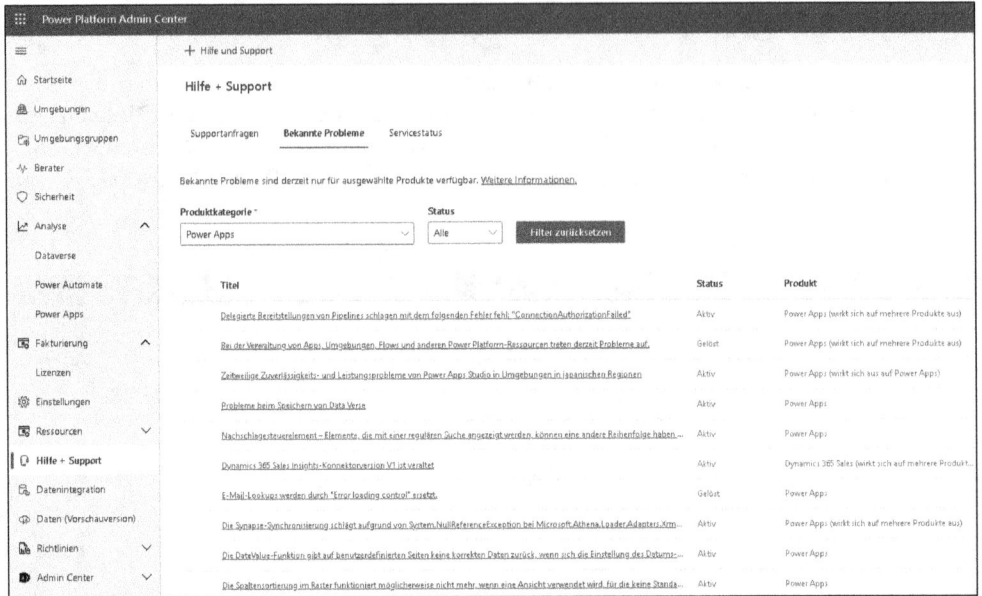

Abbildung 16.5: Übersicht bekannter Probleme von Power Apps

Ressourcen

Mit Einsatz des Menüpunktes RESSOURCEN können Sie sich jederzeit darüber informieren, wie viel Speicherkapazität die einzelnen Komponenten der Power Platform nutzen. So erhalten Sie Informationen zum belegten Speicherplatz (in der Cloud), aber ebenso auch Angaben zum Speicherverbrauch in Datenbanken-Umgebungen wie *Dataverse*.

Richtlinien

Auch wenn Richtlinien in der Regel zentral über das Microsoft 365 Admin Center oder das Microsoft Entra Admin Center verwaltet werden, haben Sie auch im Power Platform Admin Center die Möglichkeit, spezielle Richtlinien zu definieren. Diese beziehen sich schwerpunktmäßig auf den Schutz der Daten einer solchen Umgebung, aber ebenso auch auf Abrechnungsmodalitäten zur Nutzung der Umgebung.

So sollen beispielsweise sogenannte DLP-Richtlinien (*Data Loss Prevention*) festlegen, in welcher Form Anwendungen ausgetauscht oder zur Verfügung gestellt werden können. Auf diese Art soll ein Verlust von Daten verhindert und ein gezielter Datenfluss sichergestellt werden.

KAPITEL 16 Werkzeuge zur Systemverwaltung

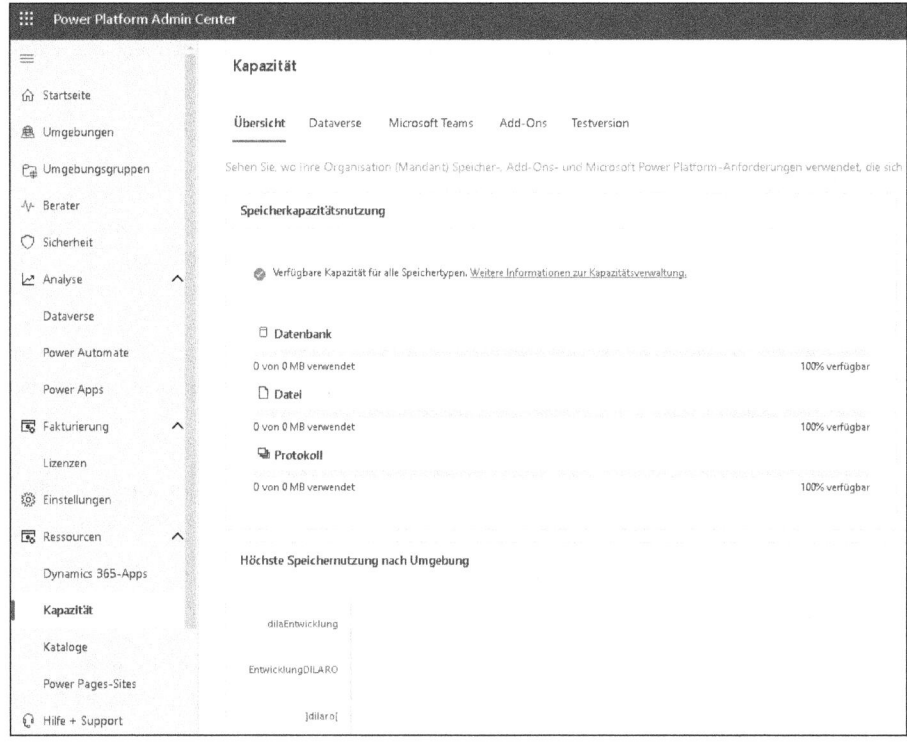

Abbildung 16.6: Überblick über den Ressourcen-Verbrauch

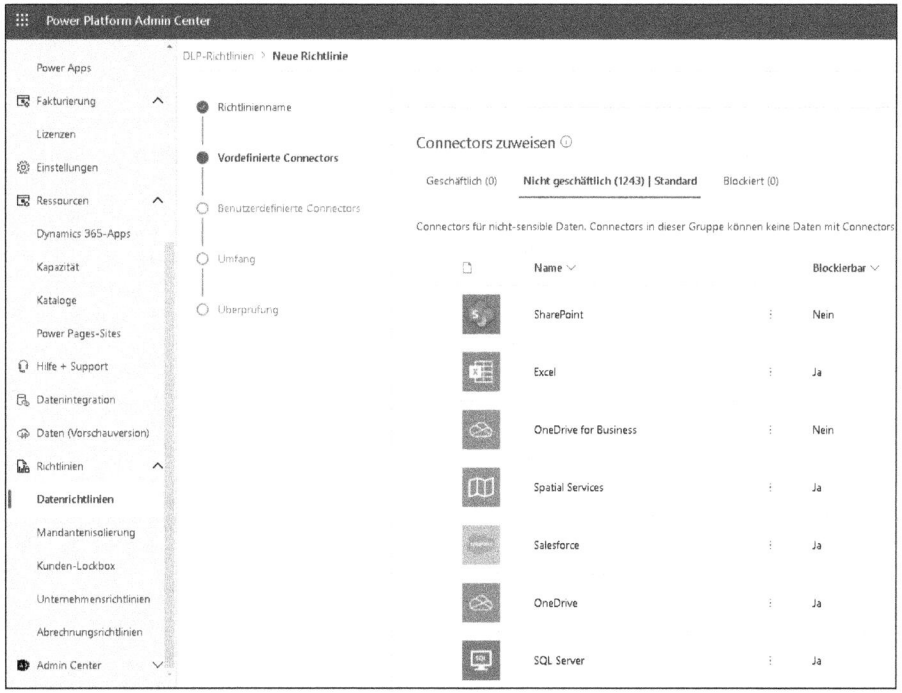

Abbildung 16.7: Definition einer DLP-Richtlinie

Alternative Bezeichnungen für DLP lauten *Data Leak Prevention* oder *Data Leakage Prevention*; von der Festlegung oder Funktion bezeichnen diese dasselbe wie *Data Loss Prevention*.

Umgebungen

Der Menübereich UMGEBUNGEN stellt in der Power Platform eine wichtige Komponente dar, um eine Entwicklungsumgebung strukturieren zu können und jederzeit den Überblick zu behalten. Neben einer geordneten Zuweisung der verschiedenen Komponenten, beispielsweise einer Programmentwicklung mit Power Apps, dient diese Option auch zur Umsetzung eines *Life-Cycle-Managements* bei einer App-Entwicklung. Dahinter verbirgt sich ein ALM (*Application Lifecycle Management*), mit dem Sie dokumentieren können, welche Entwicklungs- und Lebenszyklen eine Anwendung durchläuft.

In Kapitel 8 wurde der Einsatz und die Definition zusätzlicher Umgebungen ausführlich erläutert, sodass an dieser Stelle darauf verwiesen werden soll.

Umgebungsgruppen

Ergänzend zur Definition einer individuellen Umgebung, beispielsweise für eine App-Entwicklung, dienen Umgebungsgruppen dazu, sogenannte verwaltete Umgebungen noch einmal speziell zu strukturieren.

Verwaltete Umgebungen sind in einer Power-Platform-Umgebung eine Zusatzfunktion, die weitergehende Überwachungs- und Verwaltungsfunktionen zur Verfügung stellen.

Eine Besonderheit ist, dass sich verwaltete Umgebungen im Power Platform Admin Center mit Einsatz des Menüpunktes UMGEBUNGSGRUPPE individuell strukturieren lassen, indem beispielsweise mehrere Umgebungen zu einer Umgebungsgruppe zusammengefasst werden.

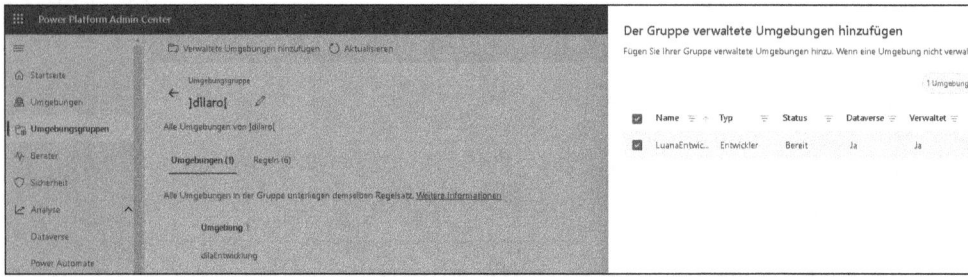

Abbildung 16.8: Mehrere Umgebungen in einer Umgebungsgruppe

Menüeinträge in Power Apps

Die Systemverwaltung einer Power Platform und von Power Apps besteht aus unterschiedlichen Komponenten; neben dem Power Platform Admin Center, dessen Möglichkeiten und Funktionen in den vorstehenden Abschnitten erläutert wurden, stehen Ihnen auch auf der obersten Programmebene von Power Apps wichtige Menüeinträge zur Systemverwaltung zur Verfügung.

In Kapitel 8 wurden die Menüeinträge von Power Apps teilweise schon erläutert. Aus Gründen der Vollständigkeit werden diese an dieser Stelle noch einmal (in alphabetischer Reihenfolge) dargestellt.

Chatbots

Der Menüpunkt CHATBOTS ermöglicht Ihnen das Erstellen eigener Bots oder *Copiloten*, die dann wiederum Anwendern zur Verfügung gestellt werden können. Zum Einsatz kommt dabei das *Microsoft Copilot Studio* (ehemals *Power Virtual Agents*).

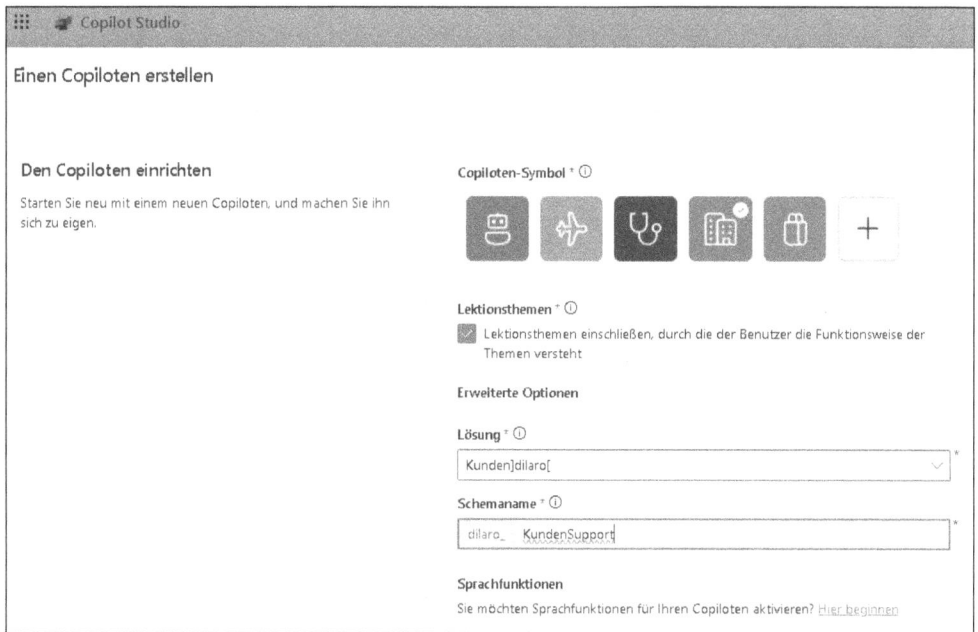

Abbildung 16.9: Erstellung eines Copiloten mit Power Apps

Mit Einsatz des Menüpunktes CHATBOTS auf der Ebene von Power Apps wird im Copilot Studio automatisch der Menüpunkt zum Erstellen eines Copiloten aufgerufen.

Dataflows

Der Menüpunkt DATAFLOWS in Power Apps ermöglicht es Ihnen, für eine App-Entwicklung unterschiedliche Datenquellen zusammenzuführen und diese für die Nutzung in einer App zu verwenden. Mit Einsatz dieser Option wird das Tool Power Query aufgerufen, mit dem dann nach der Datendefinition die Konvertierung der ausgewählten Daten in Dataverse-Tabellen erfolgt.

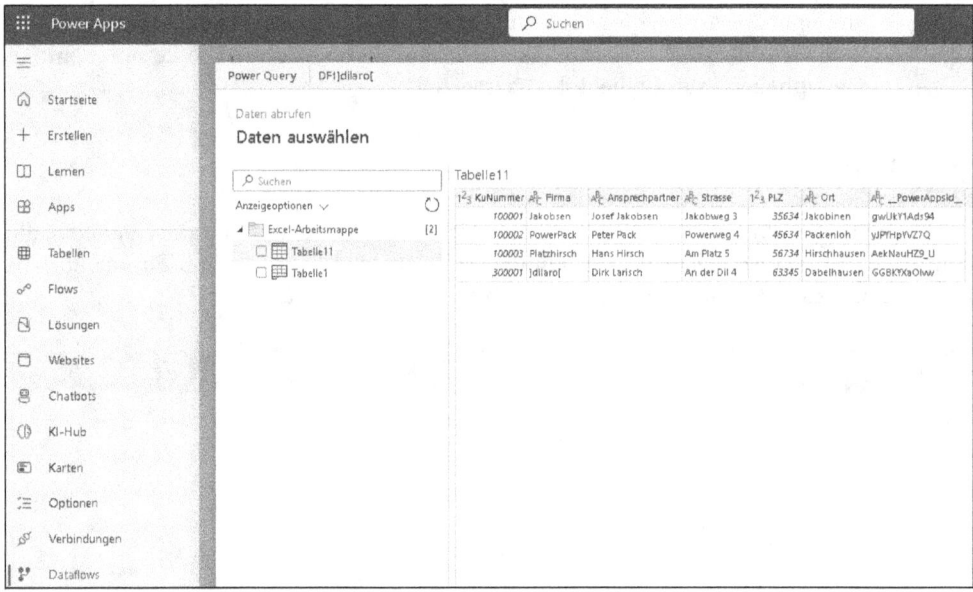

Abbildung 16.10: Festlegungen für ein Dataflow

 Die Nutzung der Dataflows steht grundsätzlich auch für Analysen oder die Flow-Entwicklung mittels Power Automate zur Verfügung.

Karten

Um innerhalb einer Entwicklungsumgebung bestimmte Programmstandards zur Verfügung zu stellen, können Sie den Menüpunkt Karten einsetzen. Damit steht Ihnen eine Möglichkeit zur Verfügung, kleine Anwendungen (Mini-Apps) in Form von Unterprogrammen zu erstellen. Diese Anwendungen, die einige wenige Aktionen ausführen, lassen sich dann in andere Anwendungen einbinden und von dort aufrufen.

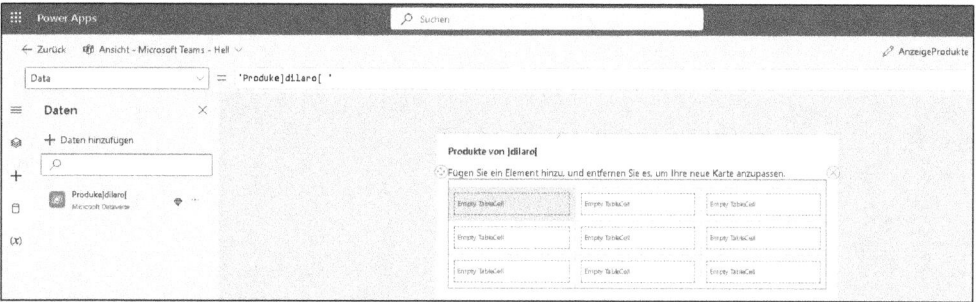

Abbildung 16.11: Erstellung eines Unterprogramms über Karten

Karten können über Power Fx in andere Apps eingebunden oder auch in einem Teams-Chat oder -Kanal aufgerufen werden.

Katalog

Mit einem KATALOG können Sie in Power Apps Vorlagen oder Standard-Programme für eine Entwicklungsumgebung bereitstellen oder definieren und kategorisieren. Diese Kataloge können Sie dann beispielsweise anderen Entwicklern in Ihrem Unternehmen oder Ihrer Organisation zur Verfügung stellen.

KI-Hub

In Zeiten der Künstlichen Intelligenz ist der in Power Apps integrierte KI-HUB (AI Builder) eine wertvolle Hilfe und Unterstützung, um Anwendungen, Abläufe und Prozesse mit KI zu unterstützen. So besteht beispielsweise mit dem KI-Hub die Möglichkeit, über Vorlagen Text aus Dateien oder Ähnliches zu analysieren und daraus dann entsprechende Rückschlüsse zu ziehen.

Um nun beispielsweise eine solche Textanalyse in eine Anwendung zu überführen, können Sie direkt über ein vordefiniertes Modell (rechts unten) eine Überführung in Power Apps anstoßen. Dort wird automatisch eine App mit der benötigten Logik erstellt.

Der KI-Hub einer Microsoft-365-Umgebung bietet eine Vielzahl weiterer Funktionen und Möglichkeiten. Weitergehende Erläuterungen zu den KI-Möglichkeiten der Power Platform finden Sie in Kapitel 22 dieses Buches.

212 TEIL III Noch eine Schippe drauf!

Relevanteste Wörter und Ausdrücke aus Text extrahieren

Das vordefinierte Modell zur Schlüsselbegriffserkennung identifiziert die Hauptpunkte in einem Textdokument. Lautet der Eingabetext z. B. „Das Essen war lecker und der Service großartig!", gibt das Modell die wesentlichen Gesprächsthemen zurück: „Essen" und „großartiger Service". Dieses Modell kann eine Liste mit Schlüsselausdrücken aus allgemeinen Dokumenten extrahieren. Nutzen Sie unser Lernmodul, um mit der Verwendung eines Modells zur Schlüsselbegriffserkennung in einem Flow oder in einer App zu starten.

💡 Um Informationen zu erkennen, die für Ihr Unternehmen spezifisch sind, erstellen Sie eine Benutzerdefiniertes Entitätsextraktionsmodell.

Eingabesprache
Deutsch

Eigenen Text eingeben
Wenn Sie Änderungen vornehmen möchten oder feststellen, dass Sie bestimmte Produkte nicht mehr benötigen, lassen Sie es uns bitte wissen. Sie können uns eine E-Mail senden oder uns telefonisch kontaktieren.

Vielen Dank für Ihre Unterstützung! Wir schätzen Ihre Meinung und sind stets bemüht, unseren Service zu verbessern.

Mit freundlichen Grüßen,

Dirk Larisch

952/5000

[A Text analysieren] [C Stichprobe]

Extrahierter Text

freundlichen Grüßen
Sehr geehrte Kunden
kundenzentrierter Text
Verkäufer
Überprüfung
Unterstützung
Dirk Larisch
Produkte
Änderungen
Mail
Meinung
Service

Abbildung 16.12: Textanalyse mit dem KI-Hub

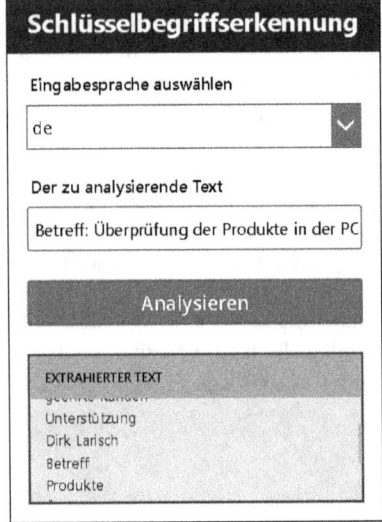

Abbildung 16.13: Textanalyse in eine Anwendung überführen

Optionen

Wie der Name schon vermuten lässt, werden in Power Apps mit dem Punkt OPTIONEN globale Festlegungen für die Dataverse-Umgebung getroffen, die auch nur mit entsprechenden Berechtigungen bearbeitet oder ergänzt werden können. Um beispielsweise eine neue Option mit den Kontinenten dieser Welt zu definieren, können Sie eine solche neu erstellen und anschließend die gewünschten Werte zuweisen.

Abbildung 16.14: Kontinent als Optionsfeld festlegen

Menü – Einstellungen

Einen weiteren Bereich, mit dem Sie bestimmte Systemeinstellungen vornehmen können, erreichen Sie in Power Apps über das Zahnradsymbol im rechten oberen Bildschirmbereich. Nach Anklicken des Symbols erscheint das EINSTELLUNGEN-Menü, das – in Abhängigkeit der zugewiesenen Berechtigung – verschiedene Optionen zur Verfügung stellt.

Admin Center

Der Menüpunkt ADMIN CENTER dient an dieser Stelle dazu, das Power Platform Admin Center aufzurufen (siehe oben).

Pläne

Mit dem Menüpunkt PLÄNE kann sich ein Anwender jederzeit darüber informieren, welche Lizenzen der Microsoft-365-Umgebung ihm aktuell zugewiesen sind.

 Microsoft strukturiert und kategorisiert die verschiedenen Optionen, Dienste und Anwendungen in der Microsoft-365-Welt in sogenannten Plänen.

Abbildung 16.15: Menü für Systemeinstellungen in Power Apps

Erweiterte Einstellungen

Mit dem Menüpunkt ERWEITERTE EINSTELLUNGEN erfolgt ein Verweis oder eine Verzweigung in das Dynamics-365-Umfeld. Dort stehen mit Anwahl der einzelnen Menüpunkte verschiedene Optionen der Systemverwaltung zur Verfügung.

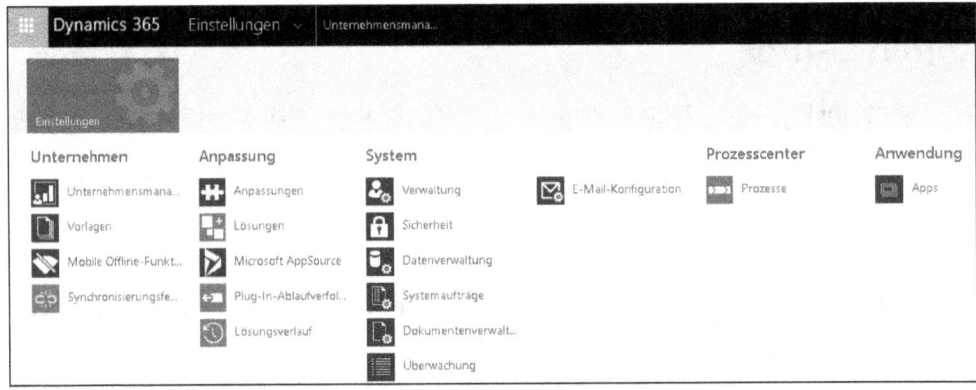

Abbildung 16.16: Einstellungen im Dynamcis-365-Umfeld

Mit Dynamics 365 stellt Microsoft integrierte Anwendungen im Bereich ERP (*Enterprise Resource Planning*) und CRM (*Customer Relationship Management*) zur Verfügung. Mehr und mehr werden aber administrative Funktionen überführt in das Power Platform Admin Center.

Entwicklerressourcen

Der Einsatz des Menüpunktes ENTWICKLERRESSOURCEN offenbart zunächst einmal Angaben zu der aktuellen Systemumgebung wie beispielsweise den Namen der Umgebung oder auch die Organisations-ID. Darüber hinaus werden nach Anwahl des Menüpunktes aber auch einige interessante Links zur Verfügung gestellt, wo weitergehende Informationen zur Verfügung stehen.

Mit dem Punkt ENTWICKLERCENTER haben Sie Zugriff auf die umfassende Dokumentation von Microsoft und der Community. Mit der Option BEISPIELE landen Sie auf der offiziellen Community-Webseite (`github.com`), wo Ihnen Vorlagen, Muster und Anwendungsbeispiele zur Verfügung stehen, die Sie studieren, herunterladen und in eigene Apps integrieren können.

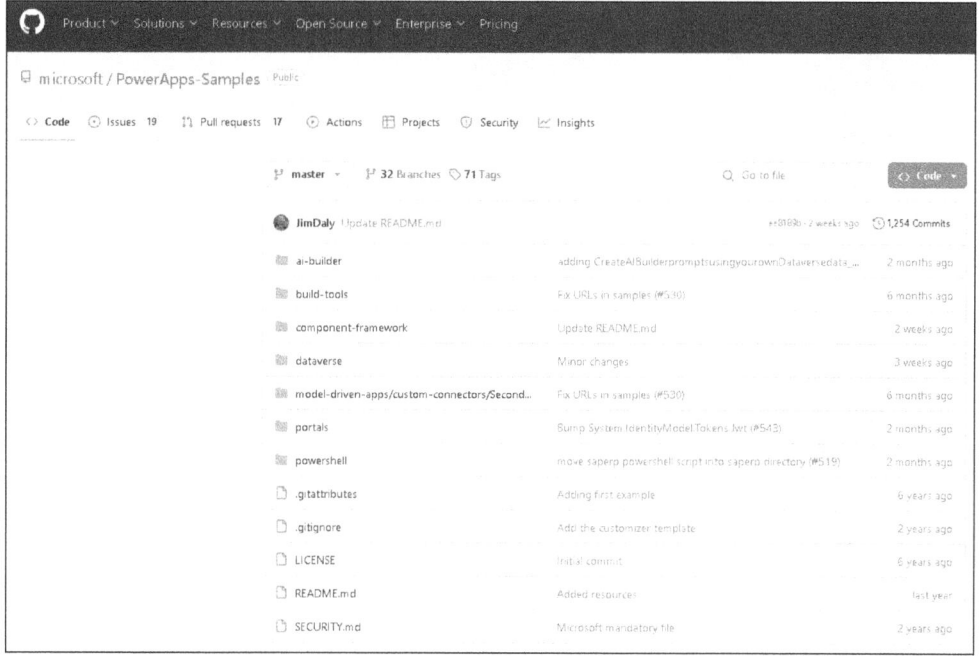

Abbildung 16.17: Beispiele auf der Community-Webseite github.com

GitHub stellt als Web-Plattform Entwicklern eine zentrale Umgebung zur Versionsverwaltung von Softwareprojekten zur Verfügung. Entwickler haben die Möglichkeit, auf GitHub Programmcode zu speichern, zu verwalten und Änderungen nachzuverfolgen. GitHub ist ein Open-Source-Projekt, das die Versionskontrolle *Git* nutzt.

Power-Apps-Einstellungen

Mit dem Menüpunkt POWER APPS-EINSTELLUNGEN stehen Ihnen Möglichkeiten zur Verfügung, die Anzeigesprache für die Entwicklungsumgebung anzupassen.

Auch wenn das entsprechende Register SPRACHE UND UHRZEIT lautet, lässt sich an der Stelle standardmäßig nur die Sprache einstellen oder auswählen.

Das Register BENACHRICHTIGUNGEN dient der Festlegung, ob Sie einen Newsletter mit Tipps und Informationen zu Power Apps erhalten. Wählen Sie dazu zunächst das Land oder die Region aus und aktivieren Sie anschließend bei *Newsletter abonnieren* den Versand des Newsletters.

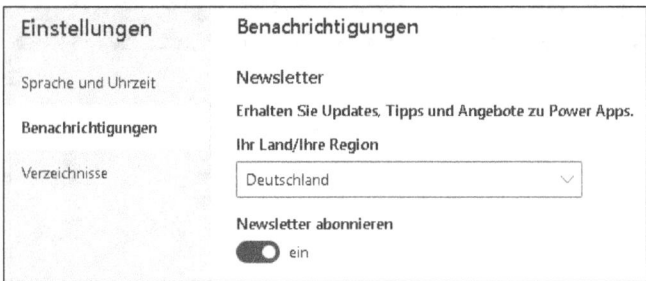

Abbildung 16.18: Newsletter über Power Apps abonnieren

Im Register VERZEICHNISSE wird der aktuelle Mandant (Tenant) angezeigt, an dem die Anmeldung erfolgt ist. Sollten Sie zur gleichen Zeit an unterschiedlichen Tenants angemeldet sein, können Sie diese an der Stelle auch wechseln.

Bevorzugte Lösung festlegen

Im Laufe der Arbeit mit Power Apps erstellen Sie eine Reihe von Objekten und Komponenten (unter anderem Tabellen, Chatbots, Apps). Um diese Komponenten zu kategorisieren und strukturiert zusammenzufassen, können Sie mit dem Menüpunkt BEVORZUGTE LÖSUNG FESTLEGEN eine solche »Bevorzugte Lösung« definieren, die als Standardlösung alle zukünftig angelegten Komponenten zusammenfasst.

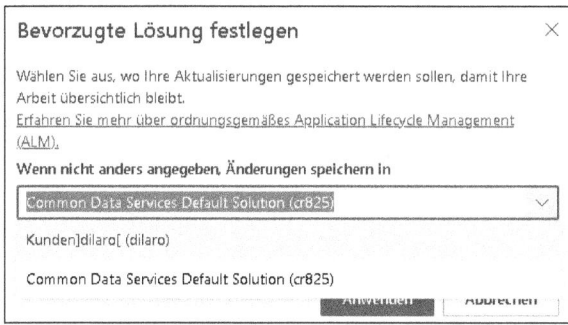

Abbildung 16.19: Auswahl einer »Bevorzugten Lösung«

Ohne weitere Anpassung werden alle Komponenten und Objekte einer Standard-Lösung mit dem Namen *Common Data Services ...* zugewiesen. Mit der Festlegung einer individuellen Lösungskomponente können Sie die zusammengehörigen Komponenten im Sinne eines ALM (*Application Lifecycle Management*) strukturieren und zusammenfassen. Nähere Angaben zum Einsatz von Lösungen enthält das Kapitel 9 dieses Buches.

Designs

Die Option DESIGNS zeigt die für die Power Platform verfügbaren Darstellungsvarianten und ermöglicht die Auswahl eines Designs für die Umgebung von Power Apps (und anderer Anwendungen der Power Platform). Sobald Sie ALLE ANZEIGEN anwählen, werden sämtliche verfügbaren Designs angezeigt, aus denen Sie dann das gewünschte auswählen können.

Die Änderung des Designs wirkt sich teilweise auch auf andere Platform-Anwendungen aus (zum Beispiel Power Pages, Power Automate).

Kennwort ändern

Mit dem Punkt KENNWORT ÄNDERN können Sie das persönliche Kennwort in der aktuellen Microsoft-365-Umgebung ändern.

Microsoft hat angekündigt, die Option zur Kennwortänderung aufgrund von Alternativen an dieser Stelle zukünftig zu deaktivieren.

Kontakteinstellungen aktualisieren

Der Punkt KONTAKTEINSTELLUNGEN AKTUALISIEREN ermöglicht dem angemeldeten Benutzer, die persönlichen Einstellungen in der Microsoft-365-Umgebung zu ändern.

Diese Option ist identisch zum Aufruf der Kontakteinstellungen über:

myaccount.microsoft.com

Entwicklungsumgebung

Neben den allgemeinen Möglichkeiten und Funktionen von Power Apps zur Systemverwaltung haben Sie auch in der Anwendung und in der Entwicklungsumgebung von Power Apps individuelle Möglichkeiten, bestimmte Systemparameter einzustellen, etwas zu testen oder zu überprüfen.

Einstellungen

Den Bereich für Einstellungen innerhalb der Entwicklungsumgebung von Power Apps können Sie durch Anwahl des Menüpunktes EINSTELLUNGEN entweder in der oberen Menüzeile oder über den Punkt im linken Fensterbereich aufrufen. Es öffnet sich ein Dialogfenster, das in unterschiedlichen Registern eine Vielzahl von Optionen und Einstellungsmöglichkeiten zur Verfügung stellt.

Allgemein

Im Register ALLGEMEIN können Sie individuelle Vorgaben für die aktuelle App wie eine Beschreibung erfassen, Sie können ein Symbol für die App auswählen, die automatische Speicherung aktivieren oder auch Grenzwerte für die zu verarbeitenden Daten angeben.

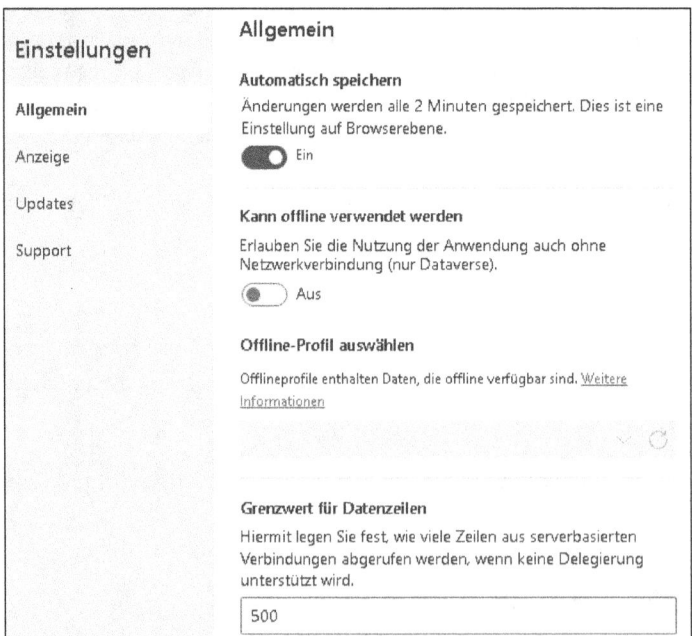

Abbildung 16.20: Einstellungen im Register Allgemein

Anzeige

Im Register ANZEIGE legen Sie grundsätzliche Merkmale fest, die sich auf den Aufbau der aktuellen Anwendung beziehen. Neben der Festlegung einer Bildschirmgröße oder des Formats können Sie hier beispielsweise auch festlegen, dass das Seitenverhältnis in der Darstellung gesperrt wird, um so mögliche Verzerrungen zu vermeiden.

Abbildung 16.21: Einstellungen im Register Anzeige

Updates

Das Register UPDATES ist das Register mit den meisten Optionen, die sich allesamt auf die permanente Weiterentwicklung der Power-Apps-Umgebung beziehen (Stichwort: *Evergreen*). So haben Sie hier die Möglichkeit, bereits frühzeitig bestimmte neue Funktionen zu aktivieren und diese in Ihren Apps auszuprobieren oder zu testen.

Das Register UPDATES ist noch einmal wie folgt unterteilt:

- Neu
- Vorschau
- Experimentell
- Zurückgezogen

Im Register NEU finden Sie Änderungen (Updates), die vor Kurzem veröffentlicht worden und damit offiziell und allgemein verfügbar (GA = *general availability*) sind.

Neue Funktionen in Power Apps werden seitens Microsoft für bestehende Apps standardmäßig deaktiviert, damit Sie die Möglichkeit haben, diese vor der Aktivierung in Ihren Apps zu testen.

Die Funktionen im Register VORSCHAU stehen kurz vor der Veröffentlichung (GA). Sie haben die Möglichkeit, diese Funktionen zu testen und gegebenenfalls Rückmeldung an Microsoft zu geben, wenn dabei Probleme auftreten.

Alle Funktionen im Register EXPERIMENTELL sind noch in einem frühen Stadium der Entwicklung. Die Praxis zeigt, dass hier seitens Microsoft noch viele Änderungen vorgenommen werden und Funktionen und Möglichkeiten teilweise verschwinden und plötzlich nicht mehr verfügbar sind.

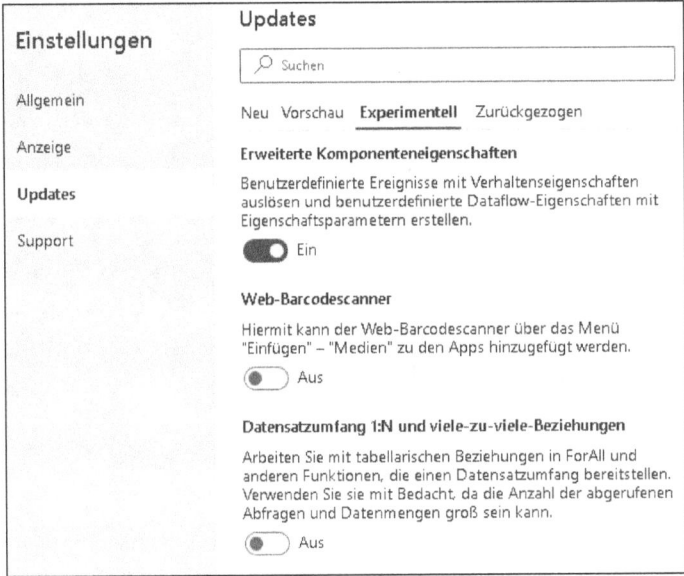

Abbildung 16.22: Einstellungen im Register Updates

 Die Funktionen und Möglichkeiten der Register VORSCHAU und EXPERIMENTELL sollten Sie im Produktivbetrieb nicht einsetzen, da hier jederzeit noch sehr viele Änderungen und Anpassungen (seitens Microsoft) möglich sind.

Eigentlich nur für Ihre eigene Information oder Dokumentation steht das Register ZURÜCKGEZOGEN zur Verfügung. Hier erhalten Sie Angaben zu Funktionen, die von Microsoft bereits deaktiviert wurden oder demnächst zurückgezogen werden. An der Stelle haben Sie auch die Möglichkeit, deaktivierte Funktionen (vorübergehend) wieder zu aktivieren, um die App auf eine andere Funktion umzustellen.

 Als Entwickler bietet es sich an, sich hin und wieder den Inhalt des Registers ZURÜCKGEZOGEN anzusehen, um über mögliche Funktionseinschränkungen oder anstehende Änderungen frühzeitig informiert zu sein.

Support

Das Register SUPPORT liefert Ihnen Angaben zur aktuellen Sitzung und zur gewählten Umgebung innerhalb von Power Apps. Neben zusätzlichen Links zu weiterführender Dokumentation im unteren Bereich erhalten Sie über die Option BEARBEITEN bei *Erstellungsversion* eine Möglichkeit zur Änderung der eingesetzten Version von Power Apps.

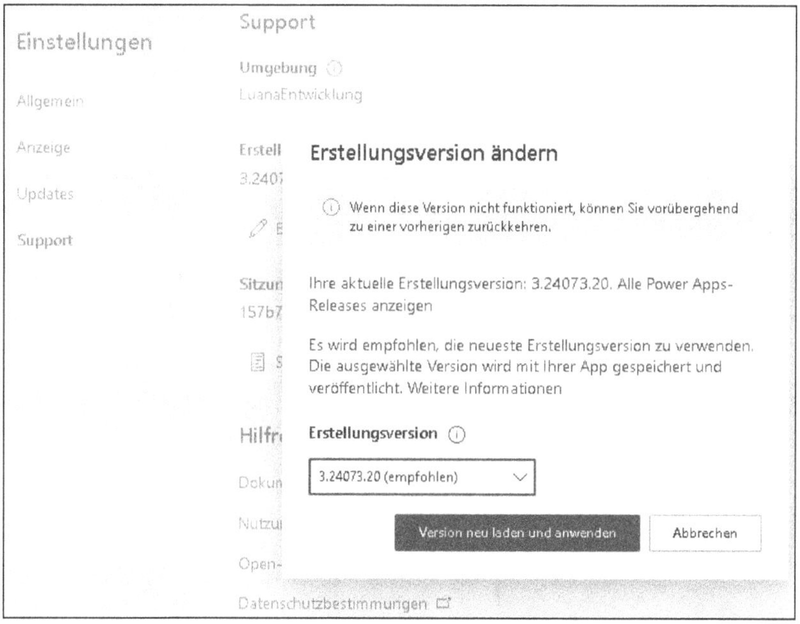

Abbildung 16.23: Auswahl einer Version von Power Apps

Erweiterte Tools

Im Bereich ERWEITERTE TOOLS, den Sie über den linken Menübereich abrufen können, stehen Ihnen unterschiedliche Monitor-Versionen von Power Apps zur Verfügung.

Tests

Mit dem Test-Monitor, den Sie über die Option TESTS ÖFFNEN aufrufen können, stehen Ihnen Möglichkeiten zur Verfügung, bestimmte Anweisungen oder Deklarationen vor dem Echteinsatz in der Produktivumgebung zu testen.

So können Sie in der Testumgebung, die in einem separaten Browser-Fenster (Tab) angezeigt wird, beliebige Anweisungen definieren, die Sie ausprobieren möchten, bevor Sie diese beispielsweise in der Anwendung einsetzen. Dabei können Sie auf bestehende Definitionen (zum Beispiel Variablen) oder auch auf die Datenquellen der App zugreifen.

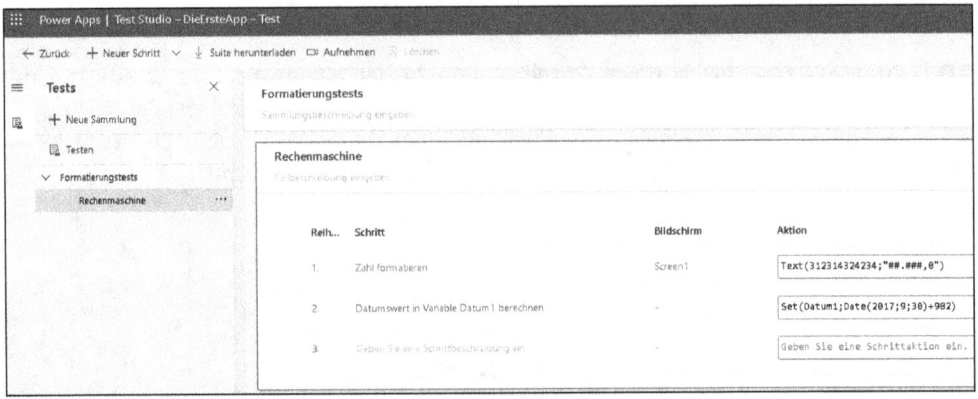

Abbildung 16.24: Erfassung von Einzelschritten zum Testen

Nachdem Sie in der Testumgebung die gewünschten Anweisungen erfasst haben, können Sie diese über die Schaltfläche WIEDERGEBEN (rechts oben) starten, wodurch Sie vorab auch die Veröffentlichung der App bestätigen müssen.

Nach einem kurzen Moment wird die App gestartet und in einem speziellen Bildschirmbereich wird das Ergebnis des Tests der vorgegeben Anwendungen angezeigt.

Abbildung 16.25: Ergebnisse aus dem Test-Monitor

Innerhalb des Test-Monitors haben Sie die Möglichkeit, über die Option WIEDERGABELINK KOPIEREN einen Link für die angepasste App zu kopieren, den Sie dann anderen Anwendern zum Testen zur Verfügung stellen können.

Überwachung

Neben der Möglichkeit, bestimmte Aktionen vor der Integration in den Produktivbetrieb zu testen (siehe vorhergehender Abschnitt), steht Ihnen mit dem Überwachungs-Monitor eine weitere Form zur Überprüfung einer App im Echteinsatz zur Verfügung.

Wählen Sie dazu in der Entwicklungsumgebung von Power Apps aus den ERWEITERTEN TOOLS im Bereich ÜBERWACHEN die Option MONITOR ÖFFNEN an. Es öffnet sich ein weiteres Register (Tab) des Browsers, wo Sie dann im Ablauf der App über die verschiedenen Aktionen und Ergebnisse informiert werden.

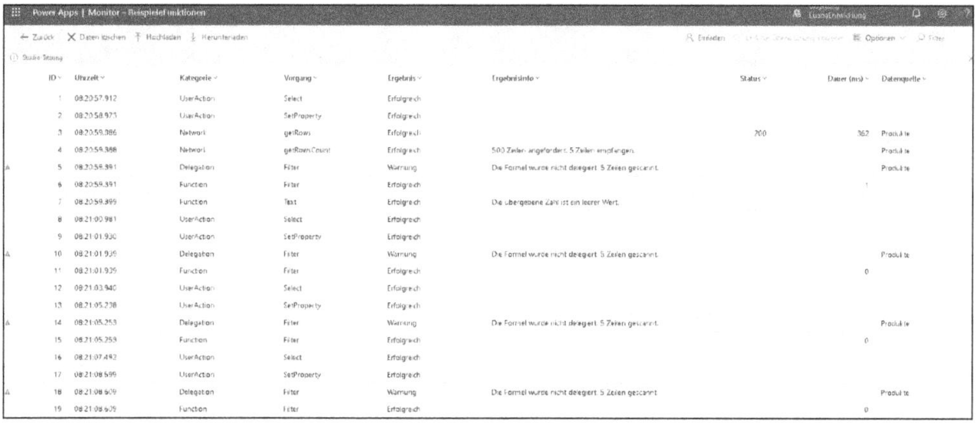

Abbildung 16.26: Ergebnisse im Überwachungs-Monitor

Medien

Der Punkt MEDIEN aus dem linken Menübereich ermöglicht Ihnen die individuelle Zuweisung von Bildern oder Videos in einen Pool der entsprechenden Anwendung. Über den Punkt MEDIEN HINZUFÜGEN können Sie eigene Bilder oder auch Videos hochladen und dem Medienpool zuweisen. Zudem können Sie darüber auch auf eine Vielzahl von Archiv- oder Bestandsbilder importieren, die Microsoft zur Verfügung stellt.

Sobald diese Mediendateien im Pool hinterlegt sind, können Sie darauf in der App zugreifen, sofern Sie dort entsprechende Objekte oder Komponenten nutzen (zum Beispiel Hintergrundbild oder als Bild innerhalb einer Anwendung).

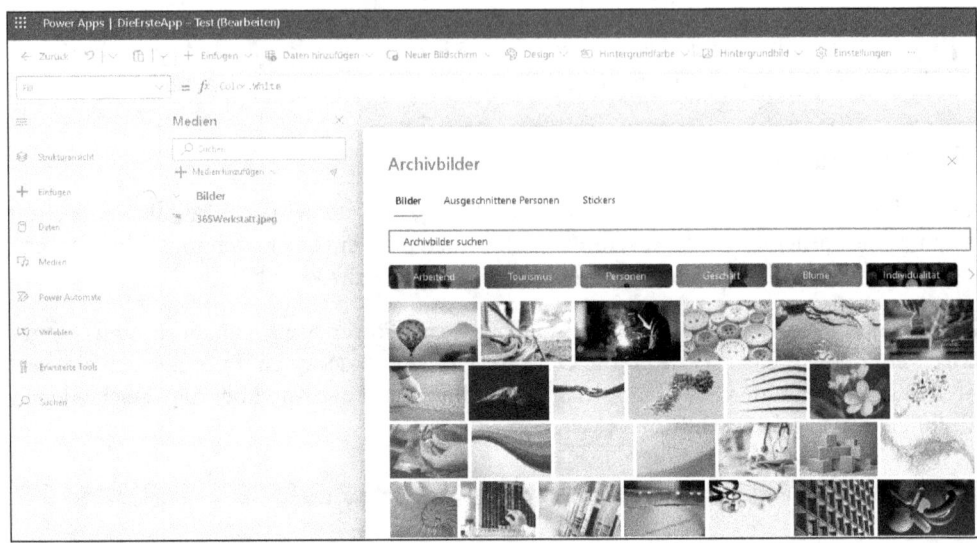

Abbildung 16.27: Auswahl von Bildern aus dem Bestandsarchiv

 Sobald Sie in einer Anwendung (App) ein Bild manuell hochladen, beispielsweise als Hintergrundbild für die App, wird dieses automatisch auch dem Medienpool der entsprechenden App zugewiesen.

Power Automate

Die Power Platform ist eine Entwicklungsumgebung, die sich aus mehreren unterschiedlichen Anwendungen zusammensetzt. Neben Power Apps zählt dazu beispielsweise auch Power Automate, mit der Sie Abläufe und Prozesse automatisieren können. Neben dem direkten Aufruf von Power Automate haben Sie auch die Möglichkeit, diese Funktionalitäten direkt in einer App einzusetzen und direkt einen Flow zu erstellen.

Sobald Sie in der Entwicklungsumgebung von Power Apps im linken Menü den Punkt POWER AUTOMATE aufrufen, haben Sie die Möglichkeit, über die Option NEUEN FLOW ERSTELLEN einen neuen Flow zu erstellen, beispielsweise anhand einer definierten Vorlage, oder Sie greifen auf einen verfügbaren Workflow zu und weisen diesen der App zu.

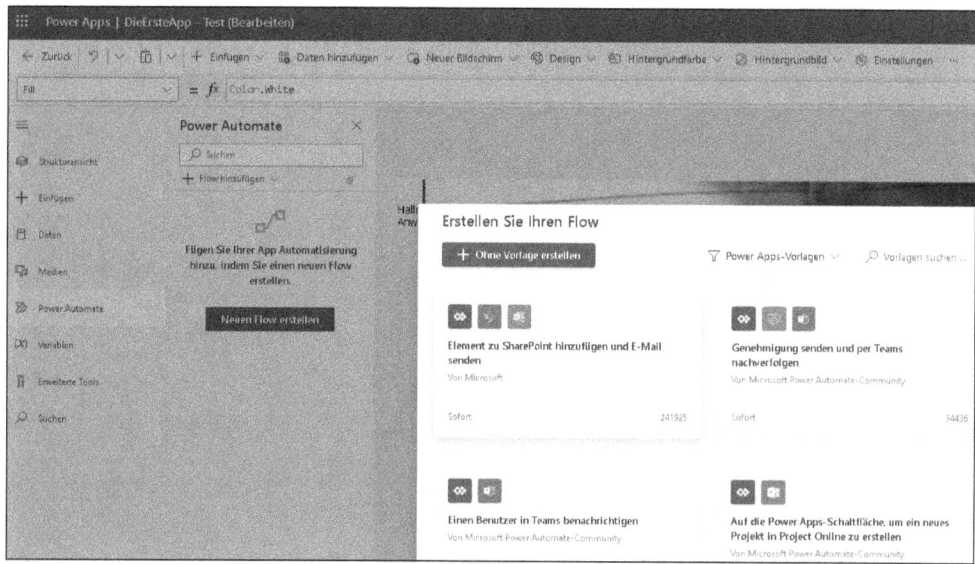

Abbildung 16.28: Erstellung eines Workflows aus Power Apps

 Die direkt in Power Apps erstellten Workflows werden auf der Startseite von Power Apps angezeigt, sobald Sie dort den Menüpunkt FLOWS (linkes Menü) aufrufen.

Variablen

Im Laufe der Entwicklung von Apps werden Sie sehr schnell Variablen einsetzen, um damit beispielsweise bestimmte Daten oder Informationen zwischenzuspeichern. Der gleichnamige Menüpunkt liefert Ihnen eine Übersicht über die innerhalb einer Anwendung verwendeten Variablen.

Neben der Angabe des Typs der unterschiedlichen Variablen können Sie sich über den Menüpunkt VARIABLEN auch direkt die Inhalte einzelner Variablen anzeigen lassen, sofern den Variablen zu dem Zeitpunkt Inhalte zugewiesen sind.

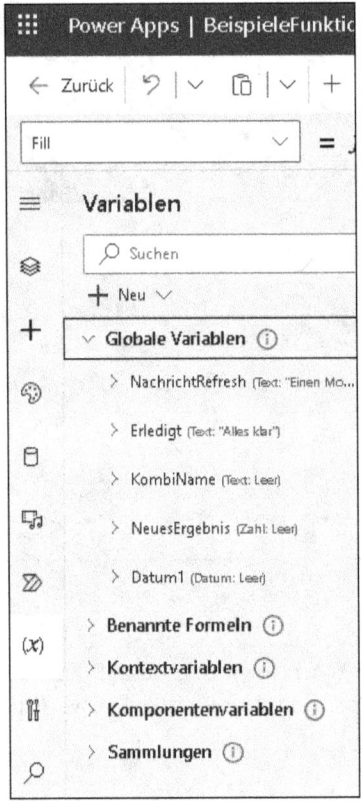

Abbildung 16.29: Überblick über Variablen in Power Apps

 Ausführliche Erläuterungen zum Einsatz von Variablen enthält das Kapitel 12 dieses Buches.

> **IN DIESEM KAPITEL**
>
> App veröffentlichen
>
> Freigabe einer App
>
> Einsatz unterschiedlicher Umgebungen
>
> Besonderheiten beim Dataverse-Einsatz

Kapitel 17

Zugriffsicherheit

Wer darf eine App aufrufen? Wer darf die Daten einer App bearbeiten? Hat der Anwender Zugriff auf die verwendete Datenquelle? Diese und ähnliche Fragen tauchen sehr schnell in Zusammenhang mit der Entwicklung von Anwendungen zutage und sollten nach Möglichkeit vorher beantwortet werden, bevor eine neue App den Anwendern zur Verfügung gestellt wird.

Dabei spielen natürlich die zugrundeliegenden Sicherheitsaspekte von Power Fx in Power Apps, aber ebenso auch die der Microsoft-365-Umgebung eine wichtige Rolle. Dabei ergänzen sich die Sicherheitsfunktionen einer Microsoft-365-Umgebung hervorragend mit den Anforderungen der App-Entwicklung, wie Sie den folgenden Erläuterungen entnehmen können.

Freigabe auf App-Ebene

Die einfachste Form der Sicherheit für den Zugriff auf eine App stellt die Freigabe dar. Dies kann sowohl direkt auf Benutzerebene oder auch über eine entsprechende Sicherheitsgruppe von Entra ID erfolgen.

Veröffentlichung

Eine Anwendung, die Sie (als Besitzer) mit Power Apps erstellt haben, müssen Sie vor der Zugriffserteilung zunächst einmal speichern und veröffentlichen. Dazu stehen Ihnen innerhalb der App-Entwicklungsumgebung im rechten oberen Bildschirmbereich entsprechende Optionen oder Symbole zur Verfügung.

Abbildung 17.1: Veröffentlichung einer App

Freigabe für einzelne Benutzer

Nach dem Speichern oder Veröffentlichen können Sie entweder direkt in der Entwicklungsumgebung von Power Apps oder auf der Startseite von Power Apps die Option zur Freigabe anwählen. In der Entwicklungsumgebung von Power Apps über das entsprechende Symbol (oben rechts) und alternativ mit Auswahl der App und anschließender Anwahl des Menüpunktes FREIGEBEN im oberen Menübereich von Power Apps.

Es erscheint ein Dialogfenster, in dem Sie im Eingabefeld (links) zunächst einen Namen oder die E-Mail-Adresse des Benutzers eingeben oder auswählen müssen. Danach können Sie noch einen Text für den E-Mail-Versand und gegebenenfalls noch ein Bild einfügen.

Sofern der ausgewählte Benutzer die App auch bearbeiten und Änderungen vornehmen soll, müssen Sie an der Stelle zusätzlich die Option MITBESITZER anwählen.

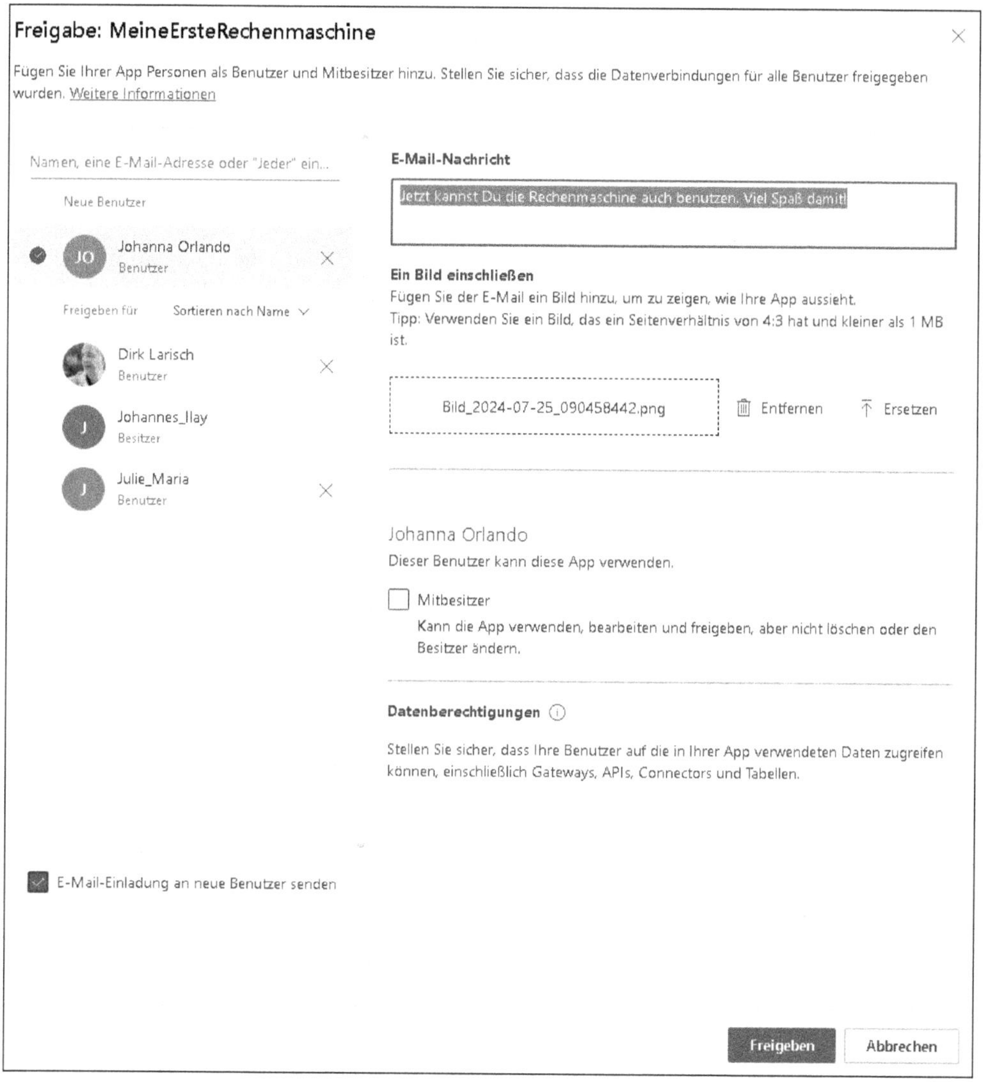

KAPITEL 17 Zugriffssicherheit

![Screenshot Freigabe-Dialog MeineErsteRechenmaschine]

Abbildung 17.2: App-Freigabe für einen Benutzer

 Mit Anwahl der Option JEDER bei der Benutzerangabe erhält jeder Benutzer im aktuellen Tenant (Mandanten) Zugriff auf die App. Zudem können Sie bei der Auswahl eines Benutzers grundsätzlich auch auf Einträge externer Benutzer oder Gäste zugreifen.

Mit Betätigung der Schaltfläche FREIGEBEN werden die Zuweisungen vorgenommen und auch direkt aktiviert. Der zugewiesene Benutzer kann dies überprüfen und die App aufrufen, indem er in Power Apps den Menüpunkt Apps anwählt und dann die Option FÜR MICH FREIGEGEBEN anwählt. Sofern die Zuweisung erfolgreich war, kann der Benutzer die App dann direkt starten.

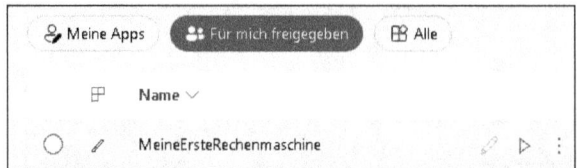

Abbildung 17.3: Benutzerzugriff auf eine freigegebene App

 Die hier dargestellte Vorgehensweise bezieht sich auf eine Installation, die aus einer Umgebung von Power Apps besteht und bei der die Benutzer direkten Zugriff auf diese Umgebung haben.

Gruppenfreigabe

In der Regel wird eine Anwendung mehreren und nicht nur einzelnen Benutzern zur Verfügung gestellt. In dem Fall ist es müßig und zeitaufwendig, jeweils einzelnen Benutzern einen Zugriff zuzuweisen; zumal diese die Pflege der Zugriffe auf die Apps erschwert.

In der Praxis hat es sich bewährt, sich in diesem Fall die Gruppenverwaltung von Entra ID (Azure AD) zunutze zu machen. Dazu können Sie in Entra ID eine Sicherheitsgruppe anlegen und dieser Gruppe dann die Berechtigungen zuweisen.

Rufen Sie also im Microsoft Entra Admin Center (alternativ im Microsoft 365 Admin Center) die Option zum Anlegen einer neuen Gruppe auf. Achten Sie darauf, dass Sie als Typ eine *Sicherheitsgruppe* auswählen und geben Sie der Gruppe einen sprechenden Namen und weisen Sie bei Bedarf direkt die Gruppenbesitzer und die einzelnen Mitglieder zu.

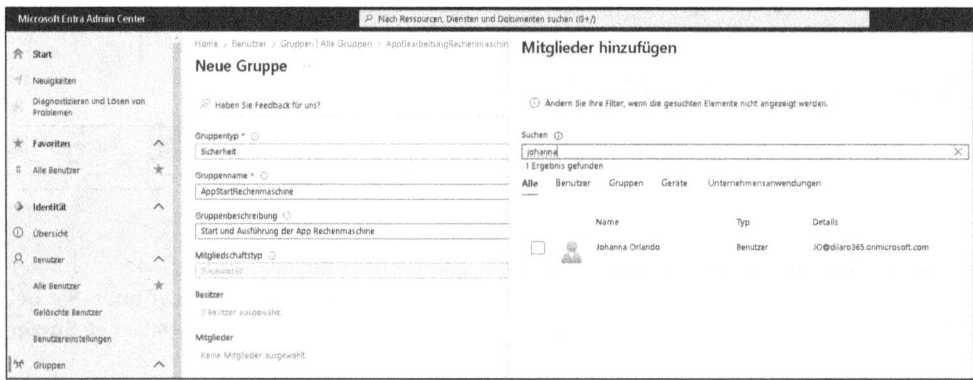

Abbildung 17.4: Sicherheitsgruppe für den App-Zugriff

 Aus der Praxis bietet es sich an, der Gruppe einen sprechenden Namen gegebenenfalls direkt mit Bezug zu seiner Funktion zu geben (hier: AppStartRechenmaschine).

Sobald Sie in Entra ID eine entsprechende Sicherheitsgruppe angelegt haben, können Sie bei der Freigabe einer App direkt darauf zugreifen und diese zuweisen. Damit erhalten automatisch alle Mitglieder der Sicherheitsgruppe (lesenden) Zugriff auf die ausgewählte Anwendung und können diese direkt ausführen.

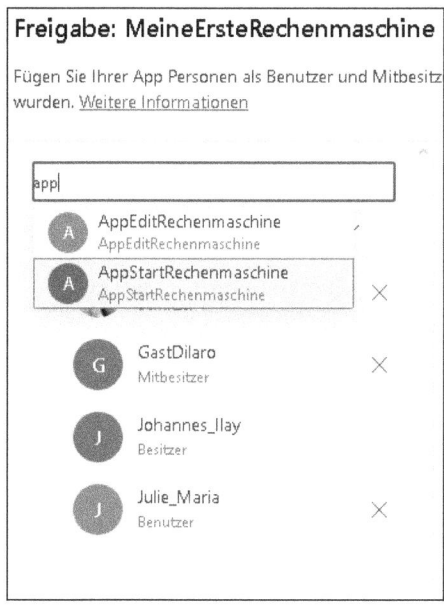

Abbildung 17.5: Freigabe-Zuweisung über eine Sicherheitsgruppe

 Mit dem Einsatz einer Sicherheitsgruppe können Sie die komplette Pflege des Zugriffs auf eine App über Entra ID (Azure AD) steuern, was die Verwaltung wesentlich vereinfacht. Beachten Sie, dass Sie einer Sicherheitsgruppe nicht das Recht zur Bearbeitung der App zuweisen können (Mitbesitzer); dies funktioniert aus Sicherheitserwägungen explizit nur auf Ebene einer ausgewählten Benutzerkennung. Zudem funktioniert diese Form der Rechtezuweisung nur mit Sicherheitsgruppen und nicht mit M365-Gruppen.

Freigabe in anderen Umgebungen

Im vorhergehenden Abschnitt haben Sie einen relativ einfachen Weg kennengelernt, um eine App anderen Anwendern zur Verfügung zu stellen. Dies stellt sich etwas anders dar, wenn Sie in Ihrer Entwicklungsumgebung von Power Apps mit mehreren Umgebungen arbeiten, um somit eine bessere Struktur abbilden zu können. Was es dabei zu beachten gibt und wo die Besonderheiten liegen, soll in den folgenden Abschnitten erläutert werden.

Struktur der Umgebungen

Die Struktur, der Aufbau und die Einrichtung spezieller (Entwicklungs-)Umgebungen sind ein wichtiges Merkmal jeder Power-Platform-Umgebung. Im Sinne der Abbildung eines strukturierten Aufbaus solcher Umgebungen und zur einheitlichen Umsetzung eines *Application Lifecycle Managements* bei der App-Entwicklung bieten sich dabei folgende unterschiedliche Umgebungsbereiche an:

✔ Entwicklung

✔ Test

✔ Produktion

In Kapitel 8 wurde der Einsatz und die Definition zusätzlicher Umgebungen ausführlich erläutert, sodass an dieser Stelle darauf verwiesen werden soll.

In der Umgebung zur Entwicklung sollten nur Entwickler oder *Maker* (Ersteller) von Anwendungen Zugriff haben. Der normale Anwender benötigt in dieser Umgebung keinen Zugang. In dieser Umgebung entsteht die Anwendung und hier werden verschiedene Versionen abgelegt, die einzig nur der eigentlichen Entwicklung dienen.

Im Test-Bereich oder der entsprechenden Umgebung sollten Entwickler und ausgewählte Anwender Zugriff haben, die auserkoren sind, eine Anwendung in einem abgetrennten Bereich auszuprobieren und verschiedene Anwendungsszenarien durchzuspielen.

Bevor eine Anwendung in den Bereich (Umgebung) Produktion kommt, wurde diese ausführlich getestet und vom entsprechenden Fachbereich freigegeben. Wichtig ist, dass in dieser Umgebung keinerlei Anpassungen an der App vorgenommen werden (Keine »Operation am offenen Herzen!«). Aus diesem Grund schränken viele Unternehmen oder Organisationen den Zugriff auf diese Umgebung selbst für Entwickler ein, sodass diese lediglich über eine Ausführungsberechtigung verfügen.

Sollten Fehler, Mängel oder gewünschte Erweiterungen gemeldet werden, fließen diese ausschließlich wieder in den Kreislauf (Lebenszyklus) – die Entwicklung – ein. Dort wird eine neue Version der App generiert und die Anpassungen vorgenommen, bevor sie dann wieder in die Test-Umgebung gelangt.

Der Lebenszyklus einer Anwendung wird auch mit dem Begriff ALM umschrieben, was für *Application Lifecycle Management* steht. Teil dieses Zyklus sind die drei genannten Entwicklungsszenarien einer Anwendung (Entwicklung, Test, Produktion).

Administration der Umgebungen

Vor der individuellen Zuweisung auf Anwendungsebene muss einem Anwender zunächst einmal Zugang zu der Umgebung eingerichtet werden, in dem er tätig werden soll. Im Bereich der Entwickler ist dies selbstredend, aber für die Test-Umgebung wird dies sehr oft festgelegt, da hier in der Regel nur ein ausgewählter Personenkreis Zugriff hat.

Die Verwaltung der Umgebungen erfolgt grundsätzlich immer über das Power Platform Admin Center. Dort steht mit dem Menüpunkt UMGEBUNGEN eine Option zur Verfügung, mit der sämtliche Umgebungen Ihrer Power Platform verwaltet werden. So können Sie dort beispielsweise bestehende Umgebungen verwalten oder auch neue Umgebungen anlegen.

Abbildung 17.6: Anlegen einer Umgebung für die App-Entwicklung

Nachdem Sie die (drei) Umgebungen angelegt haben, haben Sie im Power Platform Admin Center zusätzlich auch die Möglichkeit, bestimmte Umgebungen (verwaltete Umgebungen) zu Umgebungsgruppen zusammenzufassen. Dies hat den Vorteil, dass den gewählten Umgebungen bestimmte Vorgaben und Richtlinien über die Umgebungsgruppe zugewiesen werden können.

Für eine solche Zuweisung muss im Power Platform Admin Center der Menüpunkt UM-GEBUNGSGRUPPEN angeklickt werden, um anschließend eine neue Gruppe anzulegen, der dann im nächsten Schritt die gewünschten Umgebungen zugewiesen werden können.

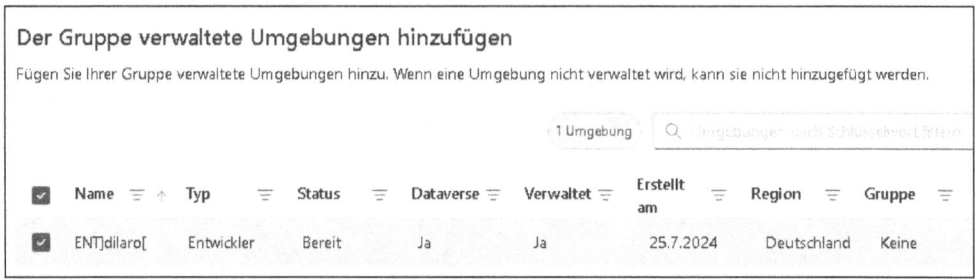

Abbildung 17.7: Zuweisung an eine Umgebungsgruppe

 Der Wechsel oder die Auswahl einer Umgebung erfolgt in den Anwendungen der Power Platform (Power Apps, Power Automate, Power Pages und andere) über das Auswahlfeld im oberen rechten Bildschirmbereich.

Zugriffsrechte

Sobald Sie eine neue Umgebung angelegt haben, wird der aktuell angemeldete Benutzer als Systemverwalter zugewiesen. Möchten Sie anschließend weitere Anwender als Benutzer oder auch als Systemverwalter zuweisen, können Sie dies in den spezifischen Eigenschaften der jeweiligen Umgebung vornehmen. Dabei müssen Sie unterscheiden zwischen Umgebungen mit und Umgebungen ohne die Nutzung von Dataverse.

Umgebung mit Dataverse

Möchten Sie bei der Entwicklung von Apps die Möglichkeit haben, Dataverse-Tabellen als Datenspeicher zu verwenden, müssen Sie dies beim Anlegen oder der Definition einer Umgebung einrichten.

 In einer Umgebung mit Zugriff auf Dataverse sind besondere Sicherheitsanforderungen zu berücksichtigen, die im Power Platform Admin Center über sogenannte Sicherheitsrollen abgebildet werden.

Nachdem Sie im Power Platform Admin Center die gewünschte Umgebung durch Anklicken ausgewählt haben, erscheint ein Konfigurationsfenster, in dem Sie diverse Einstellungen vornehmen können. Dort müssen Sie im rechten Bereich (*Zugriff*) bei SICHERHEITSROLLEN die Option ALLE ANZEIGEN anwählen.

KAPITEL 17 Zugriffsicherheit 235

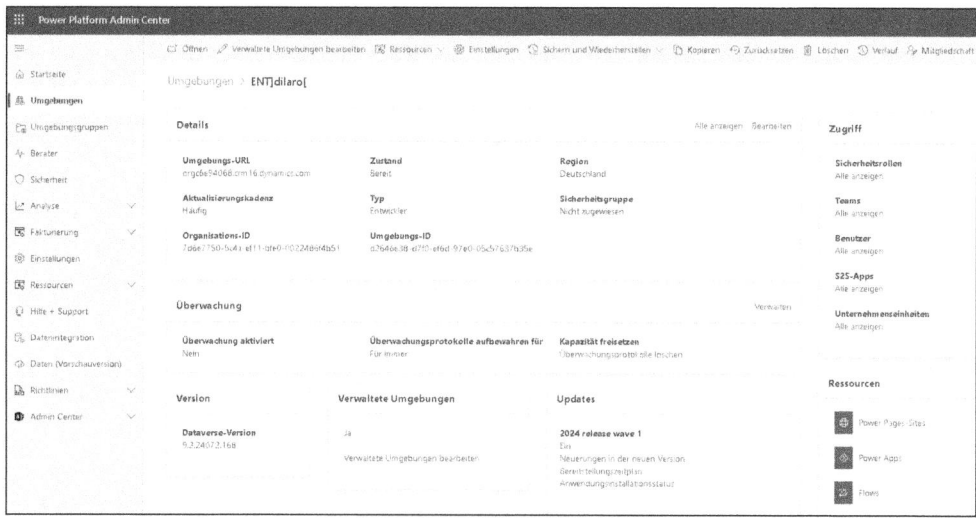

Abbildung 17.8: Konfigurationsfenster einer Dataverse-Umgebung

In der Aufstellung der vordefinierten Sicherheitsrollen können Sie jede einzelne Rolle anwählen und sich die individuellen Einstellungen ansehen oder diese den Anforderungen entsprechend anpassen.

> Bei der Rechtezuweisung können Sie grundsätzlich bestehende Sicherheitsrollen auswählen und die gewünschten Attribute anpassen. Ein in der Praxis häufig genutzter Weg ist, bei notwendigen Änderungen eine bestehende Rolle zu kopieren und diese dann entsprechend zu konfigurieren und diese dann zu verwenden.

Um eine bestehende oder eine neu definierte Rolle einem Anwender zuzuweisen, muss im Konfigurationsfenster der Umgebung im rechten Fensterbereich bei BENUTZER die Option ALLE ANZEIGEN angewählt werden. Dort können Sie einen bestehenden Benutzer auswählen oder Sie legen einen neuen an (BENUTZER HINZUFÜGEN) und weisen diesem anschließend die gewünschten oder benötigten Sicherheitsrollen zu.

Abbildung 17.9: Rollenzuweisung an einen Benutzer

Bei der Verwaltung der Sicherheitsrollen in einer Dataverse-Umgebung gibt es eine sinnvolle Unterstützung des Systems, die eine Diagnose der Konfiguration oder der Einstellungen vornimmt. Dazu müssen Sie in der Benutzerübersicht im Kontextmenü (drei Punkte) des Benutzers die Option DIAGNOSE AUSFÜHREN anwählen. Anschließend erscheint eine Übersicht relevanter Konfigurationseinstellungen des gewählten Benutzers.

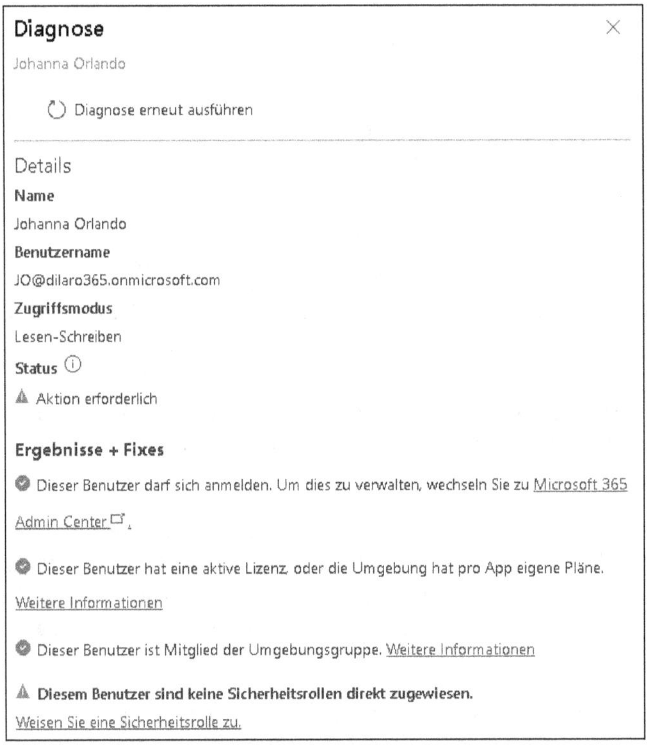

Abbildung 17.10: Diagnose der Benutzereinstellungen

Umgebung ohne Dataverse

In Umgebungen, die keinen Dataverse-Zugriff benötigen, ist die Zuweisung von weiteren Systemverwaltern und auch Entwicklern (*Maker*) etwas einfacher, weil dabei spezielle Sicherheitsrollen zum Einsatz kommen. Dies ist der Tatsache geschuldet, dass dabei keine integrierten Systeme wie Dataverse Anwendung finden, sondern in der Regel dann der Zugriff auf externe Datenquellen (außerhalb der Microsoft-365-Umgebung) erfolgt.

Der Einsatz von Dataverse in einer Microsoft-365-Umgebung ist grundsätzlich immer mit Zusatzkosten verbunden und wird für Anwendungsfälle mit externem Dateizugriff in der Regel nicht benötigt.

Bei der Nutzung einer Umgebung ohne Dataverse-Zugriff können Sie regelhaft weitere Systemverwalter der Umgebung (Umgebungsadministratoren) und natürlich die Benutzer (Umgebungsersteller) zuweisen, die diese Umgebung für Ihre App-Entwicklung, -Testung und anderes verwenden.

Nach Anwahl der entsprechenden Umgebung (ohne Dataverse-Einbindung) können Sie innerhalb des Konfigurationsfensters im rechten Bereich (ZUGRIFF) die Option ALLE ANZEIGEN entweder bei UMGEBUNGSADMINISTRATOR oder bei der Option UMGEBUNGSERSTELLER anwählen.

Sobald Sie einem Benutzer beispielsweise als Umgebungsersteller zugewiesen haben, erscheint nach einem kurzen Moment in seiner Umgebung (zum Beispiel Power Apps) auch die neu zugewiesene Umgebung zur Auswahl.

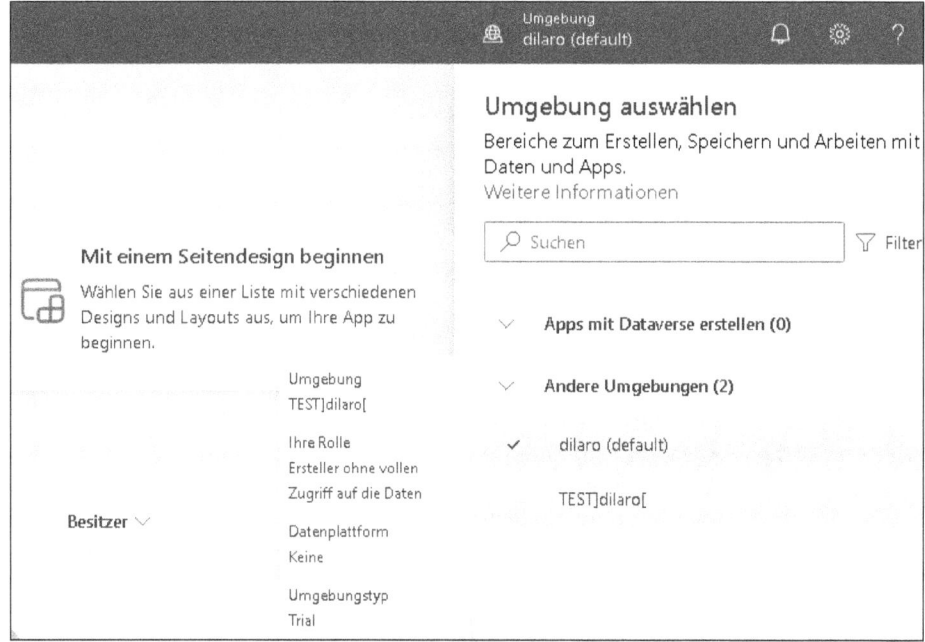

Abbildung 17.11: Auswahl einer zugewiesenen Umgebung

Bei der Zuweisung von Benutzer oder Administratoren können Sie entweder einzelne Benutzer zuweisen oder Sie verwenden dafür besondere Sicherheitsgruppen, die Sie jedoch vorher in Entra ID (Azure AD) anlegen müssen.

Export, Import und Bereitstellung

Um eine App vom Typ Canvas, die Sie beispielsweise in einer Entwicklungsumgebung erstellt haben, in eine andere Umgebung zu übertragen, müssen Sie diese exportieren und in der neuen Umgebung wieder importieren oder dazu den Bereitstellungsmodus verwenden.

Zum Start des Exports wählen Sie die entsprechende App in Power Apps an und wählen dann aus dem oberen Menübereich die Option PAKET EXPORTIEREN an. Im nachfolgenden Konfigurationsfenster können Sie dann noch allgemeine Einstellungen vornehmen und anschließend die App exportieren.

Zum Import wählen Sie in der entsprechenden Umgebung (zum Beispiel Testumgebung) die Option PAKET IMPORTIEREN an, die im oberen Menübereich angezeigt wird. Nach Auswahl der exportierten Datei wird diese dann an der Stelle importiert und steht somit den entsprechenden Anwendern direkt zur Verfügung.

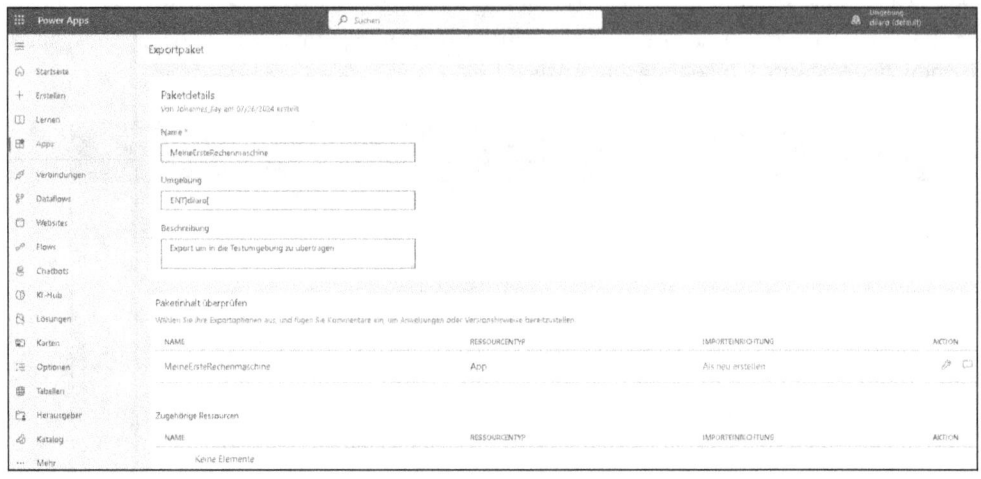

Abbildung 17.12: Exportieren einer App als Paket

Ausführliche Angaben zum Bereitstellen einer App in einer anderen Umgebung und dem Einsatz von Export, Import, Bereitstellung, Lösungen und Pipelines enthalten die Kapitel 24 und 25 dieses Buches.

Zuordnung in Microsoft Teams

Der Zugriff auf eine veröffentlichte App kann grundsätzlich auf verschiedene Arten erfolgen, als da beispielsweise zu nennen sind:

✔ Power Apps

✔ Link (Browser)

✔ App für Mobilgeräte

Es gibt aber in einer Microsoft-365-Umgebung noch eine erweiterte Möglichkeit, indem eine App in Microsoft Teams integriert wird. Dies kann sich beispielsweise so gestalten, dass Sie die App einem Chat oder auch einem Kanal in einem Team zuweisen können.

Um eine erstellte App nach Microsoft Teams zu übertragen, müssen Sie eine spezielle Freigabe-Option nutzen und können auf diese Art eine App innerhalb eines beliebigen Teams integrieren.

KAPITEL 17 Zugriffsicherheit 239

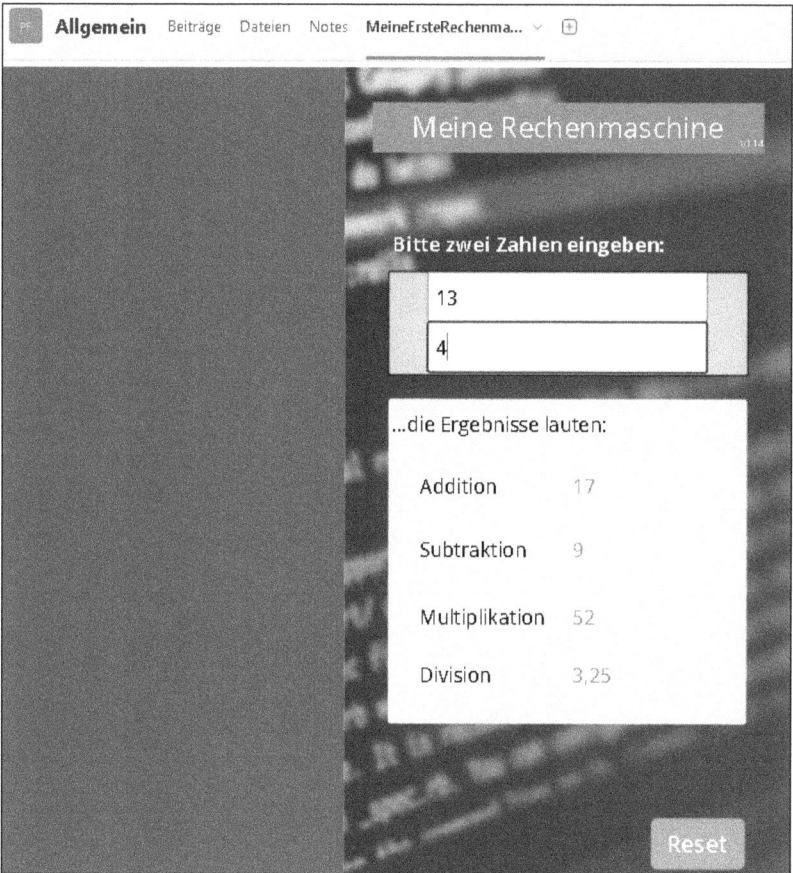

Abbildung 17.13: App in Microsoft Teams integrieren

 Ausführliche Angaben, wie Sie eine App nach Microsoft Teams übertragen und integrieren können, erhalten Sie in Kapitel 20 dieses Buches.

Teil IV
Power Fx in der praktischen Anwendung

IN DIESEM TEIL ...

Dieser Teil hat einen Schwerpunkt im Bereich der praktischen Anwendung der in den vorherigen Teilen erlernten Konzepte und Techniken. So erfahren Sie, wie Sie welche Datenquelle einbinden können, um darauf in Power Apps bei der App-Entwicklung zugreifen zu können. Anhand eines konkreten Praxisbeispiels erfahren Sie, wie Sie Ihre Anwendungen beispielsweise über eine Menüstruktur steuern können.

Die Integration von Power Apps mit anderen Microsoft-Produkten ermöglicht Ihnen, leistungsstarke, datengesteuerte Apps zu erstellen, die genau auf Ihre spezifischen Bedürfnisse zugeschnitten sind. Sie erfahren, wie Ihre Anwendungen mit Workflows interagieren, wie Sie SharePoint oder auch Excel anbinden oder auch wie Anwender auf Ihre App in Microsoft Teams zugreifen können.

Spezielle Entwicklungen wie der Copilot werden beleuchtet, um zu klären, ob derartige Ergänzungen nur unterstützen oder Sie als Entwickler (Maker) von Anwendungen gegebenenfalls zukünftig obsolet machen werden.

Der Einsatz von Programmkomponenten wie JSON, YAML und Ähnliches spielen in einer Power Fx-Umgebung eine große Rolle. Was sich dahinter verbirgt und wie diese Funktionalitäten eingebunden werden, wird nachfolgend erläutert.

Abschließend folgt ein Ausblick auf die weitere Entwicklung von Power Fx und Entwicklungsumgebungen wie Power Apps.

> **IN DIESEM KAPITEL**
>
> Datenquellen in Microsoft 365
>
> SharePoint als Basis-Datenquelle
>
> Mögliche Fehlerquellen beim Umbenennen von Strukturelementen
>
> Freigeben von Datenquellen

Kapitel 18
Auswahl einer M365-Datenquelle

Für das tiefergehende Verständnis ist es wichtig, zu verstehen, dass es grundsätzlich unterschiedliche Datenquellen geben kann, die in einer App verwaltet werden können. Neben den Standard-Datenquellen wie Excel, SQL oder SharePoint sind dies auch die Datenquellen, die in einer Microsoft-365-Umgebung generell zur Verfügung stehen. Und da gibt es einige von!

 Sie können mit Power Fx und in Power Apps natürlich auch Anwendungen ohne jeglichen Bezug zu einer Datenquelle erstellen (siehe Rechenmaschine). Aber in der Praxis zeigt sich, dass in der überwiegenden Zahl der Fälle mit einer App Daten verwaltet und auch gespeichert werden.

Datenquelle in Power Apps einbinden

Vor der konkreten Darstellung des Zugriffs auf die Datenquellen einer Microsoft-365-Umgebung sollen zunächst einmal die Möglichkeiten aufgezeigt werden, wie Sie in einer App, die Sie mit Power Apps erstellen, Datenquellen einbinden können. Dabei gibt es grundsätzlich unterschiedliche Möglichkeiten.

1. Sobald Sie sich innerhalb der Entwicklungsumgebung von Power Apps befinden, können Sie über den Punkt DATEN aus dem linken Menübereich die Übersicht der in der aktuellen Anwendung eingebundenen Datenquellen aufrufen. Sofern es sich um eine neue Anwendung handelt oder bisher keine Datenquellen eingebunden worden sind, ist der Daten-Bereich zunächst leer.

Abbildung 18.1: Leerer Datenbereich in Power Apps

2. Um an dieser Stelle eine Datenquelle »anzuzapfen« müssen Sie die Option DATEN HINZUFÜGEN anwählen.

3. Es erscheinen verschiedene Optionen, von denen Sie dann im nächsten Schritt VERBINDER auswählen müssen.

4. Im nächsten Schritt erscheinen die aktuell verfügbaren Verbindungstypen, aus denen Sie dann die gewünschten auswählen müssen.

 Je nach Konfigurationszustand kann es sein, dass Sie vor der Auswahl eines Verbinders zunächst über die Option ALLE CONNECTORS ANZEIGEN alle verfügbaren Verbindungen abrufen müssen.

5. Haben Sie beispielsweise den Verbindungstyp AUS EXCEL IMPORTIEREN ausgewählt, so müssen Sie im nächsten Schritt eine Excel-Datei hochladen; entweder aus dem Dateisystem oder einem Online-Speicher wie OneDrive oder Ähnliches.

Damit steht die ausgewählte Datenquelle für die entsprechende Anwendung zur Verfügung und Sie können auf diese in der App auf unterschiedliche Weise zugreifen oder diese nutzen. Die Einbindung der Datenquelle innerhalb einer Anwendung kann dabei auf unterschiedliche Art erfolgen; in der Regel haben entsprechende Steuer -oder Strukturelemente direkt eine entsprechende Option oder Sie nutzen die entsprechende Schaltfläche (zum Beispiel Daten) des Steuerelements.

KAPITEL 18 Auswahl einer M365-Datenquelle 245

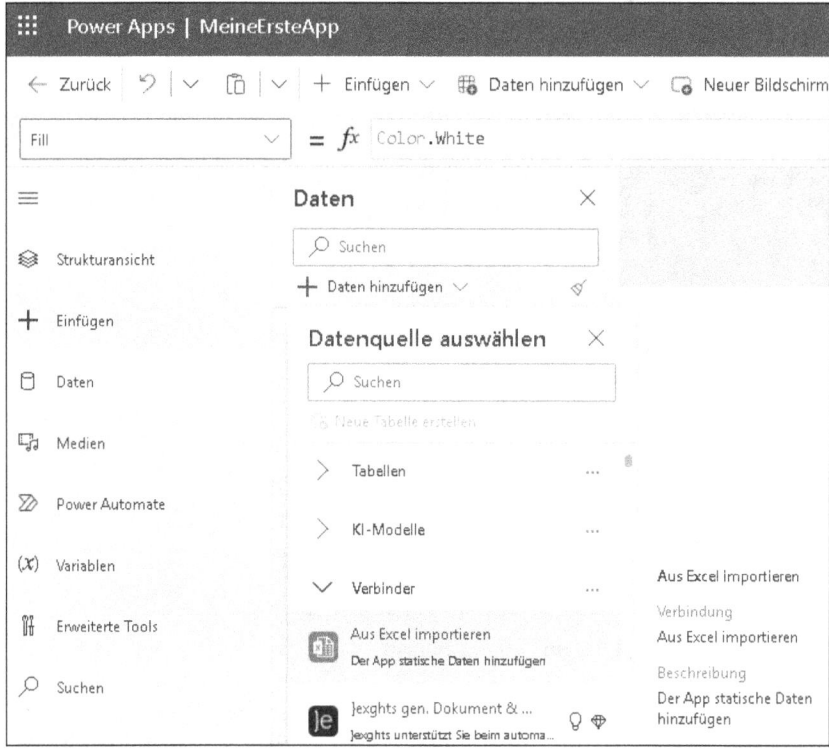

Abbildung 18.2: Excel als Verbinder-Typ

Datenquelle in Strukturelemente einbinden

Sobald Sie eine App mit einer Datenquelle verbunden haben, können Sie diese auf vielfältige Art einbinden. Sicherlich mit die am häufigsten eingesetzte Möglichkeit besteht im Einsatz entsprechender Kataloge (Gallery) als Strukturelement.

Sobald Sie aus den verfügbaren Strukturelementen beispielsweise die Option VERTIKALER KATALOG einfügen, können Sie im nächsten Schritt die gewünschte Datenquelle auswählen.

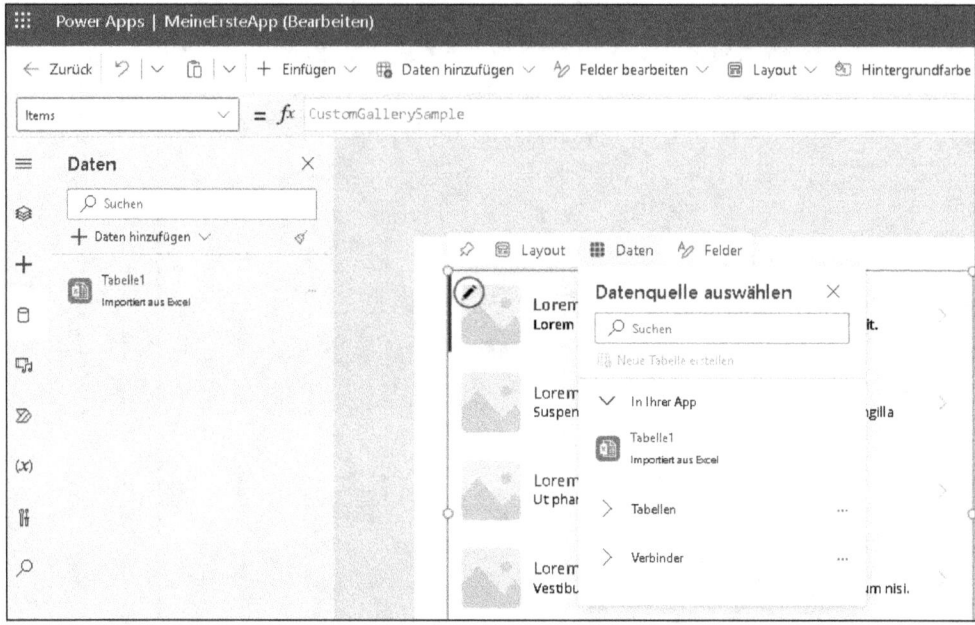

Abbildung 18.3: Verbundene Datenquelle mit App verbinden

Mit den entsprechenden Optionsfeldern des Strukturelements oder über den Eigenschaften-Dialog im rechten Fensterbereich können Sie die Anzeige der Felder verändern. Zudem können Sie darüber auch zusätzliche Felder aus der Datenquelle einfügen und entsprechend formatieren.

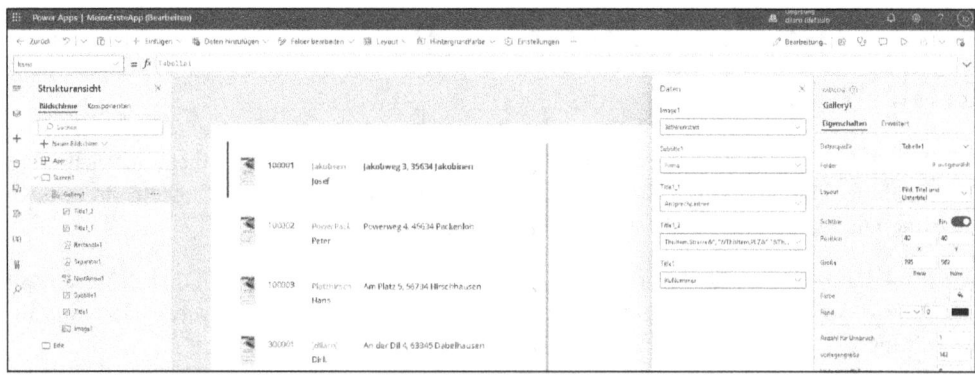

Abbildung 18.4: Angepasste Datenquelle in einer App

Die aus dem lokalen Dateisystem importierten Daten (zum Beispiel aus einer Excel-Tabelle) können Sie nicht in der Form ändern, dass die Änderungen anschließend wieder in die Datei übernommen werden. Dazu ist es erforderlich, die Datei auf einem Online-Speicher (zum Beispiel OneDrive) oder als Dataverse-Tabelle anzulegen.

Weitergehende Informationen einer Datenquelle

Wie Sie auf eine Datenquelle in einem Strukturelement mit einem horizontalen oder vertikalen Katalog (Gallery) zugreifen können, haben Sie im vorhergehenden Abschnitt kennengelernt. Es gibt aber im Power-Fx-Funktionsumfang auch noch weitere Möglichkeiten, direkt auf die Inhalte einer Datenquelle zuzugreifen; am Beispiel der Funktion *DataSourceInfo* soll dies beispielhaft dargestellt werden.

So können Sie in einer Anwendung mit der Funktion *DataSourceInfo*() weitergehende Angaben zu der entsprechenden Datenquelle abrufen. Solche Angaben können Ihnen beispielsweise in der Logik und im Programmablauf der App wertvolle Angaben liefern, wie: Darf der angemeldete Benutzer die Datenquelle bearbeiten?

Mit einem sehr einfachen Beispiel steht Ihnen eine Möglichkeit zur Verfügung, den Anzeigenamen eines Feldes auszulesen. So greift die folgende Anweisung auf die Datenquelle *Tabelle1* zu und liest den (definierten) Anzeigenamen des Feldes *KuNummer* aus:

```
DataSourceInfo(Tabelle1;DataSourceInfo.DisplayName;KuNummer)
```

Sobald Sie bei der Eingabe der Funktion *DataSourceInfo* anschließend einen Punkt (.) setzen, werden automatisch die verfügbaren Optionen angezeigt.

Auch wenn diese Anweisung auf den ersten Blick widersinnig erscheint (da der Spaltenname in der Anweisung steht), macht dies aber durchaus Sinn, wenn sich der Anzeigename vom Spaltenname unterscheidet oder wenn beispielsweise in der Ursprungsdatenquelle der Spaltenname geändert wird.

Mit der folgenden Anweisung können Sie überprüfen, ob der aktuell angemeldete Benutzer, der also die App ausführt, die Daten der Datenquelle *Tabelle1* bearbeiten darf:

```
DataSourceInfo(Tabelle1;DataSourceInfo.EditPermission)
```

Diese Anweisung liefert ein logisches Ergebnis zurück (Boolean-Wert); dieser lautet *true*, wenn der Benutzer entsprechende Rechte zur Bearbeitung hat, andernfalls erhalten Sie *false*.

Um die Funktion von *DataSourceInfo* auszuprobieren, können Sie entsprechende Anweisung einfach der Eigenschaft TEXT (links oben) in einem Textfeld zuweisen.

Mit der Option *Create.Permission* steht Ihnen beim Einsatz von *DataSourceInfo* eine Abfragemöglichkeit zur Verfügung, mit der Sie prüfen können, ob der angemeldete Benutzer in der gewählten Datenquelle Datensätze hinzufügen darf. So können Sie das entsprechende Ergebnis im weiteren Programmablauf berücksichtigen und beispielsweise eine Fehlerbehandlung integrieren.

Wenn ein Anwender also in einer App Daten bearbeitet, können Sie mit einer entsprechenden Abfrage ermitteln, ob dieser Anwender überhaupt über die entsprechenden Rechte zum Schreiben in die Datenquelle hat. Eingebettet in eine IF-Abfrage kann sich dies beispielsweise wie folgt darstellen:

```
If(DataSourceInfo(Tabelle1;DataSourceInfo.CreatePermission);"Jawohl";"Leider nicht!")
```

In diesem Fall wird für die Datenquelle *Tabelle1* geprüft, ob der angemeldete Benutzer das Recht zum Hinzufügen von Datensätzen hat (*Create.Permission*). Ist dies der Fall, wird die erste Bedingung ausgeführt (hier: Ausgabe des Textes *Jawohl*); andernfalls erfolgt die Ausgabe des anderen Textes.

In der nachfolgenden Abbildung sind einmal beispielhaft einige Optionen der Funktion *DataSourceInfo* mit Angabe der genauen Anweisungen und dem entsprechenden Ergebnis dargestellt.

Aktion	Power Fx-Anweisung	Ergebnis
Spaltename anzeigen	DataSourceInfo(Tabelle1;DataSourceInfo.DisplayName;KuNummer)	KuNummer
Daten lesen	If(DataSourceInfo(Tabelle1;DataSourceInfo.ReadPermission);"Jawohl";"Nein!")	Jawohl
Daten bearbeiten	If(DataSourceInfo(Tabelle1;DataSourceInfo.EditPermission);"Jawohl";"Leider nicht!")	Leider nicht!
Daten erstellen	If(DataSourceInfo(Tabelle1;DataSourceInfo.CreatePermission);"Jawohl";"Leider nicht!")	Leider nicht!
Daten löschen	If(DataSourceInfo(Tabelle1;DataSourceInfo.DeletePermission);"Jawohl";"Leider nicht!")	Leider nicht!

Abbildung 18.5: Beispiele der Funktionen DataSourceInfo

Um in einer App bei der Bearbeitung einer Datenquelle eine Fehlerbehandlung zu integrieren und den Inhalt einer Datenquelle gegebenenfalls zurückzusetzen, stehen Ihnen dazu insbesondere die Funktionen *Error*, *ErrorKind*, *ErrorState* und *Revert* zur Verfügung.

Besonderheiten von Datenquellen

Bei der Arbeit mit Datenquellen gibt es hier und da Besonderheiten, die die Arbeit mit dem System vereinfachen. Welche sich für den Praxisbetrieb bewährt haben, wird nachfolgend erläutert.

Umgebung bei Datenauswahl

Sobald Sie in einer App eine Datenquelle zuordnen möchten, haben Sie bei Auswahl einer Tabelle auch die Möglichkeit, auf Tabellen zuzugreifen, die einer anderen Umgebung zugeordnet oder dort angelegt worden sind.

KAPITEL 18 Auswahl einer M365-Datenquelle

1. Für den Zugriff auf eine andere Umgebung müssen Sie bei der Zuweisung einer Datenquelle (DATEN HINZUFÜGEN) beim Eintrag TABELLEN das zugehörige Kontextmenü (drei Punkte) anwählen.

2. Mit Einsatz des Punktes UMGEBUNG ÄNDERN können Sie sich dann die sonstigen, verfügbaren Umgebungen anzeigen lassen, aus denen Sie dann die gewünschte Umgebung auswählen können.

3. Nach einem kurzen Moment erscheinen die der gewählten Umgebung zugeordneten Tabellen, aus denen Sie dann die Tabelle durch Anklicken auswählen können, die Sie der aktuell gewählten App zuordnen möchten.

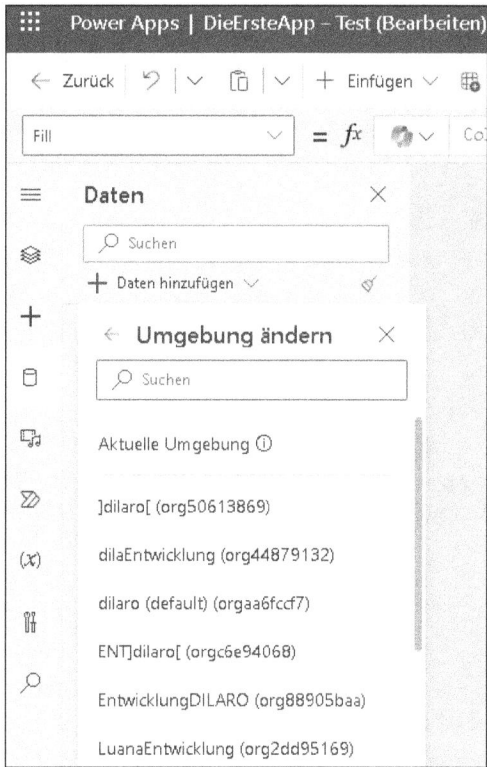

Abbildung 18.6: Umgebungsänderung bei Tabellenauswahl

Es werden natürlich immer nur die Umgebungen und Tabellen angezeigt, auf die Sie (als Entwickler) in dem Moment Zugriff haben.

Datenquelle aktualisieren

Die Einbindung einer Datenquelle in eine App stellt eine sehr häufig genutzte Möglichkeit der Datenverwaltung zur Verfügung. Dabei kann dies beispielsweise eine in die Microsoft-365-Umgebung integrierte Dataverse-Tabelle sein, eine SharePoint-Liste oder auch eine Datenquelle (zum Beispiel Excel-Tabelle) auf einem Online-Speicher wie OneDrive.

Während der Erstellung einer App ist es unter Umständen erforderlich, dass Änderungen an der Struktur entsprechender Datenquellen auch unmittelbar in der Entwicklungsumgebung von Power Apps sichtbar werden. Aus der Praxis zeigt sich, dass nicht selten während der App-Entwicklung in einer Datenquelle ein Spaltenname geändert oder gar eine neue Spalte hinzugefügt wird.

Um derartige Änderungen in der Entwicklungsumgebung nachvollziehen zu können und jeweils mit dem aktuellen Stand einer Datenquelle zu arbeiten, steht im Kontextmenü (drei Punkte) der eingebundenen Datenquellen die Option AKTUALISIEREN zur Verfügung (vorher im linken Menübereich den Punkt DATEN anwählen).

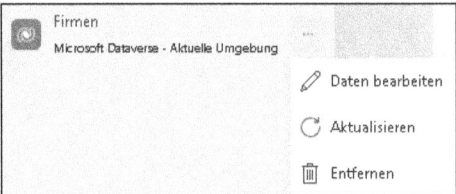

Abbildung 18.7: Aktualisieren einer Datenquelle

Beim Start einer App oder dem Aufruf der Entwicklungsumgebung von Power Apps wird die zugewiesene Datenquelle immer automatisch auf den aktuellen Stand gebracht.

Datenquelle bearbeiten

Eine zugewiesene Datenquelle in einer App können Sie jederzeit auch aus der Entwicklungsumgebung von Power Apps heraus bearbeiten oder von der Struktur her anpassen. So können Sie also nicht nur manuell Datensätze hinzufügen, sondern auch Spaltennamen ändern oder auch neue Spalten hinzufügen.

1. Wählen Sie dazu zunächst in der Entwicklungsumgebung von Power Apps den Menüpunkt DATEN (linker Menübereich) an.

2. In der Aufstellung der zugewiesenen Datenquellen wählen Sie dann bei der Tabelle, die Sie bearbeiten möchten, das Kontextmenü (drei Punkte) an.

In der Entwicklungsumgebung von Power Apps können Sie grundsätzlich nur die Datenquellen bearbeiten, die der Umgebung der App zugeordnet sind. Möchten Sie eine Tabelle einer anderen Umgebung ändern, müssen Sie vorab die entsprechende Umgebung anwählen.

3. Aus dem Kontextmenü der Tabelle wählen Sie dann den Punkt TABELLE BEARBEITEN an, worauf ein Modus zur Tabellenbearbeitung (Power Query) aufgerufen wird.

4. An dieser Stelle können Sie beispielsweise Datensätze hinzufügen oder auch die Struktur der Tabelle verändern.

Abbildung 18.8: Bearbeiten einer Tabelle in der Entwicklungsumgebung

 Die Änderung von Spaltennamen (Feldnamen) einer eingebundenen Tabelle ist jederzeit möglich und wird in der App (auch bei zugewiesenen Feldern) automatisch nachgezogen. In der Entwicklungsumgebung von Power Apps ist dazu gegebenenfalls eine Aktualisierung der Datenquelle erforderlich (siehe oben).

Datenquellen mischen

Es gibt hin und wieder Anwendungen, wo Sie unterschiedliche Datenquellen mischen möchten, beispielsweise dann, wenn es zwischen den Tabellen beispielsweise eine Beziehung gibt. In einem solchen Fall bietet es sich an, auf der App-Oberfläche als Strukturelement einen Container einzufügen, dem Sie dann wiederum die unterschiedlichen Datenquellen in Form eines Kataloges (Gallery) zuweisen.

Auf diese Art können Sie die Inhalte mehrerer Datenquellen anzeigen und bearbeiten. Zudem haben Sie über den zugewiesenen Container die Möglichkeit der gemeinsamen Darstellung oder der zusammenhängenden Veränderung des Designs.

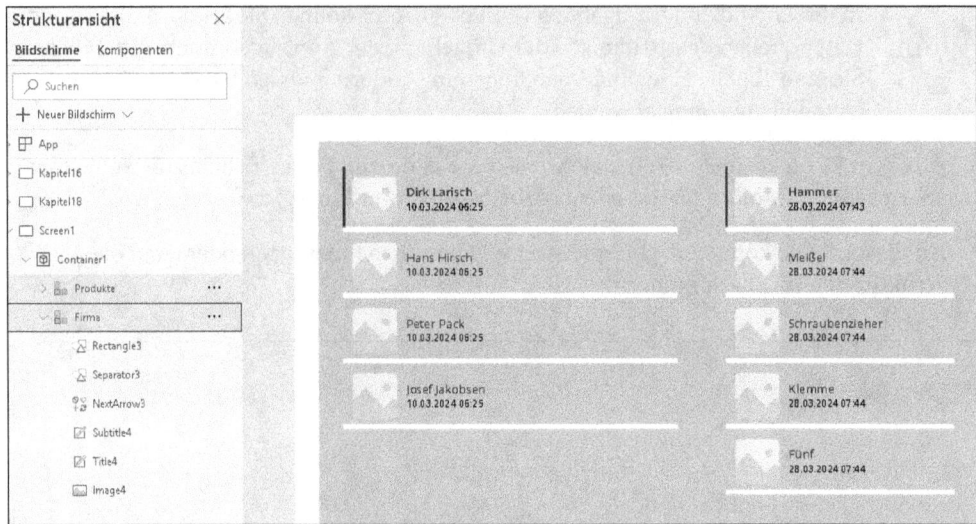

Abbildung 18.9: Container zur Aufnahme von zwei Datenquellen

 Innerhalb eines einzelnen Kataloges (Gallery) können Sie standardmäßig keine Feldinhalte aus unterschiedlichen Datenquellen anzeigen oder bearbeiten.

Namensvergabe der Strukturelemente

Grundsätzlich sollten Sie bei der App-Entwicklung darauf achten, dass Sie den verwendeten Struktur- oder Steuerelementen »sprechende« Namen zuweisen. Dabei unterliegen Sie jedoch einer Einschränkung, denn innerhalb einer Anwendung kann ein Name nicht zweimal vergeben werden.

Dies ist wichtig zu beachten, Sie werden seitens Power Apps auch darauf hingewiesen. Beachten Sie bei der Namensvergabe darauf, dass die Namen aller Objekte einer Entwicklungsumgebung von Power Apps zwingend eindeutig sein müssen. Diese bezieht sich also somit auf die Struktur- oder Steuerelemente, aber ebenso auch auf die Namen eingebundener Datenquellen oder auch auf Variablennamen.

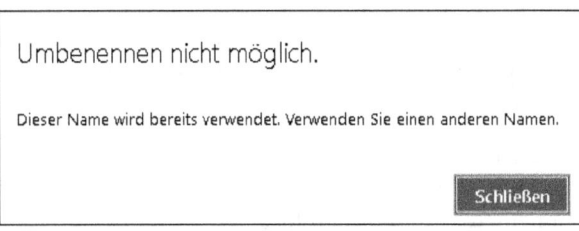

Abbildung 18.10: Fehlermeldung beim Umbenennen eines Strukturelements

Eine Besonderheit ergibt sich, wenn Sie eine Datenquelle in Ihre App-Umgebung einbinden, deren Ursprungsname bereits vergeben ist (zum Beispiel als Name eines Strukturelements). In dem Fall versieht Power Apps die Datenquelle in der App mit einem temporären Namen, beispielsweise mit einer angehängten Ziffer (_1). Dies gilt aber nur für die App-Entwicklungsumgebung, der Name der Ursprungs-Datenquelle wird dadurch nicht verändert.

Angaben zur Namensvergabe in einer Entwicklungsumgebung von Power Apps und Vorschläge zur Berücksichtigung spezieller Namenskonventionen bei der Variablenverwaltung enthält das Kapitel 12 dieses Buches.

Verbindungen zu Datenquellen

Bei der Einbindung von Datenquellen innerhalb einer Anwendung haben Sie jederzeit die Möglichkeit, auf sogenannte Verbinder zuzugreifen und diese innerhalb der App auch einzurichten und zu aktivieren. Um benötigte Verbindungen, die Sie gegebenenfalls in unterschiedlichen Anwendungen benötigen, jederzeit zur Verfügung zu haben, bietet es sich an, diese auf Systemebene, sprich der Startseite von Power Apps, festzulegen und zu konfigurieren.

Einrichtung und Konfiguration

Es gibt mittlerweile eine Vielzahl von vordefinierten Verbindungen, auf die Sie bei der App-Erstellung in Power Apps zugreifen können, um damit auch Systeme anzubinden, die nicht Teil der Microsoft-365-Umgebung sind.

1. Wenn Sie auf der Startseite von Power Apps den Punkt VERBINDUNGEN anwählen, werden die aktuell aktiven Verbindungen des angemeldeten Benutzers angezeigt. Dies sind die Verbindungen, die aktuell abschließend konfiguriert sind und in Anwendungen eingesetzt werden oder werden könnten.

2. Mit der Option NEUE VERBINDUNG (oben) rufen Sie eine Liste aller aktuell verfügbaren Systemverbindungen auf, zu denen es bereits von Microsoft (und Partnern) vorkonfigurierte Verbindungseinstellungen gibt.

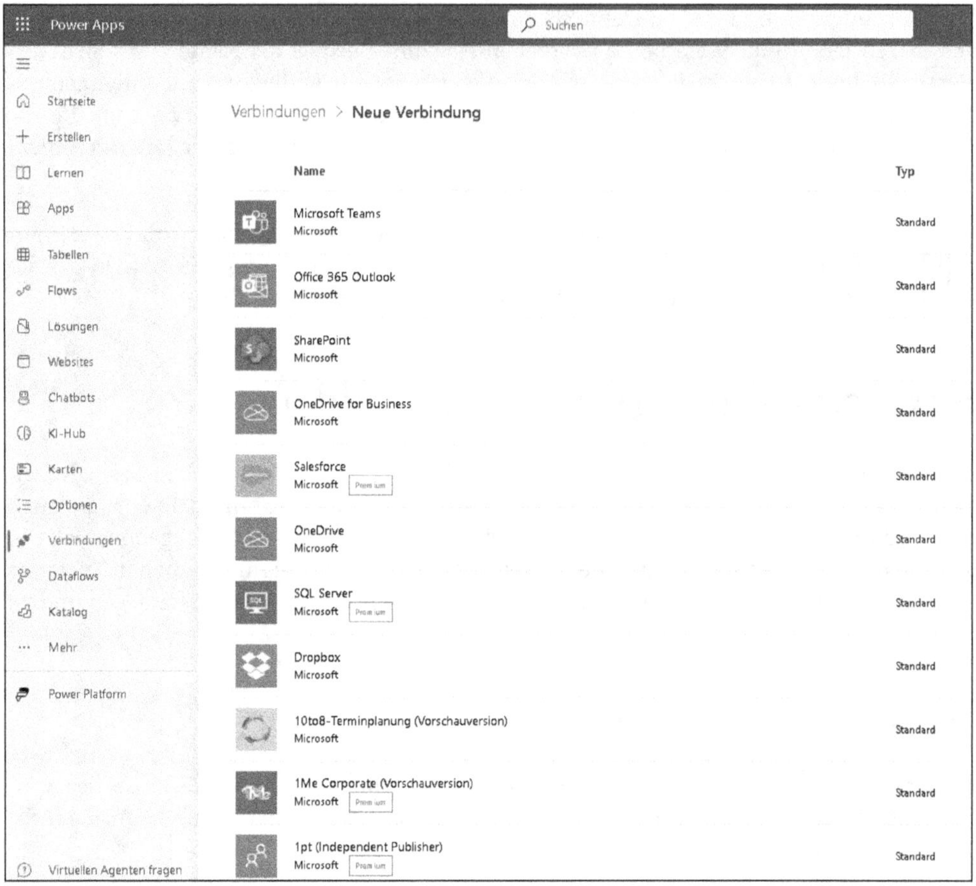

Abbildung 18.11: Auszug vorkonfigurierter Verbindungen

Verbindungsbezeichnungen mit einem Premium-Symbol (Diamant) oder dem Schriftzug *Premium* deuten darauf hin, dass mit dem Einsatz zusätzliche Lizenzkosten verbunden sind.

3. Über das Suchfeld in der rechten oberen Ecke können Sie an dieser Stelle den Namen einer Verbindung eingeben, die Sie konfigurieren möchten. Sobald Sie in dieses Suchfeld die ersten Buchstaben eingeben, erfolgt eine Filterung der vorkonfigurierten Verbindungen.

4. Sofern die gesuchte Verbindung angezeigt wird, können Sie diese durch Anklicken auswählen und in den nächsten Schritten die abschließende Konfiguration vornehmen. In Abhängigkeit vom gewählten Verbindungstyp gehören dazu wenigstens die Bestätigung, dass die Verbindung erstellt werden soll (ERSTELLEN). Zudem müssen Sie in der Regel die Anmeldeinformationen des gewählten Dienstes oder der gewählten Verbindung angeben.

KAPITEL 18 Auswahl einer M365-Datenquelle   255

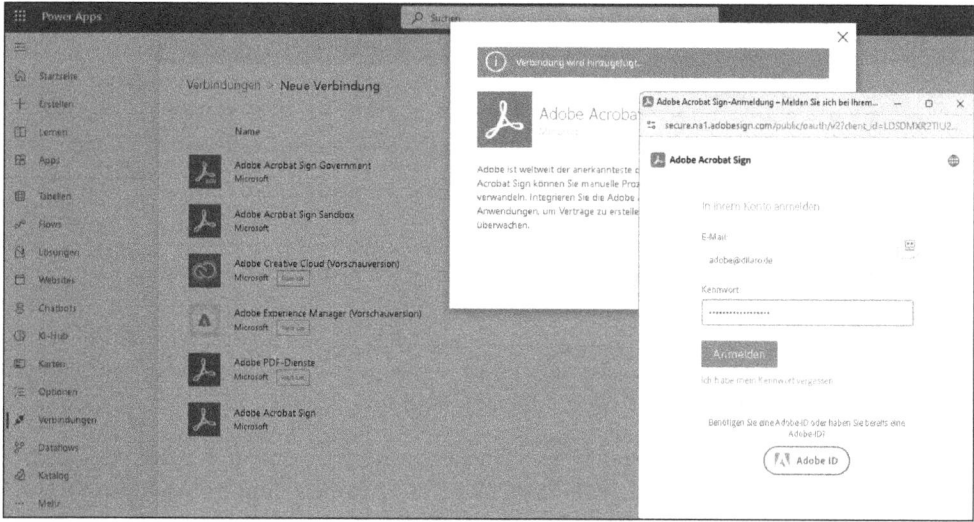

Abbildung 18.12: Eingabe der Konfigurationsdaten einer neuen Verbindung

Nach Abschluss der Konfiguration haben Sie die Voraussetzung geschaffen, die entsprechende Verbindung ab sofort in den einzelnen Anwendungen zu nutzen und die damit verbundenen Dienste über die Option DATEN-VERBINDER abzurufen.

Bei den vorkonfigurierten Diensten oder Verbindungen gibt es einige, die ohne jedwede Anmeldeinformationen genutzt werden können (zum Beispiel MSN Wetter). Auf diese Art können Sie beispielsweise in Ihrer Anwendung aktuelle Wetterdaten zur Verfügung stellen.

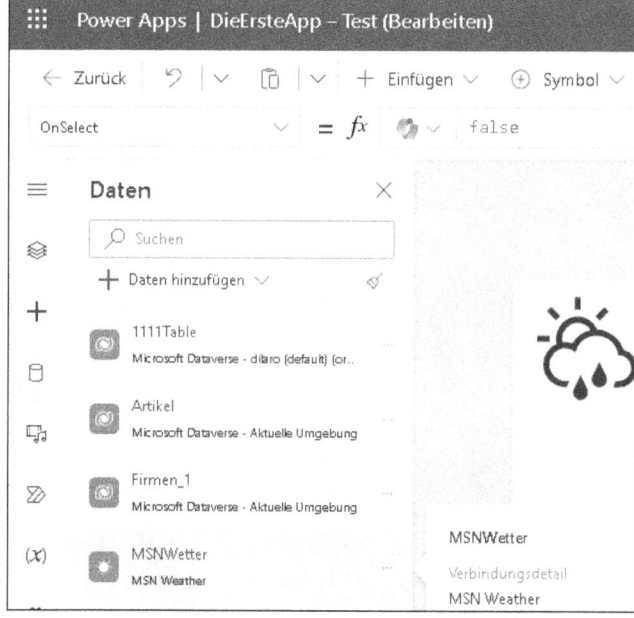

Abbildung 18.13: Aktuelle Wetterdaten in einer App

Verbindungen, die Sie beispielsweise in Power Apps konfigurieren, sind grundsätzlich auch in anderen Anwendungen der Power Platform verfügbar (zum Beispiel Power Automate). Dabei müssen Sie aber immer darauf achten, dass Verbindungen umgebungsspezifisch konfiguriert werden. Sobald Sie die Umgebung wechseln, müssen Sie eine benötigte Verbindung in der anderen Umgebung gegebenenfalls neu konfigurieren.

Überblick über die Nutzung

Insbesondere wenn Sie eine Vielzahl von konfigurierten Verbindungen nutzen, ist es wichtig, den Überblick nicht zu verlieren. Power Apps (und Power Automate) unterstützt Sie dabei, indem Sie sich die Verwendung einer Verbindung anzeigen lassen können.

Um sich die Nutzung einer Verbindung anzeigen zu lassen, müssen Sie zunächst in der Aufstellung der für die Umgebung konfigurierten Verbindungen die gewünschte anklicken.

Im nachfolgenden Fenster erhalten Sie zunächst weitergehende Angaben (DETAILS) zur gewählten Verbindung. Nachdem Sie im oberen Bereich den Punkt oder das Register APPS, DIE DIESE VERBINDUNG VERWENDEN anwählen, erscheinen die zugeordneten Anwendungen, die aktuell die gewählte Verbindung nutzen.

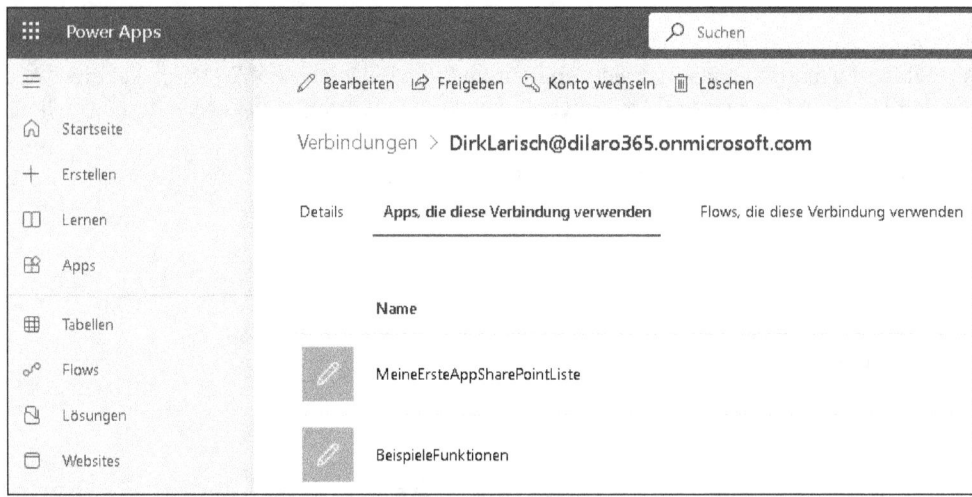

Abbildung 18.14: Angaben zur Verwendung einer Verbindung

Durch Anklicken der Bezeichnung einer App in der Verwendungsaufstellung können Sie direkt in den Detail- oder Konfigurationsbereich einer App wechseln.

 Im Dialog zur Nutzung einer App können Sie sich mit der Option FLOWS, DIE DIESE VERBINDUNG VERWENDEN auch die Workflows auflisten lassen, die beispielsweise in Power Automate die gewählte Verbindung nutzen.

Freigabe

Jede Verbindung, die Sie in Ihrer Umgebung konfiguriert haben, können Sie grundsätzlich auch für weitere Dienste freigeben, um sie dort nutzen zu können. Wählen Sie dazu die Verbindung in der Aufstellung der Verbindungen durch Anklicken an.

Nachdem Sie im nachfolgenden Konfigurationsdialog die Option FREIGEBEN angewählt haben, müssen Sie im nachfolgenden Dialogfenster den Namen oder die ID-Nummer der App angeben, die mit einer entsprechenden Identität oder Authentifizierungsmethode (Dienstprinzipal) verbunden werden soll. Dabei können Sie die Anfangsbuchstaben des entsprechenden Dienstes eingeben, worauf unmittelbar ein Auswahlfeld mit den Suchergebnissen erscheint.

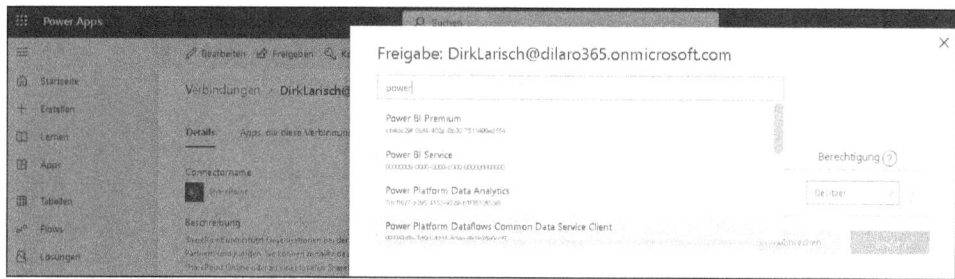

Abbildung 18.15: Auswahl eines Verbindungstyps für die Freigabe

Als Dienstprinzipal wird in der Entra-ID-Welt eine Identität oder Authentifizierungsmethode, die verwendet werden kann, um Anwendungen oder Diensten den Zugriff auf bestimmte Ressourcen zu ermöglichen. Auf diese Art können dann beispielsweise in Power Apps Verbindungen zu Datenquellen hergestellt werden, ohne dafür gesonderte Anmeldedaten zu benötigen.

Nach der Auswahl und Bestätigung des Verbindungstyps durch Anklicken können Sie im nächsten Schritt die Zugriffsart oder Berechtigungsstufe auswählen. Dabei ist es natürlich wichtig, sich des Umstands bewusst zu machen, dass mit der Zuweisung der explizite Zugriff anhand der definierten Zugangskennung erfolgt.

Abbildung 18.16: Individuelle Einstellung der Freigabe

Anmeldekonto ändern

Verbindungen werden – genau wie Apps – in der Regel mit der Kennung des angemeldeten Benutzers eingerichtet oder definiert. Dies ist unter Umständen nicht immer sinnvoll und nützlich. Zum einen muss der Anwender damit seine eigenen Anmeldedaten zur Verfügung stellen und zum anderen kann es passieren, dass dieser Anwender einmal das Unternehmen oder die Organisation verlässt und die Kennung damit gelöscht wird.

Um das Konto oder die definierten Authentifizierungsangaben einer Verbindung zu ändern, brauchen Sie diese Verbindung lediglich anzuwählen und können dann mit der Option *Konto wechseln* andere Anmeldedaten eingeben oder auswählen.

Für die Entwicklung von Anwendungen ist es zu empfehlen, diese – und auch den Zugriff auf benötigte Ressourcen wie Verbindungen und so weiter – unter einer Service-Kennung zu konfigurieren.

Verbindung löschen

Es bietet sich an, Verbindungen, die nicht mehr benötigt werden, auch wieder zu löschen. Dies allein schon aus dem Grund der Vermeidung von Wildwuchs, aber insbesondere auch, um die Sicherheit zu erhöhen und im System nicht unnötig »Zombies« verwalten zu müssen.

Um eine bestehende Verbindung zu löschen, müssen Sie diese anwählen und können dann den Punkt LÖSCHEN aus dem oberen Menübereich einsetzen. Alternativ können Sie diese Option auch im Kontextmenü (drei Punkte) der Verbindung auswählen.

Sollte die entsprechende Verbindung noch mit Anwendungen oder auch Workflows (Power Automate) verbunden sein, erscheint dazu im nächsten Arbeitsschritt ein entsprechender Hinweis. Sofern Sie den Löschvorgang bewusst umsetzen möchten, müssen Sie dies an der Stelle mit der Schaltfläche LÖSCHEN bestätigen.

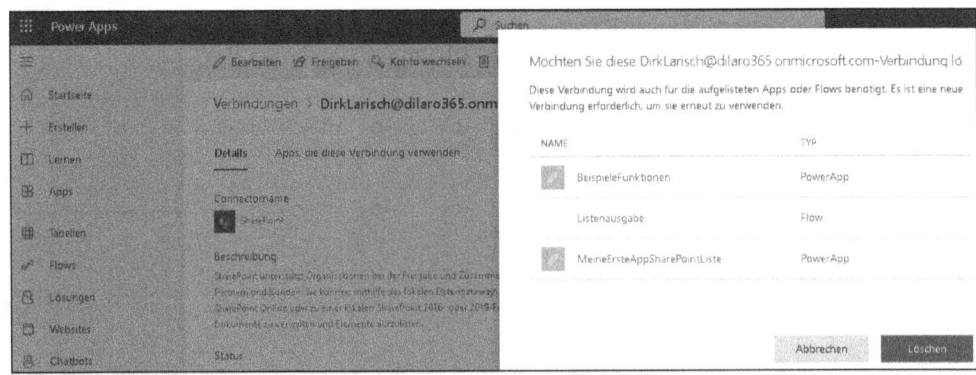

Abbildung 18.17: Hinweis beim Löschen einer Verbindung

Der Hinweis auf die Verwendung einer Verbindung beim Löschen derselben soll das versehentliche Löschen einer Verbindung, die noch im Betrieb ist, verhindern. Vor der Bestätigung des Löschvorgangs sollten Sie unbedingt vorher die Apps oder Workflows auf aktive Nutzung der Verbindung überprüfen.

Datenquelle als Basis einer App-Erstellung

An verschiedenen Stellen dieses Buches finden Sie Beispiele, wo eine bestehende Datenquelle als Grundlage einer App-Entwicklung dient. Dabei kann es sich beispielsweise um eine Excel-Tabelle, eine SharePoint-Liste oder auch um eine Tabelle handeln, die Sie vorab in der Dataverse-Umgebung definiert haben. In dem Zusammenhang ist es wichtig, dass Sie auch während der Erstellung einer App jederzeit eine entsprechende Verbindung aufbauen oder herstellen können.

Möchten Sie also beispielsweise eine App erstellen, bei der Sie auf die Daten einer SharePoint-Liste zugreifen, so können Sie im Hauptmenü von Power Apps nach Anwahl der Option ERSTELLEN direkt die Kachel oder die Option SHAREPOINT anwählen.

Wenn das System feststellt, dass in der gewählten Umgebung für den Zugriff auf SharePoint noch keine Verbindung besteht, so werden Sie automatisch in den Dialog zum Aufbau einer neuen Verbindung geführt. Dort können Sie dann den entsprechenden Eintrag auswählen und die Konfiguration der benötigten Verbindung vornehmen.

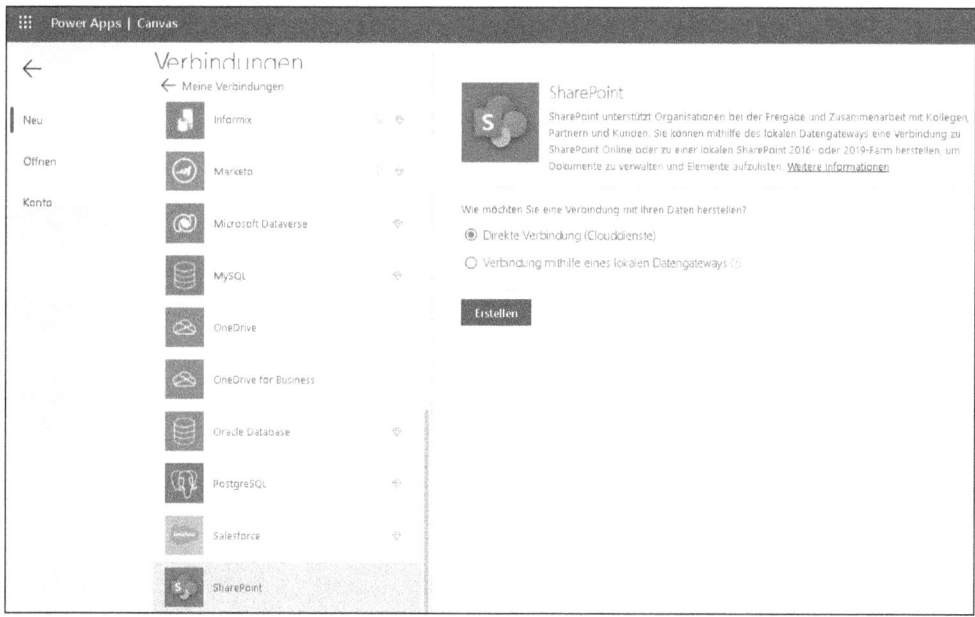

Abbildung 18.18: Verbindungsaufbau bei der App-Erstellung

Der Einsatz von (lokalen) Datengateways kommt immer dann zum Tragen, wenn bestimmte Daten auf On-Premise-Servern, also im eigenen Netzwerkbereich und auf eigener Hardware, abgelegt sind. Angaben zur Installation und Konfiguration von Datengateways erhalten Sie im nachfolgenden Kapitel.

IN DIESEM KAPITEL

Übersicht Verbindungen und Konnektor

Erläuterungen zu API und REST-API

Definition eines benutzerdefinierten Konnektors

Zugriff mit selbst definiertem Konnektor

Kapitel 19
Externe Verbindungen sind das Salz in der Suppe

Neben den von Microsoft vordefinierten Standard-Datenquellen, die bei einer App zum Einsatz kommen können und von denen die wichtigsten im vorhergehenden Kapitel erläutert worden sind, steht Ihnen mit Power Apps (und auch mit Power Automate) auch eine Möglichkeit zur Verfügung, eigene Verbindungskonfigurationen (Konnektoren) zu definieren.

Microsoft selbst gibt an, dass in der Power Platform-Umgebung mittlerweile über eintausend (1000) Verbindungstypen für die Anbindung anderer Datenquellen zur Verfügung stehen. Vor dem Erstellen eigener Konnektoren sollten Sie also ausführlich prüfen, ob es nicht bereits eine vordefinierte Verbindung gibt.

In der Power Platform stehen darüber hinaus mit Einsatz lokaler Datengateways weitergehende Möglichkeiten für den nahezu unbegrenzten Zugriff auf beliebige Datenquellen zur Verfügung. So bleibt im Grunde genommen keine Datenquelle vor dem Zugriff durch Power Fx (oder Power Automate) »verschont« und Ihnen steht somit jederzeit der Zugriff auf eigene Datenquellen zur Verfügung.

Benutzerdefinierte Konnektoren

Die Definition selbsterstellter Verbindungen (Konnektoren) stellt in einer Microsoft-365-Umgebung eine hervorragende Möglichkeit dar, die Flexibilität in Bezug auf die Datenverarbeitung nahezu unbegrenzt zu erweitern. Microsoft selbst gibt an, dass in der Power Platform-Umgebung mittlerweile über eintausend (1000) Verbindungstypen für die Anbindung anderer Datenquellen zur Verfügung stehen. Deshalb sollten Sie vor dem Erstellen eigener Konnektoren ausführlich prüfen, ob es nicht bereits eine vordefinierte Verbindung gibt.

Ein wenig Theorie vorab!

Bevor Sie im nächsten Abschnitt lernen, wie Sie in Power Apps einen eigenen, benutzerdefinierten Konnektor anlegen, sollten Ihnen einige Begrifflichkeiten und Zusammenhänge klar sein.

Der Konnektor (Verbinder) ist die Verbindungsschicht zwischen der Power Platform und der Fremd-Anwendung oder der entsprechenden Schnittstelle (API=*Application Programming Interface*) der Anwendung. Damit ist ein benutzerdefinierter Konnektor letztlich nichts anderes als eine Anwendungsschnittstelle oder Vermittlungsschicht (Proxy), die den Zugriff auf eine API über entsprechende Parameter und die Angabe der Rahmenbedingungen definiert.

So können Sie mit benutzerdefinierten Konnektoren auf APIs zugreifen, die öffentlich oder von den eingesetzten (lokalen) Anwendungen verwaltet werden. Auf diese Art können Sie mit Anwendungen der Power Platform (zum Beispiel Power Apps) auf externe Dienste oder Daten zugreifen.

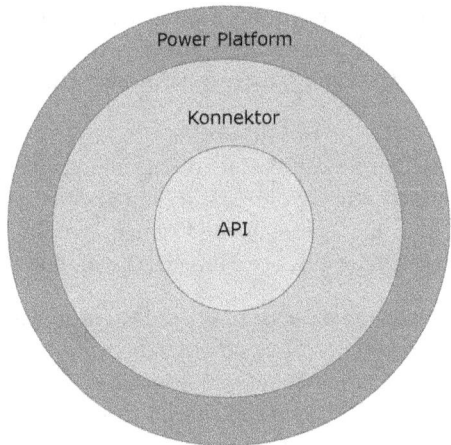

Abbildung 19.1: Schema der Konnektoren für den externen Datenzugriff

Um eine Anwendungsschnittstelle, die mit dem Konnektor kommuniziert, explizit zu erstellen, kommt sehr oft eine Schnittstelle auf Basis der sogenannten REST-API (*Representational State Transfer*) zum Einsatz. REST-API hat sich als Standard etabliert, wenn es darum geht, auf Daten, Inhalte oder sonstige Ressourcen über eine Web-URL (*Uniform Ressource Locator*), also über den Einsatz von Webdiensten (Webservices) zuzugreifen.

Eine REST-API (*Representational State Transfer*) wird in der Literatur auch oft mit dem Begriff RESTful-API umschrieben.

Eine entsprechende Definition einer REST-API-URL kann beispielsweise wie folgt lauten:

`https://dilaro.de/benutzer/chef`

Für die einzelnen Dateiaktionen stellt eine REST-API verschiedene »http-Methoden« zur Verfügung; diese orientieren sich an den sogenannten CRUD-Operationen (**C**reate, **R**ead, **U**pdate, **D**elete). Folgende Tabelle zeigt die Übersicht und Zuordnung zur entsprechenden http-Methode:

Aktion	Anweisung	http-Methode
Erstellen	Create	post
Lesen	Read	get
Aktualisieren	Update	put
Löschen	Delete	delete

Tabelle 19.1: http-Zugriffsmethoden einer REST-API

Der Einsatz von REST-APIs ermöglicht eine saubere Trennung zwischen dem Server oder der Serveranwendung und seinen Daten und dem Client, der die Anfrage an den Server stellt. Der Client kennt dabei nur die Adresse und Zugriffsmethode, ohne dass er dabei auf andere Weise mit der Anwendung interagieren könnte; so werden keinerlei spezielle Serversitzungen oder -anbindungen benötigt.

REST-APIs sind eine flexible und leichte Möglichkeit, Anwendungen zu integrieren und Komponenten in Architekturen mit Webdiensten (Webservices) zu verbinden. Sie sind weit verbreitet und ermöglichen die Kommunikation zwischen verschiedenen Diensten und Anwendungen.

Konfiguration eines neuen Konnektors

Für die Konfiguration einer benutzerdefinierten Verbindung oder eines Konnektors (*Connector*) innerhalb der Power Platform stellt Microsoft entsprechende Assistenten zur Verfügung. Bevor Sie in der Power Platform einen neuen (benutzerdefinierten) Konnektor konfigurieren, benötigen Sie zwingend ausführliche Angaben und eine Beschreibung über die anzubindende Schnittstelle (API).

Um beispielsweise in der Power-Apps-Umgebung einen neuen Konnektor zu definieren, müssen Sie im Hauptmenü den Punkt BENUTZERDEFINIERTE KONNEKTOREN anwählen.

Sollte der Eintrag BENUTZERDEFINIERTE KONNEKTOREN nicht angezeigt werden, müssen Sie den entsprechenden Menüpunkt über die Option MEHR abrufen, dann ALLE ENTDECKEN anklicken und nach unten scrollen, um den entsprechenden Punkt zu finden. Alternativ finden Sie den Punkt auch auf Ebene einer ausgewählten Lösung, dort in dem Menü NEU.

Nach dem Aufruf des Assistenten müssen Sie im ersten Schritt die Option NEUER BENUTZERDEFINIERTER CONNECTOR (oben) anklicken, worauf ein Untermenü erscheint, in dem Sie ART DER VERBINDUNG auswählen müssen.

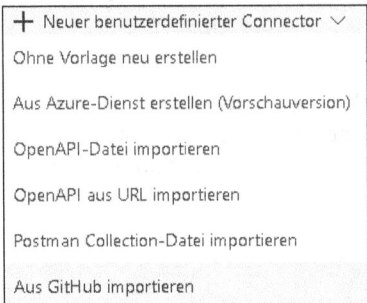

Abbildung 19.2: Auswahl einer Verbindungsart

 Handelt es sich bei dem Konnektor um eine Verbindung für den Zugriff auf eine Fremdanwendung, so werden Sie an der Stelle in der Regel die Option OHNE VORLAGE NEU ERSTELLEN einsetzen.

In Abhängigkeit vom gewählten Verbindungstyp sind die einzelnen Arbeitsschritte teilweise sehr unterschiedlich. Auf der Einstiegsseite des Konnektor-Assistenten wird auf jeden Fall ein Name (oben), eine Beschreibung und die Adresse des Servers (Host) festgelegt oder angegeben; zudem erfolgt hier in der Regel auch die Form des Zugriffs auf den Webdienst (verschlüsselt oder nicht?).

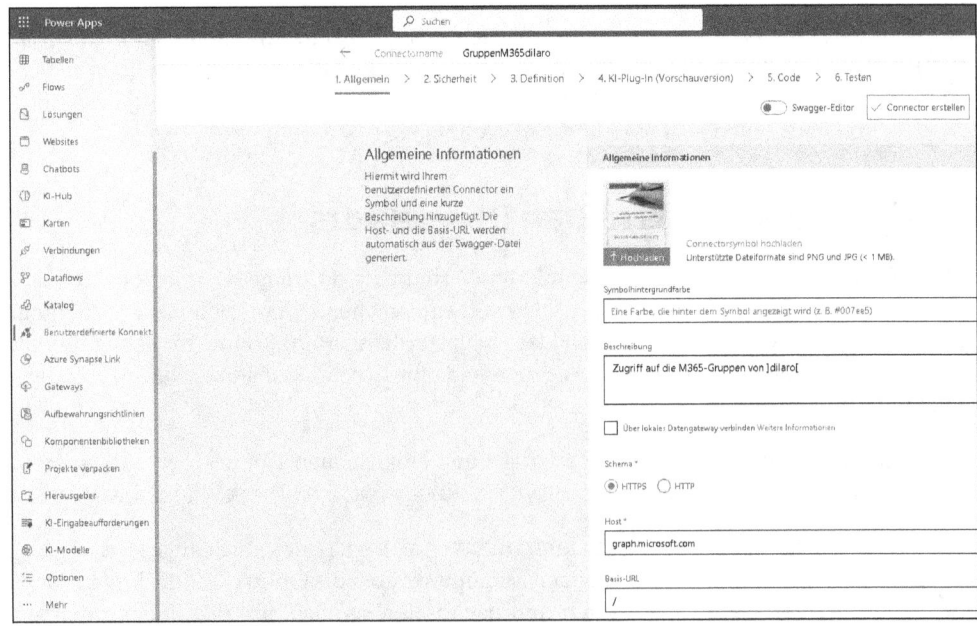

Abbildung 19.3: Beispiel-Einstiegsseite des Konnektor-Assistenten

Über die verschiedenen Reiter (Register) im oberen Fensterbereich (SICHERHEIT, DEFINITION und so weiter) können Sie die einzelnen Aufgaben zur Definition des Konnektors nacheinander abarbeiten.

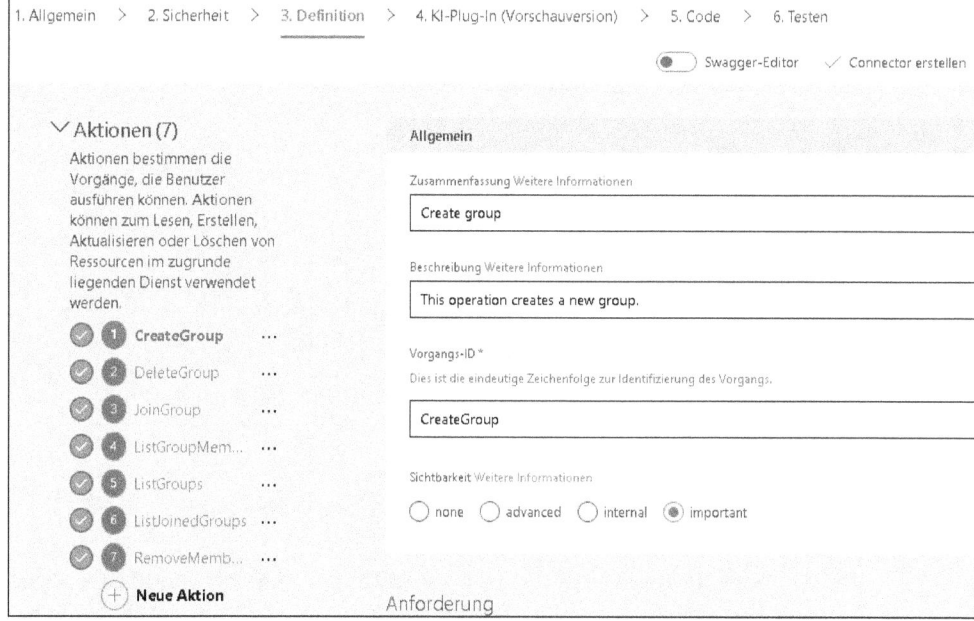

Abbildung 19.4: Definierte Aktionen eines Konnektors

Nachdem Sie die Definition des Konnektors abgeschlossen haben, können Sie diesen über die Option CONNECTOR ERSTELLEN anlegen und im System speichern. Dabei haben Sie nach Erstellung innerhalb des Assistenten auch die Möglichkeit, den neuen Konnektor direkt zu testen (oben).

Benutzerdefinierter Konnektor im Praxiseinsatz

Sofern die Definition des neuen Konnektors erfolgreich war, erscheint der Name der Neu-Definition auch direkt bei der Anzeige der Verbindungen. So können Sie beispielsweise im Hauptmenü von Power Apps (oder auch in Power Automate) den Punkt VERBINDUNGEN aufrufen, um das zu überprüfen.

Darüber hinaus können Sie aber natürlich auch in der Entwicklungsumgebung von Power Apps direkt auf die neue Verbindung zugreifen und diese nutzen. Rufen Sie dazu dort den Menübereich DATEN auf und suchen dann nach dem Namen des neu definierten Konnektors.

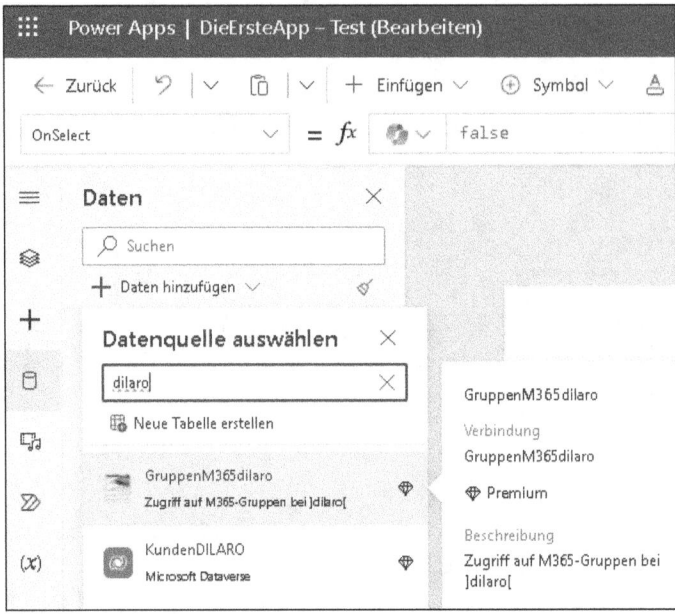

Abbildung 19.5: Neuer Konnektor in der Entwicklungsumgebung von Power Apps

 Der Weg oder die Vorgehensweise in einer Anwendung für den Zugriff auf externe Datenquellen über selbstdefinierte Konnektoren gestaltet sich exakt so wie bei internen Datenquellen einer Microsoft-365-Umgebung (siehe dort).

Konnektor in anderer Umgebung

Sobald Sie einen benutzerdefinierten Konnektor definiert haben, ist dieser in der aktuell gewählten Umgebung verfügbar. Möchten Sie einen solchen Konnektor auch in anderen Umgebungen Ihrer Power Platform nutzen, so müssen Sie diesen exportieren und wieder importieren, wozu Sie in Power Apps (Power Automate) das Prinzip der Lösungen (*Solutions*) einsetzen müssen.

1. Wählen Sie dazu in der Umgebung mit dem benutzerdefinierten Konnektor eine entsprechende Lösung an und wechseln Sie so in die Detailansicht der Lösung. Den Menüpunkt LÖSUNGEN finden Sie sowohl im Hauptmenü von Power Apps als auch auf der Startseite von Power Automate.

2. Auf der Konfigurationsseite der Lösung müssen Sie dann im oberen Bereich die Option VORHANDENE HINZUFÜGEN anklicken.

3. Es erscheint ein Untermenü, in dem Sie dann den Punkt AUTOMATISIERUNG-BENUTZERDEFINIERTER CONNECTOR auswählen müssen.

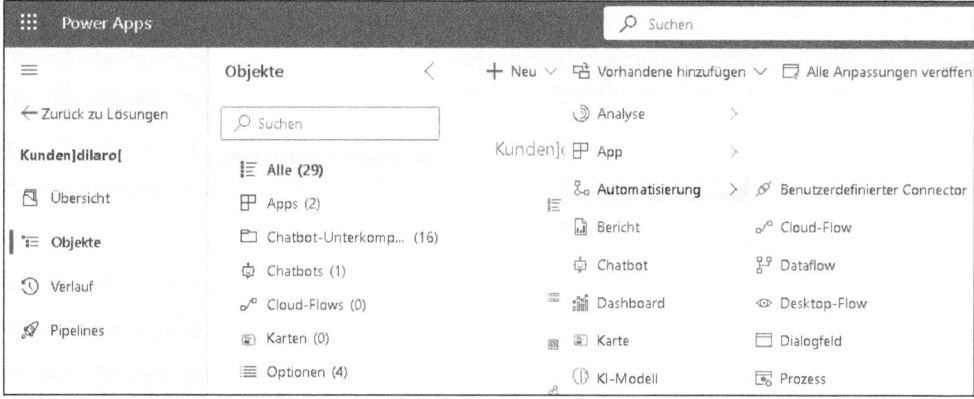

Abbildung 19.6: Untermenü zur Konnektorauswahl

4. Im nächsten Schritt werden die benutzerdefinierten Konnektoren der gewählten Umgebung angezeigt; dort müssen Sie den oder die gewünschten Konnektoren durch Ankreuzen (Markieren) auswählen.

5. Nach Bestätigung der Auswahl mit der Schaltfläche HINZUFÜGEN, werden die gewählten Konnektoren der Lösung hinzugefügt.

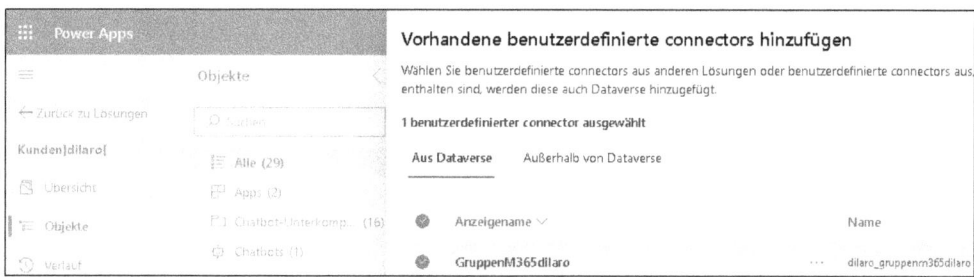

Abbildung 19.7: Auswahl eines selbstdefinierten Konnektors

Auf diese Art wird nicht nur die Menüauswahl auf Lösungsebene um den Eintrag BENUTZERDEFINIERTE CONNECTOREN ergänzt, sondern damit haben Sie auch eine Möglichkeit, über den Export und Import der entsprechenden Lösung den benutzerdefinierten Konnektor in eine andere Umgebung zu überführen.

 Angaben über den Ex- und Import von Objekten und zum Einsatz von Lösungen, um Ressourcen in andere Umgebungen zu transferieren, enthalten die Kapitel 24 und 25 dieses Buches.

Lokale Datengateways

Im vorhergehenden Kapitel 18 haben Sie erfahren, dass beim Zugriff auf Daten, die innerhalb eines Unternehmens oder einer Organisation gespeichert sind und den internen Bereich nicht verlassen sollen, sogenannte Datengateways zum Einsatz kommen können. Auf diese Weise soll insbesondere der Sicherheit der Daten Rechnung getragen und der direkte Datenzugriff (Durchgriff) auf eine Datenbank oder Ähnliches von extern vermieden und beispielsweise geschäftskritische Daten nicht zwingend in der Cloud abgelegt werden.

Mit Einsatz entsprechender Gateways wird eine Brücke zwischen den in einem Unternehmen oder einer Organisation abgelegten Daten und der entsprechenden Microsoft-365-Umgebung geschaffen. So können mit einem lokalen Gateway mehrere Anwender auf die lokal gespeicherten Daten in Anwendungen der Power Platform (zum Beispiel Power Apps, Power Automate, Power BI) zugreifen; dennoch behalten Sie die Datenhoheit innerhalb des Unternehmens oder der Organisation.

Neben dem lokalen Gateway steht auch ein sogenanntes persönliches Gateway (*Gateway personal mode*) zur Verfügung, dessen Daten jedoch nicht mit anderen Anwendern geteilt werden können und aktuell nur mit Power BI funktioniert.

Installation

Für die Installation eines Gateways zum Datenaustausch zwischen einer lokalen Datenvorhaltung und der Microsoft-365-Umgebung stellt Microsoft das Programm *GatewayInstall.exe* zur Verfügung. Dieses Programm finden Sie auf den Webseiten und können es sich beispielsweise unter folgendem Link herunterladen:

https://go.microsoft.com/fwlink/?LinkId=2116849&clcid=0x409

Aus der Praxis empfiehlt es sich, für die Installation des Datengateways einen dedizierten Server zu verwenden.

1. Mit dem Aufruf des oben genannten Programms startet die Installation des Gateways auf dem entsprechenden Rechner (Server), wobei Sie zunächst ein Verzeichnis für die Programmdateien angeben müssen.

2. Nach Bestätigung der Nutzungsbedingungen können Sie die eigentliche Installation mit Einsatz der Schaltfläche INSTALLIEREN beginnen.

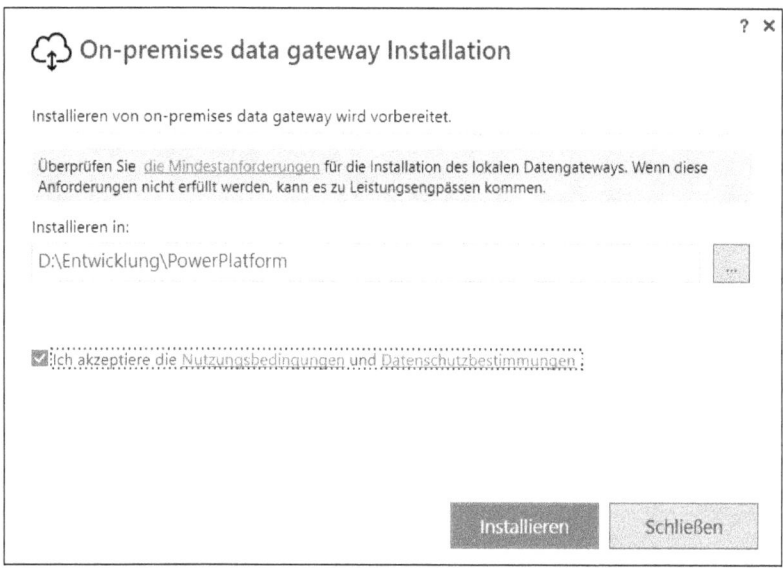

Abbildung 19.8: Einstiegsseite zur Gateway-Installation

Konfiguration

Sobald alle Programmdateien kopiert worden sind, wird anschließend automatisch aus dem Programmverzeichnis das Konfigurationsprogramm (*EnterpriseGatewayConfigurator.exe*) aufgerufen.

 Das Konfigurationsprogramm des Gateways (*EnterpriseGatewayConfigurator.exe*) befindet sich im Programmverzeichnis und kann jederzeit manuell aufgerufen werden.

1. Zur Konfiguration müssen Sie zunächst ein sogenanntes Organisationskonto der Microsoft-365-Umgebung eingeben, in der das Gateway installiert werden soll.

2. Hier bietet es sich an, für das Gateway vorab in Entra ID (Azure AD) ein separates Konto mit entsprechenden Berechtigungen anzulegen. Diese Kontoangabe muss eingetragen und dies mit der Schaltfläche ANMELDEN bestätigt werden.

Abbildung 19.9: Authentifizierung am Konfigurationsprogramm des Gateways

 Für die Authentifizierung des Gateways an der Domäne oder dem Tenant sollten Sie auf keinen Fall das Administrator-Konto der Microsoft-365-Umgebung verwenden. Optimal ist die Anlage eines eigenständigen Accounts, der nur für den Gateway-Dienst verwendet wird.

3. Nach erfolgter Authentifizierung erscheint ein weiteres Dialogfenster, in dem abgefragt wird, ob ein neues Gateway installiert oder auf bestehende Gateways zugegriffen werden soll.

4. Für die Neu-Registrierung müssen Sie im nächsten Schritt die Option REGISTRIEREN SIE EIN NEUES GATEWAY AUF DIESEM COMPUTER anwählen.

5. Als Nächstes können Sie im folgenden Konfigurationsbereich einen Namen für das Gateway eingeben. Zusätzlich müssen Sie einen sogenannten Wiederherstellungsschlüssel definieren, den Sie benötigen, wenn die Gateway-Konfiguration einmal wiederhergestellt werden muss.

 Der Wiederherstellungsschlüssel dient dem Wiederherstellen eines Gateways, indem damit die Anmeldeinformationen für das Gateway zusätzlich verschlüsselt werden.

6. Sobald alle Eingaben getätigt und dies mit der Schaltfläche KONFIGURIEREN bestätigt wurde, erscheint eine Zusammenfassung der Konfiguration. Gleichzeitig wird im nachfolgenden Fenster angezeigt, für welche Anwendungen und Dienst das Gateway verfügbar ist oder genutzt werden kann.

KAPITEL 19 Externe Verbindungen sind das Salz in der Suppe   271

Abbildung 19.10: Vorgaben zur Konfiguration des Gateways

Abbildung 19.11: Zusammenfassung verfügbarer Dienste

Im Fenster mit der Zusammenfassung der Gateway-Konfiguration können im linken Fensterbereich über die einzelnen Register die Einstellungen abgerufen oder die Konfigurationen angepasst werden.

Einsatz des Gateways

Nachdem die Installation und Konfiguration eines lokalen Gateways abgeschlossen ist und eine Erfolgsmeldung über den Start des entsprechenden Dienstes erscheint (siehe oben), können Sie im Power Platform Admin Center die weitere Konfiguration vornehmen.

1. Wählen Sie im Hauptmenü des Power Platform Admin Centers den Punkt DATEN an, so wird das neu installierte Gateway angezeigt.

2. Als Nächstes müssen Sie die Verwaltung des Tenants (MANDANTENVERWALTUNG) aktivieren; dazu dient der Schieberegler in der Ecke oben rechts.

3. Wählen Sie in der Aufstellung der verfügbaren Gateways den Namen des Gateways an und wählen Sie dann im oberen Menübereich den Punkt BENUTZER VERWALTEN an (alternativ über das Kontextmenü).

4. Im nachfolgenden Dialogfenster können Sie dann Benutzer mit entsprechenden Berechtigungen zuweisen, die das Gateway nutzen sollen.

5. Bei Anwahl eines Benutzers können direkt die entsprechenden Rechte zugewiesen werden, wobei folgende Berechtigungsstufen zur Verfügung stehen:

    VERBINDUNGSERSTELLER

    Ermöglicht die Erstellung von Datenquellen und Verbindungen (Konnektoren).

    VERBINDUNGSERSTELLER MIT FREIGABE

    Ermöglicht die Erstellung von Datenquellen und Verbindungen (Konnektoren); diese können dann auch für andere Anwender freigegeben werden.

    ADMINISTRATOR

    Ermöglicht die Erstellung von Datenquellen und Verbindungen (Konnektoren), deren Freigabe und die Verwaltung des Gateways.

Abbildung 19.12: Zuweisung von Benutzern und Berechtigungen

KAPITEL 19 Externe Verbindungen sind das Salz in der Suppe

Bei der Zuweisung von Benutzern können Sie auch definierte Benutzergruppen (M365-Gruppen, Sicherheitsgruppen) auswählen, für die entsprechende Berechtigungen zugewiesen werden sollen.

6. Unterhalb der Auswahl der Berechtigungsstufen können Sie dann für jeden Benutzer oder jede Gruppe festlegen, welche Datenverbindungen (für Power Apps und Power Automate) genutzt werden können. Standardmäßig sind hier alle verfügbaren Typen oder Systeme ausgewählt, was Sie aber an dieser Stelle auch sehr einfach einschränken können.

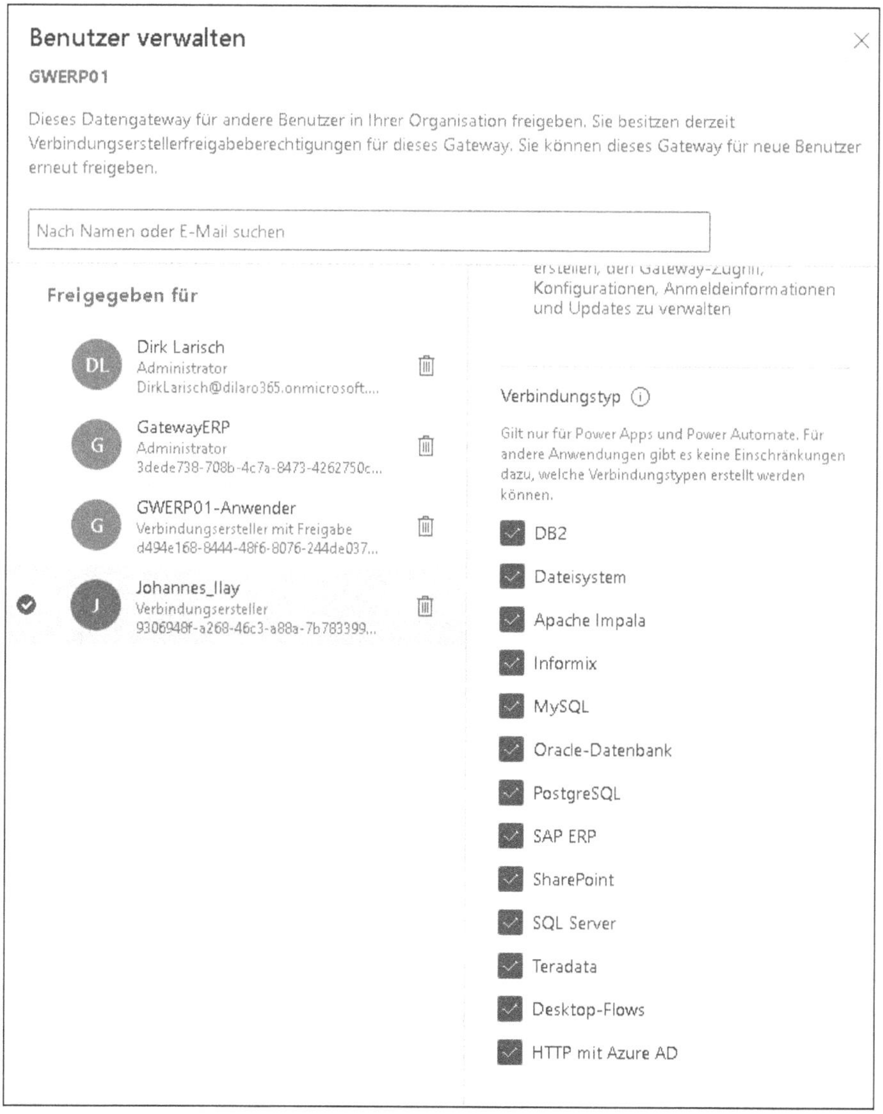

Abbildung 19.13: Zuordnung der Verbindungstypen

Administratoren eines Gateways erhalten grundsätzlich immer alle Berechtigungen und den Zugriff auf alle verfügbaren Verbindungstypen.

7. Mit Bestätigung der Zuweisungen über die Schaltfläche TEILEN erhalten die ausgewählten Benutzer und Gruppen die Berechtigung zur Nutzung des Gateways.

8. Die weiteren Konfigurationsschritte erfolgen dann wiederum in Power Apps (oder Power Automate). Dort werden mit Anwahl des Menüpunktes GATEWAYS die definierten Gateways angezeigt.

9. Nach Auswahl eines definierten Gateways können Sie über den Punkt FREIGEBEN auch hier weiteren Benutzern oder Gruppen entsprechende Berechtigungen zuweisen.

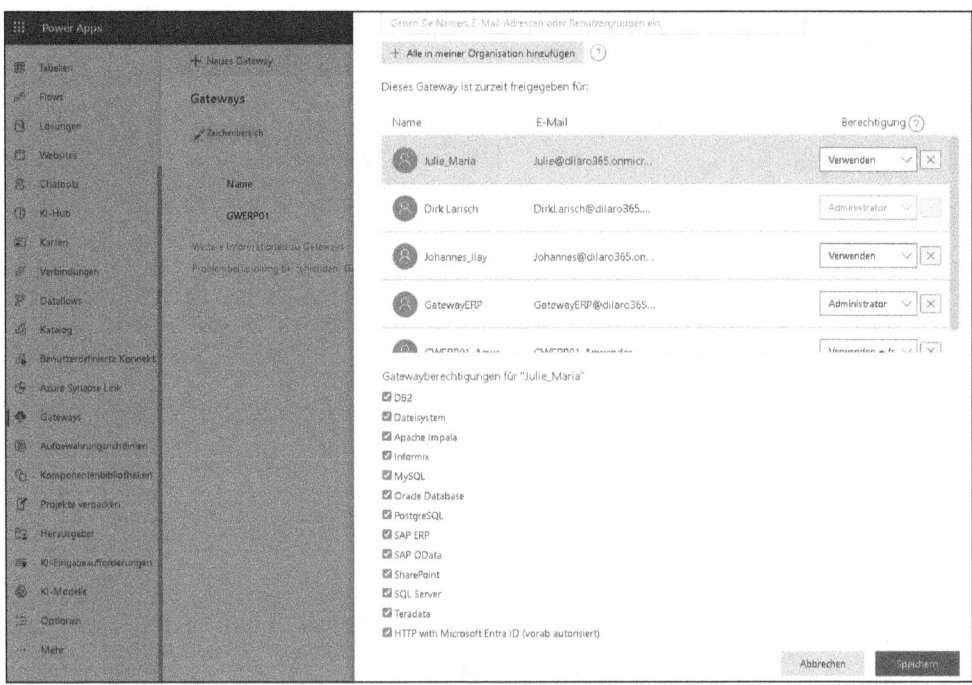

Abbildung 19.14: Benutzerzuweisungen in Power Apps

10. Um auf ein definiertes Gateway bei der Definition also der Erstellung eines benutzerdefinierten Konnektors zuzugreifen, müssen Sie im ersten Konfigurationsfenster der neuen Verbindung die Option ÜBER LOKALES DATENGATEWAY VERBINDEN durch Ankreuzen auswählen, so wie in der folgenden Abbildung beispielhaft dargestellt.

KAPITEL 19 Externe Verbindungen sind das Salz in der Suppe

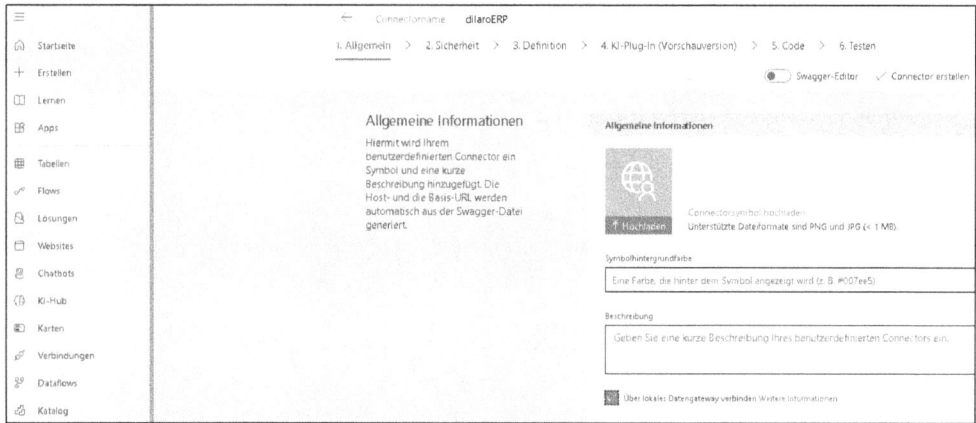

Abbildung 19.15: Auswahl Datengateway bei der Konnektorkonfiguration

11. Sobald der Konnektor für die Gateway-Anbindung angelegt wurde, können Sie neue Verbindungen definieren, die die Gateway-Anbindung verwenden. Legen Sie beispielsweise in Power Apps (oder Power Automate) eine neue SharePoint-Verbindung an, können Sie in der Konfiguration festlegen, dass die Verbindung über ein Gateway erfolgt.

12. Zusätzlich müssen Sie dann noch das gewünschte Gateway auswählen und die Angaben zur Authentifizierung vorgeben, so wie nachfolgend beispielhaft dargestellt.

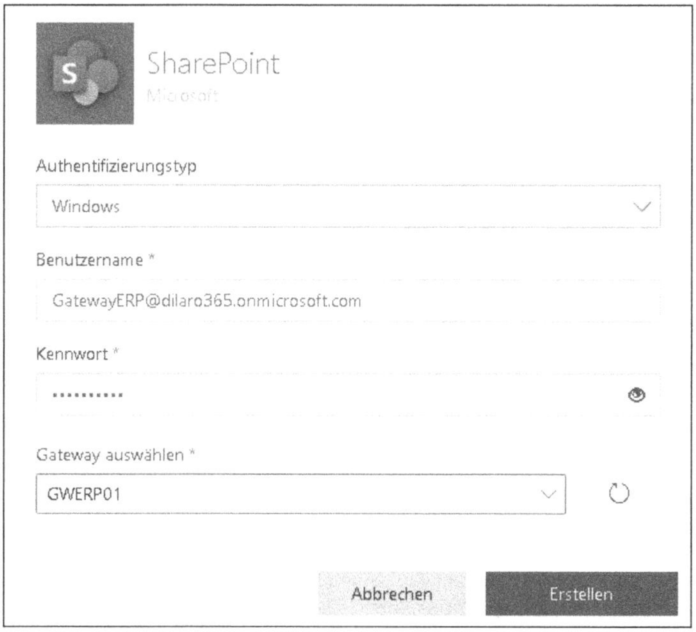

Abbildung 19.16: SharePoint-Verbindung mit Gateway-Bezug

13. Sobald Sie die neue Verbindung definiert oder angelegt haben, können Sie diese anschließend – wie gewohnt – direkt in der Entwicklungsumgebung von Power Apps nutzen. Weisen Sie der entsprechenden App die entsprechende Verbindung zu und greifen Sie dann auf deren Inhalt zu.

Abbildung 19.17: Gateway-Zugriff in der Entwicklungsumgebung von Power Apps

> **IN DIESEM KAPITEL**
>
> Power Apps und Power Automate in der Interaktion
>
> Nutzung von SharePoint-Listen
>
> Power-Apps-Integration in SharePoint
>
> App-Aufruf in Microsoft Teams
>
> App-Einsatz in Power BI

Kapitel 20
Interaktion mit anderen Microsoft-Produkten

Das gesamte Potenzial kann Power Apps mit der integrierten Sprache Power Fx insbesondere dann entfalten, wenn die entsprechenden Funktionalitäten in Zusammenspiel mit anderen Anwendungen einer Microsoft-365-Umgebung eingesetzt werden. So ermöglicht diese Integration oder Interaktion mit anderen Microsoft-Produkten die Möglichkeiten der mit Power Apps erstellten Anwendungen erheblich. Sehr interessant sind solche Interaktionen, wenn zwischen den beteiligten Anwendungen Daten ausgetauscht werden können.

SharePoint

SharePoint ist eine webbasierte Plattform für die Zusammenarbeit und das Dokumentenmanagement. In SharePoint können Sie Power Apps zum einen verwenden, um benutzerdefinierte Formulare für Ihre SharePoint-Listen zu erstellen, und zum anderen, um Daten aus Ihren SharePoint-Listen in Ihre Apps zu integrieren.

SharePoint-integrierte Funktionen

Microsoft stellt in SharePoint integrierte Möglichkeiten für den Zugriff und die Nutzung von Power Apps zur Verfügung. Diese integrierten Optionen beziehen sich sowohl auf SharePoint-Listen als auch auf Bibliotheken, die Sie mit SharePoint einsetzen und verwalten können.

Standardformular einer SharePoint-Liste

In einer Liste lässt sich das Erfassungs- oder Bearbeitungsformular aus SharePoint anpassen, wobei innerhalb von SharePoint folgende Arbeitsschritte erforderlich sind:

1. Um beispielsweise bei einer SharePoint-Liste das standardmäßig vorhandene Formular eines Listenelements anzupassen, müssen Sie zunächst einmal die entsprechende Liste anwählen.

2. Im nächsten Schritt müssen Sie dann das Menü INTEGRIEREN (oben) und dort den Punkt POWER APPS anwählen.

3. Es erscheint ein Untermenü, in dem Sie dann durch Anklicken den Punkt FORMULARE ANPASSEN auswählen müssen.

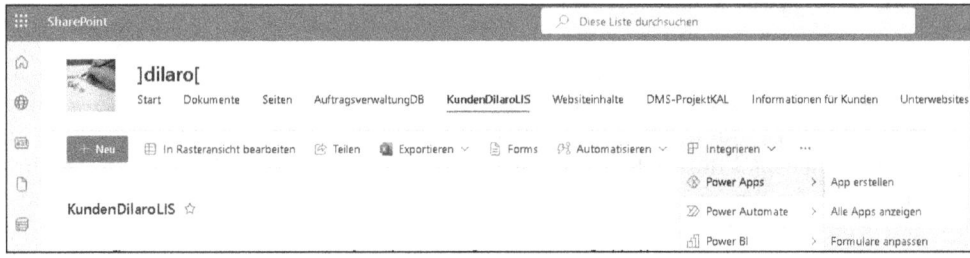

Abbildung 20.1: Menüauswahl zur Formularanpassung

Wenn Sie sich in SharePoint bereits in dem Standardformular eines Datensatzes befinden, können Sie dort auch im oberen Bereich (drei Punkte) den Punkt MIT POWER APPS ANPASSEN anklicken.

4. Dadurch wird automatisch die Oberfläche von Power Apps aufgerufen und nach einem kurzen Moment erscheint das Standardformular der gewählten SharePoint-Liste (sofern dieses vorher noch nicht angepasst worden ist).

5. An der Stelle stehen Ihnen nahezu alle Funktionalitäten von Power Apps zur Verfügung, um entsprechende Anpassungen am Formular vorzunehmen. So können Sie beispielsweise die Maske um einen Begrüßungstext erweitern oder auch die Eingaben um zusätzliche Angaben ergänzen.

KAPITEL 20 Interaktion mit anderen Microsoft-Produkten

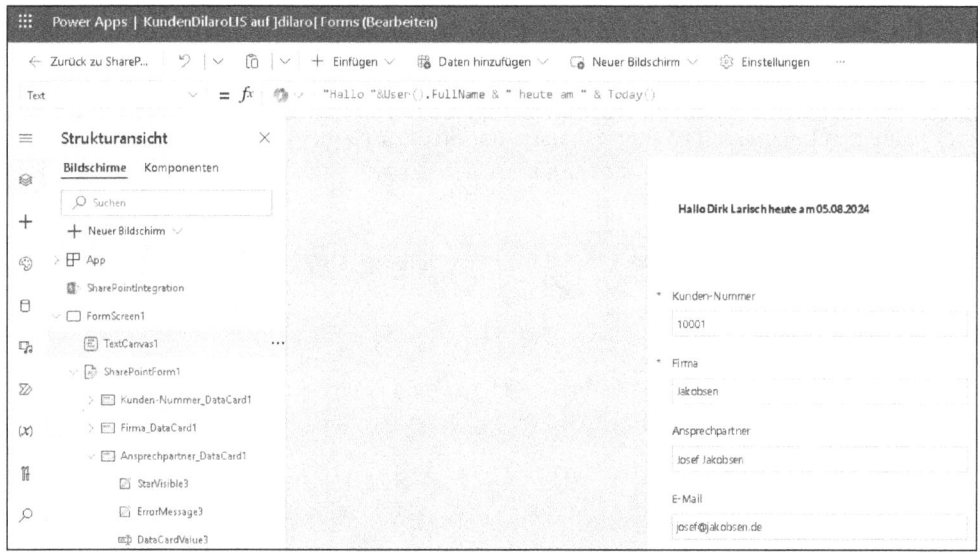

Abbildung 20.2: Ergänzung eines Standardformulars um einen Begrüßungstext

6. Vor der Bearbeitung einzelner Felder oder Feldbeschreibungen der Bearbeitungsmaske (Standardformular) kann es erforderlich sein, dass Sie diese Felder vorab entsperren. Wählen Sie dazu den entsprechenden Eintrag oder das entsprechende Strukturelement an.

7. Im nächsten Schritt wählen Sie im rechten Eigenschaften-Bereich das Register ERWEITERT an.

8. Sofern das gewählte Strukturelement gesperrt ist, erscheint der Hinweis ZUM ÄNDERN VON EIGENSCHAFTEN ENTSPERREN. Diesen Eintrag oder das zugehörige Schlosssymbol müssen Sie anklicken, um das angewählte Strukturelement zu entsperren.

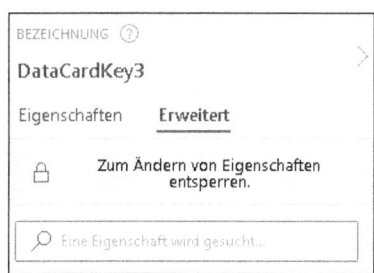

Abbildung 20.3: Option zum Entsperren eines Strukturelements

Sofern ein Feldeintrag oder ein Strukturelement entsperrt werden muss, erscheint beim Versuch der Bearbeitung automatisch ein entsprechender Hinweis.

9. Nach dem Entsperren können Sie dann das Strukturelement (Feld oder Feldbezeichnung) den Wünschen entsprechend anpassen, so, wie in der folgenden Abbildung beispielhaft dargestellt.

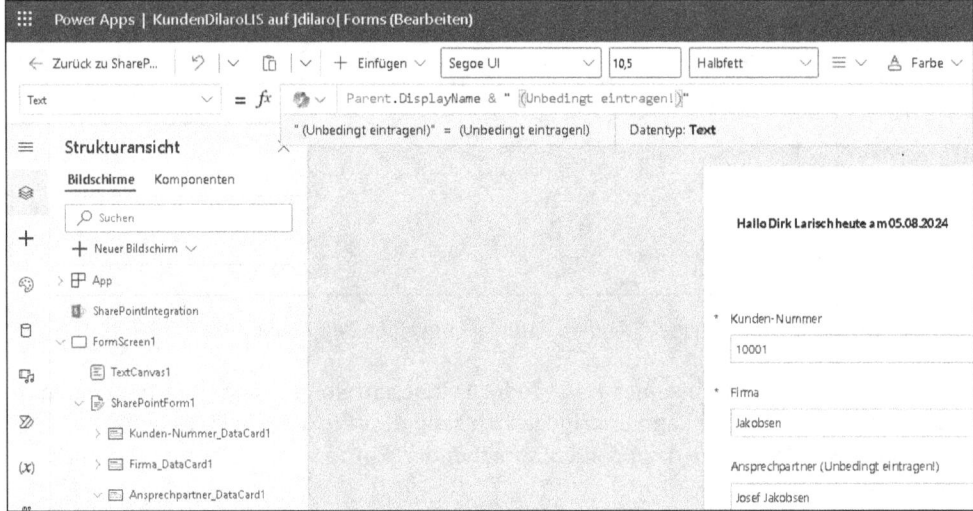

Abbildung 20.4: Textanpassung einer Feldbezeichnung

10. Über das Strukturelement SHAREPOINTFORM1 können Sie an der Stelle auch zusätzliche Felder hinzufügen oder auch direkt das Layout anpassen.

11. Nachdem Sie an dem SharePoint-Bearbeitungsformular die gewünschten Anpassungen vorgenommen haben, gelangen Sie über die Schaltfläche ZURÜCK ZU SHAREPOINT (links oben) wieder zurück in die SharePoint-Umgebung der ausgewählten Liste.

12. Vorab müssen Sie in Power Apps die Übernahme der Änderungen mit der Option SPEICHERN UND VERÖFFENTLICHEN bestätigen oder freigegeben.

13. Das angepasste Formular steht somit allen Benutzern mit entsprechender Berechtigung für die SharePoint-Liste zur Verfügung.

Abbildung 20.5: Mit Power Apps angepasstes Standardformular einer SharePoint-Liste

 Ein mit Power Apps angepasstes Formular wird in einer SharePoint-Liste sowohl bei der Neuanlage eines Datensatzes als auch bei der Änderung aufgerufen.

Neue App aus einer SharePoint-Liste

Neben der Anpassung des Standardformulars einer SharePoint-Liste mithilfe von Power Apps, so wie im vorhergehenden Abschnitt beschrieben, können Sie auch direkt aus einer SharePoint-Liste eine neue App erstellen. Gehen Sie dazu wie folgt vor:

1. Wählen Sie zunächst in der SharePoint-Oberfläche die entsprechende Liste an.

2. Aus dem Menü INTEGRIEREN (oben) müssen Sie dann im nächsten Schritt im Untermenü POWER APPS den Punkt APP ERSTELLEN anklicken.

282 TEIL IV Power Fx in der praktischen Anwendung

Abbildung 20.6: Menüpunkt zum Erstellen einer neuen App

3. Innerhalb der SharePoint-Oberfläche erscheint am rechten Rand ein separates Fenster, in dem Sie zunächst einmal einen Namen für die neu zu erstellende Anwendung eingeben müssen.

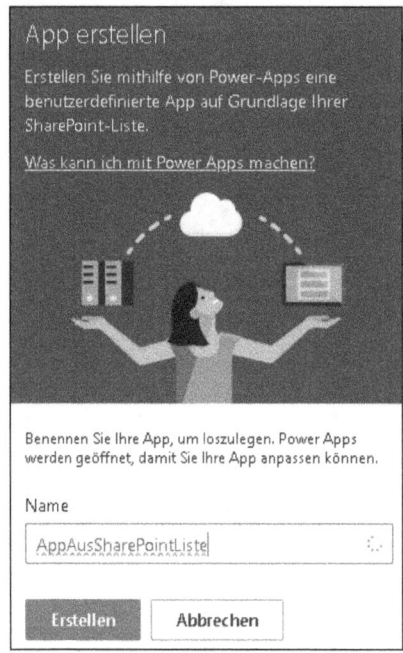

Abbildung 20.7: Eingabe eines Namens für die neue App

Bei der Namenseingabe wird automatisch überprüft, ob bereits eine App mit dem Namen existiert; auf diese Weise soll eine Doppel-Namensvergabe verhindert werden.

4. Nach Bestätigung der Eingabe über die Schaltfläche ERSTELLEN wird die Oberfläche von Power Apps aufgerufen. Dabei wird auf Basis der Listendefinition, also der darin enthaltenen Felder, eine Standard-Anwendung erstellt.

5. Die erstellte Standard-Anwendung erfüllt durch Verwendung unterschiedlicher Bildschirme (Screens) alle Anforderungen, um die Daten anzeigen und bearbeiten zu können.

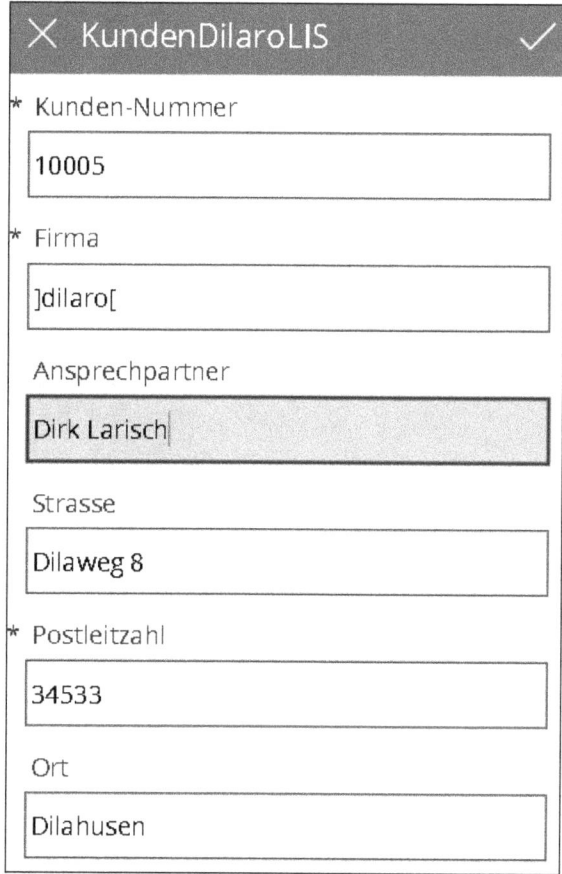

Abbildung 20.8: Bildschirm zur Bearbeitung der Daten einer SharePoint-Liste

 Die hier dargestellte Vorgehensweise zum Erstellen einer App aus einer bestehenden SharePoint-Liste entspricht dem Anlegen einer neuen App, bei der eine SharePoint-Liste als Quelle verwendet wird, so, wie dies in Kapitel 3 dieses Buches ausführlich dargestellt wird.

Die so erstellte App wird in Microsoft 365 automatisch in der Default-Umgebung der Power Platform abgelegt. Der Zugriff darauf kann entweder direkt aus Power Apps erfolgen oder über die SharePoint-Liste und das Menü INTEGRIEREN und der anschließend Auswahl von POWER APPS-ALLE APPS ANZEIGEN, wodurch in die Power-Apps-Umgebung verzweigt wird.

SharePoint-Standardformular

Sollte Ihnen beim Anpassen des Standard-Formulars einer SharePoint-Liste ein Fehler unterlaufen oder Sie gern auf das ursprüngliche Standardformular zurückwechseln wollen, können Sie dies in den Konfigurationseinstellungen der SharePoint-Liste vornehmen.

1. Wählen Sie zunächst die SharePoint-Liste an und aktivieren Sie dann im Eigenschaften-Menü (Zahnradsymbol) den Punkt LISTENEINSTELLUNGEN.

2. Im Bereich ALLGEMEINE EINSTELLUNGEN wählen Sie dann den Punkt FORMULAREINSTELLUNGEN an.

3. In Einstellungen der Liste müssen Sie dann die Option DAS SHAREPOINT-STANDARDFORMULAR VERWENDEN anwählen.

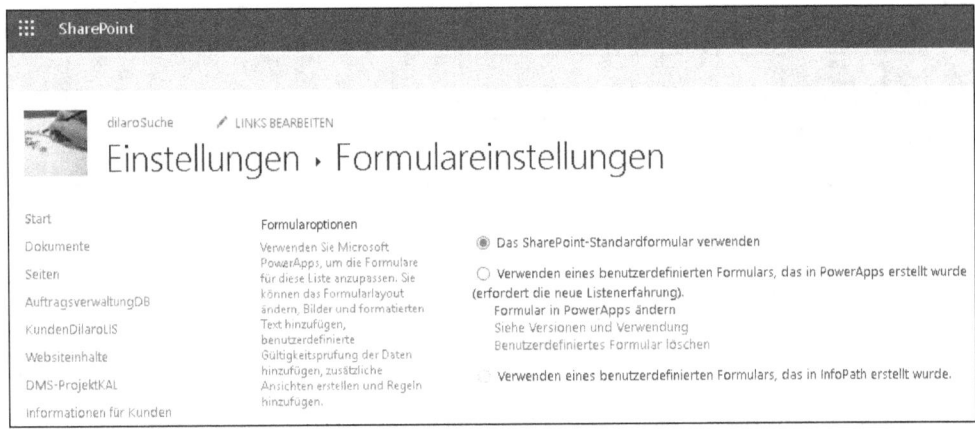

Abbildung 20.9: Zurücksetzen auf das SharePoint-Standardformular

4. Mit Bestätigung über die Schaltfläche OK wird das SharePoint-Standardformular für die gewählte Liste wiederhergestellt.

 Mit der Option BENUTZERDEFINIERTES FORMULAR LÖSCHEN können Sie an der Stelle beim Zurücksetzen des Formulars alle selbst definierten Anpassungen auch direkt aus dem System entfernen.

Listen-Formular optimieren

Das benutzerdefinierte Formular zur Bearbeitung einer SharePoint-Liste lässt sich natürlich auch noch weiter optimieren. So kann ein solches Formular nicht nur vom Design angepasst werden, sondern da es sich um eine App handelt, können Sie dort auch eine Logik hinterlegen, die bei der Datenbearbeitung unterstützt.

Alle Änderungen an dem Formular einer SharePoint-Liste beziehen sich nur auf die Erfassung oder Bearbeitung der Daten. Eine Änderung an der ursprünglichen Listenstruktur wird damit nicht vorgenommen.

1. Zunächst einmal sollten Sie aus der SharePoint-Liste über den Punkt INTEGRIEREN-POWER APPS-FORMULARE ANPASSEN in den Modus zur Bearbeitung des Formulars wechseln.

2. Um im ersten Schritt eine andere Sortierung der Felder zu erreichen, müssen Sie in Power Apps das Strukturelement SHAREPOINTFORM1 anwählen.

3. Im Optionen-Menü des Strukturelementes, das beim Überfahren des oberen Bereichs mit der Maus erscheint, sollten Sie die Option FELDER anwählen. Alternativ können Sie bei angewähltem Strukturelement auch im rechten Eigenschaften-Bereich die Angabe bei FELDER (… ausgewählt) anklicken.

4. Es erscheint die Darstellung der aktuell im Formular angezeigten Felder. Um an dieser Stelle die Position eines Feldes im Formular zu verändern, müssen Sie das Feld anklicken und bei gedrückter linker Maustaste (*Drag & Drop*) an die gewünschte Position verschieben. Alternativ können Sie das Kontextmenü (drei Punkte) der einzelnen Felder anwählen und daraus dann die Option NACH OBEN VERSCHIEBEN oder NACH UNTEN VERSCHIEBEN anwählen.

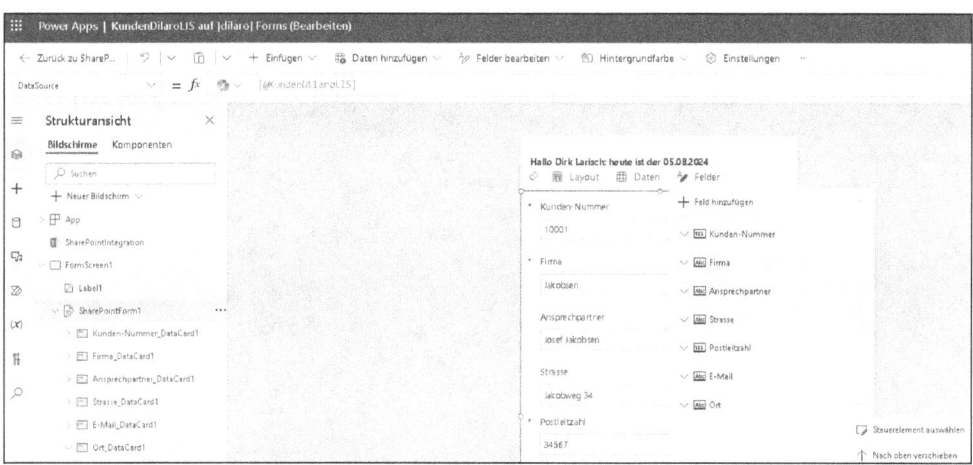

Abbildung 20.10: Ändern der Feldanordnungen in Power Apps

5. Um das generelle Aussehen des Formulars anzupassen, müssen Sie das Strukturelement für den Bildschirm (FORMSCREEN1) anwählen.

6. Im nächsten Schritt wählen Sie dann den Menüpunkt DESIGNS (oben) an, worauf die in Power Apps definierten Standard-Designs angezeigt werden.

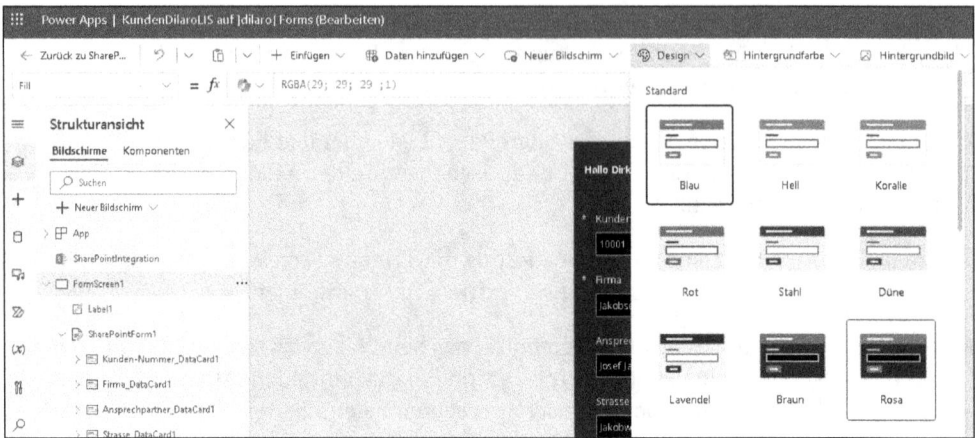

Abbildung 20.11: Änderung des Aussehens durch Design-Auswahl

7. Mit einem Doppelklick auf einen Designtyp wird dieser ausgewählt und das Formular entsprechend angepasst.

8. Die Auswahl eines Design-Typs vereinfacht die Veränderung des Aussehens eines Formulars. Aber natürlich können Sie das Aussehen des Formulars auch manuell verändern, indem Sie nach Auswahl der entsprechenden Strukturelemente über das Eigenschaften-Menü oder über entsprechende Power-Fx-Anweisungen in der Befehlszeile die gewünschten Anpassungen vornehmen.

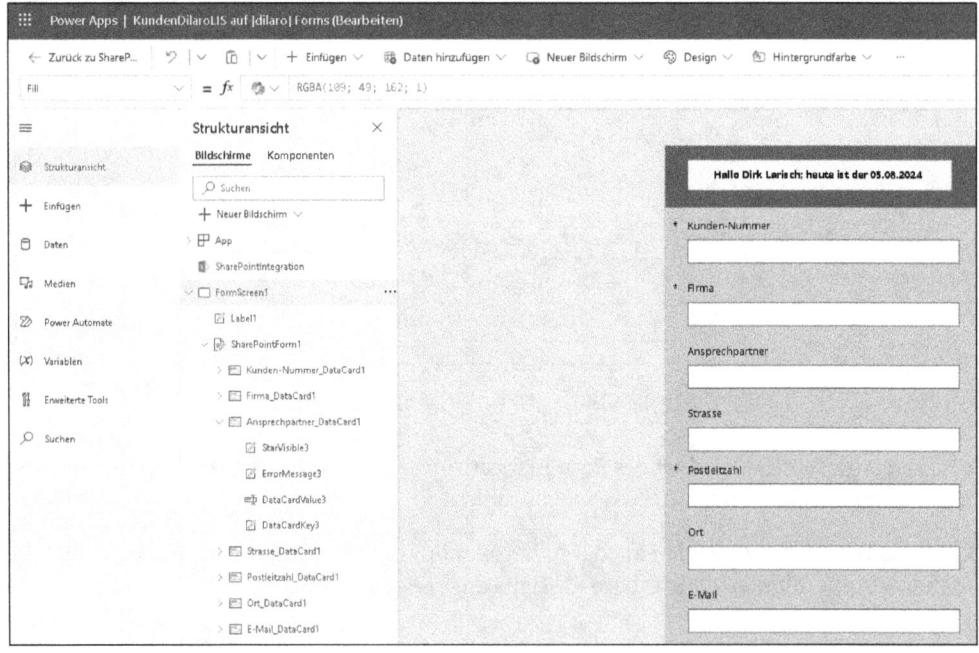

Abbildung 20.12: Manuell angepasstes Aussehen eines Formulars

9. Um in das Formular eine Ablauflogik zu integrieren, können Sie beispielsweise auch die Inhalte der Felder während der Bearbeitung überprüfen. Angenommen Sie möchten, dass ein Umsatzfeld mit roter Farbe markiert wird, wenn der Wert einen bestimmten Betrag unterschreitet, dann können Sie beispielsweise den Container (DataCard) des Feldes anwählen.

10. Wählen Sie dann die Eigenschaft FILL des Feldes aus (links oben) und geben Sie in die Befehlszeile eine Anweisung der folgenden Art ein:

    ```
    If(Value (DataCardValue8.Text)<10000 And !IsBlank(DataCardValue8);Color.Red;RGBA(0; 0; 0; 0))
    ```

    Um an dieser Stelle die unterschiedlichen Formen der Farbzuweisung zu demonstrieren, erfolgen diese in der Anweisung einmal mit der Anweisung *Color* und zum Zweiten über *RGBA*.

11. Diese Anweisung bewirkt, dass bei einem Umsatzwert im Feld *DataCardValue8* kleiner als 10000 die Darstellung des Feldinhaltes des angewählten Container-Elementes in roter Farbe, andernfalls in der zugewiesenen Farbe des übergeordneten Containers dargestellt wird; die folgende Abbildung zeigt dies beispielhaft:

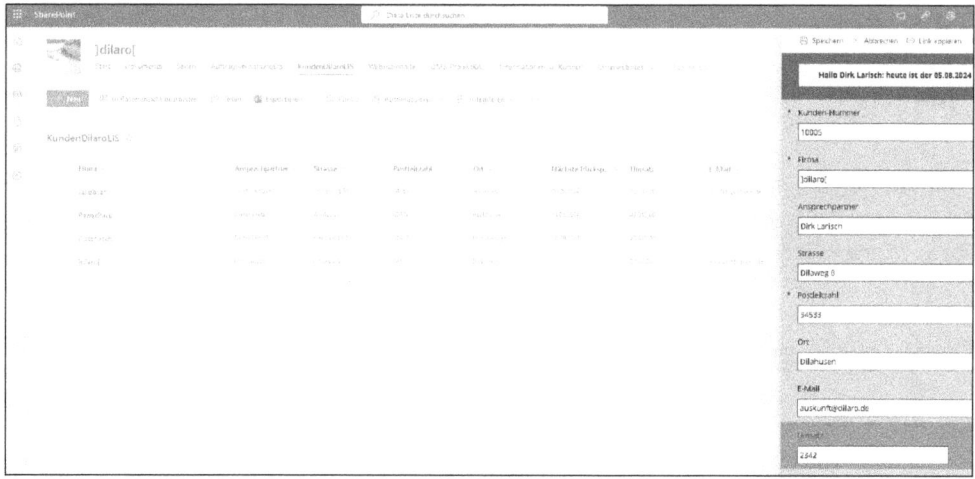

Abbildung 20.13: Angepasste Darstellung in Abhängigkeit vom Feldinhalt

Mit dem folgenden Codeschnipsel in der oben dargestellten Anweisung wird erreicht, dass eine Überprüfung erfolgt, ob das angegeben Feld (Strukturelement) leer ist, um so die Darstellung ebenfalls zu beeinflussen:

```
And !IsBlank(DataCardValue8)
```

12. Mit einer weiteren Definition im Formular soll im Eingabefeld für die Kundennummer sichergestellt werden, dass dort immer eine fünfstellige Zahl eingegeben und die Länge von fünf Ziffern nicht überschritten wird. Dazu müssen Sie zunächst das Strukturelement für das Feld der Kundennummer anwählen.

13. Im rechten Eigenschaften-Bereich wird eine Angabe Maximale Länge angezeigt; hier können Sie nach Anklicken des dazugehörigen Feldes eine Zahl eintragen (hier: 5).

Alternativ können Sie die Eigenschaft MaxLength (links oben) anwählen und dann in die Befehlszeile den gewünschten Wert eintragen.

14. Wechseln Sie anschließend auf den Containereintrag des Feldes Kunden-Nummer und wählen Sie dort das Strukturelement mit der Bezeichnung ErrorMessage aus (zum Beispiel ErrorMessage1).

15. Mithilfe der Funktion *Coalesce* können Sie die Anzeige der Fehlermeldung beeinflussen. Wählen Sie für das gewählte Strukturelement die Eigenschaft Text an (links oben).

16. Tragen Sie dann in die Befehlszeile folgende Anweisung ein:

```
Coalesce(Parent.Error;If(Len(DataCardValue1.Text)<5 And
!IsBlank(DataCardValue1.Text);"Kundennummer muss fünfstellig sein!"))
```

Diese Anweisung bewirkt, dass bei Eingabe einer Kundennummer in das Feld *DataCardValue1*, die kleiner als fünf Zeichen ist, der entsprechende Hinweistext *Kundennummer muss fünfstellig sein!* angezeigt wird.

Die Funktion *Coalesce* übernimmt mehrere Argumente oder Ausdrücke und übergibt das erste, nicht-leere Argument.

Auf diese Weise können Sie ein SharePoint-Formular mit dem Einsatz der Funktionen von Power Apps vollkommen frei gestalten und das Bearbeiten der Daten über eingebaute Logik gezielt steuern.

Power Automate

Geradezu prädestiniert für eine Integration oder Interaktion mit Power Apps ist die Anwendung Power Automate, mit der Sie innerhalb einer Microsoft-365-Umgebung *Flows* oder *Workflows* erstellen können, also selbstablaufende Programmschritte definiert werden können. So können Sie Aufgaben und Aktionen über verschiedene Anwendungen und Dienste hinweg automatisieren. Dabei ermöglicht Power Fx, die Logik für diese Abläufe festzulegen, indem auch Trigger und Aktionen aus verschiedenen Quellen verwendet werden können.

Workflows und Geschäftsprozesse

Workflows in den unterschiedlichsten Ausprägungen kommt in einer Microsoft-365-Umgebung eine besondere Bedeutung zu. Ein Workflow ist dabei als eine Abfolge fest definierter (elektronischer) Arbeitsabläufe zu verstehen, die beispielsweise die Bearbeitung von Dokumenten oder Listen automatisieren und wesentlich vereinfachen kann. Ein solcher Workflow kann beispielsweise die Genehmigung oder Freigabe eines Dokuments steuern.

Allgemein ausgedrückt ist ein Workflow dadurch charakterisiert, dass er bestimmte Abläufe oder Verfahren (Geschäftsprozesse) automatisiert und diese nach Möglichkeit elektronisch unterstützt. Der »Anstoß« oder Auslöser zur Automatisierung kann entweder manuell oder (wie in den meisten Fällen) automatisch erfolgen, jeweils in Abhängigkeit eines Ereignisses, in Abhängigkeit einer bestimmten Situation oder auch über einen Aufruf aus Power Apps heraus. Als Konsequenz erfolgt in der Regel die Ausführung bestimmter Handlungsanweisungen (zum Beispiel Genehmigung eines Dokuments) oder vergleichbarer Aktivitäten.

Ein Flow oder Workflow wird immer so lange ausgeführt, bis das definierte Ende oder Ziel erreicht ist. Dazu werden die einzelnen Workflow-Aktionen jeweils einer Transaktion in der einer Datenbank gleichgesetzt, was die Verwaltung wesentlich vereinfacht. Die einzelnen Transaktionen werden durch sogenannte Threads gesteuert, die wiederum die Abarbeitung der jeweiligen Workflow-Warteschlange steuern. Die wesentlichen Funktionen eines Workflows sind durch die folgenden Merkmale charakterisiert:

- ✔ Abfrage oder Warten auf ein bestimmtes Ereignis.
- ✔ Die Workflow-Ereignisse orientieren sich in der Regel an einem Dokument, einem Inhaltstyp, einer Webseite oder einem Listenelement.
- ✔ Festlegung eines bestimmten Ablaufs (zum Beispiel Dokumentenlenkung).
- ✔ Unterstützung der Erstellung eigener Workflows mit Zusatzprodukten wie Power Automate oder Visual Studio.
- ✔ Workflows lassen sich wiederverwenden (*Reusable Workflow*) und so beispielsweise anderen Objekten zuweisen .
- ✔ Zuordnung eines Vorgangs zu einer Person oder einem Ablauf.
- ✔ Benachrichtigung kann in einer Aufgabenliste oder per E-Mail erfolgen.

 Durch den Einsatz von Workflows verfügt Microsoft 365 mit Power Automate über ein äußerst leistungsfähiges Werkzeug zur Optimierung der Abläufe und Prozesse und zur Bearbeitung beliebiger Daten. Dabei spielt insbesondere die Interaktion mit Power Apps eine sehr wichtige Rolle.

Die Möglichkeiten der Integration von Power Apps und Power Automate sind vielfältig und lassen sich im Rahmen eines Buches nicht vollumfänglich darstellen und erläutern. Dennoch bilden Power Apps und Power Automate ein optimales Gespann, weshalb nachfolgend in einem praktischen Beispiel tiefergehende Erläuterungen folgen. So lässt sich das Prinzip am besten anhand eines praktischen Beispiels erklären, bei dem beispielsweise auch Möglichkeiten zum Austausch von Daten und Variablen dargestellt werden.

So soll zur Darstellung der Integrationsmöglichkeiten von Power Automate und Power Apps folgendes Beispiel dienen:

> Aus einer Anwendung heraus, die mit Power Apps erstellt wird, soll ein Workflow aufgerufen werden, der die RSS-Nachrichten eines Dienstes abruft. Dabei soll eine Abfrage erfolgen, ab welchem Datum die RSS-Feeds abgerufen werden sollen. Anschließend soll der Inhalt an die App zurückgegeben und der Inhalt dort in einem Textfeld dargestellt werden.

Die Abkürzung RSS steht für *Really Simple Syndication* und kennzeichnet einen Dienst, der in der Regel auf Webseiten zur Darstellung von Kurznachrichten verwendet wird (Nachrichtenticker). Zur Nutzung eines RSS-Feeds wird auf jeden Fall ein entsprechender Viewer benötigt, der jedoch heutzutage in den gängigen Browsern integriert ist.

1. Zunächst einmal müssen Sie in der Entwicklungsumgebung von Power Apps im linken Menübereich die Option POWER AUTOMATE anwählen.

2. Um einen neuen Workflow anzulegen, klicken Sie auf FLOW HINZUFÜGEN.

3. Anschließend haben Sie eine Auswahlmöglichkeit, sofern in der Umgebung bereits Flows definiert worden sind. Für eine Neuanlage müssen Sie an der Stelle den Punkt NEUEN FLOW ERSTELLEN anwählen.

4. Es öffnet sich ein Auswahlfenster, in dem Sie eine Vorlage als Basis für Ihren eigenen Workflow auswählen können. Für das weitere Vorgehen wählen Sie bitte die Option OHNE VORLAGE ERSTELLEN (oben) durch Anklicken an.

5. Es öffnet sich das Fenster zum Editieren oder Entwerfen eines Flows, wo Sie zunächst einmal einen Namen für den Flow vergeben sollten, indem Sie diesen oben links (UNBENANNT) angeben (zum Beispiel RSSFeedExport). Innerhalb der Entwicklungsumgebung ist ein Rechteck mit dem Namen *Power Apps (V2)* platziert. Dabei handelt es sich um eine sogenannte Trigger-Funktion, die an dieser Stelle den Aufruf eines Flows aus der App ermöglicht.

Ein Flow oder Workflow, der mit Power Automate erstellt wird, hat immer genau einen sogenannten Trigger (Auslöser) und hat darüber wenigstens eine Aktion, beinhaltet aber in der Regel aber mehrere Aktionen.

6. Sobald der Aufruf des Flows aus der App heraus erfolgt, soll dabei ein Datum übergeben werden (das in der App ausgewählt wird); dieses Datum wird als Variable übergeben, sodass Sie diese im Trigger hinterlegen müssen. Klicken Sie dazu das Trigger-Feld an, worauf Sie nach Anwahl der Option EINGABE HINZUFÜGEN ein Datumsfeld auswählen können.

7. Weisen Sie dem Feld dann im linken Bereich einen Namen zu (zum Beispiel Datum-Auswahl).

8. Wählen Sie als Nächstes die Option NEUER SCHRITT an, um dem Flow eine Aktion zuzuweisen.

9. Zunächst wird eine Variable vom Typ Zeichenfolge definiert, der im weiteren Verlauf der Inhalt der ausgewählten RSS-Feeds zugewiesen wird. Geben Sie dazu in das Suchfeld folgendes ein:

```
variable
```

10. Damit erscheinen im unteren Fensterbereich die Aktionen, die in der Bezeichnung die Angabe *variable* beinhalten. Wählen Sie daraus den Eintrag VARIABLE INITIALISIEREN.

11. Auf diese Art wird die Aktion in den Flow eingefügt und Sie können dort nun einen Namen vergeben (zum Beispiel VarZeichenFeedTitel) und müssen dann bei Typ ZEICHENFOLGE auswählen.

12. Für die nächste Aktion wählen Sie dann erneut NEUER SCHRITT und geben Folgendes ein:

    rss

13. Wählen Sie aus den angezeigten Aktionen den Eintrag LISTET ALLE RSS-FEEDELEMENTE AUF durch Anklicken aus.

14. Die Konfiguration zum Auslesen der RSS-Feeds erfordert die Eingabe der URL eines RSS-Feeds, also beispielsweise wie folgt:

    https://www.heise.de/rss/heise.rdf

Sie können entsprechende RSS-Feeds auf vielen Webseiten abrufen. Oftmals hilft hier auch eine explizite Websuche nach RSS-Feeds.

Prima! Damit haben Sie neben der Trigger-Funktion dem Flow bereits zwei Aktionen hinzugefügt, was sich am Bildschirm wie folgt darstellt:

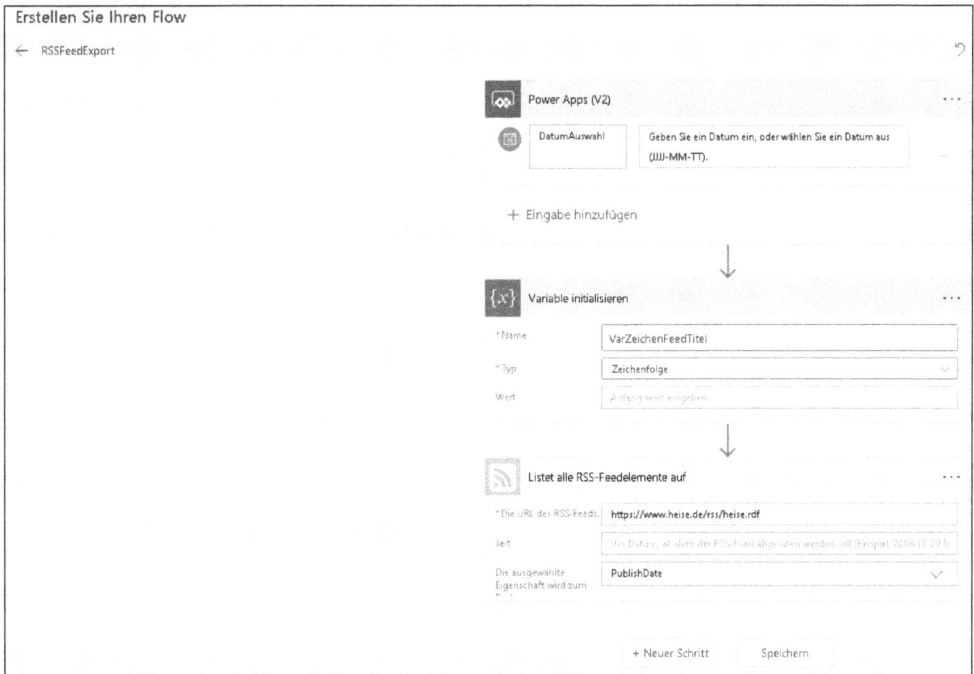

Abbildung 20.14: Der Flow mit Trigger und zwei Aktionen

15. Sie können den Flow an der Stelle einmal zwischenspeichern, wozu Sie die Schaltfläche Speichern einsetzen müssen.

16. Sollte das Fenster zur Erstellung des Flows automatisch geschlossen werden, können Sie dies in der Entwicklungsumgebung von Power Apps wieder aufrufen, indem Sie aus dem Kontextmenü des Flows die Option Bearbeiten anwählen.

17. Im nächsten Schritt wird eine Aktion benötigt, mit der die einzelnen Feed-Inhalte in die definierte Variable (zum Beispiel VarZeichenFeedTitel) zwischengespeichert oder angefügt werden. Wählen Sie dazu wieder Neuer Schritt und geben Sie in das Eingabefeld Folgendes ein:

    zeichenfolge

18. Wählen Sie dann den Oberbegriff Variable und anschließend aus den verfügbaren Aktionen den Eintrag An Zeichenfolgenvariable anfügen aus.

19. Im Feld Name wählen Sie den Namen der Variable aus (zum Beispiel VarZeichen-FeedTitel), und nachdem Sie das Feld Wert angeklickt haben, können Sie in dem Fenster rechts daneben den Eintrag Feedtitel auswählen.

20. Da es bei einem RSS-Feed in der Regel mehrere Feedtitel gibt, wird mit der Auswahl eine Steuerungskomponente eingefügt (Auf alle anwenden), in der die letzte Aktion (An Zeichenfolgenvariable anfügen) integriert wird.

21. Die nächste Aktion dient der Übergabe des Inhalts der (zusammengesetzten) Zeichenvariablen (zum Beispiel VarZeichenFeedTitel) an die aufrufende App. Wählen Sie dazu Neuer Schritt und geben Sie anschließend in das Eingabefeld Folgendes ein:

    app

22. Wählen Sie dann das Register Integriert an und klicken Sie auf den Eintrag Power Apps.

23. Aus den verfügbaren Aktionen wählen Sie dann bitte durch Anklicken den Eintrag Auf eine Power App aus Flow reagieren aus.

24. Mit der Option Ausgabe hinzufügen öffnet sich ein Zusatzfeld, aus dem Sie den Eintrag Text auswählen müssen.

25. Als Titel verwenden Sie einen Namen, den Sie später in der App weiterverwenden (zum Beispiel BackInhalteFeeds).

26. Im Feld Wert wählen Sie nach dem Anklicken aus dem rechts erscheinenden Fenster den Namen der Variablen aus (zum Beispiel VarZeichenFeedTitel).

KAPITEL 20 Interaktion mit anderen Microsoft-Produkten 293

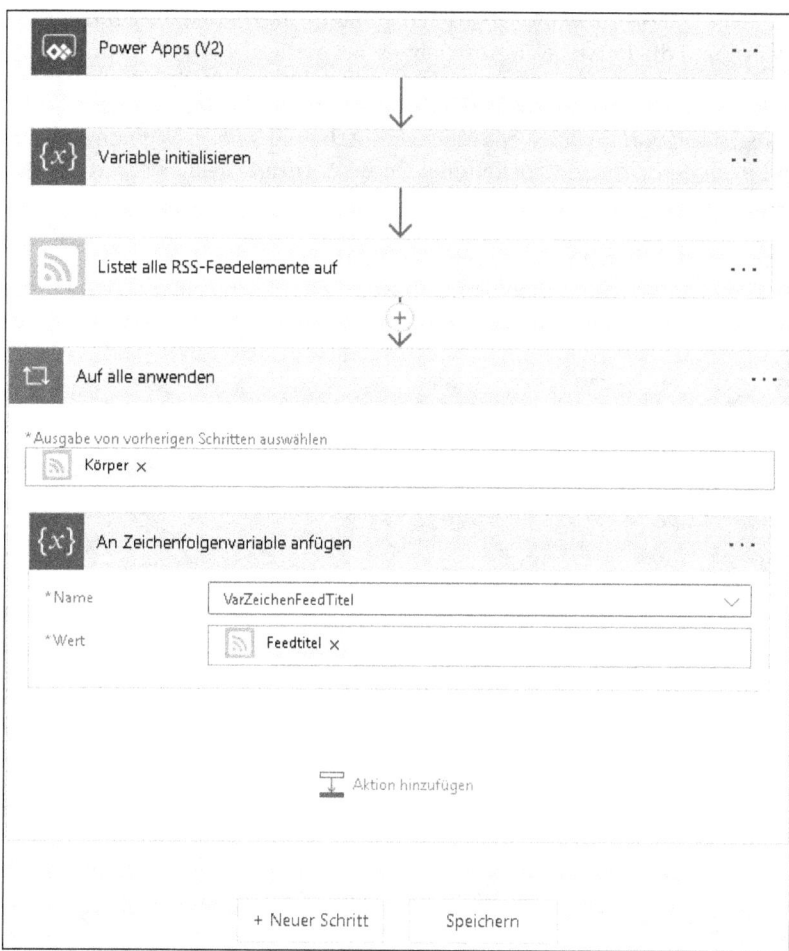

Abbildung 20.15: Aktion zur Auswertung mehrerer RSS-Feedtitel

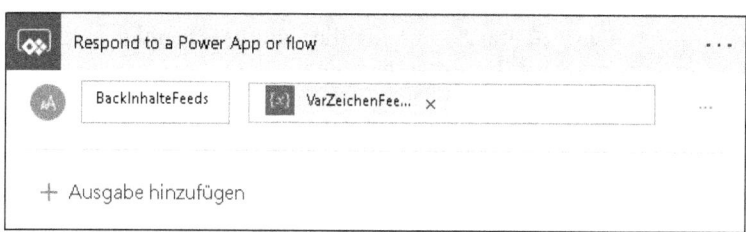

Abbildung 20.16: Aktion für die Variablenrückgabe an die App

27. Damit ist die Erstellung des Workflows abgeschlossen und Sie können diesen mit SPEICHERN sichern und die Entwicklungsumgebung verlassen.

28. Im nächsten Schritt gilt es nun, die App aufzubauen. Wählen Sie dazu in der Entwicklungsumgebung von Power Apps eine leere Arbeitsfläche, also einen neuen Bildschirm, und fügen Sie dort zunächst einmal ein Beschriftungsfeld, ein Datumsfeld (Datumsauswahl) und eine Schaltfläche ein.

29. Platzieren Sie die Strukturelemente im oberen Bildschirmbereich, fügen Sie im Beschriftungsfeld einen Text ein und benennen Sie die Schaltfläche entsprechend um, so wie in der folgenden Abbildung dargestellt.

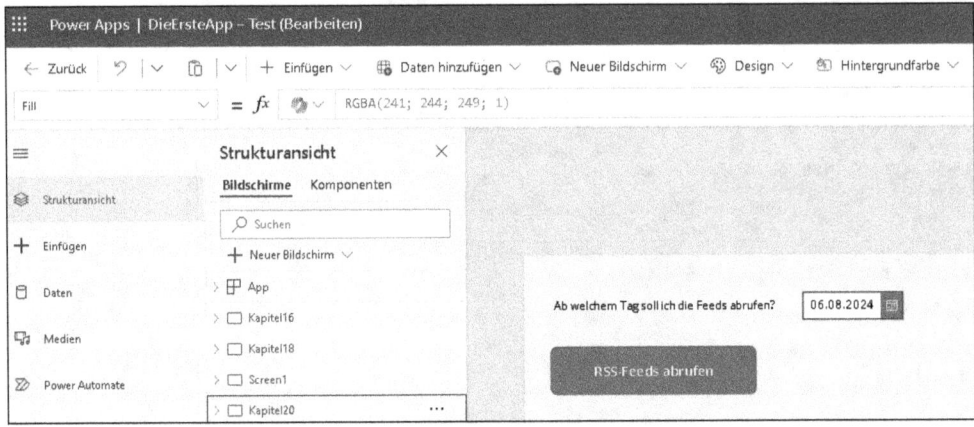

Abbildung 20.17: Entwicklung der zugehörigen App

30. Über diese Schaltfläche wird später der Workflow aufgerufen, sodass Sie hier zunächst die entsprechende Logik hinterlegen müssen. Wählen Sie die Schaltfläche an und wählen Sie dann die Eigenschaft ONSELECT (links oben) an.

31. Die beiden folgenden Anweisungen dienen dazu, dass der Schaltfläche die benötigte Funktionalität zugewiesen wird. So bewirkt die erste Anweisung, dass eine Variable mit dem Namen *VarDatumUpdate* definiert wird, der die Datumsauswahl des Anwenders als Inhalt zugewiesen wird (DatumsFeedSuche_1):

```
Set(VarDatumUpdate;Text(DatumFeedSuche_1.SelectedDate;
"[$-de]yyyy-mm-dd"));;
```

 Mit der Angabe *"[$-de]yyyy-mm-dd"* erfolgt eine Formatierung der Datumseingabe nach der deutschen Schreibweise.

32. Die zweite Anweisung in der ONSELECT-Eigenschaft der Schaltfläche dient der Definition einer Variablen (AlleFeeds), der im Workflow der Inhalt der aus Power Automate zurückgelieferten Variable (BackInhalteFeeds) zugewiesen wird. Diese Zuweisung wird eingebettet in den Aufruf des Workflows (RSSFeedExport.Run), bei dem die Variable *VarDatumUpdate* aus Power Apps an den Workflow von Power Automate übergeben wird:

    ```
    UpdateContext({AlleFeeds:RSSFeedExport.Run(VarDatumUpdate)})
    ```

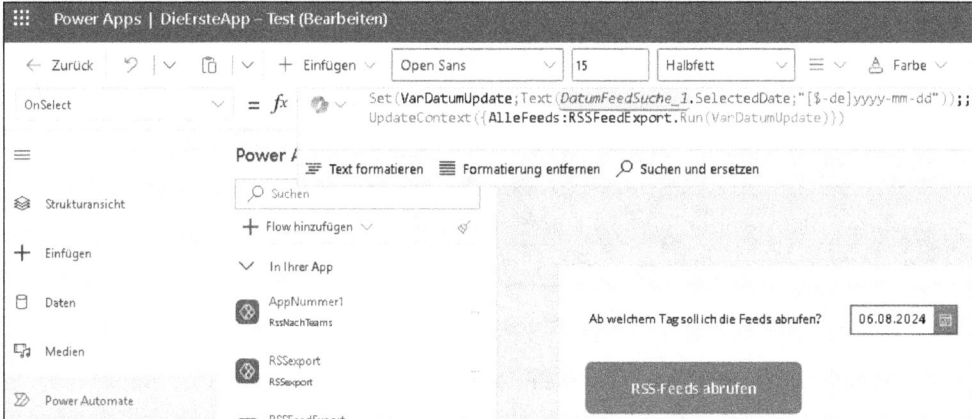

Abbildung 20.18: Power-Fx-Anweisungen für die Schaltfläche

33. Im letzten Schritt benötigen Sie jetzt nur noch ein Beschriftungs- oder Textfeld, um den Inhalt, der vom Workflow zurückgeliefert wird (BackInhalteFeeds). anzuzeigen. Sobald Sie ein entsprechendes Strukturelement eingefügt haben, können Sie diesem Element (Eigenschaft TEXT) folgende Anweisung zuweisen:

    ```
    AlleFeeds.backinhaltefeeds
    ```

    Damit wird der Inhalt der Variablen am Bildschirm in dem entsprechenden Feld angezeigt.

34. Sobald Sie die App gespeichert haben, können Sie diese anschließend testweise einmal starten.

35. Wählen Sie ein Datum aus und klicken Sie anschließend auf die Schaltfläche (RSS-Feeds abrufen). Sie erhalten kurze Zeit später eine Übersicht der Feed-Artikel, so, wie in der folgenden Abbildung beispielhaft dargestellt.

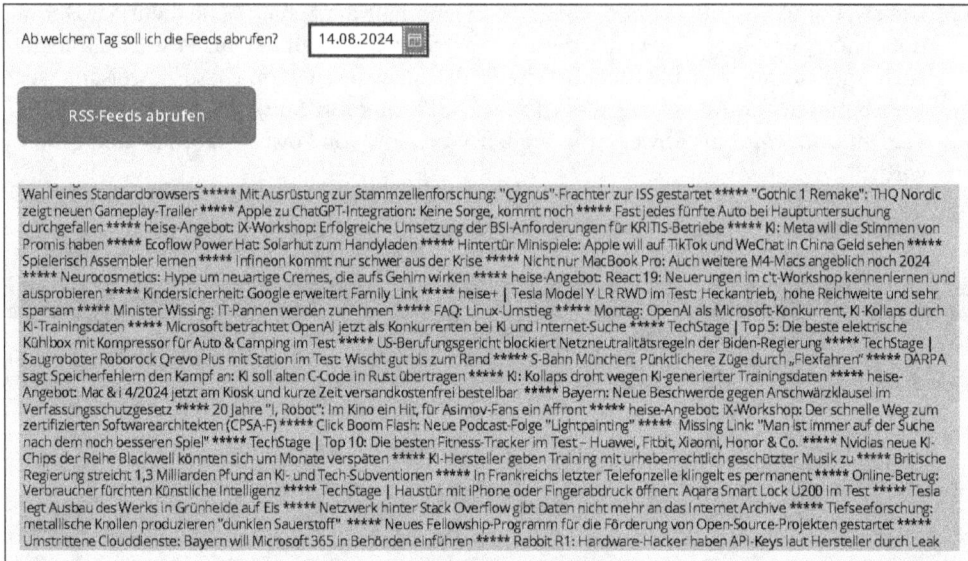

Abbildung 20.19: Ergebnis als Anzeige in der App Quelle: heise.de

Sobald ein Workflow in der Entwicklungsumgebung von Power Apps erstmals gespeichert wurde, können Sie diese anschließend auch in Power Automate weiterbearbeiten. Wenn Sie zur gleichen Zeit in Power Apps die zugehörige App bearbeiten, müssen Sie unter Umständen immer daran denken, dass Sie dort die Flow-Definition aktualisieren.

Microsoft Teams

Microsoft Teams ist eine Plattform für die Zusammenarbeit und Kommunikation innerhalb von Arbeitsgruppen oder Teams. Die mit Power Apps erstellten Anwendungen können in Microsoft Teams integriert werden, um so benutzerdefinierte Anwendungen zur Verfügung zu stellen.

Bereits in Kapitel 17 dieses Buches wird die enge Verzahnung zwischen Power Apps und Microsoft Teams in Form eines Beispiels erläutert. Dort wird dargestellt, wie Sie den Einsatz oder den Aufruf einer über Power Apps erstellten Anwendung in die Umgebung von Microsoft Teams integrieren können. Auf welche Art Sie eine solche Einbindung Schritt für Schritt umsetzen und die Anwendung einem bestimmten Kanal zuordnen können, wird mit den folgenden Erläuterungen dargestellt.

Für die Einbindung einer mit Power Apps erstellten App in Microsoft Teams ist es erforderlich, dass dies in der Administration der Teams-Umgebung aktiviert oder freigegeben ist (Teams-Apps-Einrichtungsrichtlinien).

Typen von Apps

Bei Verwendung von Microsoft Teams kommen insgesamt unterschiedliche Typen von Apps zum Einsatz.

- ✔ Integrierte Apps
  Auf der linken Seite von Microsoft Teams sind standardmäßig Anwendungen integriert, die zum festen Bestandteil zählen; dazu zählen Apps wie Aktivität, Chat, Teams, Kalender, Anrufe oder auch OneDrive.

- ✔ Apps von Microsoft
  Neben den standardmäßig in einer Teams-Umgebung integrierten Anwendungen gibt es weitere, von Microsoft zur Verfügung gestellte Anwendungen. Dazu gehören beispielsweise Apps zur Einbindung weiterer Produkte der Microsoft-365-Umgebung (SharePoint, OneNote und andere) oder auch Apps zur Abbildung eines Genehmigungsprozesses und anderem.

- ✔ Apps von Drittanbietern
  Mittlerweile gibt es eine Vielzahl und kaum noch zu überblickende Vielfalt an Anwendungen, die Drittanbieter für die Microsoft-365-Umgebung entwickeln. Derartige Anwendungen werden von unabhängigen Entwicklern erstellt und nach einem Prüfverfahren in der Microsoft-365-Umgebung zur Verfügung gestellt.

- ✔ Benutzerdefinierte Apps
  Als benutzerdefinierte Apps werden Anwendungen bezeichnet, die innerhalb eines Unternehmens oder einer Organisation erstellt und für die eigenen Anwender eingesetzt werden sollen. In den folgenden Abschnitten werden die Einbindung und die Integration von benutzerdefinierten Apps, die Sie selbst in Power Apps entwickelt haben, in Microsoft Teams dargestellt.

Die Verwaltung aller Typen von Apps erfolgt standardmäßig immer im Admin Center von Microsoft Teams, das sich über folgenden Link aufrufen lässt:

admin.teams.microsoft.com

Direkte Veröffentlichung

Für die direkte Veröffentlichung einer mit Power Apps erstellten App in Microsoft Teams gehen wir davon aus, dass die App fertig entwickelt worden ist und Sie sich auf der Startseite von Power Apps befinden.

1. Sofern Sie sich noch nicht in der richtigen Umgebung befinden, sollten Sie diese zunächst einmal über die Option in der oberen Menüleiste (rechts) anwählen.

2. Wenn Sie die App, die Sie nach Microsoft Teams transferieren möchten, noch nicht veröffentlicht haben, müssen Sie zunächst die Entwicklungsumgebung von Power Apps aufrufen, indem Sie den Namen der App anklicken.

3. Stellen Sie sicher, dass Sie die App mit der entsprechenden Option (oben rechts) veröffentlichen. Anschließend können Sie die Entwicklungsumgebung mit Speichern der App wieder verlassen.

4. Wählen Sie auf der Startseite von Power Apps in der Aufstellung der verfügbaren Apps das Kontextmenü (drei Punkte) der entsprechenden App an.

5. Mit dem Menüpunkt FREIGEBEN-ZU TEAMS HINZUFÜGEN rufen Sie dann den Dialog für den Transfer der Anwendung nach Microsoft Teams auf.

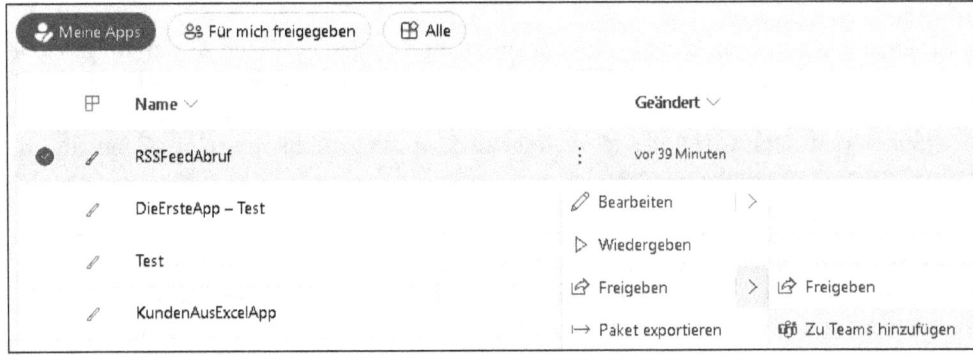

Abbildung 20.20: Menüoption zur Veröffentlichung einer App nach Microsoft Teams

6. Innerhalb des Dialogfensters haben Sie (als Entwickler oder *Maker*) noch die Möglichkeit, wichtige Angaben zu hinterlegen. Neben dem Namen oder der Firmenangabe können Sie hier auch weitergehende Links einfügen.

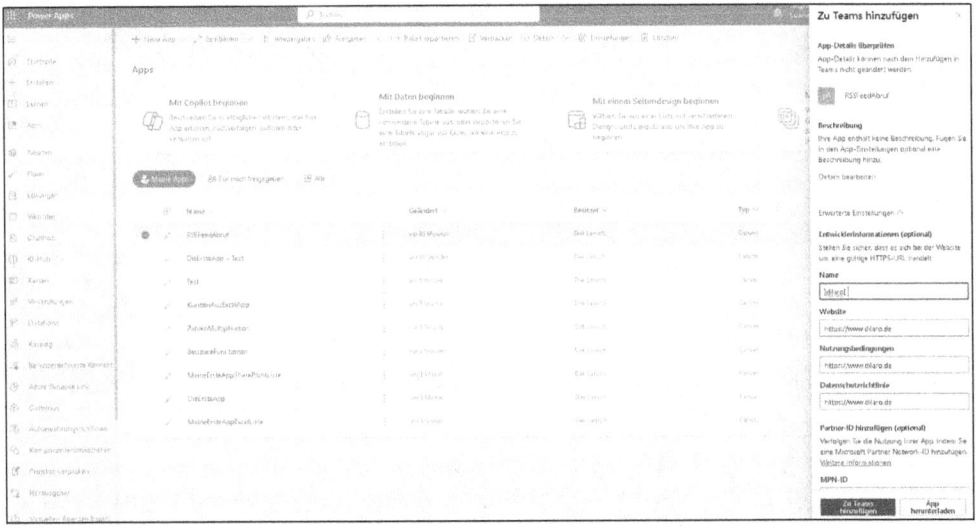

Abbildung 20.21: Weitergehende Angaben vor dem Export einer App

Um das Symbol einer App zu verändern, müssen Sie bei der entsprechenden App in der Entwicklungsumgebung von Power Apps die Option EINSTELLUNGEN einsetzen. An dieser Stelle können Sie das Symbol nicht mehr verändern.

7. Sobald Sie alle gewünschten Vorgaben eingestellt oder vorgenommen haben, können Sie dies mit der Schaltfläche ZU TEAMS HINZUFÜGEN bestätigen.

8. Sie werden aufgefordert, Microsoft Teams zu öffnen, und gelangen dann dort in einen Dialog, wo Sie entscheiden müssen, ob Sie die App zunächst allgemein in Microsoft Teams zur Verfügung stellen möchten (HINZUFÜGEN). Um die gewählte App an dieser Stelle einem bestimmten Kanal zuzuordnen, müssen Sie neben HINZUFÜGEN den Auswahlpfeil anklicken und dann die Option ZU EINEM TEAM HINZUFÜGEN anklicken.

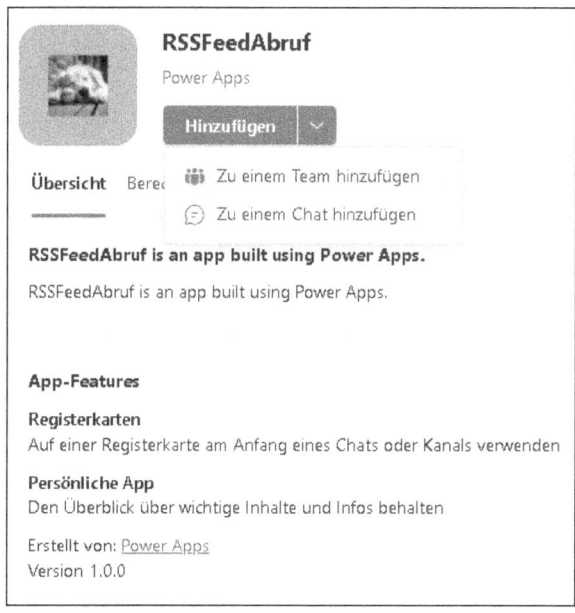

Abbildung 20.22: Auswahloptionen für den App-Import

9. Im nächsten Schritt werden automatisch die verfügbaren Kanäle des Tenants oder der Microsoft-365-Umgebung angezeigt. Nachdem Sie den gewünschten Kanal durch Anklicken ausgewählt haben, erscheint dieser in der Anzeige.

Abbildung 20.23: Auswahl eines Teams-Kanals zur Einrichtung

10. Über die Schaltfläche REGISTERKARTE EINRICHTEN wird der Teams-interne Vorgang zum Einrichten eines entsprechenden Registers in dem gewählten Kanal angestoßen. Nach erneuter Bestätigung im nachfolgenden Fenster mit Einsatz der Schaltfläche SPEICHERN wird das neue Register angelegt.

Die auf diese Weise in Microsoft Teams veröffentlichte App ist direkt einsetzbar und stellt alle Funktionen bereit, die auch beim Aufruf in Power Apps zur Verfügung stehen.

Aktualisierungen

Sobald Sie eine App in Microsoft Teams eingebunden oder veröffentlicht haben, werden auch Änderungen oder Aktualisierungen automatisch an die in Teams integrierte Version der App übergeben. Bei der Arbeit mit der App erhalten Sie dann dazu zu gegebener Zeit einen Hinweis, dass eine Aktualisierung der Anwendung vorliegt. Mit Einsatz der Schaltfläche AKTUALISIEREN können Sie dort direkt die aktuellste Version herunterladen und einsetzen.

KAPITEL 20 Interaktion mit anderen Microsoft-Produkten   301

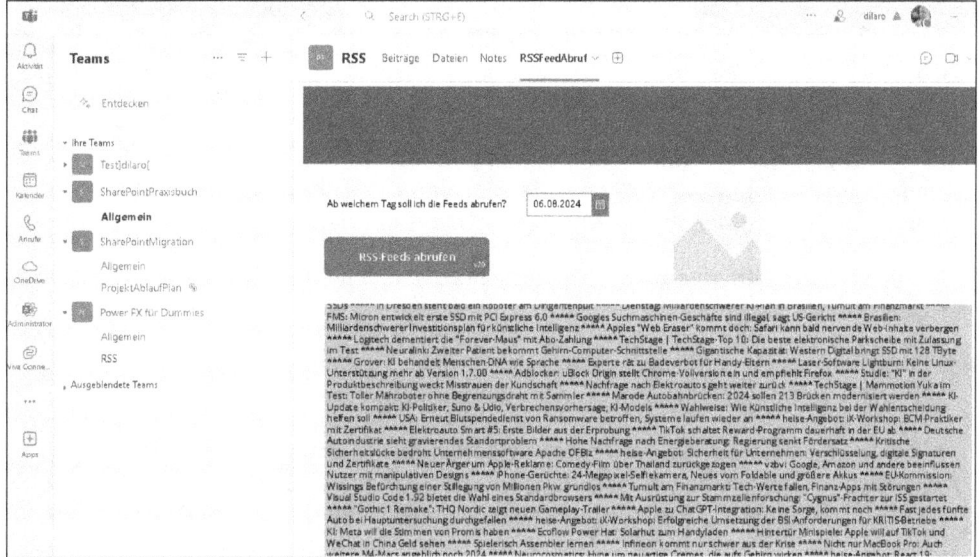

Abbildung 20.24: Einsatz einer veröffentlichten App in Microsoft Teams

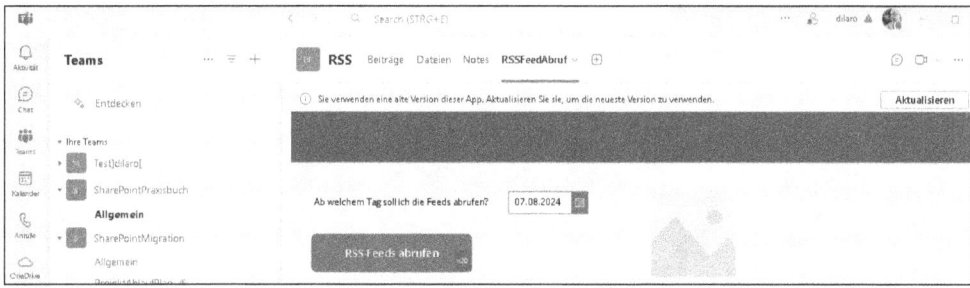

Abbildung 20.25: Hinweis auf Aktualisierung einer App

 Den Hinweis auf eine verfügbare Aktualisierung erhalten Anwender nicht nur beim Einsatz der App in Microsoft Teams, sondern auch bei Verwendung auf einem Mobilgerät oder beim App-Aufruf über eine Webseite.

App als Paket in der Microsoft-365-Umgebung

Wenn Sie eine App so veröffentlichen, wie im vorhergehenden Abschnitt erläutert, sind Sie immer gebunden an eine Einbindung in einen Kanal oder einen Chat. Vielleicht möchten Sie aber in Ihrer Microsoft-365-Umgebung eine Anwendung allgemein verfügbar zur Verfügung stellen, damit diese von jedem Anwender (mit den entsprechenden Berechtigungen) nahezu frei eingesetzt werden kann.

1. Beim Start der Übermittlung einer App an Microsoft Teams über den Punkt Menüpunkt FREIGEBEN-ZU TEAMS HINZUFÜGEN steht im nachfolgenden Dialogfenster mit der Schaltfläche APP HERUNTERLADEN eine Möglichkeit zur Verfügung, um die App als gepackte Datei (.zip) abzuspeichern.

2. Eine derart hinterlegte Datei können Sie in Ihre Microsoft-365-Umgebung als benutzerdefinierte App hochladen, indem Sie (als Administrator) im Microsoft Teams Admin Center den Menüpunkt APPS VERWALTEN aufrufen.

3. Wählen Sie dann im Menü AKTIONEN (rechts oben) den Punkt NEUE APP HOCHLADEN aus.

4. Mit Anwahl der Schaltfläche HOCHLADEN können Sie dann den Speicherort der ZIP-Datei auswählen, von dem die App geladen werden soll.

5. Mit erneuter Bestätigung wird die benutzerdefinierte App in die Liste der verfügbaren Anwendungen eingefügt. Sie können danach suchen, indem Sie rechts im Suchfeld die Anfangsbuchstaben eingeben, wodurch eine Filterung erfolgt.

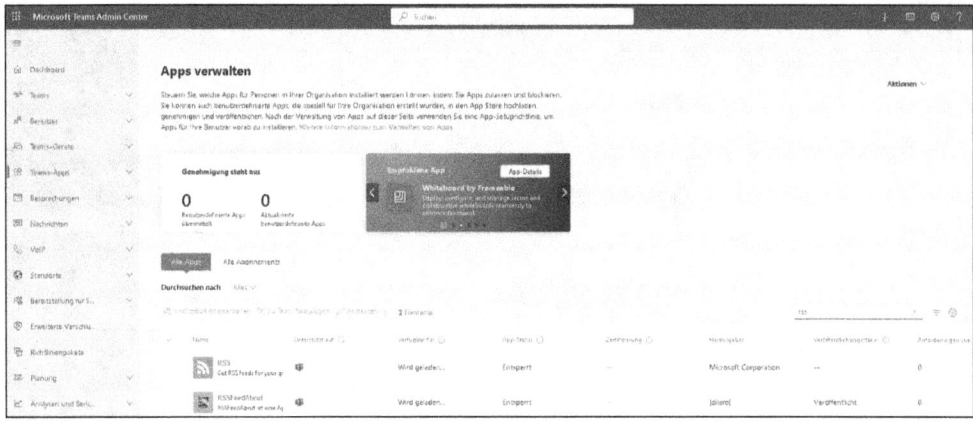

Abbildung 20.26: App-Verwaltung im Microsoft Teams Admin Center

6. Mit Anklicken des App-Namens erscheinen zusätzliche Informationen zur Anwendung. Zudem können Sie dann über entsprechende Register weitergehende Einstellungen vornehmen, beispielsweise Berechtigungen zuweisen.

KAPITEL 20 Interaktion mit anderen Microsoft-Produkten   303

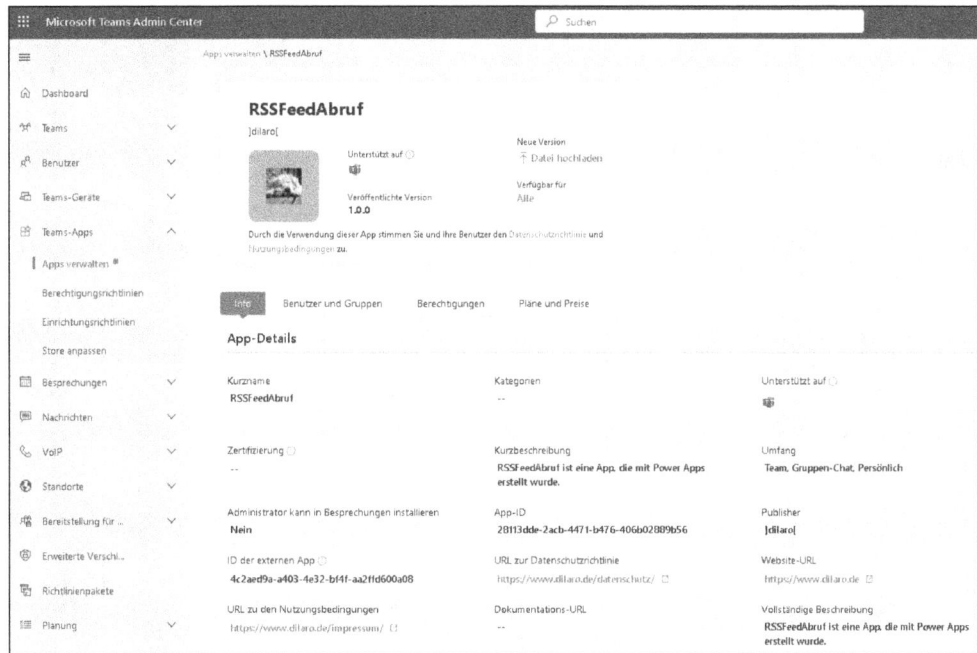

Abbildung 20.27: Informationen einer hochgeladenen App

 Mit den entsprechenden Berechtigungen können Sie auch direkt aus Microsoft Teams heraus eine neue Anwendung hochladen. Dazu steht Ihnen dort nach Anwahl der Option APPS der Punkt APPS VERWALTEN zur Verfügung.

7. Innerhalb von Microsoft Teams können Sie auf eine importierte Anwendung zugreifen, indem Sie auf der Arbeitsoberfläche (links) die Option APPS anwählen.

8. Geben Sie die Anfangsbuchstaben der App ein. Alternativ können Sie auch die Option FÜR IHRE ORGANISATION ENTWICKELT anwählen, worauf nur die spezifischen Anwendungen angezeigt werden.

9. Wählen Sie im nächsten Schritt bei der gewünschten Anwendung die Schaltfläche HINZUFÜGEN an.

10. Es erscheint eine Dialogfenster, wo Sie als Anwender wählen können, ob die Anwendung einem Chat, einer Besprechung oder einem Kanal (Team) zugewiesen werden soll.

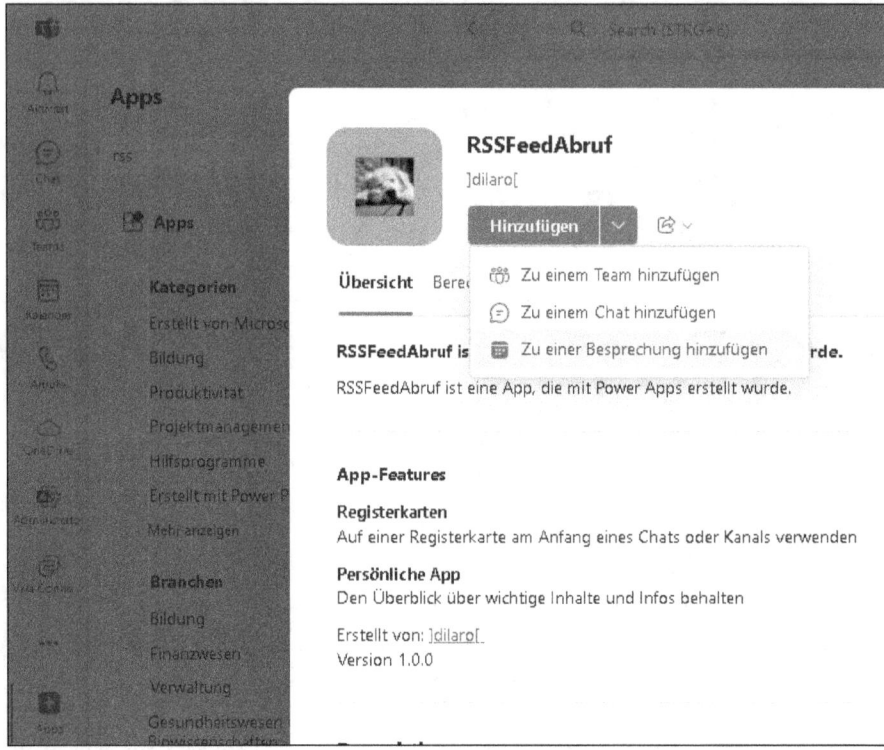

Abbildung 20.28: Auswahl eines Ziels in Microsoft Teams

Nach einem kurzen Moment wird die Anwendung dem gewählten Bereich zugeordnet und kann dort direkt eingesetzt werden. Für den Änderungsmodus gilt das oben gesagte, dass in der Anwendung zu gegebener Zeit ein Hinweis erfolgt und die App über die Schaltfläche AKTUALISIEREN auf den aktuellen Stand gebracht werden kann.

Abbildung 20.29: Einsatz der in Microsoft Teams integrierten App

Aus der Praxis empfiehlt es sich, direkt auf der Oberfläche einer App einen Hinweis auf die (veröffentlichte) Version der App zu hinterlegen (zum Beispiel v22); auf diese Art haben Sie beim Einsatz jederzeit zusätzlich einen Hinweis, ob ein Anwender die jeweils aktuelle Version einsetzt (siehe auch spezifische Angabe aus der Schaltfläche der letzten Abbildung).

Webseite

Bi der Verwaltung von Webseiten stellt sich in Bezug auf den Zugriff auf eine mit Power Apps erstellte Anwendung ein interessanter Aspekt. So können Sie beispielsweise einen Link, der einer App zugeordnet ist, auf beliebigen Webseiten integrieren, um darüber dann Zugriff auf eine App zu erhalten.

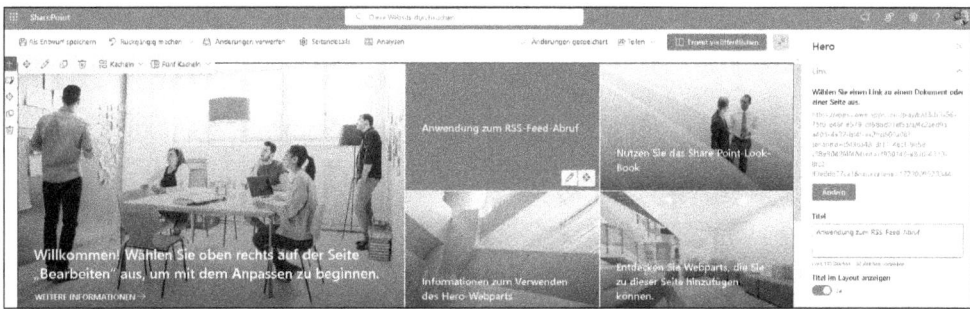

Abbildung 20.30: Einbinden eines App-Aufrufs auf einer SharePoint-Webseite

Der Zugriff auf den Link für die Webseitendarstellung einer App erhalten Sie, indem Sie auf der Startseite von Power Apps im Kontextmenü der App den Punkt DETAILS anklicken.

Es erscheint eine Übersichtsseite, wo in der Mitte des Bildschirms die Angabe WEBLINK steht. Mithilfe des dort hinterlegten Links können Sie die entsprechende App auf nahezu unbegrenzte Art verteilen und anderen Anwendern zur Verfügung stellen, beispielsweise auf SharePoint-Webseiten oder auch in Power Pages.

Auch beim Aufruf einer App über einen Weblink ist es erforderlich, dass die Anwender über die entsprechenden Berechtigungen verfügen. So unterliegt auch ein solcher Aufruf den definierten Sicherheitsregeln einer Anwendung und der Microsoft-365-Umgebung.

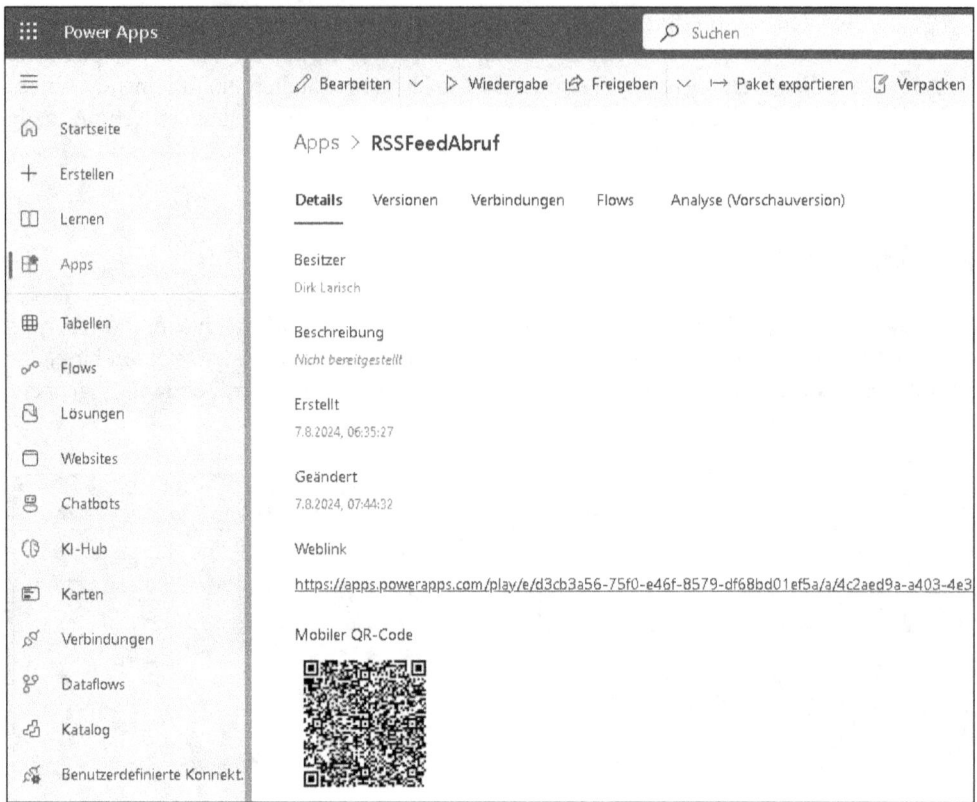

Abbildung 20.31: Link zur Webseite einer App

Power BI

Eine weitere Anwendung einer Microsoft-365-Umgebung, die mit Power Apps interagieren kann, ist Power BI. Es handelt sich dabei um einen M365-Dienst, mit dem Sie Daten visualisieren und analysieren können, um so eine Analyse von Geschäftsprozessen und Kennzahlen vorzunehmen.

Die Darstellung erfolgt meistens in Form eines sogenannten Dashboards; übersetzt bedeutet dies so viel wie Armaturenbrett oder Instrumententafel. Ein Dashboard kennzeichnet eine zentrale Einrichtung, in der sämtliche (wichtige) Daten angezeigt werden. So wie bei einem Auto im Armaturenbrett alle wichtigen Fahrzeugdaten (unter anderem Temperatur, Öldruck, Benzinstand, Geschwindigkeit) angezeigt werden, kann ein solches Dashboard in Bezug auf ein Unternehmen alle relevanten Kennzahlen eines Unternehmens in gebündelter Form präsentieren.

Der Einsatz sogenannter KPI-Listen ist eine oft genutzte Möglichkeit einer Dashboard-Darstellung. KPI ist die Abkürzung für *Key Performance Indicator* und bedeutet so viel wie »Statusanzeige definierter Ziele«. Es handelt sich dabei um eine grafische Darstellung betriebswirtschaftlicher Kennzahlen, anhand derer die Erreichung festgelegter Ziele überprüft werden kann. Oft wird eine solche Darstellung auch mit einer »Ampelfunktion« verglichen, wo die drei Farben Rot, Gelb und Grün den Erfüllungsgrad signalisieren. Die Zielerreichung wird dabei an kritischen Erfolgsfaktoren festgemacht, die letztlich Einfluss nehmen auf bestimmte Entscheidungen.

Die KPI-Darstellung ermöglicht nicht nur eine sehr einfache und schnelle Einschätzung des Erfüllungsgrades eines vorgegebenen Ziels, sondern es ist für jeden an einer Zielerfüllung beteiligten Bereich offensichtlich, ob und, wenn ja, in welcher Form bestimmte Aufgaben erledigt werden müssen. Als Beispiele für KIP-Listen können Umsatzzahlen dienen, indem eine Mindestanforderung definiert wird (das klassische KPI-Einsatzgebiet). Es kann sich aber auch um Zufriedenheitsanalysen der Kunden handeln, Bestellungen pro Monat oder die Bestellentwicklung für einen bestimmten Artikel angeben.

Die Beschreibung, Steuerung und Optimierung von Abläufen in einem Unternehmen oder einer Organisation, die Darstellung von Ergebnissen in komprimierter und auswertbarer Form und die Erfüllung gesetzlicher Anforderungen werden unter dem Begriff Geschäftsdatenmanagement oder Geschäftsprozessmanagement zusammengefasst. Damit einhergehend fällt auch oft der Begriff *Business Intelligence* (daher der Name Power BI).

Sie können in Power BI Daten aus verschiedenen Quellen wie SharePoint, SQL-Server, Excel, Dataverse und anderes verarbeiten oder auswerten. Zudem können Sie in Power Apps Daten aus den Power BI-Berichten in Ihre Apps integrieren, aber ebenso können Sie mit Power Apps erstellte Apps in Power-BI-Berichten nutzen.

1. Um beispielsweise eine oder mehrere Apps in einem Power-BI-Bericht zu integrieren, müssen Sie in Power BI zunächst eine Datenquelle zuweisen. Dies können Sie dort über den Menüpunkt DATEN ABRUFEN bewerkstelligen.

2. Nach Auswahl eines Verbindungstyps können Sie dann vom entsprechenden Speicherort die Daten laden.

3. Auf der Berichtsoberfläche von Power BI müssen Sie dann das Menü EINFÜGEN anwählen und dort den Punkt POWER APPS anklicken; alternativ können Sie diese Option auch über die verfügbaren Visualisierungen auswählen. In beiden Fällen erscheint auf der Berichtsoberfläche eine Darstellung zur Einbindung oder Erstellung einer App aus Power Apps (Visualisierungsrahmen).

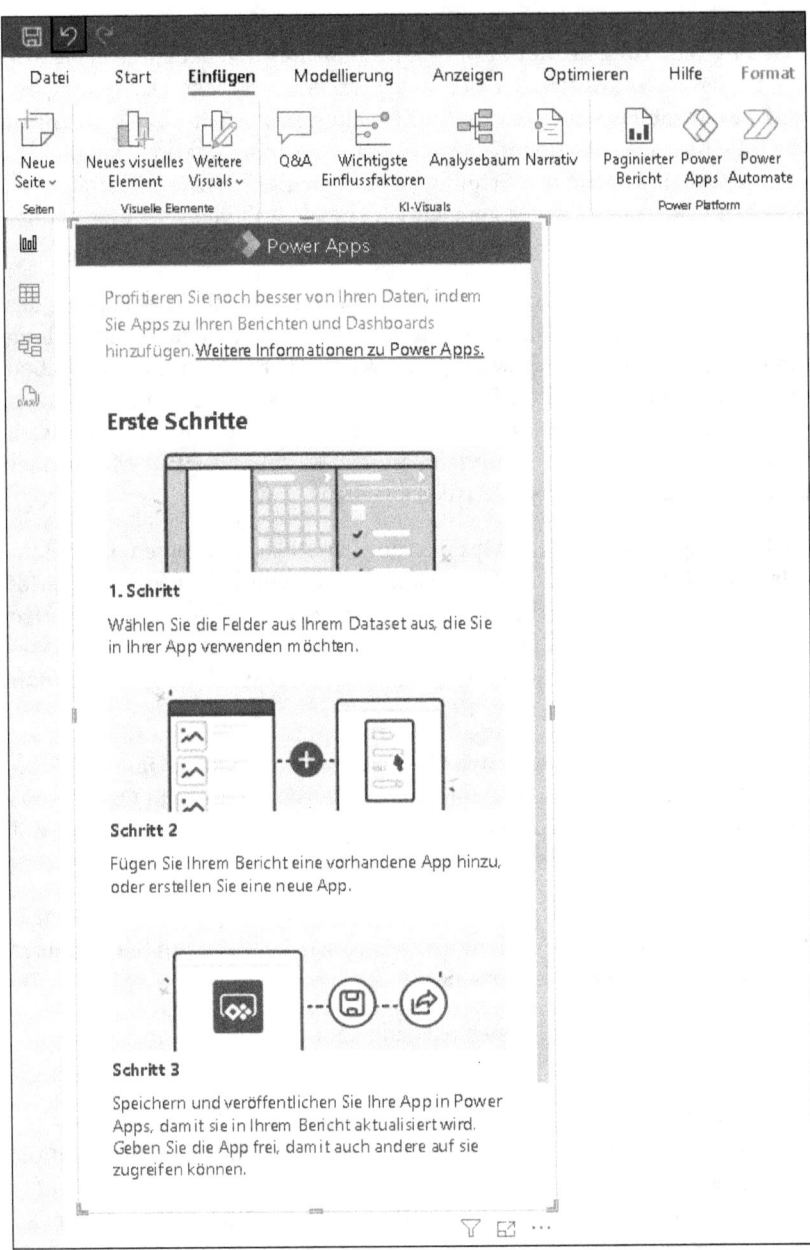

Abbildung 20.32: Visualisierung zur Einbindung/Erstellung einer App

4. Sobald Sie im nächsten Schritt wenigstens ein Feld aus der Datenquelle angewählt haben, verändert sich der Inhalt des Visualisierungsrahmens und die Darstellung verfügbarer Optionen.

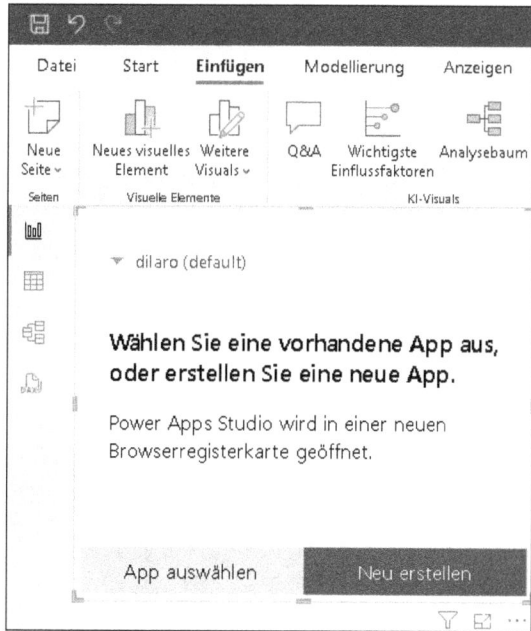

Abbildung 20.33: Optionen zur App-Auswahl

5. Zur Auswahl einer bestehenden Anwendung müssen Sie im nächsten Schritt die Schaltfläche APP AUSWÄHLEN anklicken.

> Mit der Option NEU ERSTELLEN können Sie direkt in die Entwicklungsumgebung von Power Apps wechseln, um eine komplett neue App zu erstellen.

6. Als Nächstes werden die in der Default-Umgebung der Power Platform verfügbaren Anwendungen angezeigt. Mit Anklicken der gewünschten App und Bestätigung über die Schaltfläche HINZUFÜGEN wird die Anwendung auf der Berichtsoberfläche von Power BI im Visualisierungsrahmen eingefügt.

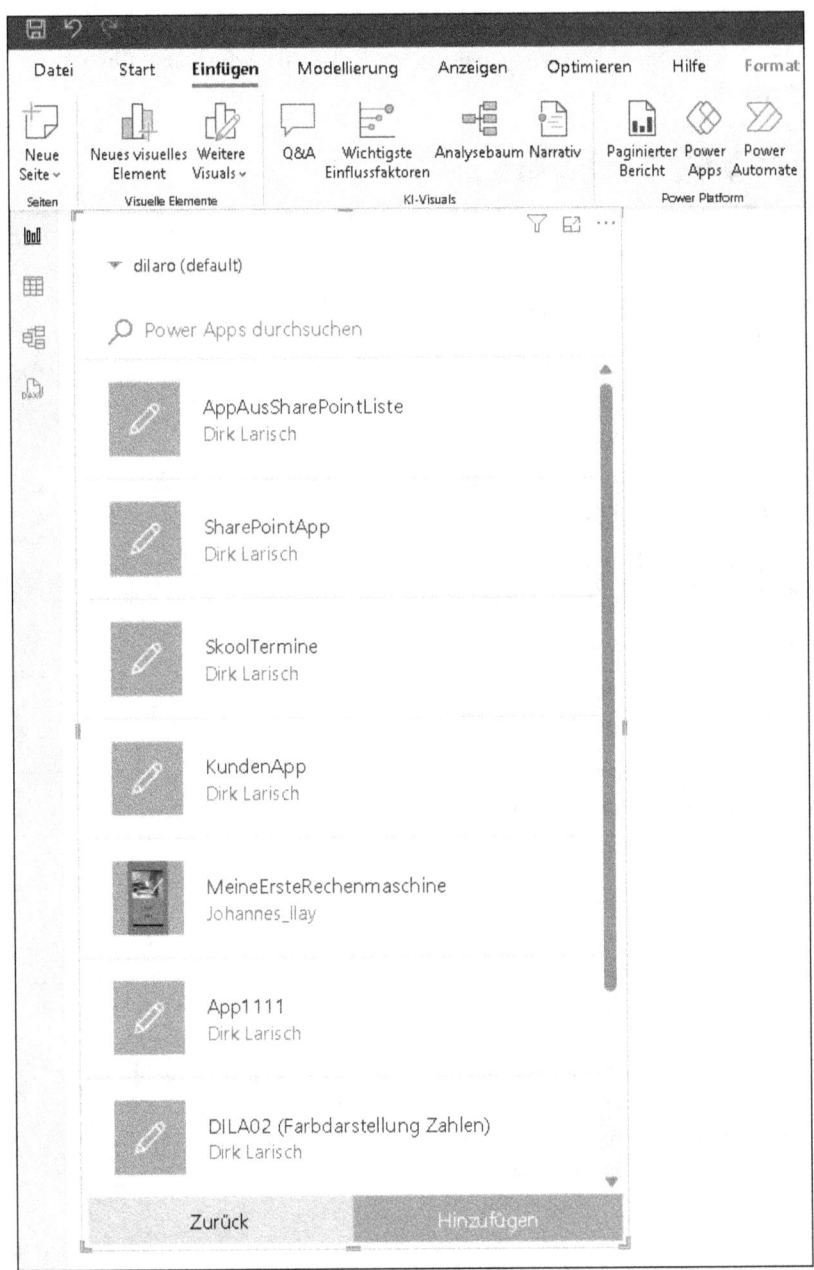

Abbildung 20.34: Liste der verfügbaren Anwendungen

Um beim Einfügen einer App die Umgebung der Power Platform zu wechseln, müssen Sie im oberen Bereich des Auswahlrahmens die aktuelle Umgebung anklicken, worauf die sonstigen Umgebungen angezeigt und eine andere ausgewählt werden kann.

Auf diese Weise können Sie beliebige Anwendungen, die Sie mit Power Apps erstellt haben, in die Power-BI-Umgebung integrieren und dort auch vollständig nutzen und anwenden.

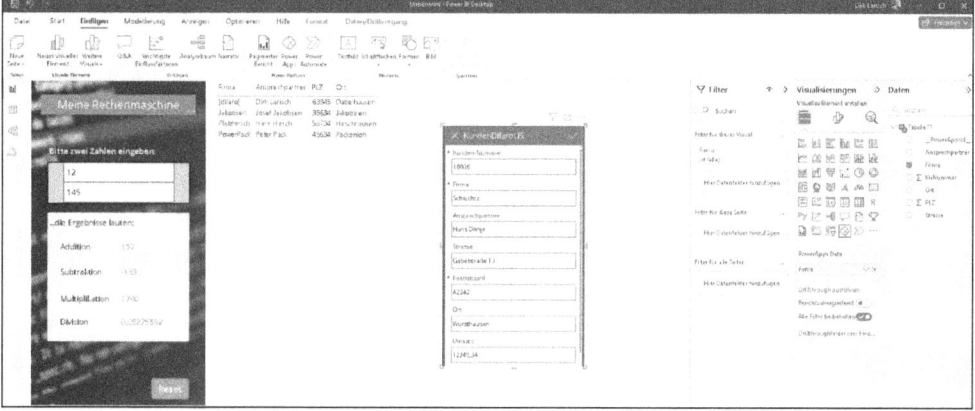

Abbildung 20.35: App-Integration in der Berichtsoberfläche von Power BI

 Die Anwendungen, die Sie auf die dargestellte Art und Weise in Power BI einfügen, sind grundsätzlich voll funktionsfähig und einsatzbereit. Mit einer App zur Datenbearbeitung können Sie so also auch innerhalb eines Power-BI-Berichts Daten einer Datenquelle ändern oder auch neue Datensätze erfassen.

> **IN DIESEM KAPITEL**
>
> App zur Produktauswahl
>
> SharePoint-Listen als Datenquelle
>
> Combobox als Strukturelement
>
> Unterschied zwischen Einfach- und Mehrfachauswahl

Kapitel 21
Praxisbeispiel: verschachtelte Tabellen

Im folgenden Praxisbeispiel soll der Einsatz verschachtelter Tabellen oder Listen erläutert werden. Dieser Anwendungsfall tritt in vielen Szenarien immer wieder auf, sodass Sie anhand der nachfolgenden Schritt-für-Schritt-Anleitung einen Einblick darin erhalten. Die Basis bilden zwei SharePoint-Listen, wobei es sich dabei aber auch um Excel-Listen handeln könnte, die beispielsweise vorher nach Dataverse transferiert werden.

Listenstruktur

Der Inhalt der Listen bezieht sich auf die Verwaltung von Hard- und Softwarekomponenten eines Computerfachgeschäftes. Als Kategorien werden strukturell Begriffe wie Computer, Drucker, Zubehör oder auch Software verwendet. Die zugeordneten Bezeichnungen lauten dann beispielsweise Laserdrucker und Tintenstrahldrucker für die Kategorie Drucker, oder Notebook und Desktop-PC für die Kategorie Computer. Die erste Tabelle (Liste) soll den Namen *ProduktKategorie* tragen, wobei immer eine 1:n-Beziehung besteht, also einem Oberbegriff (zum Beispiel Computer) können mehrere Kategorien zugeordnet werden (zum Beispiel Desktop-PC, Notebook).

Die zweite Liste repräsentiert wiederum die einzelnen Produkte, wobei neben dem Produktnamen eine 1:1-Beziehung zur jeweiligen Kategorie aus der ersten Liste (ProduktKategorie) erfolgt. Die zweite Liste soll den Namen *ProduktListe* tragen.

SharePoint-Listen

Da zwei Tabellen benötigt werden, müssen Sie in SharePoint auch zwei SharePoint-Listen anlegen. Die Struktur der ersten SharePoint-Liste besteht im Grunde nur aus zwei Feldern; dem Titel-Feld, in dem der (unterschiedliche) Typ einer Kategorie abgelegt wird, so wie in der folgenden Abbildung beispielhaft dargestellt:

	A	B
1	Titel	Kategorie
2	Notebook	Computer
3	Desktop-PC	Computer
4	Monitor	Zubehör
5	Laserdrucker	Drucker
6	Tintenstrahldrucker	Drucker
7	Betriebssystem	Software
8	Tablet	Mobilgerät

Abbildung 21.1: Inhalt und Struktur der Liste »ProduktKategorie«

Hierbei ist es wichtig, dass bei der Definition der SharePoint-Liste das zweite Feld (Kategorie) als ein Auswahlfeld angelegt und dort die einzelnen Kategorien zugewiesen werden; es handelt sich dabei um einen Feldtyp, der bei der Anlage einer neuen Spalte explizit ausgewählt und konfiguriert werden muss.

Abbildung 21.2: Kategorie-Feld vom Typ Auswahlfeld

KAPITEL 21 Praxisbeispiel: verschachtelte Tabellen

Die zweite SharePoint-Liste, die benötigt wird (ProduktListe), besteht ebenfalls nur aus zwei Feldern. Neben dem Titel-Feld kommt beim zweiten Feld (Unterkategorie) eine Besonderheit zum Einsatz. So wird dieses Feld als sogenanntes Nachschlagen-Feld definiert, bei dem der Inhalt aus dem Feld einer anderen Tabelle (Liste) übernommen wird.

	A	B
1	Titel	Unterkategorie
2	Damson Y34	Tablet
3	Happee 34	Laserdrucker
4	ApfelElpad	Tablet
5	Meckintusch AS	Desktop-PC
6	Fenster 12	Betriebssystem

Abbildung 21.3: Inhalt und Struktur der Liste »ProduktListe«

Um die zweite Liste (ProduktListe) in SharePoint umzusetzen, müssen Sie bei der Spaltendefinition (Unterkategorie) den Typ NACHSCHLAGEN auswählen. Anschließend haben Sie die Möglichkeit, in einem Dialogfenster die entsprechenden Parameter festzulegen. So müssen Sie bei der Option WÄHLEN SIE EINE LISTE ALS QUELLE AUS die Liste PRODUKTKATEGORIE auswählen und als Feld, in dem nachgeschlagen werden soll, mit TITEL das erste Feld der Liste (ProduktKategorie) zuordnen.

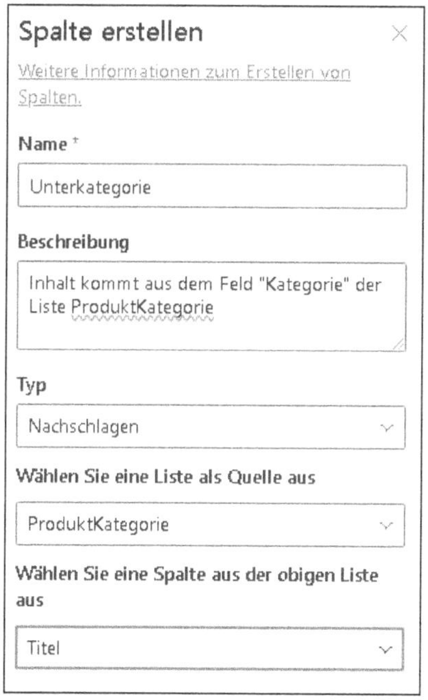

Abbildung 21.4: Unterkategorie-Feld vom Typ Nachschlagen

Nachdem Sie die Definition der beiden Listen vorgenommen haben, können Sie ein paar Beispieldaten erfassen. Die Inhalte der beiden SharePoint-Listen können sich dann ungefähr so darstellen, wie nachfolgend abgebildet.

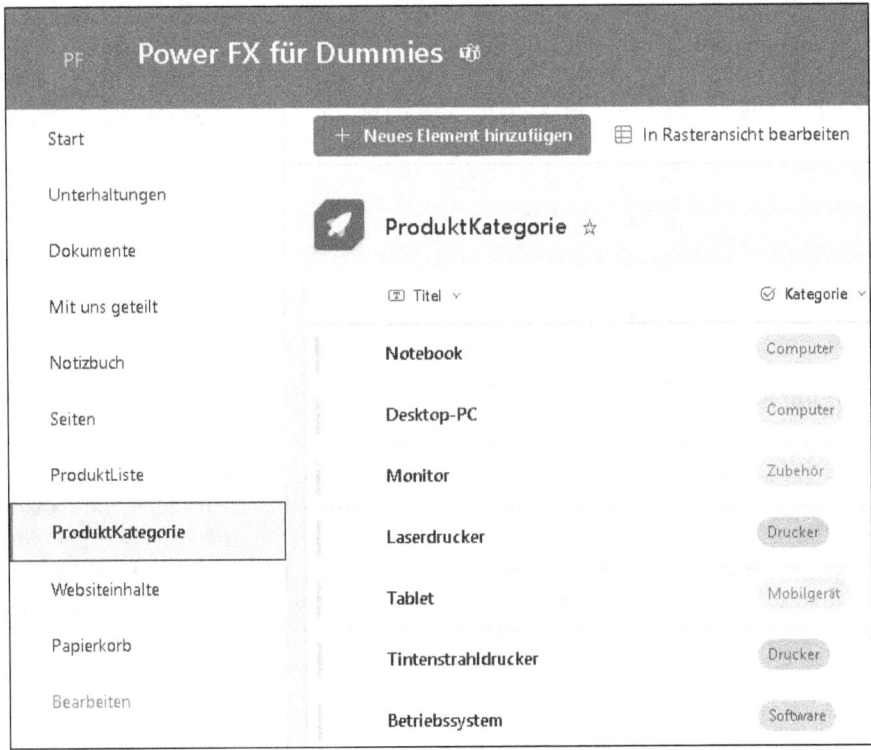

Abbildung 21.5: Beispieldaten der Liste »ProduktKategorie«

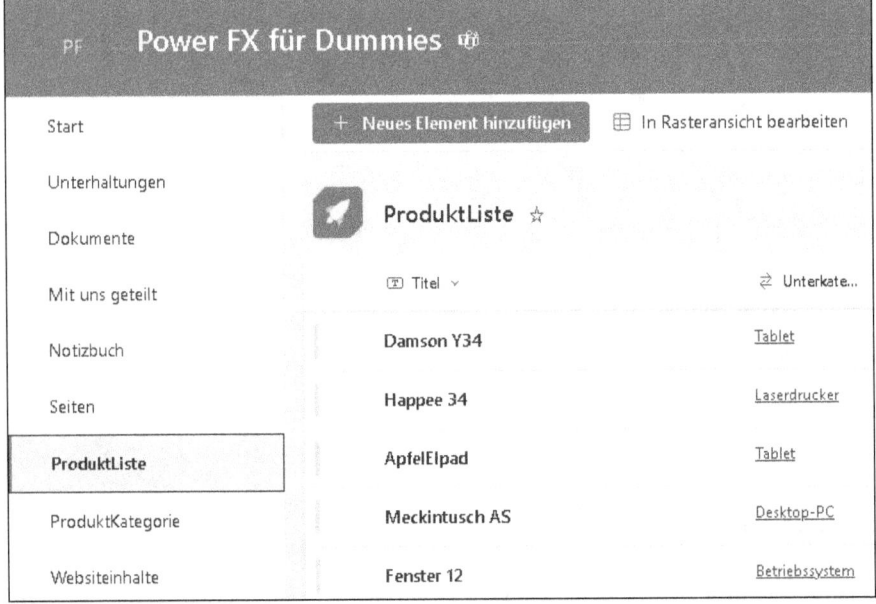

Abbildung 21.6: Beispieldaten der Liste »ProduktListe«

Entwicklung einer App

Nachdem Sie mit dem Anlegen der SharePoint-Listen als Datenquellen und dem Erfassen von Beispieldatensätzen die Voraussetzungen geschaffen haben, können Sie Power Apps aufrufen und in den Entwicklungsumgebung für eine neue Canvas-App wechseln. Die nachfolgenden Schritte erläutern den Aufbau einer App, bei dem die beiden Datenquellen miteinander verschachtelt werden.

1. Im ersten Schritt sollten Sie in der Entwicklungsumgebung von Power Apps zunächst einmal die modernen Steuerelemente (*Modern Themes*) aktivieren. Wählen Sie dazu im oberen Menübereich den Punkt EINSTELLUNGEN an.

2. Wählen Sie im Register UPDATES (links) den Eintrag NEU an und scrollen Sie im nachfolgenden Dialogfenster nach unten, bis Sie die Option MODERNE STEUERELEMENTE UND DESIGNS (*Modern Themes*) erreicht haben.

3. Sofern diese Option noch deaktiviert ist, aktivieren Sie diese bitte an der Stelle (EIN) und schließen Sie dann das Konfigurationsfenster.

4. Im nächsten Schritt müssen Sie für die App eine Verbindung zu den beiden SharePoint-Listen *ProduktKategorie* und *ProduktListe* herstellen. Wählen Sie dazu im linken Menübereich die Option DATEN an.

5. Klicken Sie auf DATEN HINZUFÜGEN und VERBINDER und wählen Sie dann SHAREPOINT aus, oder stellen Sie eine Verbindung zur SharePoint-Umgebung her.

6. Es erscheint die entsprechende SharePoint-Umgebung, aus der Sie dann den Bereich auswählen müssen, in dem Sie die Listen angelegt haben. Dort wählen Sie dann die beiden Listen durch Ankreuzen aus.

Abbildung 21.7: Auswahl der SharePoint-Listen als Datenquellen

7. Mit der Schaltfläche VERBINDEN werden diese beiden Listen der aktuellen App als Datenquellen zugewiesen und Sie können diese dort verwenden.

8. Auf der leeren App-Oberfläche sollten Sie zunächst einmal über das EINFÜGEN-Menü einen CONTAINER als Strukturelement einfügen, dessen Größe Sie auf die halbe Bildschirmgröße reduzieren sollten. In diesem Container werden nachfolgend die einzelnen Angaben und Strukturelemente abgelegt.

9. Der Container muss angewählt sein, bevor Sie im nächsten Schritt ein Beschriftungsfeld/Textfeld und eine COMBOBOX als Strukturelemente einfügen.

10. Benennen Sie die beiden Strukturelemente in der Strukturansicht wie folgt:

    Kategorie

    ComboboxKategorie

Im weiteren Ablauf wird bei der Definition der Logik über entsprechende Anweisungen auf die einzelnen Feldinhalte zugegriffen, deshalb sollten Sie nach Möglichkeit »sprechende« Namen verwenden.

11. Das Text- oder Beschriftungsfeld dient als Hinweistext oder Feldüberschrift; tragen Sie dort beispielsweise *Kategorie* ein.

12. Nach Anwahl des Strukturelements COMBOBOX müssen Sie deren Eigenschaft ITEMS (links oben) auswählen.

13. Löschen Sie den Standardeintrag und tragen Sie dort folgende Anweisung ein:

    ```
    Choices('ProduktKategorie'.Kategorie)
    ```

    Mit der Funktion *Choices* greifen Sie damit innerhalb der Datenquelle *ProduktKategorie* auf den Inhalt der Spalte *Kategorie* zu. Es werden also im Auswahlfeld des Strukturelements die Inhalte der entsprechenden Spalte angezeigt.

14. Super, das hat funktioniert! Im nächsten Schritt markieren Sie die beiden Strukturelemente, kopieren diese und fügen Sie dann wieder ein.

15. Benennen Sie die beiden Strukturelemente in der Strukturansicht wie folgt:

    Unterkategorie

    ComboboxUnterkategorie

16. Nachdem Sie die beiden Felder innerhalb des Containers platziert haben, können Sie die Überschrift oder den Text des ersten Feldes ändern in *Unterkategorie*.

17. Wählen Sie das zweite Strukturelement der Combobox an und tragen Sie nach Anwahl der Eigenschaft ITEMS (links oben) dort Folgendes in die Befehlszeile ein:

    ```
    Filter('ProduktKategorie';Kategorie.Value=ComboboxKategorie.Selected.Value)
    ```

    Mit dieser Anweisung erreichen Sie eine Filterung der Daten in der Datenquelle *ProduktKategorie* in Abhängigkeit von der Auswahl in der ersten Combobox *Kategorie*. Es wird also die Bedingung geprüft, ob Einträge (Werte) in der Spalte *Kategorie* in der Combobox *Kategorie* ausgewählt worden sind (Selected.Value).

KAPITEL 21 Praxisbeispiel: verschachtelte Tabellen 319

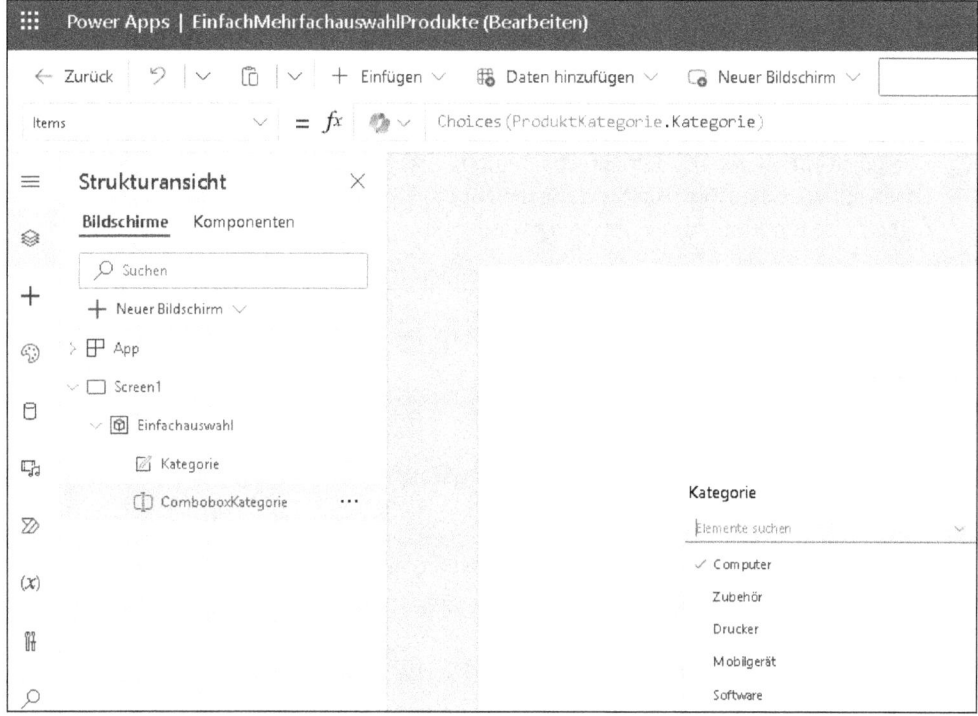

Abbildung 21.8: Anzeige der Elemente aus der Spalte »Kategorie«

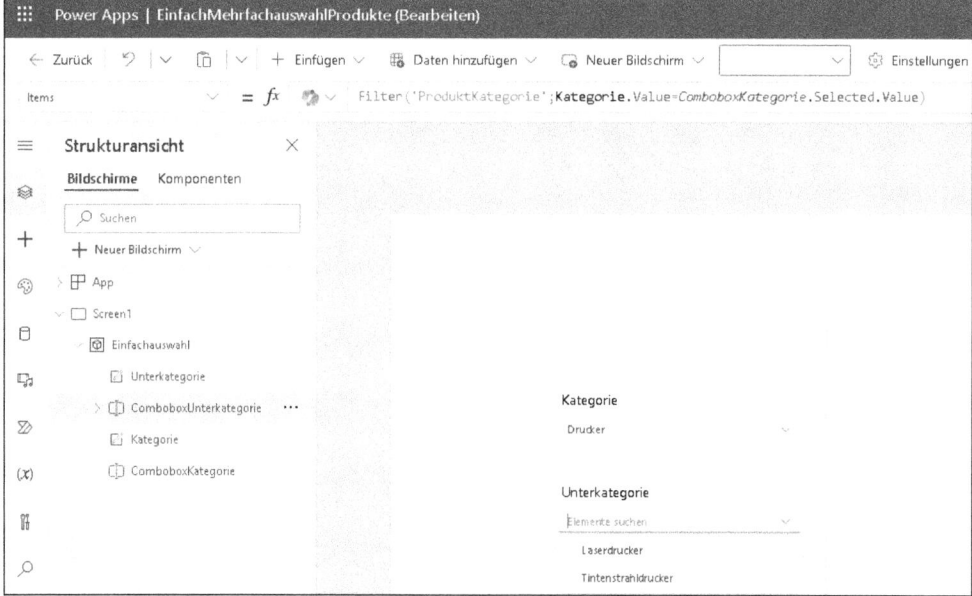

Abbildung 21.9: Elementanzeige in Abhängigkeit von der Kategorieauswahl

Nähere Angaben zum Einsatz der Funktion *Filter* enthalten die Kapitel 13 und 14 dieses Buches.

18. Ganz toll, wenn Sie das bis hier geschafft haben! Jetzt fügen wir noch eine dritte Kategorie ein, in der aus den verschachtelten Tabellen (Listen) die einzelnen Produkte angezeigt werden. Kopieren Sie dazu erneut ein Textfeld und eine Combobox und fügen diese innerhalb des Containers wieder ein.

19. Die beiden neuen Strukturelemente in der Strukturansicht platzieren Sie unterhalb der letzten Einträge und benennen sie dann wie folgt:

    Produkt

    ComboboxProdukt

20. Tragen Sie im Beschriftungsfeld den Text *Produkt* ein und wählen Sie dann das Strukturelement *ComboboxProdukt* an.

21. Nach Anwahl der Eigenschaft ITEMS können Sie in der Befehlszeile Folgendes eintragen:

    `Filter('ProduktListe';Unterkategorie.Value = ComboboxUnterkategorie.Selected.Titel)`

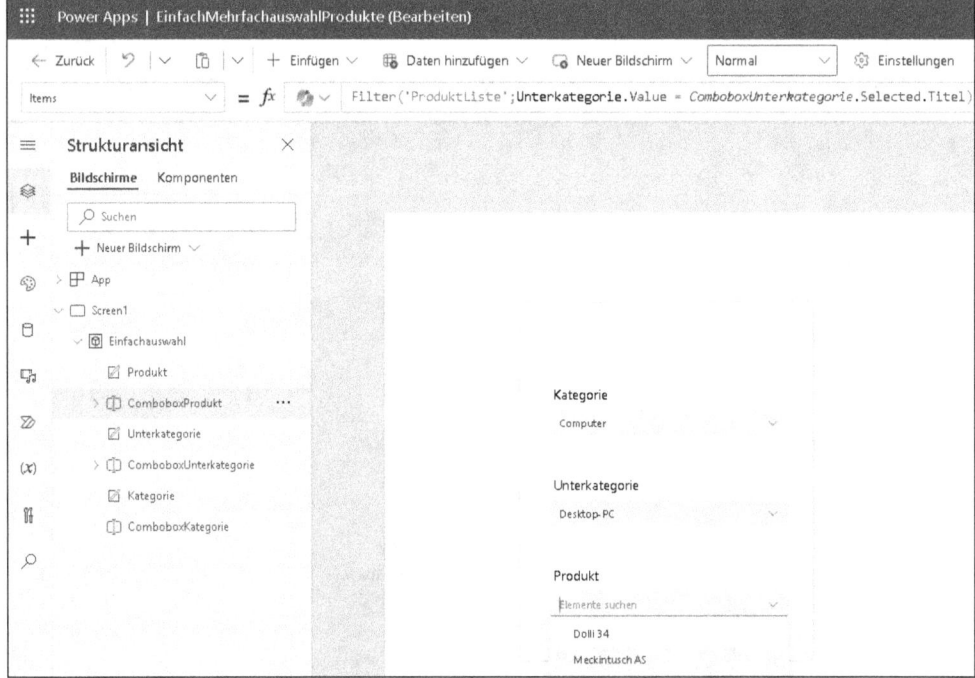

Abbildung 21.10: Elementanzeige in Abhängigkeit von der Unterkategorie

Damit greifen Sie über die Filter-Funktion auf die Datenquelle *ProduktListe* zu, in der die einzelnen Produkte abgelegt sind. Die Darstellung des Inhalts in der Combobox erfolgt dabei in Abhängigkeit von der Auswahl des Eintrages in der *ComboboxUnterkategorie*. Es wird also die Bedingung geprüft, ob Einträge (Werte) in der Spalte *UnterKategorie* in der Combobox *UnterKategorie* ausgewählt worden sind (Selected.Title).

Das ist echt ein großer Erfolg! Mit Umsetzung dieses Beispiels haben Sie die Basis und das Verständnis geschaffen, um mit verschachtelten Tabellen oder Listen arbeiten zu können. Sie haben jetzt natürlich noch die Möglichkeit, die Darstellung zu optimieren, indem Sie den Hintergrund des Containers farblich gestalten und eventuell noch eine Überschrift einfügen.

Umsetzung Mehrfachauswahl

Im bisherigen Beispiel konnten Sie aus den einzelnen Feldern jeweils einen Eintrag auswählen, der dann wiederum die Basis für die folgenden Auswahlmöglichkeiten darstellte. Hin und wieder ergibt sich aber die Notwendigkeit, dass eine Mehrfachauswahl erfolgen muss, also im obigen Beispiel, wenn Sie Produkte aus mehreren Kategorien auswählen möchten.

1. Für die nachfolgenden Erläuterungen können Sie die oben erstellte App verwenden, indem Sie dort einmal den kompletten Container kopieren, wieder einfügen und innerhalb der bestehenden Anwendung platzieren. Auf diese Weise brauchen Sie lediglich einige wenige Anpassungen an den Anweisungen der einzelnen Comboboxen vorzunehmen.

2. Durch den Kopier- und Einfügen-Vorgang werden Strukturelemente in dem kopierten Container automatisch benannt. Dort sollten Sie zunächst für Klarheit sorgen und die folgenden Bezeichnungen zuweisen:

   Die Strukturansicht platzieren Sie unterhalb der letzten Einträge und benennen sie dann wie folgt:

   KategorieMehrfach

   ComboboxKategorieMehrfach

   UnterkategorieMehrfach

   ComboboxUnterkategorieMehrfach

   ProduktMehrfach

   ComboboxProdukt

   Mehrfach

Zur Namensgebung oder Namenskonventionen der einzelnen Strukturelemente haben Sie ja auch an anderer Stelle dieses Buches (Kapitel 10, 12) Hinweise erhalten. An der Stelle werden explizit sehr lange Namen verwendet, um die Erläuterungen besser nachvollziehen zu können. In der Praxis sind solche langen Bezeichnungen eher untauglich und sollten dort nicht in der Form verwendet werden.

3. Der ersten Combobox (KategorieMehrfach) brauchen Sie lediglich die Eigenschaft für die Mehrfachauswahl zuzuweisen. Nach Anklicken des Feldes können Sie dazu entweder die entsprechende Einstellung im rechten Eigenschaften-Bereich vornehmen oder Sie wählen die Eigenschaft SELECTMULTIPLE aus (links oben) und tragen in der Befehlszeile *true* ein.

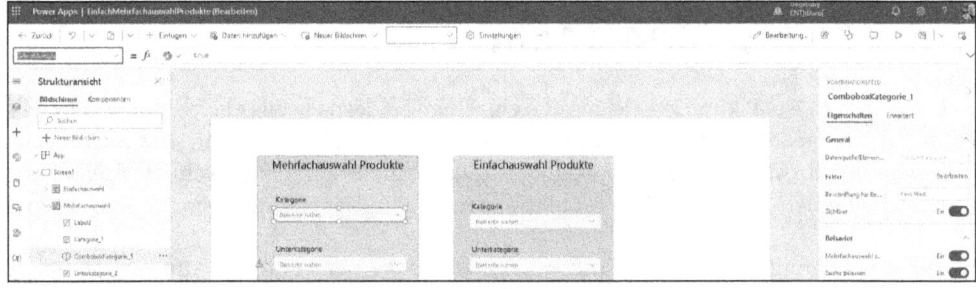

Abbildung 21.11: Mehrfachauswahl in Combobox

4. In der zweiten Comboxbox (UnterkategorieMehrfach) müssen Sie eine Anpassung der Befehlszeile für die Eigenschaft ITEMS wie folgt vornehmen:

```
Filter(ProduktKategorie;Kategorie.Value in ComboboxKategorieMehrfach.
SelectedItems.Value)
```

Sie greifen auch hier mit der *Filter*-Funktion auf die Liste *ProduktKategorie* zu. Dabei wird ausgewertet, welche Werte (in) aus der Spalte *Kategorie* dieser Datenquelle in der *ComboxKategorieMehrfach* ausgewählt worden sind (SelectedItems.Value).

5. In der dritten Combobox (ProdukteMehrfach) müssen Sie der Eigenschaft ITEMS folgende Befehlszeile zuweisen:

```
Filter(ProduktListe;Unterkategorie.Value in ComboboxUnterkategorieMehrfach.
SelectedItems.Titel)
```

Damit wird geprüft, welche Auswahl oder Werte der Unterkategorie in der *ComboxBoxUnterkategorieMehrfach* der Auswahl in der Spalte Unterkategorie der Datenquelle (ProduktListe) entsprechen.

6. Abschließend können Sie die Anwendung noch etwas erweitern, indem Sie beispielsweise eine Schaltfläche einfügen, um die in den einzelnen Comboboxen ausgewählte Inhalte zu löschen; zum Einsatz kommt dabei die Funktion *Reset*. Im Fall einer Schaltfläche für die Einfachauswahl der Produkte konnte die Befehlszeile der Schaltfläche wie folgt lauten:

```
Reset(ComboboxKategorie);  ;Reset(ComboboxUnterkategorie);;
Reset(ComboboxProdukt)
```

Mit diesen drei hintereinander geschachtelten Anweisungen in der Befehlszeile (Eigenschaft ONSELECT) werden nacheinander die Inhalte der drei Comboboxen gelöscht.

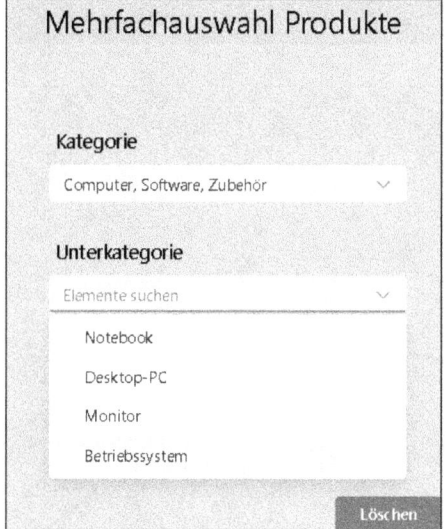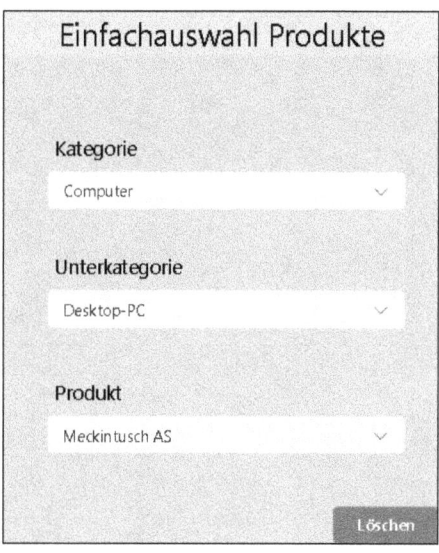

Abbildung 21.12: App für Einfach- und Mehrfachauswahl

 Das in den vorhergehenden Abschnitten ausführlich erläuterte Prinzip der verschachtelten Tabellen (Listen) können Sie auch nutzen, um Menüstrukturen mit Hauptmenü und weiteren Untermenüs aufzubauen.

IN DIESEM KAPITEL

Werkzeuge zur App-Entwicklung

Zusammenhang zwischen KI-Hub und dem AI Builder

Verfügbare KI-Modelle

Copilot als Unterstützung bei der App-Entwicklung

Kapitel 22
Mit Künstlicher Intelligenz schneller ans Ziel?

Microsoft geht mit der Implementierung von Funktionen zur Nutzung der Künstlichen Intelligenz (KI) einen nächsten Schritt zur Weiterentwicklung seiner Produkte insbesondere des M365-Universums.

Auch wenn seit Anfang 2024 innerhalb einer Microsoft-365-Umgebung mit dem Copiloten ein Produkt angeboten wird, das sehr viel Aufmerksamkeit erregt hat, beschäftigt sich Microsoft schon länger mit dem Thema und hat die KI an verschiedenen Stellen und in verschiedenen Produkten implementiert. Die nachfolgenden Erläuterungen gehen der Frage nach, in welcher Form die Künstliche Intelligenz die App-Entwicklung unterstützen kann. Oder schafft die Künstliche Intelligenz eventuell das Aufgabengebiet eines Entwicklers oder eines *Makers* komplett ab?

Diese und ähnliche Fragen muss sich jeder letztlich selbst beantworten. Fakt ist, dass Power Apps oder allgemeiner die Power Platform der Microsoft-365-Umgebung einige Möglichkeiten zur Verfügung stellt, die die Arbeit, hier insbesondere die Entwicklung von Anwendungen, unterstützen und auch deren Nutzungsgrad effektiver und effizienter gestalten können.

So ermöglicht es der integrierte AI Builder (KI-Hub), sogenannte Modelle der Künstlichen Intelligenz zu erstellen und in beliebige Anwendungen zu integrieren, ohne dass dafür tiefergehende Programmierkenntnisse erforderlich sind.

Ergänzend dazu steht mit der Anwendung Copilot eine Möglichkeit zur Verfügung, die Entwicklung von Anwendungen zu unterstützen und damit die generelle Entwicklungszeit zu verkürzen. So kann der Copilot eine wertvolle und sinnvolle Unterstützung für App-Entwickler (*App-Maker*) darstellen.

KI-Hub/AI Builder

Auch wenn die Begriffe KI-Hub und AI Builder teilweise synonym verwendet werden, wäre es eigentlich richtiger zu sagen, dass der AI Builder ein Teil des KI-Hubs darstellt. Mit dem KI-Hub verfügen Sie in der Power Platform über eine leistungsstarke Umgebung, die für die App-Entwicklung und den eingesetzten Anwendungen eine Vielzahl von Funktionen der Künstlichen Intelligenz zur Verfügung stellen.

Definition

Auch wenn der KI-Hub und der AI Builder innerhalb der Power Platform eng miteinander verbunden sind, haben sie dennoch unterschiedliche Schwerpunkte und Funktionen. So ermöglicht es der AI Builder, Anwendern oder Benutzern, KI-Modelle zu erstellen und zu trainieren, ohne dass dazu tiefergehende Programmierkenntnisse erforderlich sind. Zusätzlich stellt der AI Builder vorgefertigte Modelle für Aufgaben wie Bilderkennung, Textklassifizierung und Vorhersagen zur Verfügung. Dies ist besonders nützlich für Benutzer, die schnell KI-Funktionen in ihre Apps (Power Apps) und Workflows (zum Beispiel mit Power Automate) integrieren möchten.

Mit dem KI-Hub der Power Platform steht den Benutzern der Zugriff auf KI-gestützte Funktionen (die gegebenenfalls durch den AI Builder erstellt worden sind) an einem zentralen Ort zur Verfügung. Neben dem Zugriff auf die KI-Modelle bietet der KI-Hub auch zusätzliche Funktionen wie Datenvorbereitung, Modelltraining oder auch die Integration benutzerdefinierter Modelle.

Der KI-Hub stellt in einer Microsoft-365-Umgebung die umfassende Plattform für die Verwaltung und Implementierung von KI-Lösungen zur Verfügung. Während der KI-Hub somit eine Vielzahl von Diensten und Funktionen zur Verwaltung aller KI-Funktionen bereithält, dient der AI Builder – als Teil des KI-Hubs – der Erstellung und Nutzung von KI-Modellen.

Funktionen des KI-Hubs

Als zentraler Ort innerhalb der Power Platform können Sie im KI-Hub auf verschiedene KI-gestützte Funktionen zugreifen. Der Aufruf der entsprechenden Umgebung erfolgt beispielsweise in Power Apps über den gleichnamigen Menüpunkt (KI-Hub) auf der Startseite. Dabei lassen sich die Hauptfunktionen des KI-Hubs grundsätzlich wie folgt kategorisieren:

- ✔ Datenaufbereitung
  Um beim Einsatz von Modellen der Künstlichen Intelligenz auf selbsterstellte Daten oder Informationen zugreifen zu können, ermöglicht der KI-Hub eine entsprechende Aufbereitung und Übertragung der Daten an die Künstliche Intelligenz.

- Einbindung in Apps und Flows
  Mit der Einbindung oder Integration der erstellten Modelle in Anwendungen oder Workflows wird das Benutzererlebnis komplett. So können Sie beispielsweise innerhalb einer mit Power Apps erstellten Anwendung die Möglichkeiten der Künstliche Intelligenz unmittelbar nutzen.

- KI-Modelle
  Mit mehreren Vorlagen für KI-Modelle, die mittels AI Builder erstellt worden sind, können Sie sehr einfach und schnell eigene Modelle entwerfen und in Apps (oder Workflows) integrieren.

- Training der Modelle
  Die mit dem AI Builder erstellten Modelle entfalten ihre volle Funktionsfähigkeit in vielen Fällen erst mit dem entsprechenden Training. So ist es beispielsweise beim Einsatz eines Modells zur Dokumentenverarbeitung (zum Beispiel Rechnungen) erforderlich, dass Sie dem Modell mitteilen, welche Daten in welcher Form ausgewertet werden sollen.

- Sicherheit
  Aufgrund der Einbindung in die Sicherheitsarchitektur der Microsoft-365-Umgebung ist jederzeit die Sicherheit der Daten und die Einhaltung definierter Regeln (Compliance) gewährleistet.

- Zusammenarbeit
  Durch die Nutzung der Funktionen des KI-Hubs wird die Zusammenarbeit mit anderen Anwendern wesentlich optimiert, indem im Team auf Ergebnisse zugegriffen werden und die Analyse gemeinsam erfolgen kann.

Modellvarianten des AI Builders

In Kapitel 16 wurde bereits kurz auf die Funktion des KI-Hubs eingegangen und anhand von Beispielen wurden einige Modellvarianten des AI-Builders erläutert. Eine grobe Klassifizierung der Modelltypen lässt sich anhand der folgenden Einteilung vornehmen:

- Eingabeaufforderung/Textverarbeitung
- Dokumentverarbeitung
- Rechnungsverarbeitung
- Texterkennung
- Vorhersage
- Klassifizierung

KI-Modelle ermöglichen es Computern, Aufgaben auszuführen, die normalerweise menschliche Intelligenz erfordern. Diese Modelle nutzen Algorithmen und Daten, um Muster zu erkennen (Mustervergleich), Vorhersagen zu treffen und Entscheidungen zu fällen. Klassische KI-Modell sind beispielsweise neuronale Netze oder auch Entscheidungsbäume und ermöglichen beispielsweise die Entwicklung von Sprachassistenten oder auch von autonomen Fahrzeugen.

Mit dem Modell der Eingabeaufforderung steht eine sehr einfache Möglichkeit zur Verfügung, mit Einsatz eines Chatbots mit Anbindung an ein LLM (Large Language Model) (chatGPT) Informationen abzurufen oder einen beliebigen Text bearbeiten zu lassen.

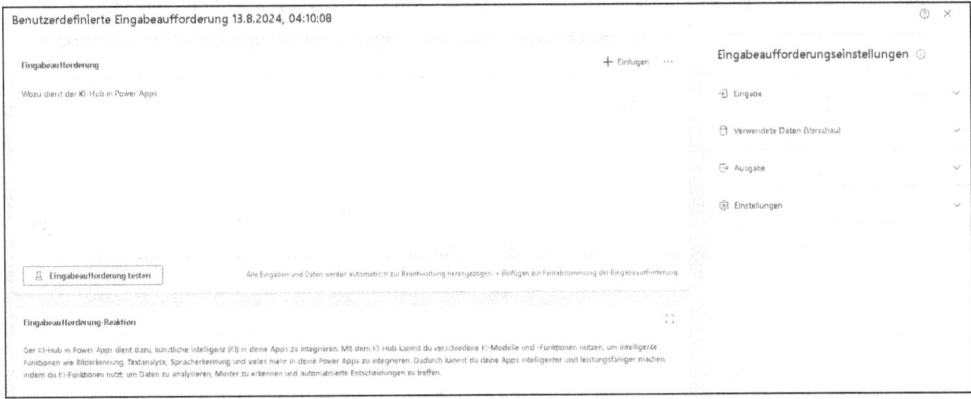

Abbildung 22.1: Einfache Aufgabe für eine Eingabeaufforderung

Sie können damit auch Texte oder Textteile extrahieren, um beispielsweise eine Zusammenfassung eines längeren Textabschnittes zu generieren; dabei können Sie auch eine grundsätzliche Stimmungsanalyse eines Textes vornehmen, um so den Tenor zu eruieren. Oder Sie geben eine Texteingabe vor und lassen eine Klassifizierung vornehmen; die Einsatzgebiete des Modells der Eingabeaufforderung oder Textanalyse sind nahezu unerschöpflich.

Beim Einsatz des Modells der Eingabeaufforderung können Sie auf Wunsch auch auf Daten aus Dataverse-Tabellen zugreifen, die bei der Analyse berücksichtigt werden sollen.

Das Modell der Dokument- oder Formularverarbeitung ermöglicht Ihnen, Inhalte aus vorgegeben Dokumenten zu extrahieren und auszuwerten. Auf diese Weise können Sie selbst erstellte benutzerdefinierte Modelle trainieren, indem die Inhalte ähnlich aufgebauter Dokumente schneller erkannt, ausgewertet und weiterverarbeitet werden können.

Abbildung 22.2: Klassifizierung eines vorgegebenen Textes

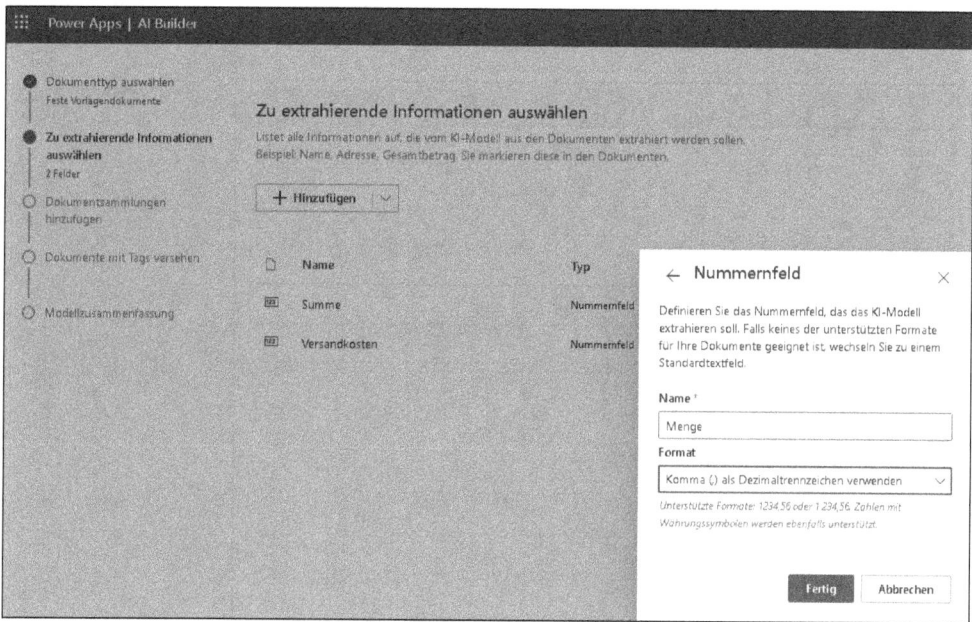

Abbildung 22.3: Festlegung von benötigten Inhalten des Dokuments

Mit der Festlegung von Inhalten des Dokuments dienen diese zum Trainieren des Modells, um zukünftige Dokumente des gleichen Typs zu erkennen und auszuwerten. Dazu müssen Sie einem solchen Modell wenigstens fünf Dokumente zur Verfügung stellen, anhand derer das Training durchgeführt werden kann.

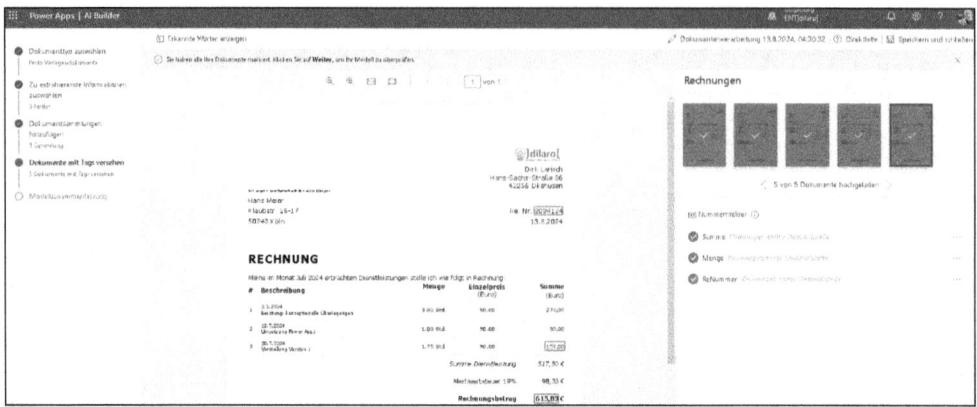

Abbildung 22.4: Dateiauswahl zum Trainieren der Modell-Definition

Als unmittelbarer Anwendungsfall der Dokumentenverarbeitung dient das vordefinierte Modell der Rechnungsverarbeitung. So können Sie auch bei diesem Modell eine eigene Definition der Modellinhalte vorgeben oder Sie verwenden das vom System vorgeschlagene Modell.

Mit dem Modell der Texterkennung können Sie Inhalte aus Bildern oder Dokumenten erkennen, auslesen und bewerten. Dabei können Sie die Funktionalität der Erkennung auch direkt in einem Flow oder einer App einsetzen.

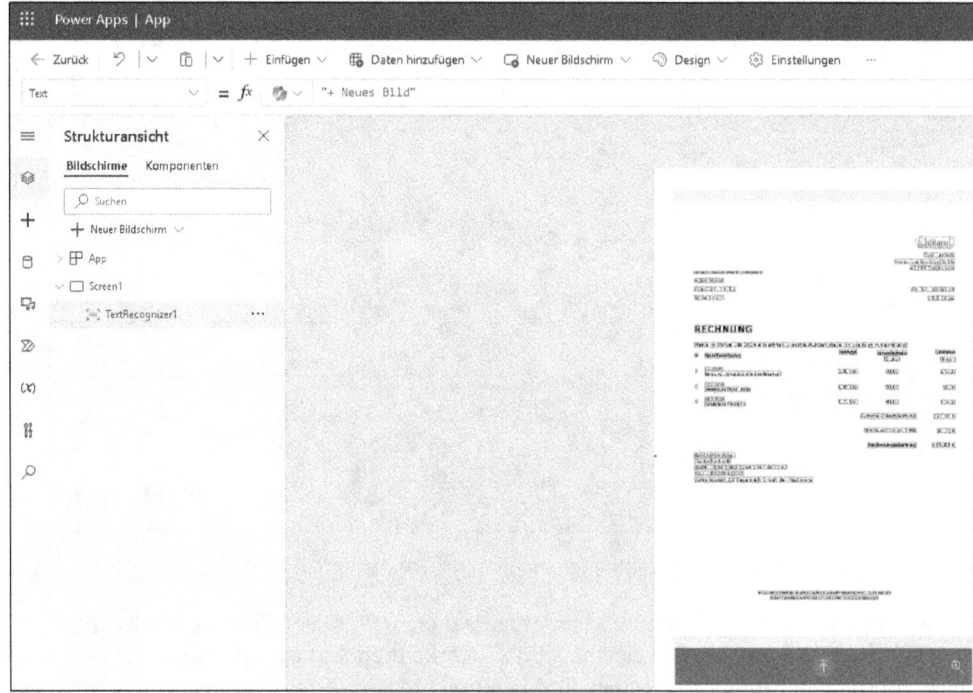

Abbildung 22.5: Texterkennung in einer App

Das Vorhersagemodell verwendet historische Daten, die Sie in Ihren System abgespeichert haben, um daraus bestimmte Entwicklungen in der Zukunft vorab bestimmen zu können. Dabei erfolgt anhand eines Vergleichs der Daten eine (mögliche) Mustererkennung, aus der sich dann wiederum verschiedene Vorhersagen oder Bestimmungen festlegen lassen. Auf diese Art können beispielsweise Verkaufsprognosen getroffen oder frühzeitig Veränderungen auf Seiten der Kunden ermittelt werden.

Abbildung 22.6: Zusammenfassung der Bedingungen eines Vorhersagemodells

Mit dem Modell der Klassifizierung steht ein Beispiel zur Verfügung, mit dem Sie die Rückmeldungen von Kunden (Kunden-Feedback) klassifizieren und auswerten können. Dabei können Sie aber auch ein benutzerdefiniertes Modell erstellen, das die eigenen Anforderungen abdeckt. Mit der Integration eines solchen Modells in einer Anwendung wird es direkt nachvollziehbar und praxistauglich.

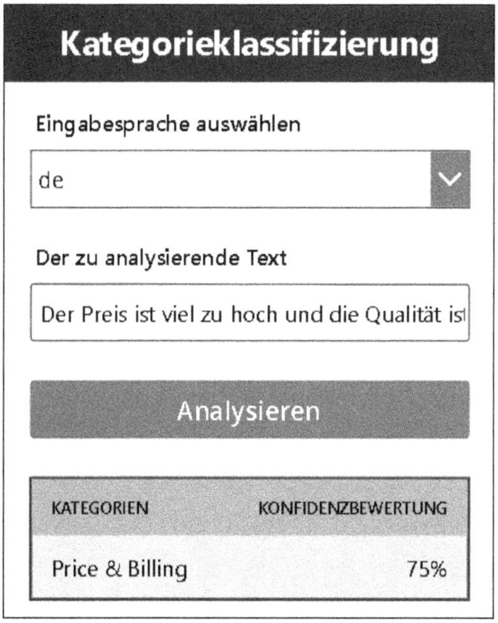

Abbildung 22.7: Einsatz eines KI-Modells innerhalb einer App

Der KI-Hub einer Microsoft-365-Umgebung bietet in Zusammenarbeit mit dem AI Builder eine Vielzahl von Funktionen und Möglichkeiten, deren Erläuterungen jedoch den Rahmen dieses Buches »sprengen« würde. Probieren Sie es einfach einmal aus und Sie werden sicherlich überrascht sein, was heutzutage schon möglich ist!

Copilot

Der Copilot als Add-On oder Zusatzprodukt ist mittlerweile in fast allen Diensten und Anwendungen einer Microsoft-365-Umgebung verfügbar oder bekannt. Dies gilt im besonderen Maß auch für Anwendungen wie Power Apps, wo der Copilot Sie bei der Erstellung eigener Apps unterstützt und auch während der Entwicklung wertvolle Hilfe leisten kann.

Insbesondere die Unterstützung der natürlichen Sprache ist ein wesentliches Merkmal bei der Entwicklung von Anwendungen. Darüber hinaus stehen aber in Power Apps auch direkt nutzbare Vorlagen zur Verfügung, die auf Basis der Künstlichen Intelligenz erstellt worden sind. Die wesentlichen Funktionen des Copiloten in Power Apps sind folgende:

- ✔ Automatische App-Erstellung
  Anhand einfacher Anweisungen lässt sich mit dem Copiloten eine App erstellen, die eine benutzerfreundliche Oberfläche aufweist. Die anschließende Nutzung der integrierten Funktionen (zum Beispiel *Drag & Drop*) werden auch dabei vom Copiloten unterstützt und ermöglichen eine schnelle Anpassung einer Anwendung.

- ✔ Datenverbindungen
  Bei der Nutzung des Copiloten haben Sie die Möglichkeit, in eine Anwendung nahezu beliebige Datenquellen einzubinden.

- ✔ Flexibilität
  Die Entwicklungsumgebung von Power Apps an sich, aber insbesondere auch mit Nutzung der KI-Funktionen (zum Beispiel Copilot), verfügt über eine hohe Flexibilität bei der Ausgestaltung der Anwendungen, um diese auf konkrete Anforderungen abzustellen.

- ✔ KI-Integration
  Der Copilot als Teil der KI-Umgebung der Power Platform ermöglicht die Integration von KI-Funktionen in bestehende oder neue Anwendungen. So können Sie mit überschaubarem Aufwand Funktionen zur Text- oder Bildanalyse in die eigenen Anwendungen einbinden.

App-Entwicklung

Die Übergänge bei Nutzung von KI-Funktionen (Modell, Copilot) in der Entwicklungsumgebung von Power Apps sind fließend. So können Sie beim Erstellen einer App beispielsweise auf eine Excel-Tabelle oder eine SharePoint-Liste zugreifen und daraus dann automatisiert eine App erstellen lassen. Auf diese Art verfügen Sie einfach und schnell über eine einsatzfähige Anwendung. Auch dahinter verbirgt sich schon der Einsatz Künstlicher Intelligenz.

Mit dem Zugriff auf eine Dataverse-Tabelle als Datenbasis lässt sich das noch weiter optimieren. Da dieser Speicherbereich ebenfalls wie Power Apps in der Cloud der Microsoft-365-Umgebung abgelegt ist, entfallen Schnittstellen oder zeitaufwändigen API-Aufrufe.

 In Kapitel 3 dieses Buches können Sie nachlesen, auf welche Art und Weise eine SharePoint-Liste oder eine Excel-Tabelle als Basis einer automatisierten App-Erstellung dienen kann.

Die Nutzung einer Excel-Tabelle in Power Apps mit Unterstützung durch den Copiloten ist also eine sehr einfache Option, eine App zu erstellen. Darüber hinaus stellen die Power Platform und damit auch Power Apps Möglichkeiten zur Verfügung, auf Basis natürlicher Sprache eine App erstellen zu lassen.

So können Sie beispielsweise auf der Startseite von Power Apps beim Erstellen einer Anwendung eine Anweisung der folgenden Art eingeben, um zu veranlassen, dass eine entsprechende App erstellt wird:

```
Erstelle eine App zum Hochladen von Bild-Dateien, um diese in der App
anzeigen zu lassen.
```

Der Copilot von Power Apps läuft anschließend direkt los, erstellt den Vorschlag für eine Tabelle, in der die Daten gespeichert werden und zeigt diese am Bildschirm an. An der Stelle können Sie Copilot noch Änderungswünsche mitteilen und dann über die Schaltfläche App erstellen die Anwendung generieren lassen.

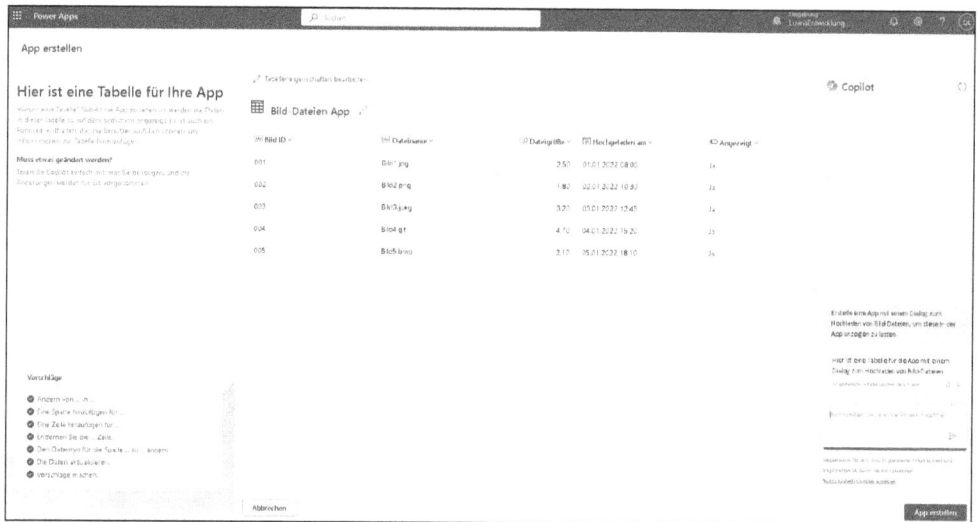

Abbildung 22.8: KI-gestützte App-Erstellung in Power Apps

In Abhängigkeit von der Anweisung an Copilot und die Nutzung verfügbarer Möglichkeiten ist die automatisch erstellte Anwendung direkt nutzbar oder muss individuell angepasst werden.

Entwicklungsumgebung von Power Apps

Die Entwicklung oder Erstellung von Apps ist eine Funktion, die einem Entwickler (Maker) sicherlich hier und da wertvolle Hilfe leisten kann. Sehr interessant, wenn nicht gar noch viel interessanter, ist eine Copilot-Funktion, die in der Entwicklungsumgebung zum Einsatz kommen kann.

So können Sie den integrierten Copiloten nutzen, um sich in der Entwicklungsumgebung von Power Apps jederzeit Informationen über die eingesetzte Power-Fx-Anweisungen oder -Befehle anzeigen zu lassen. Wählen Sie dazu beispielsweise ein Strukturelement an und wechseln dann mit dem Cursor in die Befehlszeile.

Anschließend klicken Sie am linken Rand der Befehlszeile auf das Copilot-Symbol und wählen den Punkt *Diese Formel erläutern* an. Damit erscheint ein separater Bereich, in dem die in der Befehlszeile stehenden Anweisungen erläutert werden.

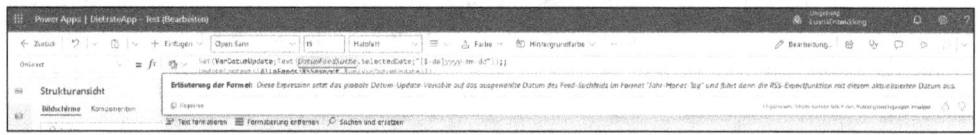

Abbildung 22.9: Erläuterung einer Funktion in der Entwicklungsumgebung von Power Apps

Mit dieser Option können Sie aber nicht nur selbst erstellte Anweisungen überprüfen, sondern sich diese Funktion auch zunutze machen, um beispielsweise bestimmte Anweisungen in Fremd-Apps zu prüfen oder sich erläutern zu lassen, um daraus zu lernen.

Auch zu Dokumentationszwecken lassen sich diese Möglichkeiten einsetzen, denn die Erläuterungen lassen sich über eine spezielle Schaltfläche kopieren. Anschließend können Sie diese dann – mit entsprechenden Zeichen (/* */) auskommentiert – in die Befehlszeile einfügen.

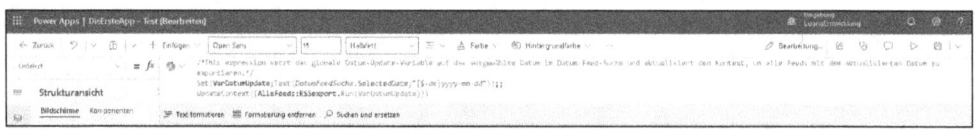

Abbildung 22.10: Power-Fx-Befehlszeile mit eingefügtem Kommentar

Die dargestellte Option der Erläuterung von Power-Fx-Anweisungen mittels Copiloten kann auch bei der Fehlersuche unterstützen, wenn eine relativ komplexe Anweisung eingegeben wird; allerdings sind die Hinweise auf mögliche Fehler nicht immer 100 Prozent aussagekräftig.

In einem der nächsten Entwicklungsschritte (experimentell bereits verfügbar) soll Copilot selbst Formeln oder Power-Fx-Anweisungen entwerfen. Es handelt sich dabei im Grunde um den umgekehrten Weg der Kommentarbeschreibung wie im vorhergehenden Abschnitt dargestellt.

Im Endeffekt soll es genügen, in die Befehlszeile eine Anweisung in folgender Form einzugeben, beispielsweise bei Auswahl der Eigenschaft FILL eines Beschriftungsfeldes:

```
Wenn heute Montag ist, soll der Hintergrund in gelber Farbe, andernfalls
in hellblauer dargestellt werden
```

Sofern der Copilot dies korrekt umsetzt, wird daraus eine Anweisung der folgenden Art:

```
If(Weekday(Today())=2;Color.Yellow;Color.LightBlue)
```

Dieses kleine Beispiel zeigt, wohin die Reise gehen kann, auch wenn ein professioneller Entwickler (Maker) sicherlich mit der endgültigen Anweisung schneller wäre. Dennoch ist das eventuell ein Weg für Hobby-Programmierer, sich der App-Entwicklung mit Power Apps und Power Fx zu nähern.

Bei aller Begeisterung zur Nutzung der Möglichkeiten der Künstlichen Intelligenz in Power Apps darf nicht außer Acht gelassen werden, dass sich damit (aktuell) lediglich Anwendungen mit einem Standard-Aufbau abbilden lassen. Die Zukunft muss zeigen, wohin die Entwicklung seitens Microsoft noch geht.

> **IN DIESEM KAPITEL**
>
> Was ist JSON?
>
> Wozu dient YAML?
>
> Vor- und Nachteile im Vergleich mit XML
>
> Verwendung bei der App-Entwicklung
>
> Code eines Strukturelements

Kapitel 23
JSON und YAML

Zwei separate Komponenten oder Definitionen, die in einer Power-Fx-Umgebung eine große Rolle spielen können, sind JSON und YAML. Beide Formate ermöglichen eine einfache Beschreibung von Daten und Informationen, die sich mithilfe beliebiger Programmiersprachen bearbeiten lassen – wie auch in Power Fx. So ermöglichen beide Formate, Daten und Informationen in strukturierter Form zu beschreiben, um diese dann mit anderen Systemen oder Anwendungen auszutauschen.

Grundsätzlich sind beide Datenbeschreibungsmöglichkeiten in Power Fx verfügbar. JSON kann mit speziellen Funktionen (zum Beispiel Parse) Daten in ein Objekt einlesen, wodurch einfacher auf die einzelnen Feldinhalte zugegriffen werden kann. Im Gegensatz zu JSON unterstützt YAML in Power Fx nur eine Teilmenge der Möglichkeiten, wodurch nur bestimmte Definitionen unterstützt werden.

Worauf es beim Einsatz von JSON und/oder YAML ankommt und wo Unterschiede und Gemeinsamkeiten dieser Datenbeschreibungssprachen liegen, ist Inhalt der nachfolgenden Abschnitte. Dort lernen Sie auch anhand konkreter Beispiele mögliche Einsatzszenarien kennen.

JSON

Die Abkürzung JSON steht für *JavaScript Object Notation* und beschreibt ein mittlerweile allgemein gebräuchliches Datenformat, das zur Speicherung und zum Austausch von strukturierten Informationen zwischen Servern und Anwendungen (Frontend, Backend) verwendet wird.

Mit seiner Nähe zu Javascript und durch seine einfache Lesbarkeit und Verständlichkeit kommt es heutzutage in vielen Anwendungen häufig für die Beschreibung von Konfigurationen, bei Verwendung von REST-API und beim generellen Datenaustausch zum Einsatz.

Nähere Informationen zur sogenannten *REST-API* (*Representational State Transfer*) enthält das Kapitel 19 dieses Buches.

Einsatzzweck

Heutzutage unterstützen eine Vielzahl von Programmiersprachen (C#, Java, Javasript, JSON, PHP und andere) JSON als Datenbeschreibungssprache und ermöglichen über entsprechende Funktionen den Datenaustausch. In Power Fx, der Formelsprache von Power Apps, wird JSON für verschiedene Zwecke verwendet, insbesondere in folgenden Anwendungsfällen:

✔ Integration:
Heutzutage verwenden viele Webdienste und Programmschnittstellen (API=*Application Programming Interface*) JSON als Standardformat für den Datenaustausch. Mit Power Fx können Sie auf diese Daten zugreifen und diese in Anwendungen verarbeiten.

✔ Speicherung von Daten
Mit Power Fx ermöglicht es JSON, komplexe Datenstrukturen in einer Textform zu speichern, die leicht lesbar und übertragbar ist.

✔ Übertragung von Daten
Auch in Power Fx wird JSON häufig verwendet, um Daten zwischen verschiedenen Systemen zu übertragen. Dabei können Sie Daten in JSON umwandeln, um sie über Schnittstellen (APIs) zu senden oder zu empfangen.

✔ Verarbeitung von Daten
Power Fx stellt mit der Parse-Funktion eine besondere Funktion zur Verfügung, mit der JSON-Daten in sogenannte untypisierte Objekte umgewandelt und weiterverarbeitet werden können.

Als »untypisiert« werden Objekte bezeichnet, denen kein fester Datentyp (zum Beispiel Zahl, Zeichenfolge) zugeordnet wird. So können diese Objekte beispielsweise zur Laufzeit einer Anwendung auch den Typ ändern, um so beispielsweise einem Feld, dem eine Zahl zugewiesen war, auch eine Zeichenfolge oder Ähnliches zuzuweisen. Untypisierte Objekte stellen somit eine größtmögliche Flexibilität dar, da die Prüfung oder Zuordnung des Objekttyps erst zur Laufzeit erfolgt.

Aufbau und Syntax

Der Aufbau oder die Syntax von JSON orientiert sich sehr an der natürlichen Sprache und ist deshalb sehr leicht verständlich. Grundsätzlich werden dabei unterschiedliche Strukturformen eingesetzt, als da sind:

- ✔ Schlüssel-Wert-Paar
- ✔ Array
- ✔ Werte

Bei einem Schlüssel-Wert-Paar gibt es immer eine Eigenschaft als Schlüssel (zum Beispiel *Name*) und einen zugeordneten Wert (zum Beispiel *Johannes*); Eigenschaft und Werte werden durch einen Doppelpunkt getrennt und Zeichenfolgen als Werte werden in Anführungszeichen gesetzt.

Eine Zuordnung als Schlüssel-Wert (Variable) wird immer in geschweifte Klammern gesetzt. Ein einfaches Beispiel sieht wie folgt aus:

```
{
        "Name": "Johannes",
        "Alter": 7,
        "Junge": true (ja)
}
```

Damit werden drei Variablen definiert (Name, Alter, Junge), denen dann wiederum drei unterschiedliche Inhaltstypen (Zeichenfolge, Zahl, Boolean-Wert) zugewiesen werden.

Boolean-Werte (Wahrheitswerte) sind logische Werte, die entweder den Wert *true* (wahr) oder *false* (falsch) annehmen können.

Bei einem Array werden die Inhalte hintereinander in eckigen Klammern geschrieben, jeweils getrennt durch ein Komma, also beispielsweise wie folgt:

```
[
        "Hund",
        "Katze",
        "Vogel"
]
```

Ein Array ist eine besondere Form einer Datenstruktur, mit der eine Vielzahl von Elementen des gleichen Datentyps gespeichert werden können (vergleichbar einer Liste). Das besondere Erkennungsmerkmal eines JSON-Arrays ist die eckige Klammer (statt einer geschweiften Klammer).

Die Einbindung einer Liste von Objekten (Array) in die Syntax von JSON kann dann beispielsweise wie folgt aussehen:

```
{
"Tiere":
        [
        {
        "Bezeichnung": "Hund",
        "AnzahlPfoten": 4
        },

        {
        "Bezeichnung": "Katze",
        "AnzahlPfoten": 4
        },

        {
        "Bezeichnung": "Vogel",
        "AnzahlPfoten": 4
        }

        ]

}
```

Diese strukturierte Darstellung erhöht die Lesbarkeit wesentlich; grundsätzlich ließe sich die entsprechende JSON-Anweisung aber auch wie folgt schreiben:

```
{"Tiere":[{"Bezeichnung": "Hund", "AnzahlPfoten": 4},{"Bezeichnung": "Katze", "AnzahlPfoten": 4}, {"Bezeichnung": "Vogel", "AnzahlPfoten": 4}]}
```

Vermeiden Sie bei der Zuweisung von Variablen- oder Objektnamen die Verwendung von Leerzeichen. Setzen Sie stattdessen lieber auf die *Camelcase*-Schreibweise (zum Beispiel AnzahlPfoten).

Bei den Datentypen unterstützt JSON insbesondere folgende, wesentliche Zuordnungen:

Datentyp	Beispiel
Zeichenfolge	{"Name":"Julie"}
Zahl	{"Alter":4}
Boolean	{"Junge":false}
Array	{"Geburtstage":[30, 8, 14]}

Datentyp	Beispiel

Objekt	{"Anschrift":
	{
	"Strasse":"Allee 13",
	"Ort":"42345 Büttel"
	}
	}

Nullwert	{"Inhalt": null}

Tabelle 23.1: JSON-Datentypen

Die Unterstützung von JSON in Power Fx ermöglicht es Ihnen auch bei der App-Entwicklung mit Power Apps auf diese Inhalte oder Datenstrukturen zuzugreifen.

Beispiel: JSON aufschlüsseln

Ein einfaches Beispiel zeigt, wie die JSON-Daten in Power Fx weiterverwendet werden können, indem der Inhalt einer JSON-Struktur aufgeschlüsselt (*Parsen*) wird.

Dazu werden zunächst mithilfe der *Set*-Funktion einer Variablen mit dem Namen *varKindEins* insgesamt drei Eigenschaften (Name, Alter, Junge) zugewiesen:

```
Set(varKindEins;"{""Name"": ""Johannes"", ""Alter"": 7, ""Junge"": true}")
```

Der JSON-Ausdruck muss bei der Variablenzuweisung in Anführungszeichen gesetzt werden und deshalb müssen die Variablennamen und Zeichenfolgen innerhalb des JSON-Ausdrucks in doppelte Anführungszeichen eingeschlossen werden.

Wenn Sie eine solchermaßen definierte Variable zugreifen, erhalten Sie als Ausgabe folgende Zeichenfolge:

```
{"Name": "Johannes", "Alter": 7, "Junge": true}
```

Damit können Sie zunächst einmal nichts weiter anfangen. Aus diesem Gründen müssen diese JSON-Daten für den Zugriff oder die Weiterverwendung vorab »geparst« (aufgeteilt) werden.

Mit *Parsen* wird ein Vorgang bezeichnet, bei dem die Daten einer Struktur so zerlegt oder aufgeteilt werden, dass diese weiterverarbeitet werden können.

Für das Parsen stellt Power Fx die Funktion *ParseJSON* zur Verfügung, die Sie in dem genannten Beispiel wie folgt anwenden können:

```
Set(varKindEinsParsed; ParseJSON(varKindEins))
```

Damit wird der (neuen) Variablen *varKindEinsParsed* der Inhalt der Variablen *varKindEins* in aufgeteilter Struktur (geparst) zur Verfügung gestellt. Diese Variable lässt sich so ohne

Weiteres nicht verwenden, sondern Sie können diese verwenden, um auf die einzelnen Inhalte (Daten) zuzugreifen.

Mit folgender Anweisung können Sie beispielsweise einer Variablen mit dem Namen *varKindEinsName* den Inhalt des Schlüsselpaares "*Name*": "*Johannes*" zuweisen:

```
Set(varKindEinsName; Text(varKindEinsParsed.Name))
```

Da es sich dabei um eine Zeichenfolge handelt, müssen Sie dazu in Power Fx zusätzlich die Funktion *Text* einsetzen. Wenn Sie den Inhalt der Variable *varKindEinsName* auslesen, erhalten Sie die Angabe *Johannes*, die Sie dann beliebig weiterverarbeiten können. Auf die gleiche Art können Sie auch den anderen Komponenten der JSON-Daten separate Variablen zuweisen oder diese anderweitig verwenden.

In Summe kann sich dies in Power Fx (beispielsweise als ONSELECT-Statement einer Schaltfläche) wie folgt darstellen:

```
Set(varKindEins;"{""Name""": ""Johannes"", ""Alter""": 7, ""Junge""": true}");;
Set(varKindEinsParsed;ParseJSON(varKindEins));;
Set(varKindEinsName; Text(varKindEinsParsed.Name));;
Set(varKindEinsAlter; varKindEinsParsed.Alter);;
If(varKindEinsParsed.Junge; Set(varKindEinsGeschlecht;"Junge");
Set(varKindEinsGeschlecht;"Mädchen"))
```

Das Besondere ist hier die *If*-Abfrage in der letzten Zeile, mit der in Abhängigkeit der Variablen *varKindeEinsParsed.Junge* entschieden wird, welcher Inhalt der Variablen *varKindeEinsGeschlecht* zugewiesen wird (Junge oder Mädchen).

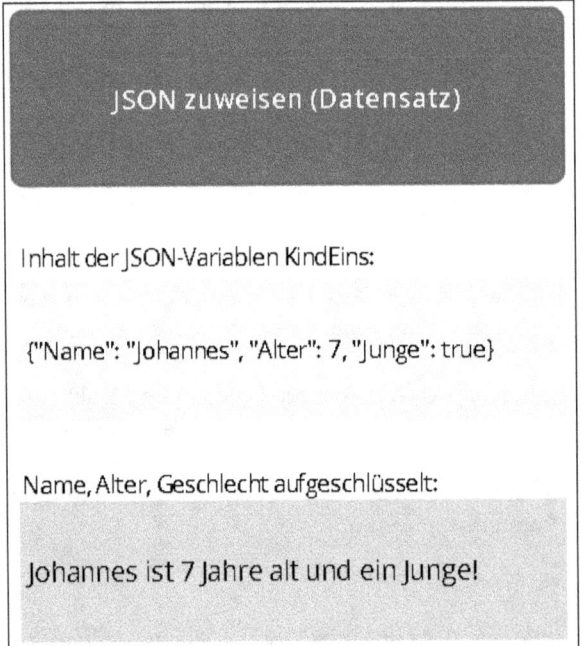

Abbildung 23.1: Beispiel für die Verwendung von JSON-Daten in Power Fx

JSON-Beispiel: Einsatz von Arrays

Immer wenn mehr als ein Datensatz benötigt wird, kommt in der Regel ein sogenanntes Array zum Einsatz, mit dem sich mehrere Datensätze mit mehreren einzelnen Feldern speichern oder ablegen lassen. Im folgenden Beispiel weisen Sie in Power Fx über die Funktion *ClearCollect* einer Variablen mit dem Namen *varTiere* insgesamt drei Datensätze (Array) als Schlüssel-Wert-Paare mit jeweils zwei Feldern zu (Bezeichnung und AnzahlPfoten).

```
ClearCollect
        (varTiere;
                {
                  Bezeichnung: "Hund";
                  AnzahlPfoten: 4
                };

                {
                Bezeichnung: "Katze";
                AnzahlPfoten: 4
                };

                {
                Bezeichnung: "Vogel";
                AnzahlPfoten: 2
                }
        )
```

Um die Variable *varTiere*, die als Tabelle abgespeichert wird, anschließend in eine Variable vom Typ JSON umzuwandeln, können Sie eine Anweisung der folgenden Form einsetzen:

`Set(varTiereJson; JSON(varTiere))`

Damit wird eine neue Variable mit dem Namen *varTiereJson* definiert, die anschließend den folgenden Inhalt aufweist:

`[{"AnzahlPfoten":4,"Bezeichnung":"Hund"},{"AnzahlPfoten":4,"Bezeichnung":"Katze"},{"AnzahlPfoten":2,"Bezeichnung":"Vogel"}]`

Meistens möchte man ja auf einzelne Einträge eines Arrays oder der Tabelle zugreifen. So erreichen Sie beispielsweise in einem Text- oder Beschriftungsfeld mit der folgenden Anweisung die Ausgabe der beiden Felder des ersten Datensatzes, wobei dabei die Funktion *Index* zum Einsatz kommt:

`Index(varTiere;1).Bezeichnung & Index(varTiere;1).AnzahlPfoten`

Nicht sehr schön und zielführend, wenn dort nur Folgendes steht:

Hund4

So können Sie eine entsprechende Ausgabe eher mit folgender Anweisung ansprechender gestalten:

```
"Der " & Index(varTiere;1).Bezeichnung & " hat " & Index(varTiere;1).
AnzahlPfoten & " Pfoten, die " & Index(varTiere;2).Bezeichnung & "
" & Index(varTiere;2).AnzahlPfoten & " und der " & Index(varTiere;3).
Bezeichnung & " " & Index(varTiere;3).AnzahlPfoten & " Pfoten!"
```

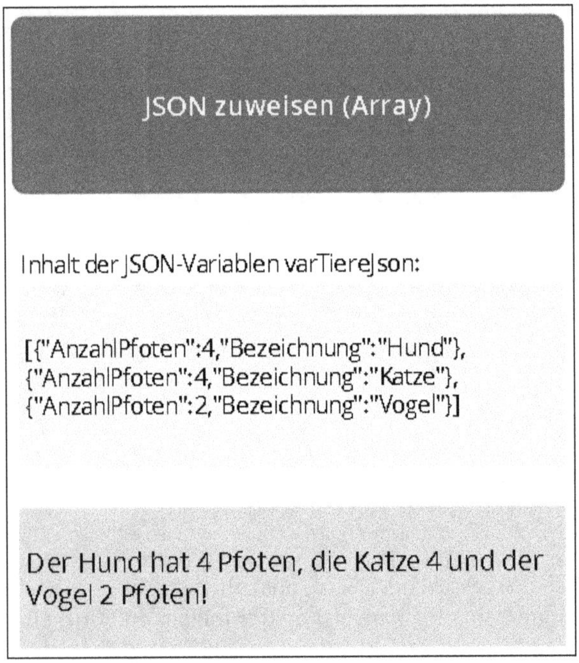

JSON zuweisen (Array)

Inhalt der JSON-Variablen varTiereJson:

[{"AnzahlPfoten":4,"Bezeichnung":"Hund"},
{"AnzahlPfoten":4,"Bezeichnung":"Katze"},
{"AnzahlPfoten":2,"Bezeichnung":"Vogel"}]

Der Hund hat 4 Pfoten, die Katze 4 und der Vogel 2 Pfoten!

Abbildung 23.2: Beispiel für die Verwendung von JSON-Arrays in Power Fx

Anwendungsbeispiel: Adaptive Cards

Neben dem Einsatz und der Verarbeitung von JSON-Daten in Variablen oder Arrays gibt es weitere Möglichkeiten, Daten in JSON-Form zu bearbeiten. So stellt Power Apps mit dem Menüpunkt KARTEN eine Möglichkeit zur Verfügung, sogenannte adaptive Karten (*adaptive cards*) zu definieren.

Dabei handelt es sich im Grunde genommen um Formulare, die als Mini-App generiert und dann beispielsweise in Anwendungen wie Microsoft Teams oder direkt im Browser aufgerufen werden können. Der Vorteil ist die individuelle Nutzbarkeit dieser Kartendefinitionen an verschieden Stellen einer Microsoft-365-Umgebung (Apps, Workflows, Microsoft Teams).

Sobald Sie im Hauptmenü von Power Apps den Punkt KARTEN aufrufen, erscheint im Grunde eine Mini-Entwicklungsumgebung von Power Apps. Im linken Bereich verfügen Sie über einige ausgewählte Optionen, die Ihnen die Gestaltung der adaptiven Karten ermöglichen. So können Sie Ein- und Ausgabefelder definieren oder auch Layout-Optionen einfügen. Darüber hinaus können Sie auch Datenquellen zuweisen oder verbinden, alles vergleichbar mit der »großen« Entwicklungsumgebung von Power Apps.

Derartige Karten (Formulare) sind in Power Apps im JSON-Datenformat abgespeichert. Der Zugriff darauf erfolgt in der (kleinen) Entwicklungsumgebung über den Punkt {} JSON im oberen rechten Menübereich. Sobald Sie diesen anwählen, wird die JSON-Darstellung der definierten Karte angezeigt. Mit den Schaltfläche BEARBEITEN und SPEICHERN können Sie Anpassungen direkt im JSON-Code vornehmen.

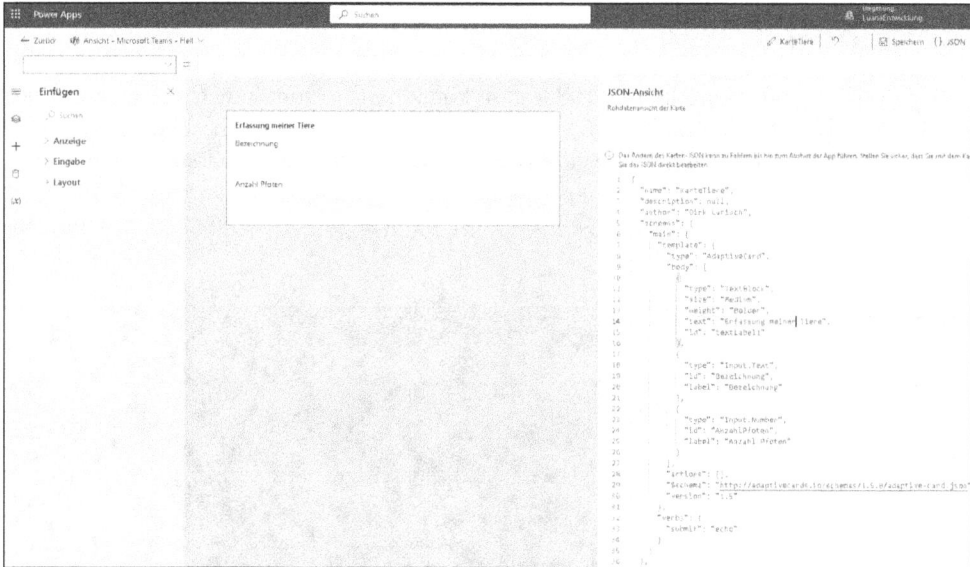

Abbildung 23.3: JSON-Deklaration in einer adaptiven Karte

Die Einsatzgebiete von adaptiven Karten (adaptive cards) sind schwerpunktmäßig die Ausgabe eines solchen Formulars in Microsoft Teams, so wie nachfolgend beispielhaft dargestellt.

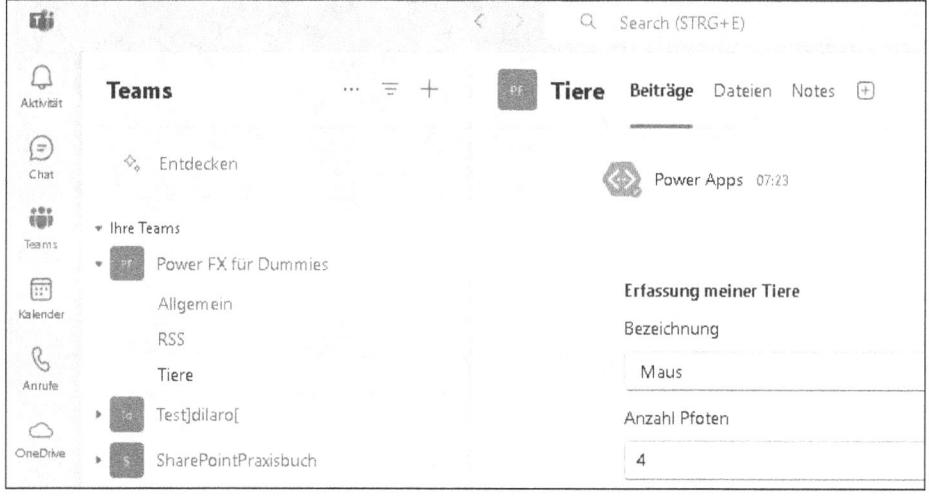

Abbildung 23.4: Adaptive Karte in einem Teams-Kanal

Die Definition zur Veröffentlichung einer adaptiven Karte (zum Beispiel in Microsoft Teams) kann direkt über einen entsprechenden Workflow erfolgen, der mit Power Automate erstellt wird. Zum Aufruf von Power Automate und Übergabe der Kartendefinition steht im Wiedergabemodus der Karte eine entsprechende Option (SENDEN) zur Verfügung.

Tool zum Editieren

Eine JSON-Datei oder eine JSON-Deklaration können Sie grundsätzlich mit einem beliebigen Texteditor erstellen und bearbeiten. Darüber hinaus bieten sich aber auch spezielle Editoren wie Visual Studio an, die eine syntaktische Bewertung der entsprechenden Syntax vornehmen. Das Angebot an entsprechenden Entwicklungsumgebungen für JSON ist nahezu unbegrenzt und Sie müssen selbst das für Sie richtige Tool herausfinden, sofern Sie ein solches einsetzen möchten.

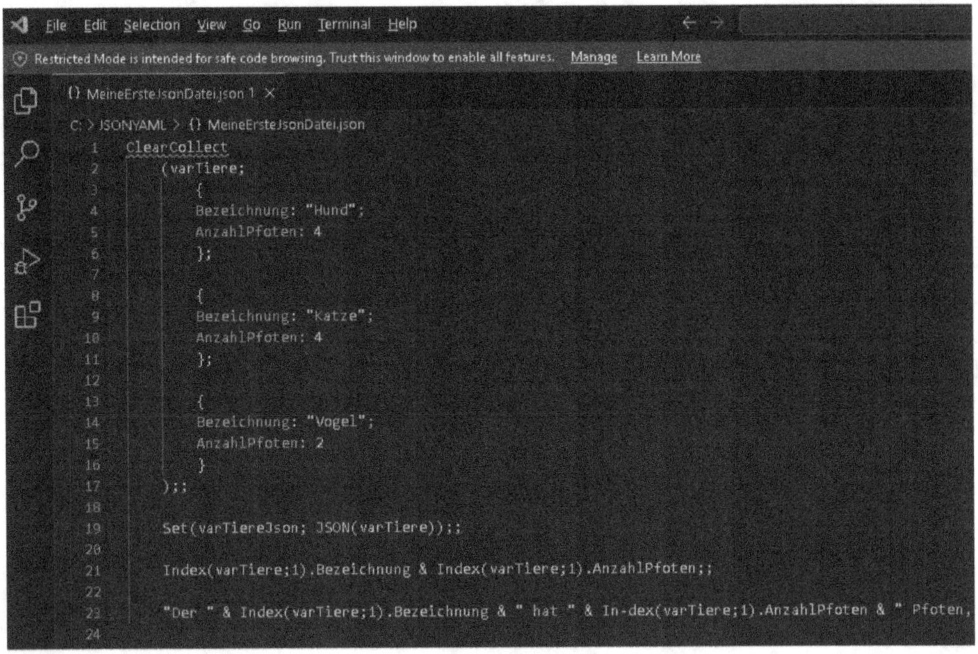

Abbildung 23.5: Visual Studio zur JSON-Deklaration

Da die Entwicklungsumgebung von Power Apps über einen inkrementellen Interpreter verfügt, werden Eingaben in der Befehlszeile direkt ausgewertet (kompiliert) und das Ergebnis dargestellt. Dies ist ein großer Vorteil gegenüber einem externen Editor.

JSON versus XML

Neben JSON wird in der Literatur auch sehr oft XML (Extensible Markup Language) als Standard für die Ablage von Daten und Information bezeichnet. Dabei können XML-Dateien nicht nur Daten, sondern auch Anweisungen zur Verarbeitung der Daten enthalten. Verglichen mit XML ist JSON grundsätzlich kompakter; zudem lässt sich die Struktur in JSON einfacher und schneller aufteilen (parsen).

Die Vor- und Nachteile von JSON gegenüber XML lassen sich wie folgt gliedern:

✔ Anzeigefunktion
JSON selbst bietet keine Möglichkeit, Daten anzuzeigen oder zu formatieren. Im Gegensatz dazu können Sie bei einer XML-Definition bestimmte Vorgaben (Stil; Transformation) definieren.

✔ Flexibilität
In Bezug auf die Gestaltung der Objekte und Strukturen ist JSON flexibler als XML. Dies ist ein Vorteil, da JSON unterschiedliche Programmiersprachen unterstützt, während XML auf die Verwendung von Java beschränkt ist.

✔ Geschwindigkeit
Durch die Kompaktheit der Daten erfolgt die Übertragung von JSON-Daten wesentlich schneller als bei XML-Dateien.

✔ Kompaktheit
Die Daten einer JSON-Definition sind kleiner und komprimierter als XML-Dateien. Somit bietet sich JSON auch für große Datenmengen an.

✔ Sicherheit
Bei der Sicherheit der Daten erreicht XML durch seine stringente Struktur und eingeschränkte Flexibilität ein höheres Level als JSON. So können JSON-Daten einfacher ausgelesen werden als die Inhalte von XML-Dokumenten.

✔ Syntax
Bei JSON kommt eine wesentlich einfachere Syntax als bei XML zum Einsatz. Dadurch lassen sich Dokumente mit Daten schneller erstellen und einfacher lesen.

 Die Syntax von JSON basiert auf dem Code aus Javascript.

✔ Namensraum
Um Konflikte zwischen den Namen der Objekte oder Elemente zu vermeiden, unterstützt XML das Prinzip der Namensräume; bei JSON ist vergleichbares nicht verfügbar.

✔ Zahlendeklaration
Ein Problem, das bei der Verarbeitung numerischer Inhalte auftauchen kann, ist die Zahlendeklaration von JSON, die nicht so präzise wie bei XML ist.

In der heutigen Welt der Verarbeitung von Daten und Informationen in großen Mengen haben die beiden Datenformat JSON und XML sicherlich ihre Daseinsberechtigung. Beide Formate sind nützlich, haben Vor- und Nachteile, sodass es letztlich von den spezifischen Anforderungen und dem Kontext abhängt, welches zum Einsatz kommt.

YAML

Aus der Tatsache heraus, dass eine JSON-Deklaration nicht immer so leicht lesbar und verständlich ist, wurde im Jahr 2001 YAML aus der Taufe gehoben. YAML als übergeordnete Gruppierung (superset) von JSON bezeichnet eine andere Form einer Datenbeschreibungssprache.

Ursprünglich stand das Akronym für *Yet Another Markup Language* (noch eine andere Auszeichnungssprache), wurde dann aber umbenannt in *YAML Ain't Markup Language* (YAML soll keine Auszeichnungssprache sein). Dies insbesondere vor dem Hintergrund, dass YAML schwerpunktmäßig eine Beschreibungssprache zur Datenverwaltung ist.

Wie dem auch sei: YAML kennzeichnet ein Datenformat oder ein Datenbeschreibungsformat, das sich natürlicher Sprache bedient und für den Menschen sehr einfach lesbar und verständlich ist. Auf diese Art wird es heutzutage zur Definition von strukturierten Daten eingesetzt, ermöglicht damit den Datenaustausch, aber findet auch zur Festlegung von Konfigurationsdateien Verwendung.

Ähnlich wie JSON wird auch der Einsatz von YAML in der Power Platform immer wichtiger, da immer mehr Anwendungen der Microsoft-365-Umgebung diese beiden Beschreibungssprachen für die Erfassung, Verwaltung oder Bearbeitung von Daten verwenden.

Einsatzzweck

Ähnlich wie JSON, so wird auch YAML in einer Vielzahl von Programmiersprachen (C#, Java, Javasript, JSON, PHP und andere) als Datenbeschreibungssprache unterstützt und ermöglicht den Datenaustausch. In Power Fx, der Formelsprache von Power Apps, wird YAML für verschiedene Zwecke verwendet, insbesondere in folgenden Anwendungsfällen:

✔ Integration:
Viele Webdienste und Programmschnittstellen (API=*Application Programming Interface*) verwenden YAML als Standardformat für den Datenaustausch. Mit Power Fx können Sie auf diese Daten zugreifen und diese in Anwendungen verarbeiten.

✔ **Konfiguration**
Zur Verwaltung von Dokumenten und Anwendungen werden YAML-Dateien auch innerhalb von Power Apps als Konfigurationsdateien eingesetzt.

✔ **Speicherung von Daten**
YAML ermöglicht es, komplexe Datenstrukturen in einer Textform zu speichern, die leicht lesbar und übertragbar ist.

✔ **Übertragung von Daten**
Bei Verwendung von Power Fx wird YAML häufig verwendet, um Daten zwischen verschiedenen Systemen zu übertragen. Dabei können Daten in YAML umgewandelt und über Schnittstellen (APIs) gesendet und empfangen werden.

Aufbau und Syntax

Die Syntax oder der Aufbau ähnelt zunächst einmal dem von JSON, kommen dort ebenfalls Einrückungen, Doppelpunkte für Schlüssel-Wert-Paare und Listen (Arrays) zum Einsatz. Anders als bei JSON kommen aber bei einer YAML-Deklaration keine Klammern und Anführungszeichen zum Einsatz, es sei denn, dies ist explizit gewünscht.

YAML unterstützt grundsätzlich verschiedene Datentypen wie Zeichenfolgen, Zahlen, Boolean-Werte, Listen und verschachtelte Objekte. Mit einem separaten Operator (#) können Sie in einer YAML-Deklaration auch Kommentare hinterlegen, was so in JSON nicht möglich ist.

Bei der Zuweisung von Variablen- oder Objektnamen für die YAML-Deklaration müssen Sie auf die Verwendung von Leerzeichen verzichten. Setzen Sie stattdessen beispielsweise auf die *Camelcase*-Schreibweise (zum Beispiel KindAlter).

Verglichen mit JSON ist YAML zwar nicht ganz so kompakt, aber für einen Menschen leichter lesbar und bietet mehr Flexibilität bei der Festlegung der Struktur für die Daten, die damit verwaltet werden sollen.

Nachfolgend ein einfaches Beispiel für eine YAML-Deklaration:

```
Name:Julie
Alter:4
Junge:false
```

Damit wird ein Datensatz definiert, dem insgesamt die drei Felder (Schlüssel-Wert-Paare) Name, Alter und Junge zugeordnet werden.

Es fällt auf, dass bei der Zuweisung des Schlüssels *Name* die dahinter folgende Zeichenfolge (Julie) nicht in Anführungszeichen gesetzt zu werden braucht, so wie es beispielsweise bei JSON der Fall ist.

Ein Zahlenwert (hier: Alter) wird als solcher erkannt und es steht Ihnen frei, einen solchen Wert in Anführungszeichen zu setzen, wenn Sie diesen beispielsweise als Zeichenfolge verwenden möchten.

Der Boolean-Wert bei *Junge* kann in der Regel den Wert *true* oder *false* annehmen. YAML unterstützt an der Stelle aber auch *on/off* oder *yes/no*.

Tool zum Editieren

So wie bei JSON, so können Sie auch eine YAML-Deklaration mit einem beliebigen Texteditor erstellen und bearbeiten. Es gibt darüber hinaus aber auch spezielle Editoren wie Visual Studio, die eine syntaktische Bewertung der entsprechenden Syntax vornehmen.

Die Angebote an entsprechenden Entwicklungsumgebungen für YAML ist nahezu unbegrenzt und Sie müssen selbst das für Sie richtige Tool herausfinden, sofern Sie ein solches einsetzen möchten.

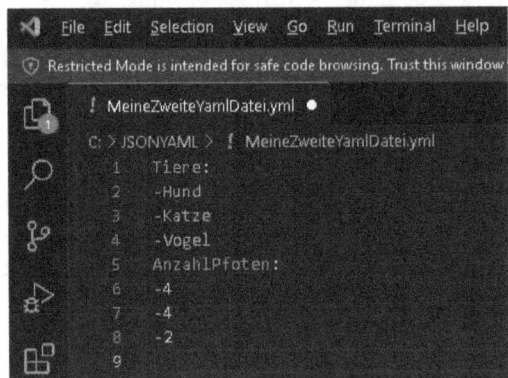

Abbildung 23.6: Visual Studio zur YAML-Deklaration

Die Entwicklungsumgebung von Power Apps verfügt über einen inkrementellen Interpreter, wodurch Eingaben in der Befehlszeile direkt ausgewertet (kompiliert) und das Ergebnis dargestellt werden; sicherlich ein großer Vorteil gegenüber einem externen Editor.

YAML versus JSON

So wie sich ein Vergleich zwischen JSON und XML (siehe vorstehend) aufdrängt, gilt dies natürlich auch für einen Vergleich zwischen JSON und YAML. So lassen sich die Vor- und

Nachteile dieser beiden Beschreibungssprachen (ein schrecklicher Begriff) für die Verwaltung von Daten wie folgt zusammenfassen:

✔ Lesbarkeit/Verständlichkeit
In Bezug auf das menschliche Verständnis und die Lesbarkeit hat YAML Vorteile gegenüber JSON, da beispielsweise bei YAML separate Anführungszeichen und Klammern nicht in der Form benötigt werden. Zudem schaffen Einrückungen eine klare Struktur, die leicht verständlich ist. Dazu trägt auch die Möglichkeit bei, die YAML-Anweisungen mit Kommentaren zu versehen.

✔ Flexibilität
YAML unterstützt grundsätzlich mehrere Datentypen, Listentypen und auch verschachtelte Objekte.

✔ Kompaktheit
JSON wirkt grundsätzlich kompakter als YAML, dennoch ist die Syntax klar und schnell verständlich und einsetzbar. So kann YAML komplexe Objekte, Diagramme und andere Strukturen effizient gestalten, für einfache Definitionen oder Deklarationen zum Datenaustausch bietet sich in der Regel JSON an.

✔ Konfiguration
Aufgrund seiner Beschaffenheit wird YAML auch sehr oft als Basis für Konfigurationsdateien verwendet.

Aktuell unterstützt Power Fx nur eine eingeschränkte Teilmenge von YAML. Somit können nicht alle Aspekte einer Canvas-App in YAML dargestellt werden.

Code-Preview in Power Apps

Auf einen Aspekt soll an dieser Stelle ebenfalls eingegangen werden, der unmittelbar mit dem Einsatz von Definitionssprachen wie JSON oder YAML zusammenhängt, denn ein Großteil der Definitionen einer App-Entwicklung mit Power Apps basiert auf diesen beiden Deklarationsmöglichkeiten.

Sobald Sie sich in der Entwicklungsumgebung von Power Apps befinden, können Sie mit der rechten Maustaste das Kontextmenü eines Strukturelements aufrufen. Wenn Sie dort den Punkt CODE ANZEIGEN anwählen, erscheint die gesamte Definition für das ausgewählte Strukturelement.

![Screenshot Code (Vorschauversion)]

```
1 - ZuweisungJson_2:
2     Control: Classic/Button
3     Properties:
4       OnSelect: |+
5         =
6         ClearCollect
7           (varTiere,
8             {
9               Bezeichnung: "Hund",
10              AnzahlPfoten: 4
11            },
12            {
13              Bezeichnung: "Katze",
14              AnzahlPfoten: 4
15            },
16
17            {
18              Bezeichnung: "Vogel",
19              AnzahlPfoten: 2
20            }
21          );
22
23
24          Set(
25            varTiereJson,
26            JSON(varTiere)
27          );
28
29      Text: ="JSON zuweisen (Array)"
30      Height: =128
31      Width: =418
32      X: =793
33      Y: =70
34
```

Abbildung 23.7: Code eines Strukturelements

Eine solche Codeübersicht hilft Ihnen zum einen gut bei der Fehlersuche, zum anderen aber erhalten Sie damit auch einen guten Überblick über Deklarationen, die Sie mit JSON oder YAML vorgenommen haben. Eine weitere Option besteht in der Nutzung oder Integration des Codes zu Dokumentationszwecken einer Anwendung.

Den Menüpunkt zum Anzeigen der Code-Vorschau erreichen Sie auch in der Strukturansicht (links), indem Sie dort das Kontextmenü des gewünschten Elements anwählen.

IN DIESEM KAPITEL

Sicherstellung Lebenszyklus einer App

Hintergrund des Exports einer App

App-Verlagerung in andere Umgebung/Tenant

Umgang mit verbundenen Tabellen

Kapitel 24
Export und weg!

Das Zusammenspiel oder der Zusammenhang zwischen den verschiedenen Stadien der Entstehung einer Anwendung (Entwicklung, Test, Produktion) sind ein wichtiger Aspekt im sogenannten Lebenszyklus einer App. Ein solcher ALM (*Application Lifecycle Management*) wird dabei auch von den verfügbaren Optionen und Funktionen einer Entwicklungsumgebung wie Power Apps unterstützt.

Weitergehende Angaben zum Lebenszyklus einer Anwendung (ALM) enthalten auch die Kapitel 8 und 16 dieses Buches.

Nicht selten wird eine App entwickelt, die dann gegebenenfalls in einer anderen Umgebung oder einem anderen Tenant zum Einsatz kommen soll. Dazu stellt Power Apps unterschiedliche Möglichkeiten zur Verfügung, um einen gezielten Ex- und Import durchführen zu können. Auch der Einsatz sogenannter Lösungen (siehe nachfolgendes Kapitel) sind wichtige Komponenten für einen strukturierten Austausch von Anwendungen. Was es dabei zu beachten gibt und wo eventuell Fallstricke beim Export und Import auftreten können, wird in diesem Kapitel erläutert.

App als Paket exportieren

Eine App, die Sie einmal erstellt haben, können Sie jederzeit exportieren und haben diese anschließend als separate Datei im Dateisystem oder in der Cloud verfügbar, um diese dann an anderer Stelle wieder zu importieren.

1. Zum Start eines Exports müssen Sie im Startbildschirm von Power Apps zunächst über die entsprechende Schaltfläche oben rechts die Umgebung auswählen, in der die zu exportierende Anwendung liegt. Nach Anwahl der entsprechenden Umgebung

erscheinen in der Mitte des Bildschirms (IHRE APPS) die der Umgebung zugewiesenen Anwendungen.

2. In der Aufstellung der Apps müssen Sie im nächsten Schritt das Kontextmenü (drei Punkte neben den Namen der App) und dann den Menüpunkt DETAILS anwählen.

Abbildung 24.1: Detailangaben einer App

3. Im Detailfenster der gewählten App erscheinen weitergehende Angaben zur gewählten App, wo Sie dann im oberen Bereich den Punkt PAKET EXPORTIEREN anklicken müssen.

Alternativ kann der entsprechende Menüpunkt auch direkt aus dem Kontextmenü der App ausgewählt werden.

4. Es erscheint eine Eingabemaske, in der ein Name für die Exportdatei der App angegeben werden muss. Zudem kann die Umgebung angegeben werden, wobei standardmäßig die Ursprungsumgebung der App angezeigt wird.

In der Praxis hat es sich als sinnvoll herausgestellt, die exportierten Dateien der Apps speziell zu kennzeichnen, beispielsweise mit einem vorangestellten »EX_«.

5. Neben der Angabe eines Dateinamens kann bereits an dieser Stelle mithilfe des Symbols WERKZEUGSCHLÜSSEL rechts beim Punkt AKTION festgelegt werden, ob die exportierte Datei App in der Umgebung, in der sie importiert wird, eine bestehende App aktualisieren soll oder eine neue App angelegt werden soll.

KAPITEL 24 Export und weg!

Abbildung 24.2: Name und Beschreibung beim Export einer App

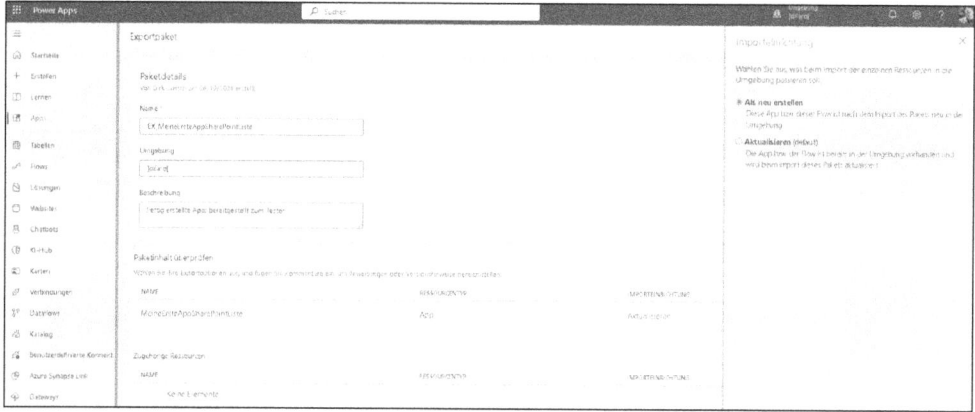

Abbildung 24.3: Festlegungen für den Import einer App

 Die Festlegung der Importart (Neu oder Aktualisieren) kann grundsätzlich auch nachträglich beim Import der App ausgewählt oder geändert werden.

6. Nach Speicherung der Einstellungen mit Einsatz der Schaltfläche SPEICHERN, startet mit einem Klick auf die Schaltfläche EXPORTIEREN der Export-Vorgang der gewählten Anwendung.

7. Nach einem kurzen Moment wird die Export-Datei erstellt und heruntergeladen, wobei dies auch über die Schaltfläche HERUNTERLADEN auch noch einmal manuell angestoßen werden kann.

8. Die Datei wird im Standard-Downloadbereich des Browsers abgelegt; dabei wird die exportierte Datei standardmäßig immer als gepackte Datei im ZIP-Format abgespeichert.

Eine als Datei exportierte App können Sie beliebig kopieren oder in Power Apps einer anderen Umgebung oder einem anderen Tenant wieder importieren.

Der Export von Apps auf die beschriebene Art und Weise kann beispielsweise auch als Backup dienen oder zum Sichern eines Zwischenstandes der App-Entwicklung genutzt werden.

Import einer App

Den Export einer App, so wie im vorhergehenden Abschnitt beschrieben, werden Sie unter Umständen aus unterschiedlichen Gründen durchführen. Weil Sie die Anwendung in einem anderen Tenant oder einer anderen Umgebung zur Verfügung stellen möchten, oder weil Sie diese Exportdatei als Zwischenstand oder »Backup« ablegen möchten.

Sofern Sie die Anwendung an anderer Stelle zur Verfügung stellen möchten, müssen Sie für den Import wie folgt vorgehen; dabei müssen Sie natürlich den Ablageort der Export-Datei (.ZIP) kennen.

1. Wählen Sie zunächst im Hauptbildschirm von Power Apps die gewünschte Umgebung an, in der die App importiert werden soll; dazu steht Ihnen oben rechts der gleichnamige Auswahlpunkt zur Verfügung.

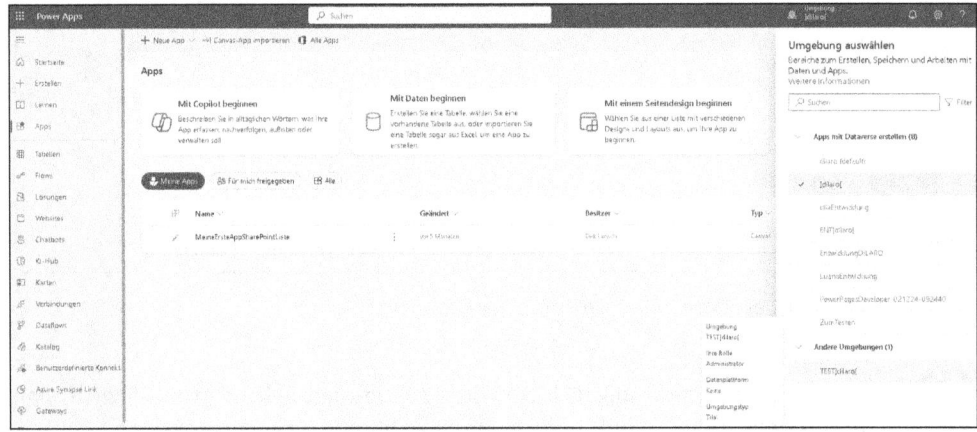

Abbildung 24.4: Auswahl einer anderen Umgebung

Sofern die Anwendung in einem anderen Tenant importiert werden soll, muss zunächst eine Anmeldung an dem Tenant erfolgen, um dort dann ebenfalls die gewünschte Umgebung auszuwählen.

KAPITEL 24 Export und weg! 357

2. Nach Anwahl der Umgebung müssen Sie aus dem linken Menübereich von Power Apps den Punkt APPS anwählen, worauf die in dieser Umgebung verfügbaren Apps angezeigt werden.

3. Mit dem Punkt CANVAS-APP IMPORTIEREN am oberen Bildschirmrand kann der eigentliche Importvorgang gestartet werden.

4. Nach Anklicken der Schaltfläche HOCHLADEN kann dann im Dateisystem die entsprechende Importdatei (ZIP-Datei) angewählt werden; je nach Arbeitsumgebung werden die zuletzt exportierten Dateien angezeigt, aus denen dann ebenfalls eine ausgewählt werden kann.

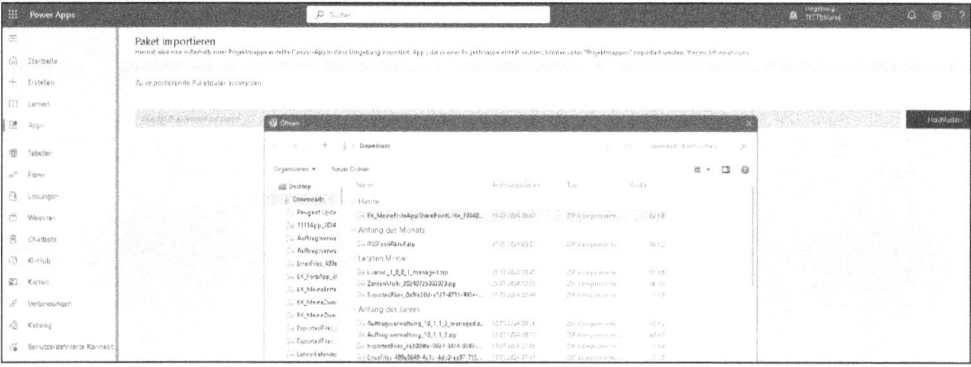

Abbildung 24.5: Auswahl verfügbarer App-Exportdateien

5. Nach einem kurzen Moment wird der Inhalt der Importdatei angezeigt. An der Stelle können Sie über den WERKZEUGSCHLÜSSEL noch bestimmte Einstellungen vornehmen; beispielsweise können Sie festlegen, ob die App als neue App importiert oder eine bestehende App aktualisiert werden soll. Zudem können sie hier den Namen der App, die importiert werden soll, festlegen.

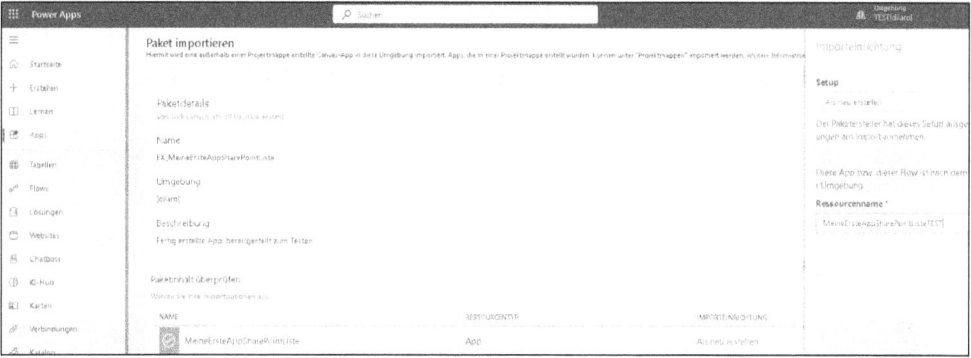

Abbildung 24.6: Angaben beim Importieren einer App

6. Die Speicherung der Vorgaben erfolgt abschließend über die Schaltfläche SPEICHERN.

7. Im nächsten Schritt wird mit Einsatz der Schaltfläche IMPORTIEREN der eigentliche Importvorgang gestartet und nach erfolgreichem Importvorgang das Ergebnis am Bildschirm angezeigt.

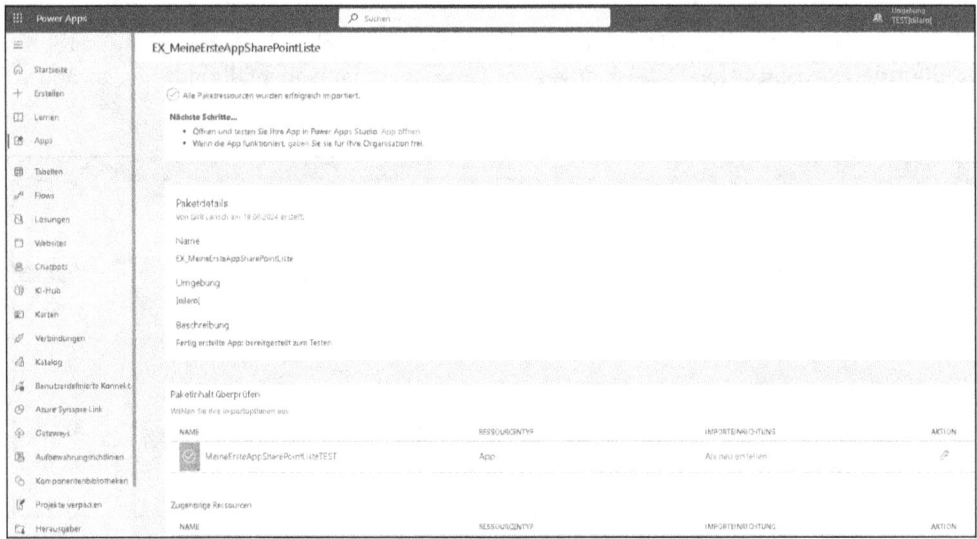

Abbildung 24.7: Erfolgsmeldung nach dem Import einer App

Auf die dargestellte Art und Weise können die Anwendungen zwischen verschiedenen Umgebungen und/oder zwischen verschiedenen Tenants (Mandanten) verschoben und ausgetauscht werden.

Nimm die Daten mit!

In Abhängigkeit von der Art, wie eine App ex- und wieder importiert wurde (siehe vorhergehende Abschnitte), müssen anschließend unter Umständen die Datenquellen auch noch transferiert werden. Am Beispiel einer Tabelle, die in Dataverse liegt, soll dies beispielhaft dargestellt werden.

1. Zunächst müssen Sie im Startmenü von Power Apps die entsprechende UMGEBUNG anwählen, der die Daten zugeordnet wurden.

2. Als Nächstes können Sie sich mit Einsatz des Punktes TABELLEN aus dem linken Menübereich die verfügbaren Tabellen der Umgebung anzeigen lassen.

3. In der Aufstellung der Tabellen müssen Sie dann das Kontextmenü der Tabelle (drei Punkte) und dort die Punkte EXPORTIEREN und DATEN EXPORTIEREN anwählen.

Alternativ können Sie nach Anwahl der Datei auch die entsprechenden Punkte im oberen Menübereich einsetzen.

4. Nach einem kurzen Moment erscheint ein Hinweis, dass die exportierte Tabelle heruntergeladen werden kann. Nachdem Sie dazu die Option EXPORTIERTE DATEIEN HERUNTERLADEN angewählt haben, wird der Export im Downloadbereich des Browsers abgelegt.

Sollte beim Export einer Tabelle eine Fehlermeldung angezeigt werden, deutet das wahrscheinlich auf fehlende Zugriffsrechte zum Export der Daten hin.

5. Die exportierte Tabelle wird standardmäßig immer als gepackte Datei im ZIP-Format im Standard-Downloadordner abgespeichert. Soll diese Datei wieder importiert werden, so muss die Datei entpackt und der Inhalt (zum Beispiel CSV-Datei) separat gespeichert werden.

6. Um die Exportdatei dann in einer anderen Umgebung von Power Apps (oder in einem anderen Tenant) zur Verfügung zu stellen, muss diese dort wieder importiert werden. Nach Anwahl der Umgebung (oben rechts) können Sie dazu im linken Menü von Power Apps wiederum den Punkt TABELLEN anwählen.

7. Anschließend stehen am oberen Bildschirmrand die Punkte IMPORTIEREN und DATEN IMPORTIEREN zur Auswahl zur Verfügung.

8. Es erscheint eine Auswahlliste verfügbarer Importquellen, wo Sie dann über die Schaltfläche DURCHSUCHEN die abgespeicherte CSV-Datei anwählen müssen.

Denken Sie daran, vor dem Import die ZIP-Datei zu entpacken und den Inhalt separat abzuspeichern. Dabei kommt für den Import von Tabellen in Dataverse das Tool *Power Query* zum Einsatz, das Ihnen gegebenenfalls von Microsoft Excel her bekannt ist.

9. Im nächsten Schritt wird automatisch die Anwendung *Power Query* gestartet und im ersten Fenster muss gegebenenfalls die Datenverbindung angepasst werden, sofern der Benutzer in der Umgebung nicht über ausreichende Berechtigung als Systemverwalter verfügt; alternativ kann an der Stelle eine Anmeldung mit einer anderen Benutzerkennung erfolgen.

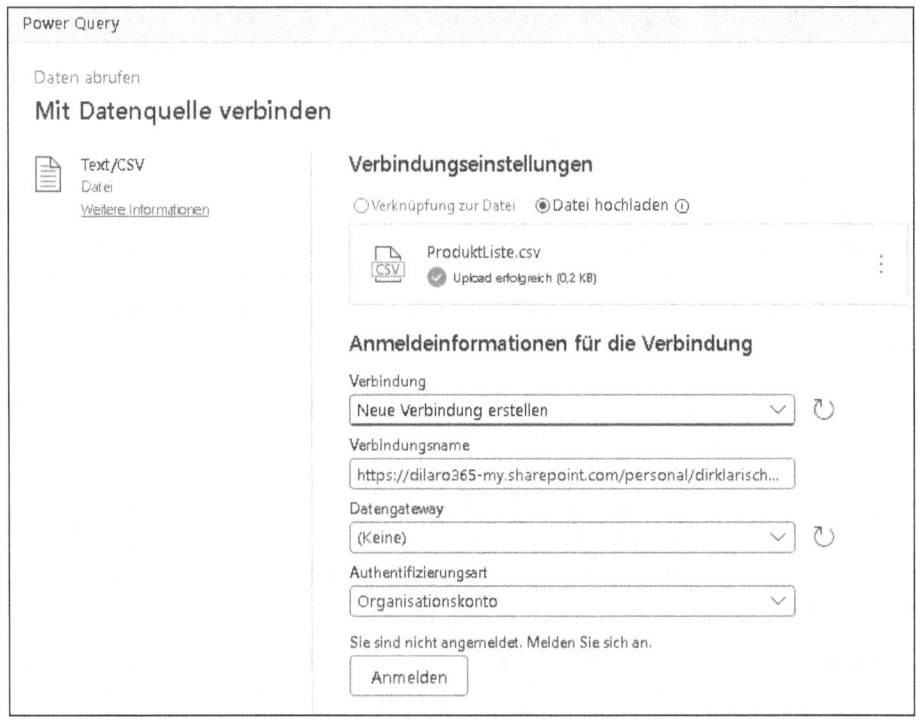

Abbildung 24.8: Verbindungseinstellungen beim Import einer Tabelle

10. Mit Betätigen der der Schaltfläche WEITER werden als Nächstes die in der Importdatei enthaltenen Datensätze am Bildschirm angezeigt.

11. Nach erneuter Auswahl der Schaltfläche WEITER erscheint das Bearbeitungsfenster von Power Query; hier können Sie noch Änderungen an der Tabelle (Spaltennamen oder Ähnliches) oder an einzelnen Feldinhalten vornehmen.

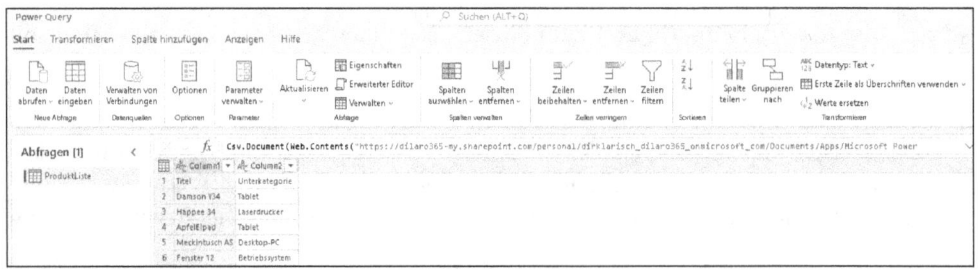

Abbildung 24.9: Power Query als Import-Werkzeug

12. Mit erneuter Bestätigung über die Schaltfläche WEITER erscheint das letzte Konfigurationsfenster, in dem Sie beispielsweise noch den Anzeigenamen der Tabelle oder einzelne Felder angepasst werden können.

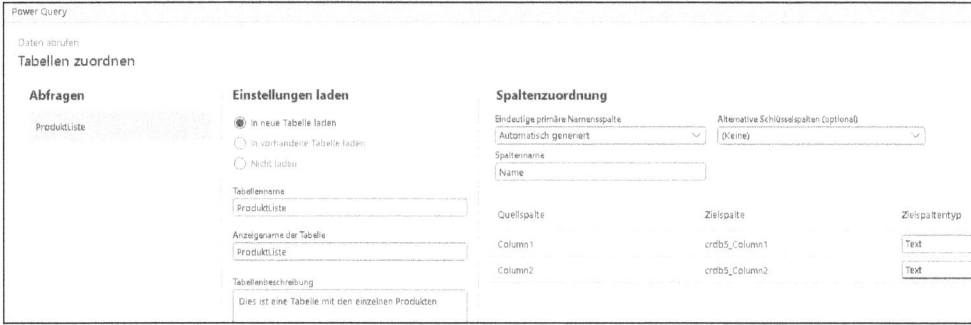

Abbildung 24.10: Konfigurationsangaben einer Import-Tabelle

13. Im letzten Schritt kann dann mit der Schaltfläche WEITER und über den Punkt JETZT VERÖFFENTLICHEN bei der Schaltfläche VERÖFFENTLICHEN der Importvorgang abgeschlossen werden.

 Sofern Sie sowohl eine App als auch die zugehörige Datenquelle ex- und importiert haben, müssen Sie die Datenquellen in der App neu einbinden oder zuweisen.

Auf diese Weise wurde eine exportierte Tabelle dem Datenspeicher (Dataverse) einer anderen Umgebung zugewiesen; die Importtabelle erscheint anschließend in Power Apps in der Auflistung der Tabellen.

IN DIESEM KAPITEL

Einsatzzweck einer Lösung

Neuanlage und Zuweisung von Objekten

Bevorzugte Lösung

Export und Import

Verwaltete und nicht verwaltete Lösungen

Kapitel 25
Ordnung durch Lösungen

Im vorhergehenden Kapitel haben Sie die Möglichkeiten zum Exportieren einer App und/ oder von Tabellen (Daten) kennengelernt, um diese anderweitig wieder zu importieren. Darüber hinaus stellt Power Apps mit Einsatz sogenannter Lösungen (*Solutions*) eine Möglichkeit zur Verfügung, um die diversen Ressourcen einer Power-Apps-Umgebung zusammenzufassen. So können Sie bei der Entwicklung von Anfang an zusammengehörige Komponenten anordnen, was Ihnen die Möglichkeit bietet, alle Ressourcen in einer Entwicklungsumgebung zusammenzufassen, bevor diese beispielsweise nach ausführlichen Tests in eine Produktivumgebung überführt werden.

Der Einsatz von Lösungen bietet sich beispielsweise dafür an, alle zu einem Projekt gehörigen Ressourcen (Komponenten) in einem Teilbereich zusammenzufassen. Lösungen haben den großen Vorteil, dass diese mit allen zugewiesenen Ressourcen oder Komponenten exportiert und wieder importiert werden können.

Neuanlage einer Lösung

Zum Anlegen einer neuen Lösung, beispielsweise für ein neues Projekt einer Softwareentwicklung, sind nur wenige Arbeitsschritte erforderlich.

1. Um eine neue Lösung anzulegen, müssen Sie in Power Apps zunächst einmal die entsprechende Umgebung (oben rechts) anwählen.

2. Anschließend klicken Sie im linken Menübereich den Punkt LÖSUNGEN an.

3. Mit Anwahl des Punktes NEUE LÖSUNG in der oberen Menüzeile öffnet sich ein Dialogfenster, in dem Sie dann die gewünschten Angaben zu dem neuen Projekt eintragen müssen.

4. Neben einem Namen und einer Beschreibung zählt dazu beispielsweise auch die Festlegung eines Herausgebers der Lösung. Hier bietet es sich an, die Option STANDARDHERAUSGEBER anzuwählen, oder Sie legen einen neuen an.

Abbildung 25.1: Anlegen eines neuen Herausgebers

Die Festlegung eines neuen Herausgebers bietet sich an, um beispielsweise organisationsweit eine einheitliche Benamung umsetzen zu können. So können Konflikte beim Export oder der Weitergabe von Lösungen vermieden werden. In der Praxis hat es sich bewährt, pro Unternehmen oder Organisation einen eigenen Herausgeber zu definieren; nicht selten legt aber auch jeder Entwickler für sich einen eigenen Herausgeber fest.

5. Nach dem SPEICHERN kann der neu angelegte Herausgeber auch im Dialogfeld zur Anlage einer neuen Lösung ausgewählt werden. Nach Vervollständigung der Angaben kann sich das Konfigurationsfenster zur Neuanlage einer Lösung dann beispielsweise so darstellen wie nachfolgend dargestellt.

Abbildung 25.2: Konfigurationsvorgaben einer neuen Lösung

6. Sobald Sie die neue Lösung mit Einsatz der Schaltfläche ERSTELLEN angelegt haben, erscheint diese in der Aufstellung der verfügbaren Lösungen.

Damit haben Sie die Umgebung für eine neue Lösung angelegt, die dann auch am Bildschirm direkt angezeigt wird.

 Es hat sich in der Praxis als sinnvoll herausgestellt, bei der Neuanlage einer Lösung diese mit einem vorangestellten »SOL_« (für *Solution*) zu bezeichnen.

Bevorzugte Lösung

Eine bestehende oder auch eine neu angelegte Lösung kann als sogenannte »Bevorzugte Lösung« definiert werden. Mit einer solchen Festlegung erreichen Sie, dass standardmäßig alle (danach) neu angelegten Ressourcen (Apps, Tabellen und so weiter) dieser Lösung automatisch zugeordnet werden; dies vereinfacht die Handhabung enorm.

1. Um eine Lösung als »Bevorzugte Lösung« festzulegen, müssen Sie zunächst auf der Startseite von Power Apps den Menüpunkt LÖSUNGEN anwählen.

2. Mit den drei Punkten neben dem Namen einer Lösung rufen Sie dann das zugehörige Kontextmenü der Lösung auf, wo Sie den Punkt BEVORZUGTE LÖSUNG FESTLEGEN anklicken können; alternativ können Sie dies nach Anwahl der Lösung auch über den gleichnamigen Punkt in der oberen Menüzeile durchführen.

3. Es erscheint ein Dialogfenster, in dem die gewünschte Lösung ausgewählt und dies anschließend mit der Schaltfläche ANWENDEN bestätigt werden muss.

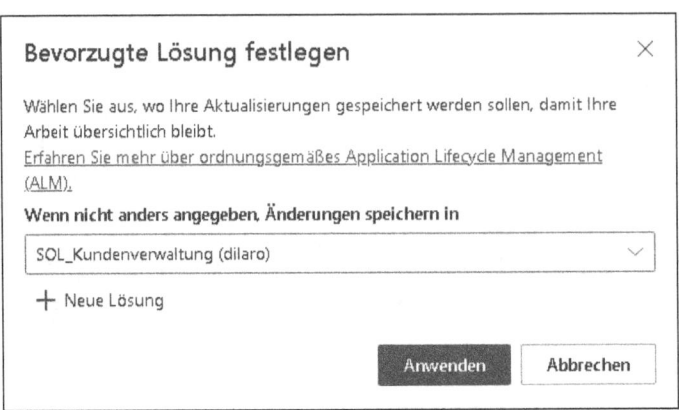

Abbildung 25.3: Ausgewählte Lösung als Bevorzugte Lösung festlegen

Das Ergebnis zeigt sich anschließend auch in der Aufstellung der Lösungen, wo hinter dem Lösungsnamen ein entsprechender Hinweis erfolgt.

Ressourcen zuordnen

Neben der automatischen Ressourcen-Zuordnung über die »Bevorzugte Lösung« (siehe vorstehender Abschnitt) können einer Lösung natürlich auch manuell bestimmte Ressourcen (Apps, Tabellen, Workflows und so weiter) zugewiesen werden.

 Einer Lösung können auch Ressourcen oder Komponenten (App, Tabelle und anderes) zugewiesen werden, die bereits einer anderen Lösung (zusätzlich) zugewiesen worden sind oder werden.

1. Um einer bestehenden Lösung Komponenten (Ressourcen) zuzuordnen, muss in Power Apps der Name der Lösung angeklickt werden. Es erscheint die aktuelle Darstellung der zugeordneten Komponenten und im linken Bereich eine grobe Strukturierung der Ressourcen.

2. Über den Punkt NEU in der oberen Menüzeile können Sie direkt in den gewünschten Bereich wechseln, um eine neue Ressource anzulegen.

3. Für das Hinzufügen bestehender Ressourcen an eine Lösung müssen Sie den Punkt VORHANDENE HINZUFÜGEN anklicken und im nächsten Schritt den Typ der Ressource auswählen.

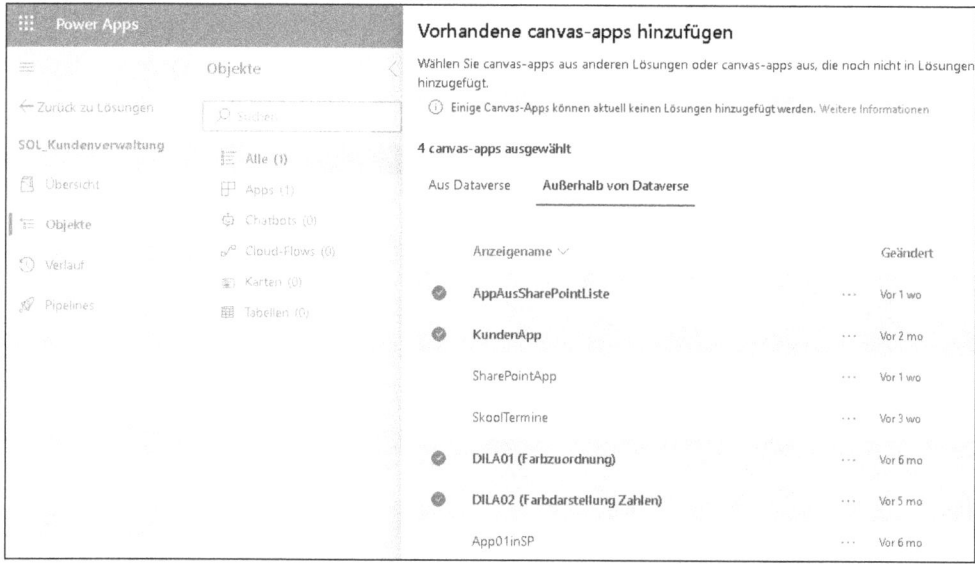

Abbildung 25.4: App-Zuordnung zu einer Lösung

Beim Hinzufügen von Canvas-Apps zu einer Lösung wird unterschieden zwischen Apps mit (AUS DATAVERSE) und ohne Bezug zu Dataverse (AUSSERHALB VON DATAVERSE). Dies müssen Sie gegebenenfalls über das entsprechende Register entscheiden, um dann die gewünschten Apps auszuwählen.

4. Nach Anwahl der gewünschten App wird diese anschließend über die Schaltfläche HINZUFÜGEN der gewählten Lösung zugewiesen. Dabei können Sie in einem Arbeitsschritt auch durchaus direkt mehrere Komponenten auswählen.

Auf diese Art und Weise können Sie einer Lösung dann nach und nach die gewünschten Komponenten (Apps, Tabellen und anderes) zuordnen.

Lösungen exportieren und importieren

Vergleichbar mit dem Im-/Export einer einzelnen App können über den Ex- und Import einer Lösung alle zugeordneten Ressourcen und Komponenten in einem Arbeitsgang exportiert und an anderer Stelle (Umgebung, Tenant) wieder importiert werden.

In dem Zusammenhang macht sich der Einsatz einer strukturierten Lösung explizit bemerkbar, da auf diese Art keine Komponenten vergessen werden. Im Einzelnen sind dazu folgende Arbeitsschritte erforderlich.

1. In der Aufstellung der verfügbaren Lösungen müssen Sie im Kontextmenü der Lösung, die exportiert werden soll, den Punkt LÖSUNG EXPORTIEREN anwählen.

2. Es erscheint eine erste Konfigurationsmaske, die Sie an der Stelle mit der Schaltfläche WEITER bestätigen können.

3. Im nachfolgenden Fenster können Sie eine Versionierung für den Export festlegen oder die vorgeschlagene Versionierung (Nummer) übernehmen.

4. Zudem müssen Sie entscheiden, ob es ein verwalteter oder ein nicht verwalteter Lösungsexport sein soll.

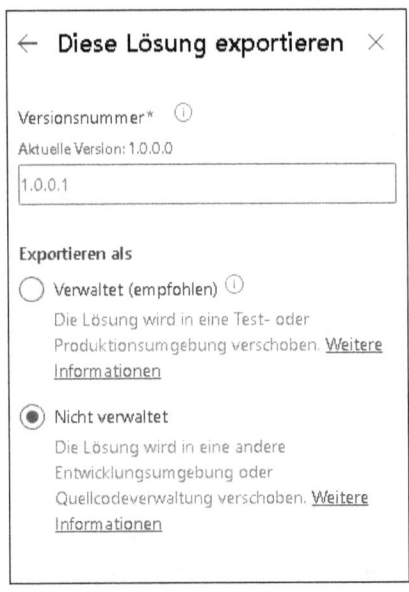

Abbildung 25.5: Vorgaben für Lösungsexport

Eine Lösung wird als »nicht-verwaltet« bezeichnet, solange sie sich noch im Entwicklungsstadium befindet. Verwaltete Lösungen sind in der Regel immer produktiv im Einsatz (siehe dazu auch nachfolgende Abschnitt).

5. Mit Anklicken der Schaltfläche EXPORTIEREN startet der Export-Vorgang.

6. Nach einem kurzen Moment wird die Export-Datei erstellt, über die Schaltfläche HERUNTERLADEN kann die Datei auf einem (lokalen) Datenträger abgespeichert werden. Standardmäßig wird eine heruntergeladene Datei im Standard-Downloadbereich des Browsers abgelegt; dabei wird die exportierte Datei standardmäßig immer als gepackte Datei im ZIP-Format abgespeichert. Sie können diese Datei kopieren oder in einer anderen Umgebung oder einem anderen Tenant importieren.

Der Lösungsexport kann beispielsweise auch als Backup dienen oder zum Sichern eines Zwischenstandes einer Entwicklungsumgebung eingesetzt werden.

7. Um eine exportierte Lösung an anderer Stelle (Umgebung, Tenant) zu importieren, müssen Sie zunächst im Hauptbildschirm von Power Apps die gewünschte Umgebung anwählen oder sich vorab in dem anderen Tenant authentifizieren.

Sofern die Anwendung in einem anderen Tenant (Mandant) importiert werden soll, muss zunächst eine Anmeldung an dem Tenant erfolgen, um dort dann ebenfalls die gewünschte Umgebung auszuwählen.

8. Nach Anwahl der gewünschten Umgebung müssen Sie im linken Menübereich den Punkt LÖSUNGEN anwählen, worauf die in dieser Umgebung verfügbaren Lösungen angezeigt werden.

9. Mit dem Punkt LÖSUNG IMPORTIEREN am oberen Bildschirmrand kann der Importvorgang gestartet werden.

10. Nach Anklicken der Schaltfläche DURCHSUCHEN kann im Dateisystem die entsprechende Importdatei (ZIP-Datei) angewählt werden; je nach Arbeitsumgebung werden die zuletzt exportierten Dateien angezeigt, aus denen alternativ eine ausgewählt werden kann.

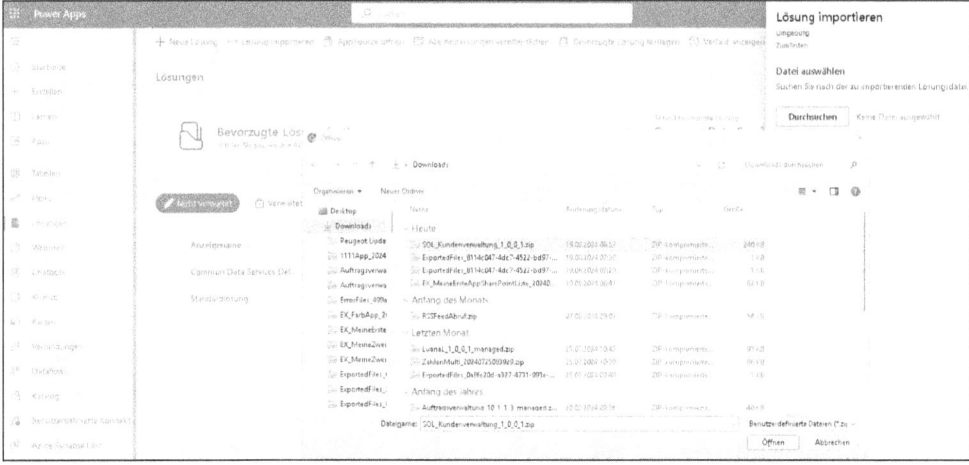

Abbildung 25.6: Auswahl einer Lösungs-Exportdatei

11. Nach Auswahl der gewünschten Datei kann mit Betätigen der Schaltflächen WEITER und IMPORTIEREN der eigentliche Importvorgang gestartet werden. Das Ergebnis wird nach erfolgreichem Importvorgang am oberen Bildschirm angezeigt und die importierte Lösung erscheint in der Aufstellung der verfügbaren Lösungen.

Auf diese Weise können Sie mehrere Ressourcen und Komponenten einer Lösung zwischen verschiedenen Umgebungen und/oder zwischen verschiedenen Tenants verschieben oder austauschen.

Verwaltete und nicht verwaltete Lösungen

Unter anderem in Zusammenhang mit dem Export einer Lösung tauchen die beiden Lösungsbeschreibungen der »verwalteten« und »nicht-verwalteten« Lösungen auf. Ganz pauschal kommen nicht-verwaltete Lösungen im Stadium der Entwicklung und Testung von Komponenten und Ressourcen (zum Beispiel Apps) zum Einsatz. Nicht-verwaltete Lösungen sind wesentlich flexibler, können aber jederzeit in eine verwaltete Lösung überführt werden.

Verwaltete Lösungen bilden ein in sich abgeschlossenes System, in dem bestimmte Aktionen wie beispielsweise die Änderung oder Anpassung von Komponenten oder Ressourcen nicht mehr durchführbar sind. Aus diesem Grund kommen verwaltete Lösungen in der Regel nur in einer Produktivumgebung zum Einsatz, da ein spezieller Schreibschutz Änderungen verbietet.

Die Festlegung, ob eine Lösung als verwaltete oder nicht-verwaltete Lösung definiert wird, erfolgt immer explizit beim Exportieren der Lösung.

Nachfolgend einige ausgewählte Aktionen und deren Unterscheidung bei verwalteten und nicht-verwalteten Lösungen:

Aktion/Funktion	Verwaltet	Nicht verwaltet
Bearbeiten einzelner Komponenten/Ressourcen	nicht möglich (Schreibschutz);	möglich;
Export einer Lösung	nicht möglich;	möglich;
Löschen einer Lösung	Lösung und Komponenten werden gelöscht (!);	Lösung wird gelöscht; Komponenten bleiben erhalten;

Tabelle 25.1: Merkmale verwalteter und nicht verwalteter Lösungen

Wenn Sie eine verwaltete Lösung löschen, müssen Sie beachten, dass damit automatisch alle zugewiesenen Komponenten und Ressourcen (Objekte) gelöscht werden, also beispielsweise zugewiesene Apps, Tabellen und anderes. Aus dem Grund wird eine verwaltete Lösung in der Regel einmal definiert und dann über den Ex- und Import jeweils nur aktualisiert.

> **IN DIESEM KAPITEL**
>
> Begrenzungen und Einschränkungen
>
> Möglichkeiten der Weiterentwicklung
>
> M365-Welt als »Gefängnis«
>
> Versuch eines Fazits

Kapitel 26
Zukunft von Power Fx

Es braucht keine Wahrsager oder Blicke in die Glaskugel, um der weiteren Entwicklung von Power Fx eine rosige Zukunft vorherzusagen, denn wie schon mit der Excel-Formelsprache so ist Microsoft offensichtlich auch mit der Low-Code-Programmiersprache Power Fx ein großer Wurf gelungen.

Nie ist es bisher möglich gewesen, innerhalb kürzester Zeit eine Entwicklung von Anwendungen vielfältiger Art und Ausdehnung anzustoßen. Angefangen von der automatisch erstellten App für ein ansprechendes Formular zur Datenerfassung auf einem Mobilgerät bis hin zu professionellen Anwendungen zur Maschinensteuerung oder zur Abbildung hochkomplexer Prozesse.

Ein klassischer Softwareentwickler lässt sich von der Einfachheit der App-Erstellung »durch ein paar Klicks« nicht abschrecken, bietet sich doch auch für ihn eine nahezu unerschöpfliche »Spielwiese« der professionellen Programmentwicklung. Im Gegenteil, gerade das einfache Handling inspiriert und fördert die Kreativität.

 Auch ich war beim ersten Kontakt mit Power Apps und meiner ersten, in 20 Minuten erstellten App sehr begeistert; schon damals war mir klar, dass dies der Weg der Zukunft sein wird.

Die Zahl der Entwickler und *Maker* für das Microsoft-Ökosystem ist in den letzten Jahren explosionsartig angestiegen und jeder einigermaßen IT-affine Anwender darf sich berufen fühlen, Apps zu erstellen oder Automatisierungen zu realisieren. Nicht umsonst schuf Microsoft mit dem Begriff *Maker* ein Wort, die diesen Typus vom klassischen Entwickler (Developer) abgrenzt.

Ein *Maker* ist ein Anwender, der die Funktionen und Möglichkeiten der Low-Code-/No-Code-Programmierung für die App-Erstellung nutzt, indem er »einfach mal macht«!

Power Fx unterstützt mit Plattformen wie Power Apps diese Maker, da die Sprache sich stark an der Excel-Formelsprache orientiert und somit intuitiv und leicht erlernbar und anwendbar ist.

Die nachfolgenden Erläuterungen stellen Anregungen für mögliche Weiterentwicklungen der Power Platform als Entwicklungsumgebung dar. Teilweise geben diese Angaben die persönliche Meinung oder Einschätzung des Autors wieder und erheben keinen Anspruch auf Allgemeingültigkeit.

Power Fx heute und in Zukunft

Power Fx ist bereits heute eine Basis für App-Entwicklungen, die im Ökosystem von Microsoft nicht mehr wegzudenken ist. Wesentliche Punkte, warum dies so ist und Power Fx zukunftsorientiert ausgerichtet ist, sind folgende:

- ✔ Benutzerfreundlichkeit
  Ein herausragendes Merkmal ist die Benutzerfreundlichkeit von Power Fx, aber auch von Entwicklungswerkzeugen wie Power Apps. So ist Power Fx so konzipiert, dass sie sowohl für Anfänger als auch für erfahrene Entwickler zugänglich ist. Dies erleichtert die Zusammenarbeit in Teams und reduziert die Entwicklungszeit enorm.

- ✔ Entwicklungszeit
  Mit Einsatz von Entwicklungswerkzeugen wie Power Apps ist eine schnelle Erstellung von benutzerdefinierten Anwendungen möglich, teilweise durch Anordnen der Komponenten über einfaches *Drag & Drop*.

- ✔ Erweiterung
  Power Fx wird in Bezug auf die Komponenten und Sprachbestandteile weiterentwickelt, was die Möglichkeiten zur Automatisierung und Optimierung von Anwendungen erweitert.

- ✔ Integration
  Die Integration von Power Fx in weitere Produkte des Microsoft-Ökosystems (Microsoft 365) schaffen weitergehende Entwicklungsmöglichkeiten zur Integration anderer Produkte und bietet eine nahtlose Datenverbindung und Verwaltung dieser Daten.

- ✔ Künstliche Intelligenz
  Nicht erst seit der Verfügbarkeit von Copilot forciert Microsoft stark den Bereich der Künstlichen Intelligenz und maschinelles Lernen. So werden auch in Power Fx und Power Apps zunehmend KI-basierte Funktionen integriert, die es Benutzern ermöglichen, noch intuitivere und intelligentere Anwendungen zu entwickeln und dies in immer kürzeren Entwicklungszyklen.

✔ Leistungsfähigkeit
Durch die Unterstützung einer Vielzahl von Datentypen, -quellen und Operationen ist Power Fx sehr flexibel und macht es zugänglich für verschiedenste Formen von Anwendungen.

✔ Low-Code/No-Code
Durch die enge Anlehnung an Entwicklungen in anderen Anwendungen wie Excel bietet Power Fx vielfältige Befehle und Anweisungen zur Abbildung von Logik, Funktionen und Prozessen in Anwendungen. Dabei müssen Entwickler (Maker) aber nicht erst in die Tiefen einer Programmiersprache einsteigen, sondern können – unterstützt durch Assistenten und Künstliche Intelligenz – Apps entwickeln.

✔ Open Source
Power Fx ist offiziell als Open Source verfügbar, wodurch die Entwicklung und Innovation der Community gefördert wird. Längst gibt es auf Entwicklungsplattformen wie GitHub eigene Bereiche, die sich ausschließlich mit dem Thema Power Fx beschäftigen. So wird die Community als eine Art »Entwicklergemeinde« eine große Rolle bei der Entstehung neuer Features und Funktionen spielen. Microsoft wird auch weiterhin auf die Zusammenarbeit mit Entwicklern setzen, um Power Fx zu erweitern und zu verbessern.

✔ Plattform-Unabhängigkeit
Anwendungen, die mit Power Fx in einer Entwicklungsumgebung wie Power Apps erstellt werden, können auf einer Vielzahl von Plattformen eingesetzt werden. So können entsprechende Apps als Webanwendung im Browser, auf Desktop-PCs oder auch auf mobilen Geräten verwendet werden.

✔ Syntax
Die Syntax des Power-Fx-Sprachmodells ist deklarativ und leicht verständlich, was sie somit sehr transparent und leicht zugänglich macht (insbesondere auch für Einsteiger). Dies hilft sicherlich auch Microsoft auf dem Weg, die Zielgruppe von Entwicklungsplattformen wie Power Apps oder auch Power Automate zu vergrößern.

✔ Workflows
Vieles ist heute schon möglich, aber durch die 2. **Verstärkte Automatisierung und Hyperautomation**: Power Apps wird sich vermutlich weiter in Richtung Automatisierung entwickeln, indem es Workflows nahtlos mit Power Automate und anderen Automatisierungstools verknüpft. Dies könnte Unternehmen helfen, repetitive Prozesse noch effektiver zu automatisieren.

Power Fx und Entwicklungsplattformen wie Power Apps ermöglichen Softwareentwicklungen für eine breite Zielgruppe, wobei es eine Spannbreite von einfachen Apps bis hin zu komplexen Anwendungen gibt. Die Integration von Automatisierung und Künstlicher Intelligenz fördert diese Entwicklung und hebt sie noch einmal auf eine nächste Stufe.

Gefangen im Microsoft-Ökosystem!

Bei aller Begeisterung über die leicht zugänglichen Möglichkeiten der Softwareentwicklung durch Einsatz von Power Fx auf Entwicklungsplattformen wie Power Apps darf nicht darüber hinwegtäuschen, dass die Einsatzgebiete der entwickelten Anwendungen auf das Ökosystem einer Microsoft-365-Umgebung beschränkt sind. Insbesondere Unternehmen oder Organisationen mit einer heterogenen IT-Landschaft, die plattformübergreifende Lösungen suchen, werden unter Umständen in einer solchen Entwicklungsumgebung nicht fündig.

Microsoft beschreitet aber auch diesbezüglich neue Wege oder plant zumindest zukünftig eine weitergehende Ausdehnung und Integration weiterer Umgebungen. Einige der im folgenden genannten Punkte sind seitens Microsofts bereits in Planung, andere sind eher Vorschläge, Ideen oder Anstöße, um zukünftig Power Fx und entsprechende Entwicklungswerkzeuge (Power Apps und andere) in die richtige Richtung zu steuern.

- ✔ Attraktivität Microsoft-Ökosystem
  Mit dem Ausbau der Funktionalitäten im eigenen Ökosystem kann es Microsoft gelingen, Entwicklungsumgebungen wie Power Apps für andere Umgebungen oder Entwicklungs-gruppen attraktiv zu gestalten. Damit wäre dann die eigene Entwicklungsumgebung ein Werkzeug zum Ausbau des M365-Okösystems.

- ✔ Anwendungsverteilung
  Eine wesentliche Schwachstelle einer Entwicklungsumgebung mit Power Apps und Power Fx ist die eingeschränkte Einsatzmöglichkeit in einer Microsoft-365-Umgebung. Hier besteht Entwicklungspotential, indem die Möglichkeiten zum Export oder auch der Verteilung der Anwendungen wesentlich erweitert wird. So könnte es unter Umständen zielführend sein, Anwendungen, die mit Power Apps erstellt worden sind, als eigenständige Anwendungen exportieren oder verteilen zu können. Dies würde die Flexibilität erhöhen und die Akzeptanz bei Kunden steigern, die nicht ausschließlich auf Microsoft-Produkte setzen.

- ✔ Azure-Integration
  Mit Integration der Power Platform in die Azure-Welt als cloudbasierte Plattform schafft Microsoft eine hohe Integration in bestehende Systemumgebungen. So haben Unternehmen oder Organisationen nicht nur die Möglichkeit, den Verzeichnisdienst Entra-ID einzubinden, sondern mit Azure-Funktionen, sogenannten Logic Apps (Workflows) und APIs (*Application Programming Interface*) kann eine Entwicklungsumgebung wie Power Apps auch in komplexeren Umgebungen eingesetzt werden.

- ✔ Einbindung Drittanbieter
  Microsoft hat bereits heute in der Power Platform Möglichkeiten (API, Verbinder und so weiter), mit einer Vielzahl anderer Plattformen Daten auszutauschen; diese können auch produktiv genutzt werden. Diese Möglichkeiten wird Microsoft weiter ausbauen, weitere Anbieter anderer Plattformen oder Systeme einbinden. Auf diese Art kann beispielsweise über vorkonfigurierte Verbinder (Konnektoren) oder AddOns der Zugriff auf andere Datenquellen oder Dienste realisiert werden.

✔ Konnektoren
In Zusammenhang mit der Einbindung der Drittanbieter spielen die Konnektoren (Verbinder) heutzutage eine wesentliche Rolle, ermöglichen sie doch einen Datenaustausch mit anderen Anwendungen oder Diensten. Microsoft hat die Anzahl und Vielfalt der Konnektoren für Power Apps stetig erweitert, wodurch eine Integration von Anwendern, Daten und auch Diensten außerhalb des Microsoft-Ökosystems ermöglicht wird. Hier sind sicherlich nicht zuletzt durch den Druck des Marktes weitere Erweiterungen zu erwarten.

✔ Open-Source-Ausbau
Mit der Veröffentlichung von Power Fx als Open-Source-Projekt ist Microsoft schon einen ersten Schritt zur Öffnung des Systems gegangen. Hier besteht sicherlich noch Entwicklungspotenzial in Richtung weitergehender Öffnung und stärkerer Einbindung der Community. Dies würde nicht nur den Ausbau innovativer Lösung fördern, sondern gegebenenfalls Voraussetzungen schaffen, die Grenzen des Microsoft-Ökosystems zu überwinden und Open-Source-basierte Erweiterungen zu entwickeln.

✔ Plattform-Kompatibilität
Durch eine Erweiterung oder den Ausbau der Interoperabilität von Entwicklungsplattformen wie Power Apps und der Unterstützung weiterer Plattformen oder Schnittstellen zu Fremdsystemen kann der Einsatz entsprechender Anwendungen ebenfalls ausgebaut werden.

✔ PWA
Microsoft testet seit einiger Zeit mit Power Apps erstellte Apps als sogenannte PWAs (*Progressive Web Apps*). Dabei handelt es sich um Webanwendungen, die Technologien wie HTML, CSS oder JavaScript nutzen. PWAs können beispielsweise auf mobilen Geräten als eigenständige Apps installiert werden. Auch wenn dies eine gewisse Unabhängigkeit in Bezug auf die Installationsbasis darstellt, bleibt die App weiterhin mit der Microsoft-Cloud verbunden und greift auf Daten aus der Power Platform zu.

✔ SDK und API
Die Möglichkeiten in Zusammenhang mit SDKs (*Software Developement Kit*) und APIs (*Application Programming Interface*) hat Microsoft in Bezug auf die Power Platform verbessert, um eine leichtere Integration in bestehende, auch nicht-Microsoft-zentrierte Umgebungen zu ermöglichen. Auf diese Art können Entwickler eigene Konnektoren erstellen oder APIs integrieren, die Datenquellen und Dienste außerhalb des Microsoft-Ökosystems adressieren.

Wie sich die weitere Entwicklung der Power Platform gestaltet, wird stark davon abhängen, wie sich der Markt und die Bedürfnisse der Nutzer entwickeln. Ein ausgewogener Ansatz zwischen Ökosystem-Vorteilen und flexiblerer Nutzung wäre für viele Unternehmen wahrscheinlich der attraktivste Weg. Die Frage, die bleibt: Öffnet Microsoft das »Gefängnis« und löst sich von der starken Bindung an das eigene Ökosystem?

Microsoft-Planung

Um ein Zukunftsszenario aufzustellen und bewerten zu können, darf natürlich der Blick in die konkrete Planung von Microsoft nicht fehlen. Dazu gibt es mittlerweile eine Vielzahl von Möglichkeiten, sich auf den Webseiten über Release-Pläne und konkrete Planungen zu informieren.

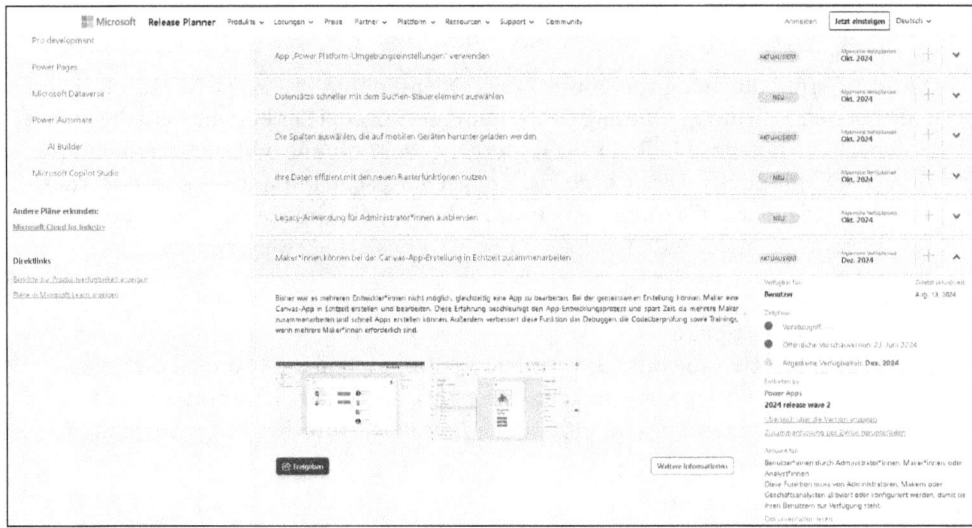

Abbildung 26.1: Übersicht der Microsoft-Entwicklung

Neben den offiziellen Verlautbarungen gibt es natürlich auch auf Entwicklungsplattformen wie GitHub jede Menge Informationen über anstehende und geplante Änderungen oder Erweiterungen.

Versuch eines Fazits

Power Fx und die Entwicklungsumgebung der Power Platform ist eigentlich viel zu agil und unterliegt damit permanenten Anpassungen und Änderungen, als dass ein einfaches Fazit möglich wäre. Zusammen mit einer ungebremsten und sehr kreativen Community stellt dies eine ideale Symbiose dar, um die damit verbundenen Produkte und Anwendungen auf ein neues Level der Softwareentwicklung zu heben.

Power Fx und Power Apps sind zentrale Bestandteile der Microsoft Power Platform, die auch eher unbedarften Anwendern die Möglichkeit bieten, eigene Apps zu erstellen und zu automatisieren, ohne tiefgehende Programmierkenntnisse zu benötigen. Das Besondere an diesen Werkzeugen ist ihre Benutzerfreundlichkeit, ihre Integration mit anderen Microsoft-Produkten und ihr Fokus auf Low-Code-/No-Code-Entwicklung.

Ein wesentlicher Hemmschuh bei aller Begeisterung für die Power Platform ist und bleibt die Abhängigkeit der entwickelten Anwendungen vom Microsoft-Ökosystem und einer angebundenen Microsoft-365-Umgebung. Und obwohl Microsoft Schritte unternimmt, die Flexibilität von Power Apps und der Power Platform zu erhöhen, bleibt die Abhängigkeit vom Microsoft-Ökosystem bestehen. Die meisten Entwicklungen zielen darauf ab, Drittanbieter-Dienste besser zu integrieren, ohne die Nutzer vollständig aus dem »Gefängnis« der Microsoft-Welt zu entlassen. Sicherlich spielen hierbei strategische Überlegungen eine Rolle, einerseits größtmögliche Flexibilität zu schaffen, andererseits aber die Infrastruktur in der Microsoft-Welt zu verankern.

So wird die Entwicklung stark davon abhängen, wie das Spannungsfeld zwischen Ökosystembindung und Interoperabilität aufgelöst wird. Neben der strategisch-wirtschaftlichen Betrachtungsweise könnte eine Öffnung hin zu mehr Plattform-Unabhängigkeit notwendig sein, um langfristig konkurrenzfähig zu bleiben und ein breiteres Publikum anzusprechen.

So ist die Frage nach der Weiterentwicklung und der Zukunft von Power Fx schwierig zu beantworten, denn im Grunde genommen ist der »große Tanker« schon »mächtig in Fahrt« und ist auch nicht mehr aufzuhalten, zumindest was die Verbreitung der Anwendungen im Microsoft-Ökosystem angeht. So spielt Power Fx innerhalb der Power Platform eine zentrale Rolle in der Low-Code-/No-Code-Entwicklung von mehr und mehr auch geschäftskritischen Anwendungen.

Die Einbindung und Integration von Künstlicher Intelligenz in Power Fx und Entwicklungsumgebungen wie Power Apps muss kritisch begleitet und beobachtet werden. Derartige Technologien lassen sich nicht aufhalten und werden zunehmend Einzug in Entwicklungsumgebungen finden. Professionelle Entwickler werden aber auch diese Technologien nicht überflüssig machen, sofern sie sich darauf einstellen und sich dessen bewusst sind, dass die Entwicklung einfach anders funktioniert!

Teil V
Der Top-Ten-Teil

Folgen Sie uns auch auf Instagram:
https://www.instagram.com/furdummies/

IN DIESEM TEIL ...

Zur Abrundung finden Sie in diesem Teil Informationen, die wir ebenfalls als wichtig erachten, um Ihnen die Arbeit mit Power Apps und den Einsatz von Power Fx zu erleichtern. So finden Sie in den folgenden Abschnitten zehn plus 3 Möglichkeiten, eine App zu erstellen. Insgesamt zehn wertvolle Tipps und Tricks können Ihnen helfen, die Verwaltung und die Entwicklung von Apps zu optimieren. Abschließend erhalten Sie eine Übersicht über zehn (und mehr) interessante Webseiten, wo es sich lohnt, einmal »vorbeizuschauen«!

> **IN DIESEM KAPITEL**
>
> Unterschiedliche Wege der App-Erstellung
>
> App-Erstellung mit Künstlicher Intelligenz
>
> Adaptive Karten als App
>
> Dateneinbindung bei der App-Erstellung
>
> SharePoint als Basis einer App

Kapitel 27
Zehn (plus drei) Wege führen nach Rom!

In Anlehnung an ein altes Sprichwort gibt es grundsätzlich auch mehrere Wege, um mit Einsatz von Power Apps eine App zu erstellen. Dies kann zum einen direkt über Power Apps erfolgen, aber darüber hinaus gibt es noch viele andere Möglichkeiten. Die wichtigsten »Wege nach Rom« erfahren Sie in den nachfolgenden Abschnitten, wobei hier nicht zehn, sondern insgesamt 13 Möglichkeiten dargestellt werden.

Neue App ohne Vorlage

Die sicherlich mit am häufigsten eingesetzte Form zur Erstellung einer neuen App (ohne Vorlage) ist der direkte Weg über Power Apps.

Wählen Sie dazu auf der Startseite von Power Apps im linken Menübereich den Punkt ERSTELLEN an.

Im nachfolgenden Dialogfenster stehen dann verschiedene Optionen (Leere App, Dataverse, SharePoint, Excel und so weiter) zur Auswahl, wo Sie die Option LEERE APP wählen müssen.

Im nächsten Schritt klicken Sie bei der Angabe LEERE CANVAS-APP auf die Schaltfläche ERSTELLEN.

Als Nächstes geben Sie im nachfolgenden Dialogfenster einen Namen ein, wählen das Darstellungsformat und bestätigen dies mit der Schaltfläche ERSTELLEN.

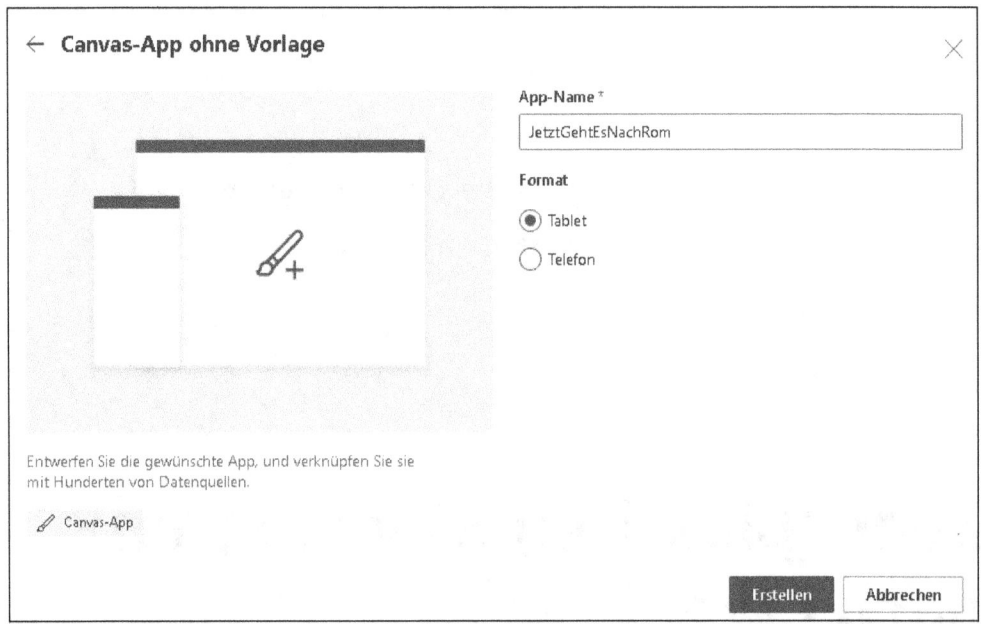

Abbildung 27.1: Erstellen einer leeren Canvas-App ohne Vorlage

Damit wird die Entwicklungsumgebung von Power Apps aufgerufen, wo Sie dann die Anwendung nach Ihren Vorstellungen frei gestalten können.

 Neben der Anlage einer leeren App können Sie dabei auf Wunsch beispielsweise auch direkt Datenquellen einbinden, die als Basis der App dienen sollen (siehe nachfolgend).

Neue App mit Datenquelle

Neben der Erstellung einer leeren App ohne jegliche Datenquelle besteht aber bei der Neuanlage auch direkt die Möglichkeit, eine Datenquelle einzubinden, auf die dann bei der App-Erstellung zugegriffen wird.

Wählen Sie dazu auf der Startseite von Power Apps im linken Menübereich den Punkt ERSTELLEN an.

Im nachfolgenden Dialogfenster stehen dann verschiedene Optionen (Leere App, Dataverse, SharePoint, Excel und so weiter) zur Auswahl, wo Sie beispielhaft die Option DATAVERSE anwählen müssen, um bei der App-Erstellung eine Dataverse-Tabelle einzubinden.

 Mit der Option WEITERE DATENQUELLEN steht Ihnen an dieser Stelle die Möglichkeit zur Verfügung, weitergehende Verbindungsoptionen auszuwählen.

Sofern noch nicht geschehen, müssen Sie im nächsten Schritt eine Verbindung zu der gewünschten Dataverse-Umgebung aufbauen.

Wählen Sie aus der Anzeige der verfügbaren Tabellen diejenige durch Anklicken aus, die Sie bei der App-Erstellung berücksichtigen möchten.

Mit Anklicken der Schaltfläche VERBINDEN wird der Assistent zur Erstellung einer Standard-App aufgerufen und die Rohfassung der erstellten App in der Entwicklungsumgebung von Power Apps angezeigt.

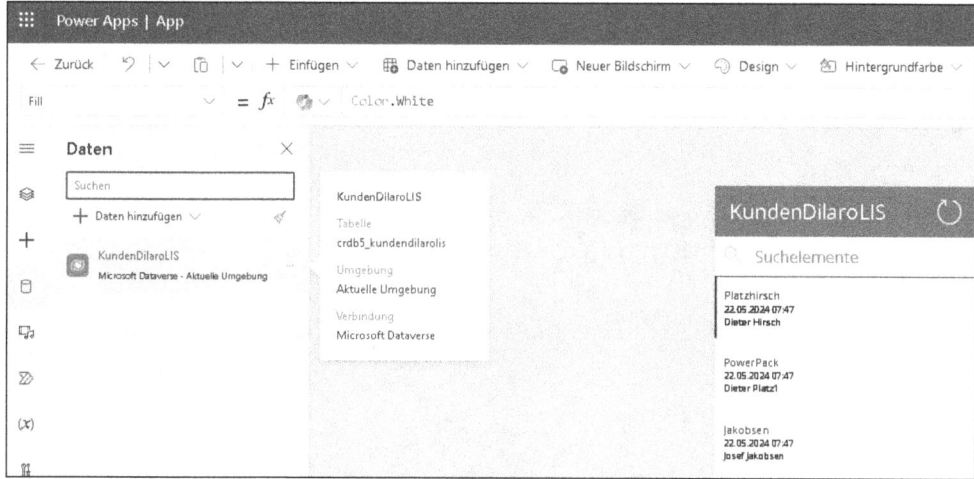

Abbildung 27.2: Canvas-App auf Basis einer Datenquelle

In der Entwicklungsumgebung von Power Apps können Sie dann die Anwendung nach Ihren Vorstellungen frei gestalten oder anpassen.

 Neben der Anlage einer App auf Basis einer Dataverse-Datenquelle können Sie beispielsweise auch Datenquellen aus SharePoint, Excel oder eine SQL-Datenquelle einbinden.

App aus Vorlage

Mit der Erstellung einer App auf Basis einer Datenquelle (siehe vorhergehende Abschnitt) greift der Assistent von Power Apps auf eine Standardvorlage zu, die sich aus drei Bildschirmen zusammensetzt (Browse, Detail, Edit). Darüber hinaus gibt es aber noch eine Reihe weiterer Vorlagen, die Ihnen helfen, sehr schnell nach Rom, ich meine natürlich zum Erfolg, zu kommen.

Wählen Sie dazu auf der Startseite von Power Apps im linken Menübereich den Punkt ERSTELLEN an.

Wenn Sie im nachfolgenden Dialogfenster nach unten scrollen, erscheint die Überschrift MIT EINER VORLAGE BEGINNEN. Unterhalb dieser Überschrift werden die vorgefertigten Vorlagen von Power Apps angezeigt. Über ein Suchfeld (rechts) können Sie über alle Vorlagen die gewünschte suchen lassen.

 Alternativ können Sie in Power Apps auch den Menüpunkt Startseite anwählen und dann im Hauptfenster die Option MIT VORLAGE BEGINNEN anklicken.

Mit Anklicken einer Vorlage erscheint ein Dialogfenster, in dem weitergehende Angaben zur gewählten Vorlage aufgeführt sind. Über die Option VORSCHAU können Sie sich an der Stelle eine Musterdarstellung der App anzeigen lassen.

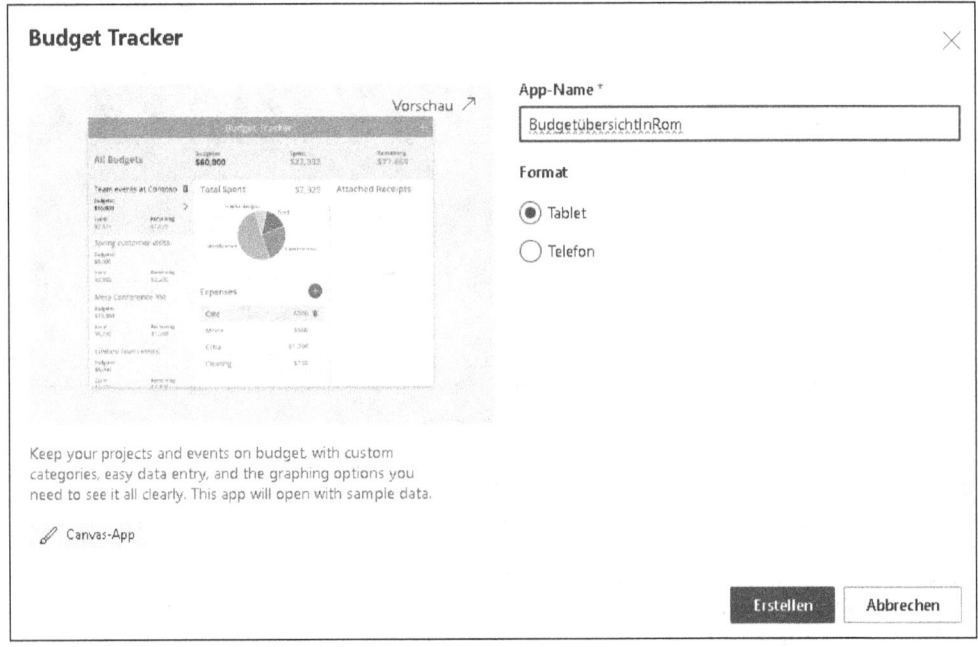

Abbildung 27.3: App-Erstellung mit Vorlage

Mit Anklicken der Schaltfläche ERSTELLEN wird auf Basis der gewählten Vorlage ein erster Entwurf der Anwendung erstellt, den Sie dann Ihren Bedürfnissen und Wünschen entsprechend anpassen können.

 Microsoft optimiert bestehende Vorlagen und fügt auch immer wieder neue Vorlagen hinzu, sodass sich ab und zu ein Blick in die Gesamtübersicht der Vorlagen lohnt.

Copilot zur App-Erstellung

Der Einsatz des Copiloten kann Sie in Power Apps dabei unterstützen, erste Schritte bei der App-Entwicklung vorzunehmen. So haben Sie die Möglichkeit, dem System in natürlicher Sprache mitzuteilen, für welche Anwendung eine App erstellt werden soll.

So können Sie beispielsweise eine Anweisung eingeben, dass Sie eine Anwendung benötigen, mit der Sie die Kontakte der Verwandten und Bekannten verwalten können. Der Copilot wird mit einer entsprechenden Anweisung zunächst eine Tabelle (in Dataverse) anlegen, in der später die Daten gespeichert werden. Zudem erstellt er auf Wunsch eine Anwendung, mit der Sie die Daten erfassen und bearbeiten können.

Der Aufruf oder die Nutzung des Copiloten erfolgt im Hauptmenü von Power Apps, indem Sie im linken Menübereich den Punkt STARTSEITE anwählen.

Alternativ können Sie in Power Apps auch den Menüpunkt APPS anklicken und dann im nächsten Schritt die Option MIT COPILOT BEGINNEN anwählen.

Anschließend erscheint im Hauptbildschirm von Power Apps ein Eingabefeld, in dem Sie die gewünschte Anweisung zur App-Erstellung eingeben können, also beispielsweise wie folgt:

```
Ich möchte die Kontakte meiner Verwandten und Bekannten verwalten. Neben dem
Namen, der Adresse und der Telefonnummer soll auch pro Eintrag jeweils ein
Foto gespeichert werden.
```

Nach Eingabe der Anweisung legt Copilot automatisch eine Tabelle an und zeigt den Inhalt beispielhaft am Bildschirm an. An der Stelle können Sie über Eingaben in dem Copilot-Eingabefeld die Definition oder die Festlegungen der Tabelle den Anforderungen entsprechend gestalten. Eine solche Anweisung kann sich beispielsweise wie folgt darstellen:

```
Bitte die Spalte Name aufteilen in Vorname und Nachname
```

Der Copilot passt daraufhin die Tabelle entsprechend an und ändert dies auch direkt in der Bildschirmdarstellung.

Nachdem Sie die Tabelle angepasst haben, können Sie mit der Schaltfläche APP ERSTELLEN die eigentliche Anwendung erstellen lassen.

Damit wird die Entwicklungsumgebung von Power Apps aufgerufen und nach einem kurzen Moment erscheint der erste Entwurf der automatisch erstellten Anwendung. Eine solche Anwendung können Sie dann mit den bekannten Methoden den Anforderungen und Bedürfnissen entsprechend anpassen.

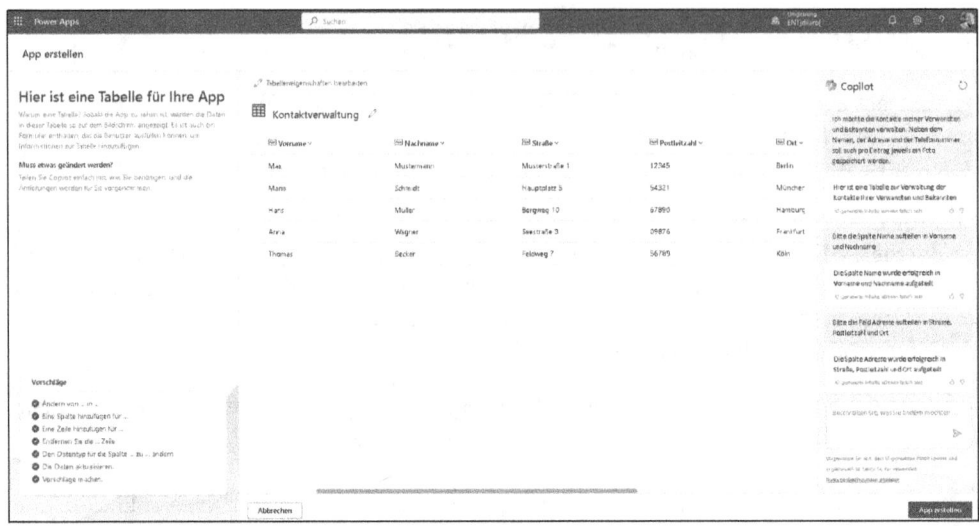

Abbildung 27.4: Anpassen der Tabellendefinition

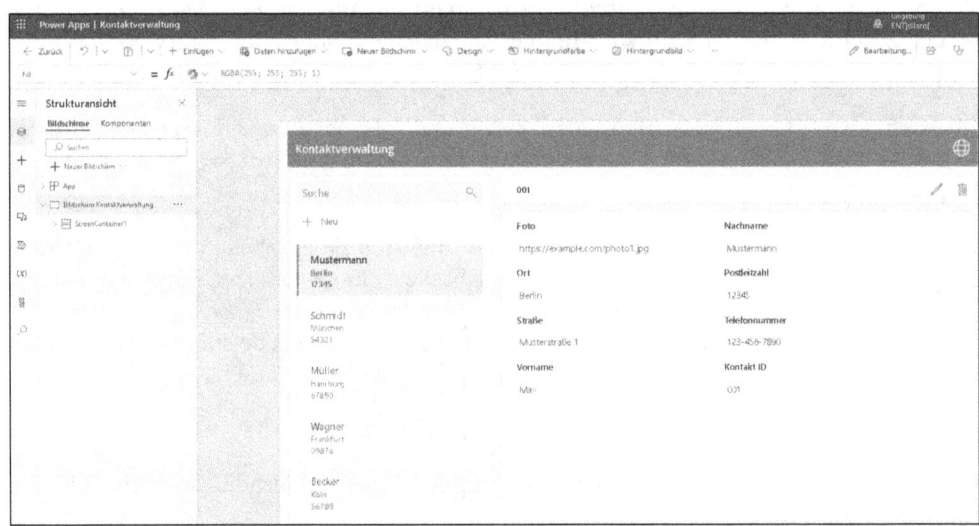

Abbildung 27.5: Mit Copilot erstellte Anwendung

KI-Hub zur App-Erstellung

Neben dem Copilot steht in Power Apps ein weiteres, sehr mächtiges Werkzeug im Bereich der Künstlichen Intelligenz zur Verfügung, das Sie bei der Erstellung von Anwendungen sehr gut unterstützen kann, der sogenannte KI-Hub.

 Ausführliche Angaben zum Einsatz des KI-Hubs finden Sie in Teil IV, Kapitel 22 dieses Buches.

Zur Nutzung des KI-Hubs bei der App-Erstellung müssen Sie auf der Startseite von Power Apps im linken Menübereich zunächst den gleichnamigen Punkt anklicken.

Mit der Option KI-MODELLE können Sie sich im nächsten Schritt die vorgefertigten oder definierten Modelle anzeigen lassen und auf Wunsch auswählen. Zusätzlich können Sie an der Stelle auch eigene Modelle (benutzerdefiniert) erstellen und diese dann auch mit entsprechenden Vorlagen trainieren.

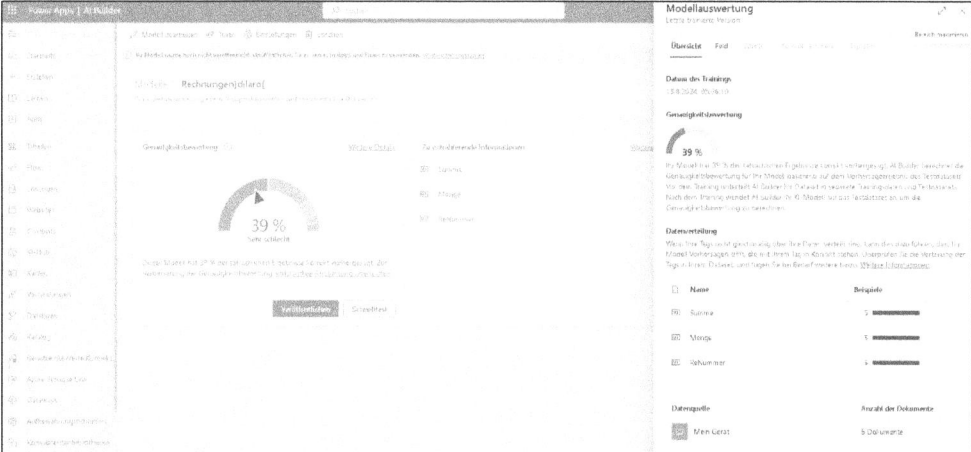

Abbildung 27.6: Bewertung eines selbstdefinierten Modells

Sobald Sie anschließend eines der Modelle veröffentlicht haben (sofern noch nicht geschehen), können Sie ein solches Modell anschließend mit der Option MODELL VERWENDEN nutzen und beispielsweise als Basis einer neuen App einsetzen.

 Neben der Nutzung in einer App können Sie ein dokumentbasiertes Modell beispielsweise auch in einem Flow (Power Automate) oder als eigenständige Dokumentenautomatisierungslösung einsetzen.

Karte als App

Mit adaptiven Karten steht in einer Microsoft-365-Umgebung eine hervorragende Möglichkeit zur Verfügung, bestimmte Dateninhalte in strukturierter Form darzustellen. Dabei ist eine solche Karte nichts anderes als ein mit Power Apps erstelltes Formular, auf das auch innerhalb einer beliebigen Anwendung zugegriffen werden kann.

Nachdem Sie auf der Startseite von Power Apps den Menüpunkt KARTEN angewählt haben, können Sie mit der Option NEUE KARTE eine solche anlegen.

Nach Eingabe eines Namens gelangen Sie anschließend in die Entwicklungsumgebung von Power Apps, deren Ausgestaltung zugegebenermaßen etwas abgespeckt daherkommt und wo nicht alle (gewohnten) Funktionen verfügbar sind. Dies ist der Tatsache geschuldet, dass Karten immer nur einen kleinen Ausschnitt der Funktionen repräsentieren, um ein Formular abzubilden.

Die Gestaltung der Karte bleibt Ihnen überlassen und kann im Rahmen der verfügbaren Möglichkeiten und Funktionen der Entwicklungsumgebung von Power Apps frei gestaltet und abschließend abgespeichert werden.

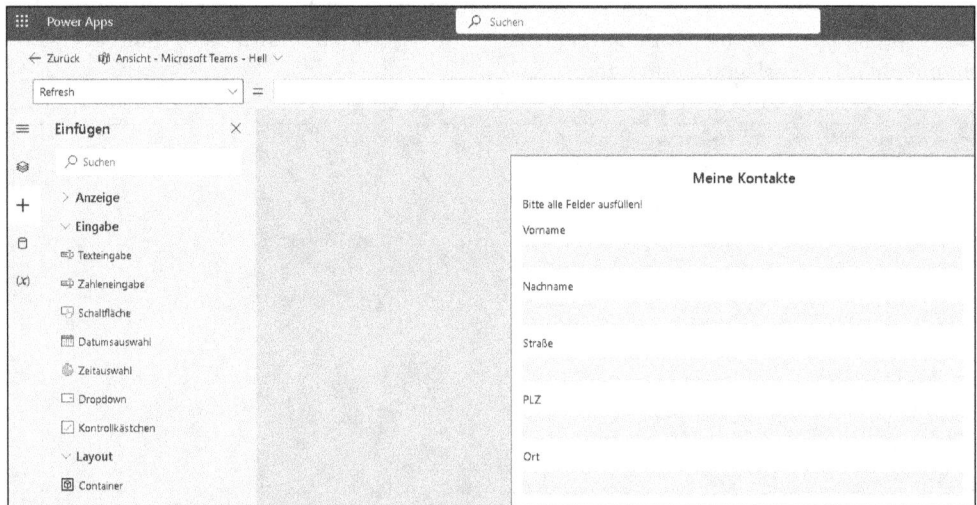

Abbildung 27.7: Erstellung einer Karte in der Entwicklungsumgebung von Power Apps

 Weitergehende Angaben zum Einsatz von adaptiven Karten enthält beispielsweise das Kapitel 23 dieses Buches.

Daten als Basis einer App

Auf vielfältige Art und Weise können Sie Anwendungen auf Basis von Daten oder Datenquellen erstellen. Sofern Sie noch nicht über eine Datenquelle verfügen, aber für die Anwendung eine solche benötigen, sollten Sie zur App-Erstellung auf der Startseite von Power Apps den Menüpunkt APPS anwählen.

Als Nächstes müssen Sie die Option oder die Kachel MIT DATEN BEGINNEN anklicken. Es erscheint ein Dialogfenster, wo Sie verschiedene Auswahlmöglichkeiten haben. So können Sie im unteren Teil auf bestehende Datenquellen zugreifen (Excel, SharePoint und so weiter).

Zum Anlegen einer neuen Datenquelle als Dataverse-Tabelle können Sie aber auch einfach im oberen Eingabefenster in natürlicher Sprache (Copilot) die Datenquelle beschreiben, die Sie benötigen. Geben Sie dort also beispielsweise Folgendes ein:

```
Kontaktadressen verwalten mit Angabe von Name, Vorname, Straße, Ort und
Mobilfunknummer
```

Nachdem Sie die Eingabe bestätigt haben, wird automatisch ein Vorschlag der benötigten Datentabelle (Dataverse) angelegt. Mithilfe der Copilot-Funktion am rechten Rand können Sie weitergehende Anweisungen zur Ergänzung oder Umstrukturierung der Tabellenstruktur vorgeben.

Abbildung 27.8: Definition einer Tabellenstruktur vor der App-Erstellung

Sobald die benötigte Tabellenstruktur fertig konfiguriert ist, können Sie mit Einsatz der Schaltfläche APP ERSTELLEN eine neue Anwendung erstellen. Der Assistent passt diese inhaltlich an die Struktur der Tabelle an und stellt Standard-Bildschirme für die Erfassung oder Bearbeitung der Daten zur Verfügung. Diese Darstellung können Sie dann innerhalb der App an die eigenen Anforderungen und Bedürfnisse anpassen.

Seitendesign als Vorgabe einer App

Mit der Option des Seitendesigns stellt Power Apps eine weitere Form zur Erstellung einer App zur Verfügung. Dabei können Sie Seitendesigns mit Datenintegration oder auch Vorgaben ohne die Einbindung von Datenquellen nutzen.

Wählen Sie in Power Apps den Punkt APPS und anschließend die Option oder Kachel MIT SEITENDESIGN BEGINNEN an, um den entsprechenden Assistenten aufzurufen und die verfügbaren Auswahloptionen anzuzeigen.

 Die verschiedenen Auswahloptionen ermöglichen sowohl die Erstellung von modellgesteuerten Apps (model driven) als auch die Anlage von Canvas-Apps.

Bei den Auswahloptionen haben Sie ebenfalls die Möglichkeit, direkt eine Datenquelle einzubinden oder Sie wählen nur eine einfache Strukturansicht aus. In beiden Fällen erfolgt nach Anwahl die Ausführung weiterer Arbeitsschritte durch den integrierten Assistenten.

Wählen Sie beispielsweise die Option SPLIT SCREEN aus, wird eine neue App angelegt, deren Bildschirm in zwei Teile aufgeteilt ist, denen jeweils ein Container zugeordnet ist, wo Sie dann weitergehende Zuordnungen vornehmen können.

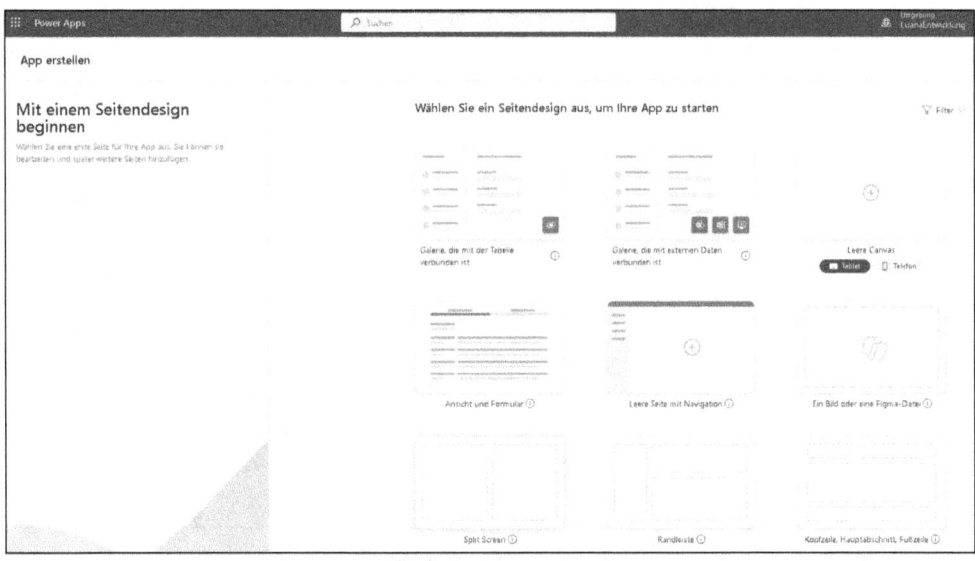

Abbildung 27.9: Seitendesigns als Auswahloptionen der App-Erstellung

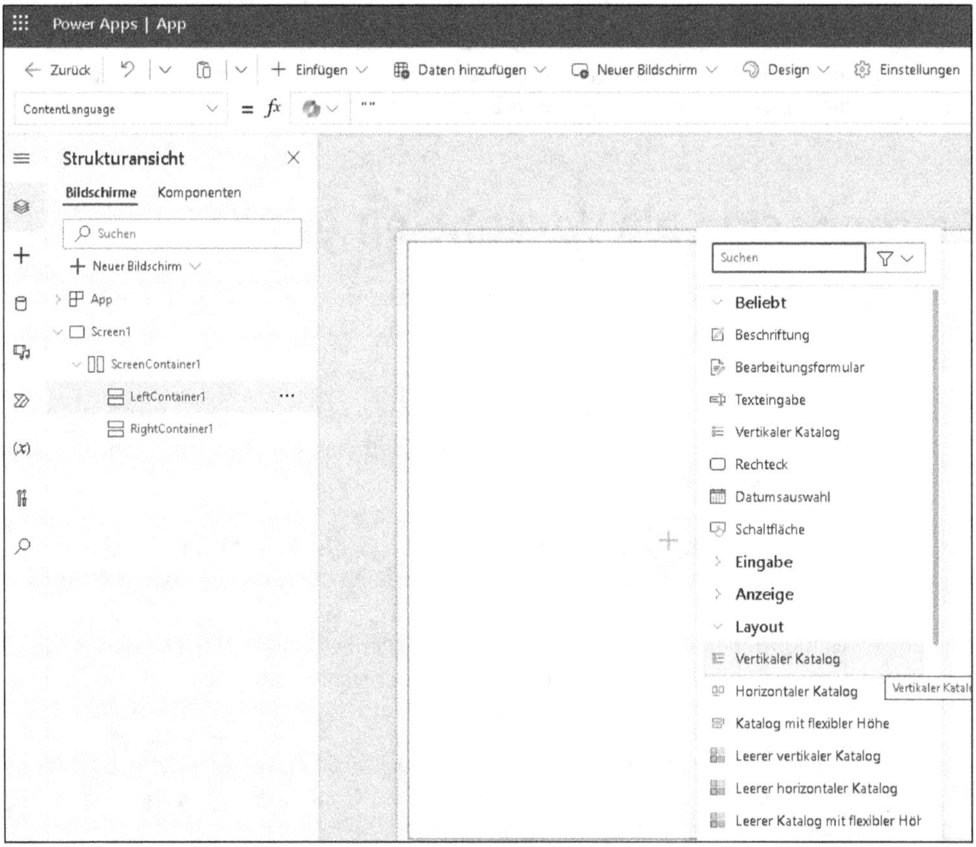

Abbildung 27.10: App mit geteiltem Bildschirm (Split Screen)

App aus einer SharePoint-Liste

Eine sehr einfache und häufig genutzte Möglichkeit der App-Erstellung ist die assistentengesteuerte Möglichkeit aus einer beliebigen SharePoint-Liste.

Sobald Sie eine SharePoint-Liste aufgerufen haben, steht Ihnen mit dem Menü INTEGRIEREN die Möglichkeit zur Verfügung, mit Power Apps eine neue App zu erstellen.

Abbildung 27.11: App-Erstellung aus einer SharePoint-Liste

Auf diese Art wird eine neue App angelegt und der Assistent integriert dabei die drei Standard-Bildschirme zum Erfassen und Bearbeiten der Daten der SharePoint-Liste.

Mit der Option FORMULARE ANPASSEN können Sie ebenfalls direkt aus der SharePoint-Liste heraus das bestehende Formular zur Erfassung und Bearbeitung der Daten in SharePoint anpassen.

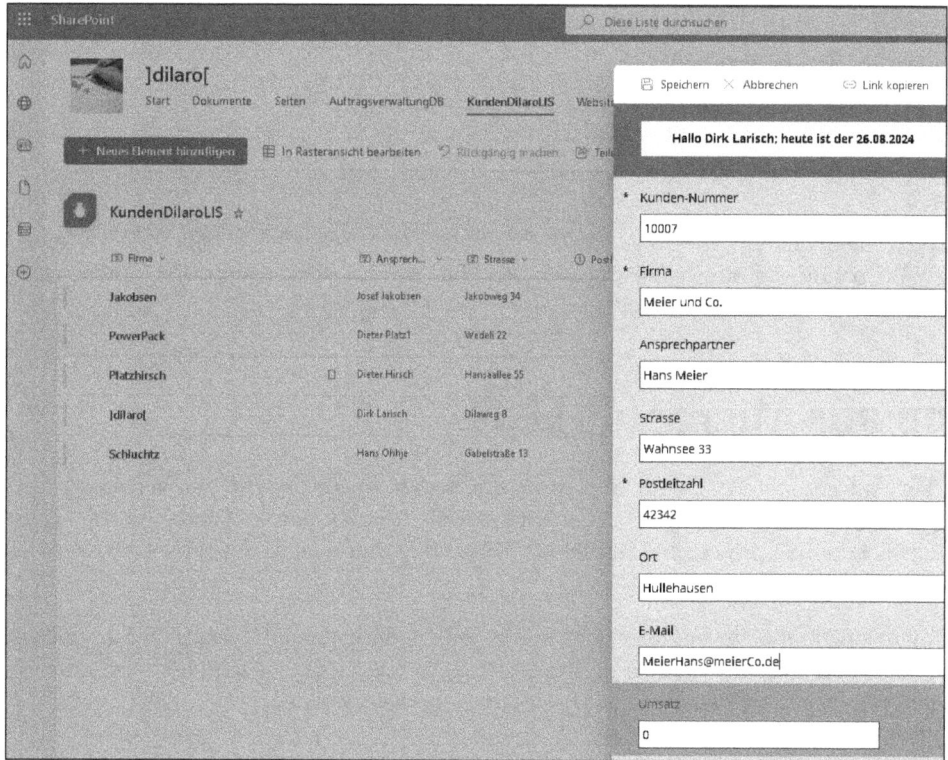

Abbildung 27.12: Eingabeformular als angepasste App

Weitergehende Erläuterungen zur Nutzung einer SharePoint-Liste als Basis einer App erhalten Sie in den Kapitel 8 und 20 dieses Buches.

App aus SharePoint-Bibliothek

Vergleichbar mit einer SharePoint-Liste können Sie auch direkt aus einer SharePoint-Bibliothek eine Anpassung des Erfassungs- oder Bearbeitungsformulars vornehmen.

Nach Anwahl der Bibliothek in der SharePoint-Umgebung müssen Sie dazu über das Menü INTEGRIEREN den Punkt POWER APPS und FORMULARE ANPASSEN anwählen. Damit gelangen Sie direkt in die Entwicklungsumgebung von Power Apps, wo Sie das Formular den Wünschen und Bedürfnissen entsprechend anpassen und abschließend abspeichern können.

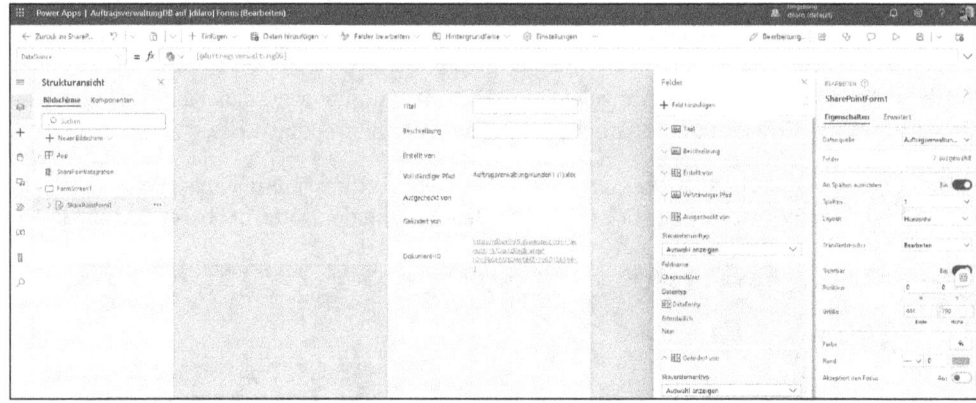

Abbildung 27.13: Formularanpassung einer SharePoint-Bibliothek

 Die Nutzung eines (angepassten) Formulars einer SharePoint-Bibliothek erfolgt, sobald Sie bei einem Dokument dieser Bibliothek aus dem zugehörigen Kontextmenü den Punkt EIGENSCHAFTEN (Untermenü MEHR) anwählen.

App aus Microsoft Lists

Mit der Anwendung Lists stellt Microsoft eine separate Anwendung zur Verfügung, um sehr einfach und schnell Listen erstellen und verwalten zu können. Es handelt sich dabei im Grunde genommen um einen Abstrakt aus SharePoint, der eine umfassende Listenverwaltung ermöglicht.

Da Microsoft Lists nicht nur als eigenständige Anwendung genutzt werden kann, sondern auch in eine SharePoint-Umgebung integriert ist, besteht damit auch eine sehr einfache Möglichkeit, beliebige Formulare auf Basis einer App zu erstellen.

Sobald Sie in Microsoft Lists eine Liste aufgerufen oder eine neue Liste erstellt haben, können Sie über das Integrieren-Menü eine neue App erstellen oder bestehende Formulare anpassen.

Abbildung 27.14: App-Erstellung aus Microsoft Lists

Die App-Erstellung oder Anpassung von Formularen aus Microsoft Lists ist ein 1:1-Abbild der Funktionen aus SharePoint. Betrachten Sie Lists einfach als einen herausgelösten oder separierten Teilbereich zur Bearbeitung von SharePoint-Listen, die einen gemeinsamen Datenbestand und gemeinsame Strukturmerkmale nutzen.

App importieren

Sie können mit Power Apps nicht nur neue Anwendungen erstellen, sondern die Möglichkeiten eines Imports und Exports von Anwendungen schafft eine große Flexibilität. Auf diese Art können Sie nahezu beliebige Anwendungen, die in einem anderen Tenant (Mandant) oder von anderen Entwicklern erstellt und veröffentlicht worden sind, in Ihre eigene Umgebung einbinden oder integrieren.

Nähere Angaben zum Export und Import von Apps enthält das Kapitel 24 dieses Buches.

App-Import über Lösung

Neben dem reinen Import und Export von Anwendungen können Sie über die Verwendung von Lösungen (Solutions) eine komplette Anwendungsumgebung (App, Daten und so weiter) verwalten. Auf diese Art haben Sie die Möglichkeit, nicht nur Anwendungen, sondern auch unmittelbar damit zusammenhängende Ressourcen beispielsweise aus einer externen Umgebung in der eigenen Entwicklungsumgebung von Power Apps zu verwenden.

Nähere Angaben zum Einsatz von Lösungen enthält das Kapitel 25 dieses Buches.

> **IN DIESEM KAPITEL**
>
> Start einer App optimieren
>
> Parallelentwicklung einer App
>
> Komponente als wichtiges Strukturelement
>
> Felder korrekt anordnen
>
> Variablendeklarationen optimieren
>
> Handschriftliche Vorlage zur App-Erstellung
>
> Die Besitzer einer App

Kapitel 28

Zehn Tipps zur Administration und Entwicklung

Im Laufe der Arbeit mit der Entwicklungsumgebung von Power Apps und dem Einsatz von Power Fx ergeben sich immer wieder spezielle Tipps und Tricks, die die Arbeit mit der Umgebung optimieren oder vereinfachen können. Zehn ausgewählte Möglichkeiten werden in den folgenden Abschnitten dargestellt.

Bildschirmaufruf beim App-Start

In der Regel werden Sie in einer App mehrere Bildschirme (Screens) integrieren. Möchten Sie beim Aufruf der Anwendung immer automatisch einen ganz bestimmten Bildschirm aufrufen, so müssen Sie in der Entwicklungsumgebung von Power Apps links den Eintrag App anwählen und dann (oben) die Eigenschaft STARTSCREEN auswählen.

Sobald Sie die ersten Zeichen des Namens des gewünschten Bildschirms eingegeben haben, erscheinen über Intellisense (Auto-Vervollständigung) die zugeordneten Objekte, aus denen Sie dann den Namen des gewünschten Bildschirms (hier: *DetailScreen1*) auswählen können.

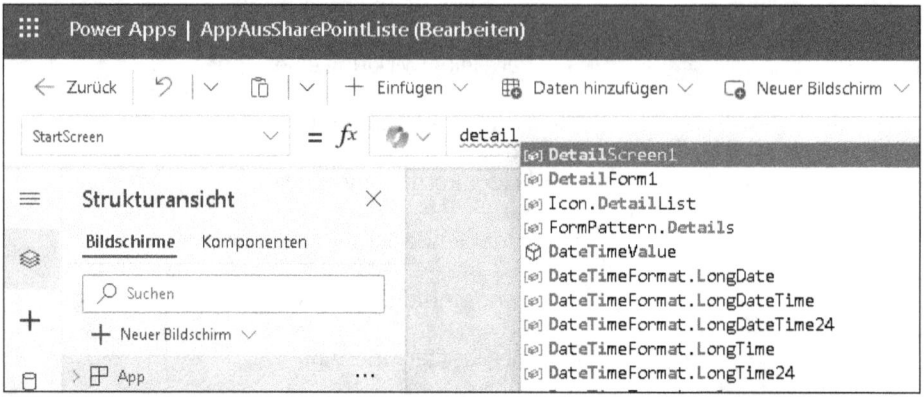

Abbildung 28.1: Bildschirmaufruf beim App-Start

Nachdem Sie die Änderungen gespeichert haben, wird der entsprechende Bildschirm beim Start der Anwendung automatisch geladen. Um dies wieder rückgängig zu machen, brauchen Sie den Eintrag bei der App-Eigenschaft STARTSCREEN lediglich wieder zu löschen.

 Standardmäßig und ohne weitere Zuweisung wird in einer App immer der Bildschirm als erstes geöffnet, der in der Strukturansicht ganz oben steht.

Variablendefinition beim App-Start

Grundsätzlich stehen in einer Anwendung unterschiedliche Formen von Variablen zur Verfügung; insbesondere globale Variablen, die in der gesamten App Gültigkeit haben und lokale Variablen, die nur in einem bestimmten Bildschirm Verwendung finden können.

Benötigen Sie in einer App bestimmte Variablen an unterschiedlichen Stellen, bietet es sich an, eine allgemeine Variablendeklaration vorzunehmen. Dies kann beispielsweise über die ONSTART-Eigenschaft der App mit Anweisungen der folgenden Art erfolgen:

```
Set(GVTagDatum;Now());;
Set(GVTagInEinerWoche;Now()+7);;
```

Zunächst wird eine (globale) Variable mit dem Name *GVTagDatum* definiert (*GV* soll eine globale Variable charakterisieren), der dann das aktuelle Datum und die aktuelle Uhrzeit zugewiesen werden. Als zweite Variable wird *GVTagInEinerWoche* deklariert, der dann der aktuelle Tageswert zuzüglich sieben Tagen zugewiesen wird.

Diese Zuweisungen können Sie vornehmen, indem Sie in der Strukturansicht den Eintrag APP und dann die Eigenschaft ONSTART auswählen. Anschließend können Sie die Anweisungen in der Befehlszeile erfassen.

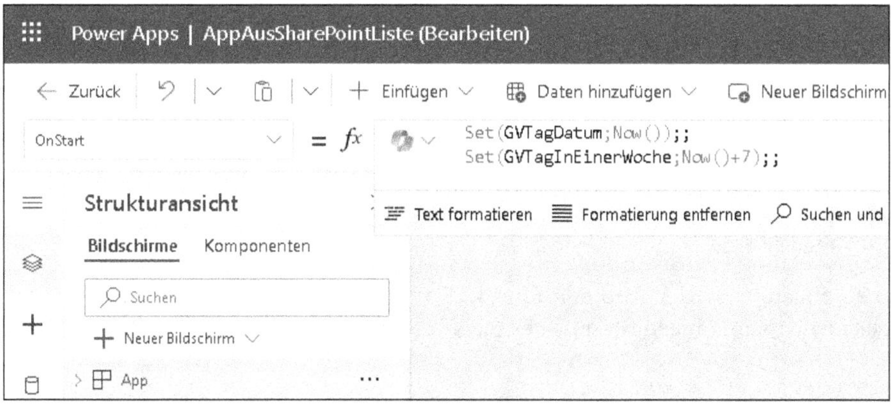

KAPITEL 28 Zehn Tipps zur Administration und Entwicklung

![Power Apps OnStart Editor mit Set(GVTagDatum;Now());; Set(GVTagInEinerWoche;Now()+7);;]

Abbildung 28.2: Definition globaler Variablen beim Start einer App

Auf diese Weise deklarierte (globale) Variablen können Sie an jeder Stelle der App einsetzen. Zudem können Sie nach einem Start der Entwicklungsumgebung von Power Apps (App-Neustart) die zugewiesenen Variableninhalte überprüfen oder auslesen.

Wählen Sie dazu den Eintrag VARIABLEN (*X*) aus und öffnen Sie anschließend den Bereich der globalen Variablen, wo dann die Namen der definierten Variablen stehen sollten. Über den Punkt ANSICHT aus dem Kontextmenü können Sie sich den Inhalt anzeigen lassen.

Abbildung 28.3: Übersicht der Deklaration globaler Variablen

Die Definition von Variablen über die ONSTART-Eigenschaft einer Anwendung bewirkt, dass diese Zuordnungen bei jedem Start der App vorgenommen werden. Je nach Anzahl der Startzuweisungen kann dies den Start unter Umständen sehr verzögern. Aus dem Grund stellt eine Anwendung eine weitere Eigenschaft für die Zuweisung sogenannter benannter Formeln (*Named Formulas*) zur Verfügung. Dort hinterlegte Zuweisungen werden nur ausgeführt, wenn diese in der Anwendung tatsächlich benötigt werden, zudem ist die Syntax etwas einfacher.

Für die Zuweisung einer globalen Variablen bei der ONSTART-Eigenschaft müssen Sie eine Anweisung der folgenden Art einsetzen:

```
Set(NameDerVariable;Now());;
```

Im Gegensatz dazu gestaltet sich eine vergleichbare Zuweisung bei einer benannten Formel wie folgt wesentlich deklarativer:

```
NameDerVariable=Now();;
```

Wenn Sie als Eigenschaft der App den Eintrag FORMULAS anwählen, können Sie in der Befehlszeile analog zum obigen Beispiel beispielsweise folgende Anweisungen hinterlegen:

```
BFTagDatum=Now();;
BFTagInEinerWoche=(Now()+7);;
```

Damit werden zwei Formeln/Variablen definiert, die jeweils das aktuelle Datum oder das Datum in sieben Tagen beinhalten (*BF* soll eine benannte Formel charakterisieren). Diese Formeln/Variablen können Sie innerhalb der Anwendung vollkommen frei verwenden. Sobald Sie sich die definierten Variablen einer App anzeigen lassen, wird sehr schnell der Zusammenhang zwischen diesen beiden Deklarationsmöglichkeiten klar.

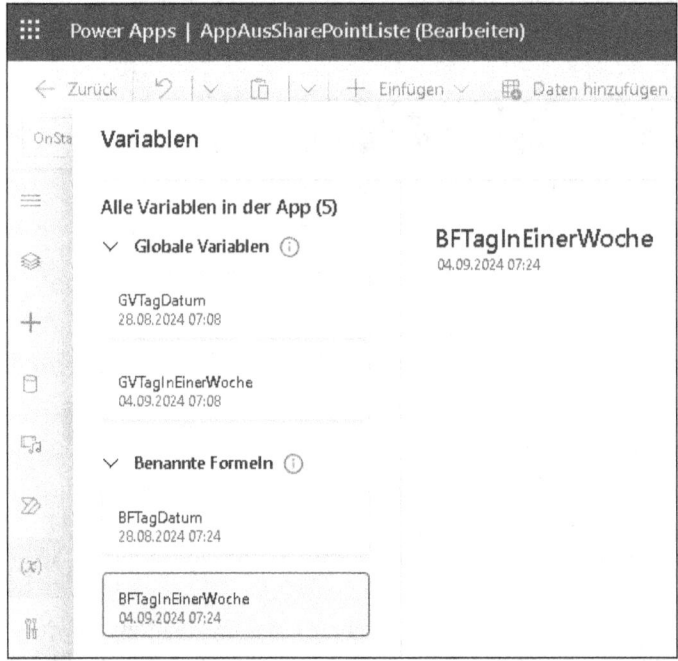

Abbildung 28.4: Globale Variablen und benannte Formeln

Benannte Formeln sind bezüglich der Verfügbarkeit globalen Variablen gleichzusetzen, sind sie doch an jeder Stelle (auf allen Bildschirmen) einer Anwendung verfügbar.

App-Start auf Knopfdruck

Bei der Entwicklung einer Anwendung ist es manchmal müßig, immer wieder einen Neustart durchführen zu müssen, um etwas zu testen. Dies kann sich ergeben, wenn Sie beispielsweise für die App selbst über entsprechende Anweisungen Zuweisungen oder Deklarationen vornehmen (zum Beispiel Variablendeklarationen wie im vorhergehenden Abschnitt beschrieben).

Für diese Fälle gibt es eine Möglichkeit, alle Aktionen, die normalerweise beim Start einer App ausgeführt werden, manuell zu starten. Wählen Sie dazu in der Entwicklungsumgebung von Power Apps innerhalb der Strukturansicht der entsprechenden App den Eintrag APP an.

Aus dem zugehörigen Kontextmenü (drei Punkte) müssen Sie dann den Punkt ONSTART AUSFÜHREN anklicken. Auf diese Weise werden insbesondere alle Anweisungen ausgeführt, die der App im Rahmen der Eigenschaft ONSTART zugewiesen worden sind.

Die manuelle Ausführung der Startanweisungen einer App können prima dafür genutzt werden, Variablendeklarationen zu testen.

Parallele App-Entwicklung

Die gemeinsame oder parallele Entwicklung an einer Anwendung war ein lang gehegter Wunsch der vielen Power-Apps-Entwickler. Mittlerweile wurde dies seitens Microsofts umgesetzt und hat damit die Bearbeitung oder Entwicklung von Anwendungen auf eine neue Stufe gehoben.

Sobald Sie eine App für andere Benutzer zur Bearbeitung (Mitbesitzer) freigegeben haben, können Sie eine solche Anwendung mit mehreren Entwicklern (Makern) parallel bearbeiten. Dies ist auch in der Entwicklungsumgebung von Power Apps direkt ersichtlich, denn dort werden potenzielle Mit-Entwickler über entsprechende Hinweise (Fähnchen) gekennzeichnet.

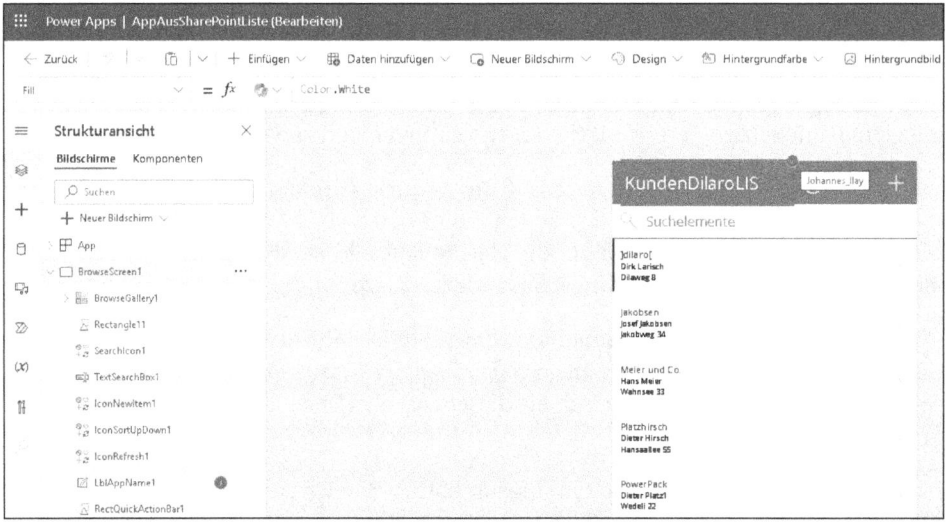
Abbildung 28.5: Mehrere Entwickler bearbeiten eine Anwendung

Je nach Versionsstand von Power Apps (Stichwort: *Evergreen*) müssen Sie die Funktion zur parallelen Entwicklung von Anwendungen vorab aktivieren. Greifen Sie dazu innerhalb der Entwicklungsumgebung von Power Apps auf das Menü EINSTELLUNGEN zu.

Wählen Sie dort das Register UPDATES aus und überprüfen Sie, ob der Eintrag bei GEMEINSAME DOKUMENTERSTELLUNG aktiviert ist, so wie in der folgenden Abbildung beispielhaft dargestellt.

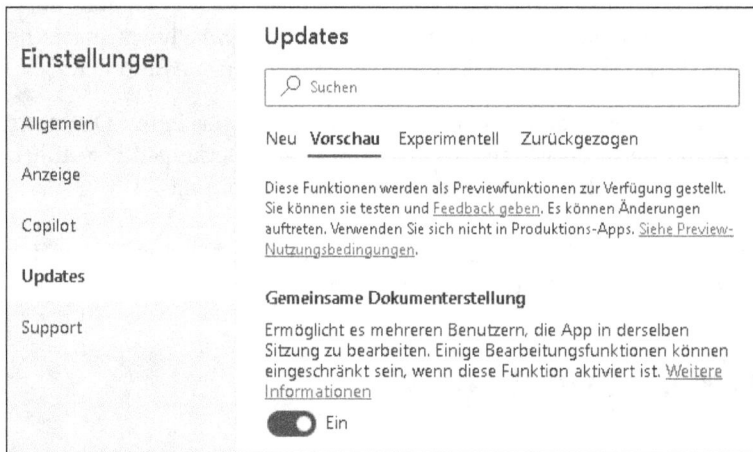

Abbildung 28.6: Aktivierung der Funktion für gemeinsame Bearbeitung

Sobald diese Funktionalität aus dem *Evergreen*-Ansatz entwachsen ist, wird sie standardmäßig aktiviert sein.

Komponenten-Definition

In der Entwicklungsumgebung von Power Apps können Sie mithilfe spezieller Komponenten wiederkehrende Aufgaben und Funktionen definieren, die Sie dann beliebig einsetzen können. In Kapitel 15 dieses Buches wird erläutert, wie Sie diese Möglichkeit einsetzen können, um benutzerdefinierte Funktionen zu definieren und zu verwenden.

Ein weiterer Anwendungsfall kann sich auf Bestandteile (Komponenten) der Strukturansicht einer Anwendung beziehen. Benötigen Sie beispielsweise bei einer Anwendung auf unterschiedlichen Bildschirmen immer die gleiche Fußzeile, so können Sie diese als Komponenten einrichten und darauf dann immer wieder zugreifen.

Zur Definition einer neuen Komponente müssen Sie in der Entwicklungsumgebung von Power Apps innerhalb der Strukturansicht das Register KOMPONENTEN anwählen. Wählen Sie NEUE KOMPONENTE und weisen Sie dieser anschließend einen beliebigen Namen zu (zum Beispiel *Fusszeile]dilaro[*).

Im nächsten Schritt können Sie dann im Eigenschaften-Bereich (rechts) die Höhe auf einen gewünschten Wert (zum Beispiel *60*) festlegen.

Anschließend sollten Sie innerhalb der Komponentenstruktur gegebenenfalls die Farbgebung und die gewünschten Inhalte einfügen, die dort erscheinen sollen.

Abbildung 28.7: Eine Fußzeile als Komponente definieren

Eine derart definierte Komponente können Sie dann innerhalb der App an verschiedenen Stellen oder auf verschiedenen Bildschirmen nach Belieben einbinden oder einfügen. Dazu wählen Sie im EINFÜGEN-Bereich die Option BENUTZERDEFINIERT an und wählen dann die entsprechende Komponente aus.

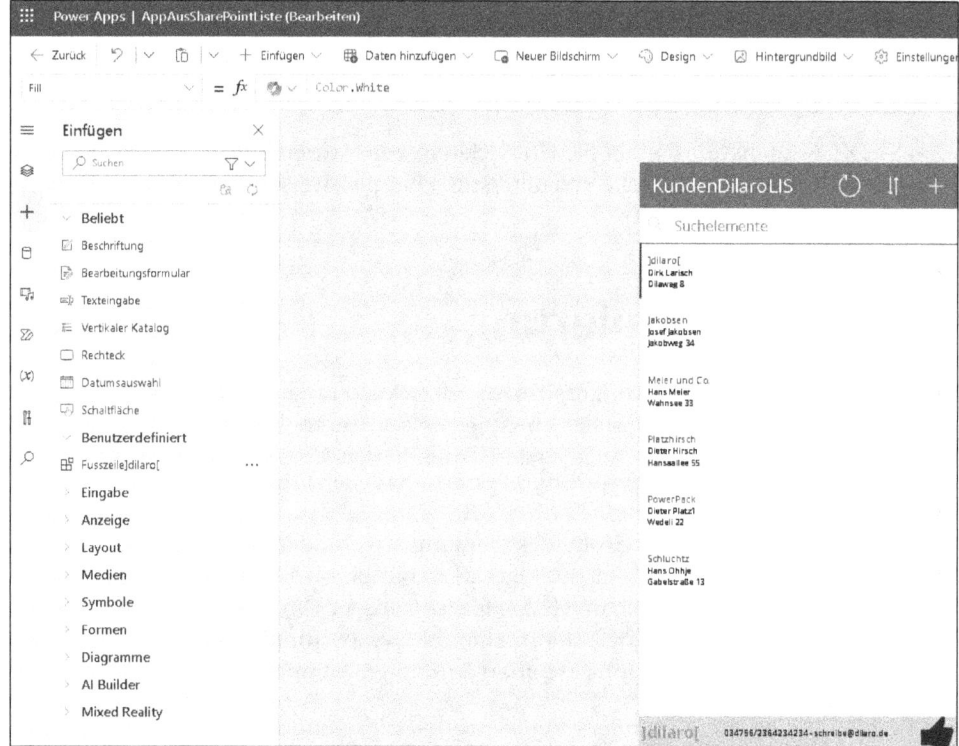

Abbildung 28.8: Einbindung einer Komponente in einer App

Die Verwendung von Komponenten bietet sich immer dann an, wenn Sie in einer Anwendung sich wiederholende Strukturelemente, Textpassagen oder Ähnliches mehrfach verwenden möchten.

Namensvergabe und Intellisense

An verschiedenen Stellen dieses Buches wird darauf hingewiesen, dass Sie sich bei der Definition der Struktur einer App frühzeitig Gedanken bezüglich der Benennung von Strukturelementen, Variablen und Ähnliches machen sollten. Auch wenn die automatische Vervollständigung über Intellisense Sie dabei unterstützt, bestimmte Elemente schnell zu finden, sollte das keine stringente Namensvergabe ersetzen.

Ergänzend dazu können Sie gegebenenfalls noch einen weiteren Ansatz verfolgen, indem Sie bei der Namensvergabe Bezug nehmen auf das übergeordnete Objekt, also beispielsweise einen Bildschirm oder einen Container. So könnten Sie beispielsweise ein Namensfeld innerhalb eines Containers wie folgt bezeichnen:

```
inCName
```

So könnten Sie ein Namensfeld innerhalb des Containers bezeichnen und wissen, dass es sich dabei um das Feld *Name* innerhalb des Containers handelt. Natürlich können Sie dabei auch Nummerierungen verwenden, sofern Sie mehrere Container oder mehrere Felder gleichen Inhalts verwenden:

```
inC1Name1
```

Dieser Eintrag bezieht sich auf das Feld *Name1* innerhalb des Containers *C1*.

 Die Namensvergabe bei der Entwicklung von Anwendungen mit Power Apps spielt eine wichtige Rolle und unterstützt beispielsweise auch bei der Dokumentation einer solchen App.

Relative Positionierung

Container werden sehr oft als Strukturelemente eingesetzt, um mehrere Komponenten zu bündeln oder strukturierter darzustellen, beispielsweise mehrere Feldinhalte. Die einzelnen Felder werden dabei meistens in angepasster Größe in den Container eingepasst und die Höhe und Breite manuell eingestellt.

Sobald jedoch irgendwann die Größe des Containers verändert wird oder ein responsives Design (zum Beispiel für ein Mobilgerät) benötigt wird, müssen Feldhöhen und -breiten gegebenenfalls wieder manuell angepasst werden. Um das zu verhindern, sollten Sie für die Positionierung von Feldern eine relative Positionierung wählen. Mit der Ausrichtung an der Breite und Höhe der übergeordneten Komponente erreichen Sie eine große Flexibilität.

Haben Sie beispielsweise einen Container und möchten die Breite der darin enthaltenen Felder an die Breite des Containers anpassen, können Sie die Eigenschaft WIDTH (Breite) des Feldes anwählen und in der Befehlszeile Bezug nehmen auf die übergeordnete Komponente, indem Sie dort Folgendes eingeben:

```
Parent.Width
```

Damit wird die Breite des gewählten Feldes automatisch der Breite des übergeordneten Objektes (Parent) angepasst.

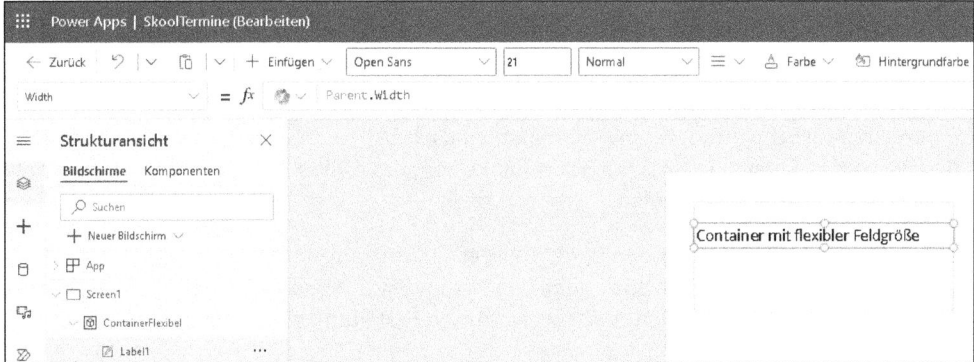

Abbildung 28.9: Container mit flexibler Breite eines Feldes

Möchten Sie ein Feld immer in der Mitte des übergeordneten Objekts (zum Beispiel Container) positionieren, erreichen Sie dies, indem Sie bei dem Feld die Eigenschaft X anwählen (links oben) und dort Folgendes eintragen:

```
(Parent.Width/2)-(Self.Width/2)
```

Immer, wenn Sie das Feld in der Größe verändern, wird es damit automatisch in der Mitte des übergeordneten Objekts platziert.

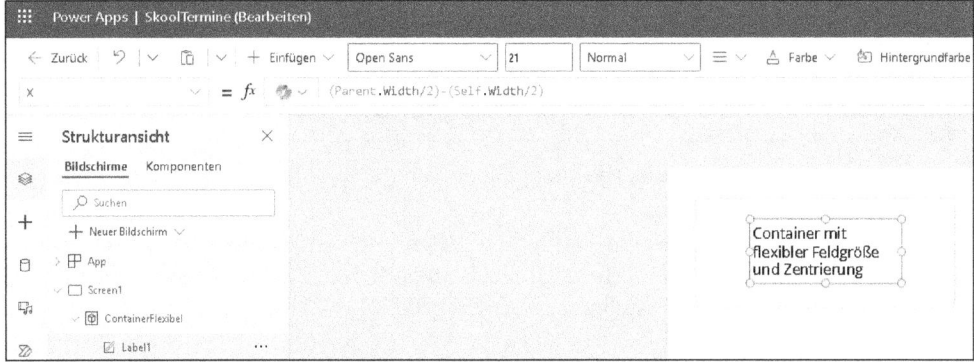

Abbildung 28.10: Container mit Feld-Zentrierung

Durch die flexible Zuweisung einer Höhen- (*Height*) und/oder Breitenangabe (*Width*) erfolgt bei Änderung der übergeordneten Komponente automatisch eine Anpassung bei den entsprechenden Feldern.

App-Erstellung mit Zeichenvorlage

Bei der App-Erstellung stehen Ihnen eine Reihe von Vorlagen zur Verfügung, die Sie für die eigenen Anwendungen nutzen können. Auf eine ganz spezielle Vorlage zur Erstellung einer App soll an dieser Stelle noch einmal gesondert hingewiesen werden.

So können Sie beim Erstellen einer App nicht nur leere Apps erstellen oder solche auf Basis bestimmter Datenquellen (SharePoint, Excel und so weiter), sondern die Vorlage mit der Bezeichnung BILD ermöglicht es, aus einer handschriftlichen Notiz oder einer Handzeichnung eine App zu erstellen; auch ein Blatt Papier mit einer Tabelle oder einem Formular als Vorlage kann dazu genutzt werden.

Wählen Sie also in Power Apps den Punkt ERSTELLEN und anschließend die Option (Kachel) BILD an. Nachdem Sie die Vorlage hochgeladen und weitergehende Anpassungen vorgenommen haben, können Sie den Assistenten für die Erstellung einer Standard-Anwendung aufrufen.

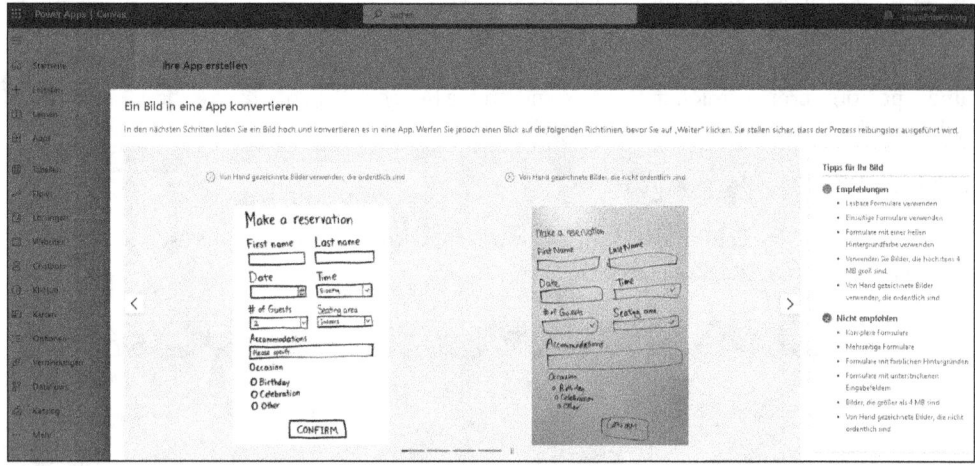

Abbildung 28.11: App-Erstellung aus handschriftlicher Vorlage

 Die Erkennung auch von handschriftlichen Vorlagen in Power Apps funktioniert erstaunlich gut und hilft hier und da sicherlich bei der (manuellen) Arbeit im Rahmen der App-Erstellung.

Konfiguration der Umgebungen

Die Festlegung und Zuweisung von Umgebungen und Umgebungsgruppen spielt in der Entwicklungsumgebung von Power Apps eine wichtige Rolle. So können Sie die Anforderungen an ein professionelle Entwicklungsumgebung und ein korrektes ALM (*Application Lifecycle Management*), also die korrekte Verwaltung des Lebenszyklus von Anwendungen, sicherstellen.

Dabei stehen Ihnen im Power Platform Admin Center eine Vielzahl von speziellen Konfigurationsmöglichkeiten zur Verfügung. Diese finden Sie allesamt im Power Platform Admin Center unter dem Menüpunkt EINSTELLUNGEN.

Wenn Sie dort in der Liste der Mandanteneinstellungen beispielsweise die Option UMGEBUNGSROUTING anklicken, erscheint ein Dialogfenster, in dem Sie festlegen können, dass App-Entwickler automatisch einer bestimmten Umgebungsgruppe zugewiesen werden; dabei können Sie unterscheiden, ob dies für alle Entwickler oder nur für neue Entwicklungen gelten soll.

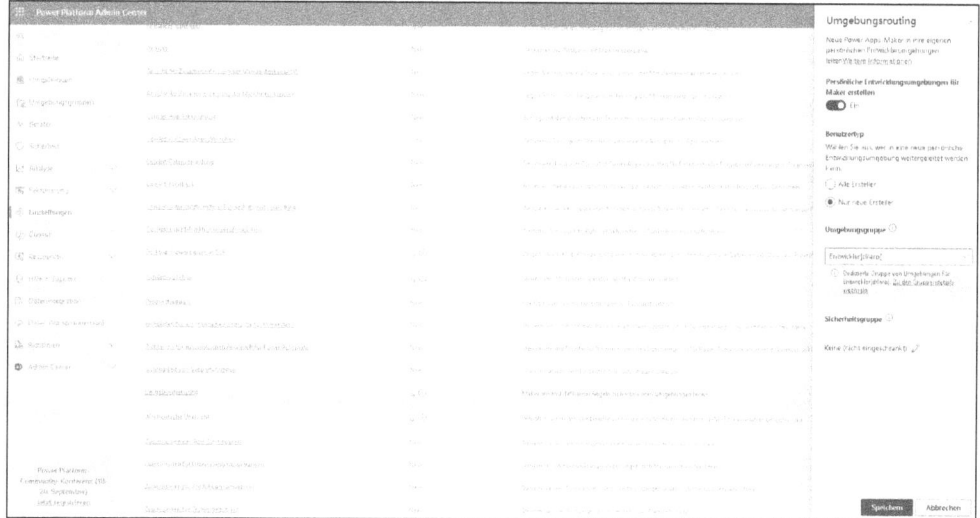

Abbildung 28.12: Zuweisung der Entwicklungsumgebung

 Weitergehende Angaben zu Umgebungen und Umgebungsgruppen enthalten die Kapitel 16 und 17 dieses Buches.

Einsatz einer Dienstkennung

Die Entwicklungsumgebung von Power Apps erlaubt in gewissen Bereichen oder in bestimmten Situationen keinen übergreifenden Zugriff auf diese Umgebung, die es beispielsweise erlaubt, den Entwickler oder Maker einer Anwendung zu verändern. Dies stellt sich hier und da als außerordentlich schlecht und ärgerlich dar, wenn ein Benutzer aus einem Unternehmen oder einer Organisation ausscheidet und vorher keine Co-Entwickler oder Mitbesitzer definiert hat (und die Kennung des Benutzers bereits gelöscht worden ist).

Aber selbst die Zuweisung eines Mitbesitzers hilft nur eingeschränkt, da ein Mitbesitzer nicht so ohne Weiteres eine App löschen oder den Besitzer ändern kann. Aus diesem Grund hat es sich in der Praxis bewährt, Entwicklungen mit der Kennung eines speziellen Dienst-Benutzers (Service-Benutzer) durchzuführen. Legen Sie dazu in Ihrem Tenant einen separaten Account an (zum Beispiel *entwicklung@tenant...*) und nutzen Sie diesen für die App-Entwicklung.

Vergleichbar mit der Zuweisung individueller Admin-Kennungen können Sie natürlich auch mehrere Dienstkennungen anlegen, die einen Namensbezug zum Entwickler oder *Maker* haben (zum Beispiel *entwicklungLarisch@tenant...*).

Unabhängig von der hier vorgestellten Lösung können Sie die Besitzänderung einer App auf Ebene der PowerShell durchführen, wozu Sie entsprechende Berechtigung als Administrator benötigen.

> **IN DIESEM KAPITEL**
>
> Zugriff auf Formelreferenz für Power Fx
>
> Interessante Blog-Beiträge
>
> Nützliche YouTube-Kanäle

Kapitel 29
Zehn (und mehr) interessante Webadressen

Wo stünde heutzutage die Entwicklung von Anwendungen, wenn es keine so umfassenden Möglichkeiten der Informationsbeschaffung gäbe? So hilft nicht nur das sogenannte *World Wide Web* (WWW) mit seinen unzähligen Veröffentlichungen und Publikationen, die einem Softwareentwickler wertvolle Dienste leisten können. Oft kommt man an einer bestimmten Stelle nicht weiter und da hilft schon einmal ein Blick ins WWW, um eine Fragestellung oder ein Problem zu lösen.

Gleiches gilt natürlich für den Einsatz der Künstlichen Intelligenz (KI), die heutzutage in der Softwareentwicklung unterstützend tätig sein kann. Im Rahmen dieses Buches haben Sie ja an der ein oder anderen Stelle erfahren, wie Ihnen KI helfen kann.

 Die nachfolgende Aufstellung erhebt keinen Anspruch auf Vollständigkeit, sondern bezieht sich auf Spezialisten der Power Platform, mit denen der Autor Kontakt hatte oder die ihm bei seiner eigenen Recherche positiv aufgefallen sind. Zudem ist die Reihenfolge der nachfolgenden Erläuterungen beliebig gewählt und stellt keine qualitative Einordnung dar. Letztlich müssen Sie selbst herausfinden, wer Sie bei einer konkreten Fragestellung am besten unterstützen kann.

Referenz der Formeln

Eine der wichtigsten Adressen, wenn Sie mit Einsatz von Power Fx selbst Apps entwickeln möchten, ist natürlich die Formelreferenz von Microsoft, die Sie auf den Lernen-Webseiten von Microsoft finden.

Die Web-Adresse lautet:

```
https://learn.microsoft.com/en-us/power-platform/power-fx/formula-reference
```

Datentypen und Operatoren

Neben der kompletten Formelreferenz sind auch einige ausgewählte Abschnitte für die tägliche Arbeit sehr nützlich. Dazu zählen insbesondere die Angaben von Microsoft zu den Datentypen und Operatoren, die einer Power-Fx-Umgebung zum Einsatz kommen können.

Wesentliche Web-Adressen lauten:

```
https://learn.microsoft.com/en-us/power-platform/power-fx/data-types
https://learn.microsoft.com/en-us/power-platform/power-fx/operators
```

365DOTtraining

Mit *365DOTtraining* steht einer der (ebenfalls) unzähligen Schulungsanbieter im Bereich der Power Platform zur Verfügung. Es ist empfehlenswert, sich das Kursangebot einmal anzusehen, da hier qualitativ gute Kurse zu einem überschaubaren Preis angeboten werden.

Wesentliche Web-Adressen lauten:

```
https://365.training/
https://365.training/Courses/Category/powerapps
```

Blog David Wyatt

Im WWW gibt es unzählige Blogs zu den verschiedensten Themen, unter anderem natürlich auch für Power Apps und Power Fx. Der Blog von David Wyatt ist absolut empfehlenswert, da er selbst komplexe Zusammenhänge mit leicht verständlichen Worten erläutert.

Wesentliche Web-Adressen lauten:

```
https://dev.to/wyattdave/
https://dev.to/wyattdave/series/19972
https://github.com/wyattdave
```

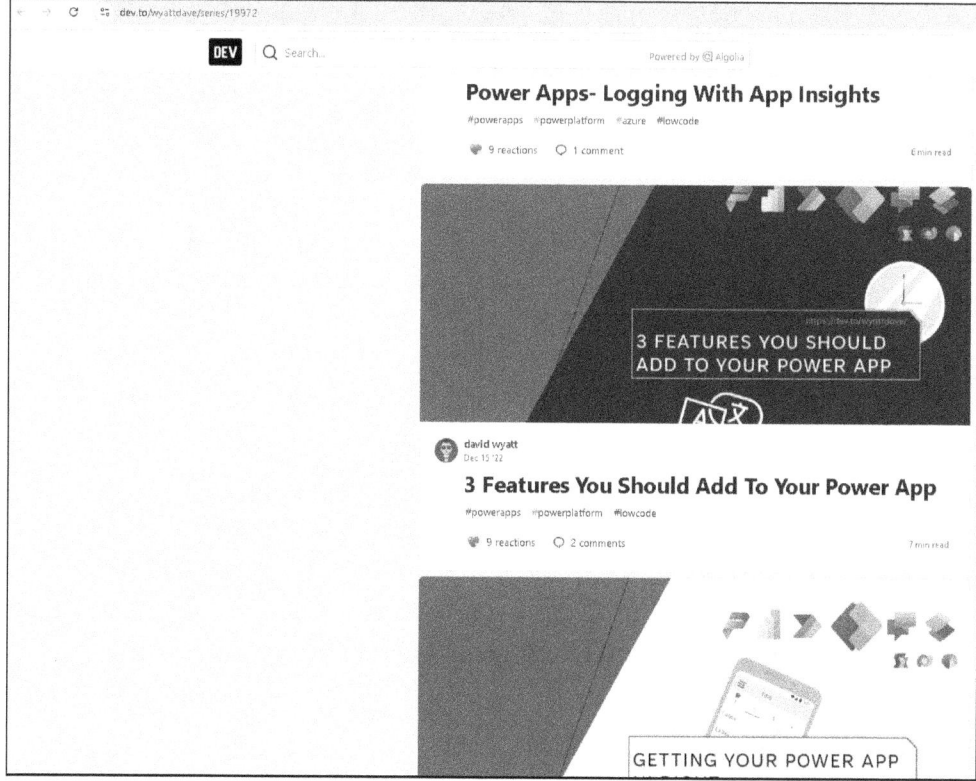

Abbildung 29.1: Auszug aus dem Blog von David Wyatt

Blog Matthew Devaney

Matthew Devaney ist ein weiterer Entwickler, der eine komplette Webseite mit Tipps und Tricks zur Power Platform zur Verfügung stellt und dies auf Wunsch auch per Newsletter kommuniziert. Der Schwerpunkt von Matthew Devaney liegt dabei auf der App-Entwicklung mit Power Apps und Power Fx. In dem Zusammenhang auch sehr interessant sind seine syntaktischen Darstellungen oder Aufstellungen der Anweisungen und Funktionen von Power Fx, jeweils versehen mit einem Link zur Original-Dokumentation von Microsoft.

Wesentliche Web-Adressen lauten:

```
https://www.matthewdevaney.com/
https://www.matthewdevaney.com/the-complete-power-apps-functions-list/
```

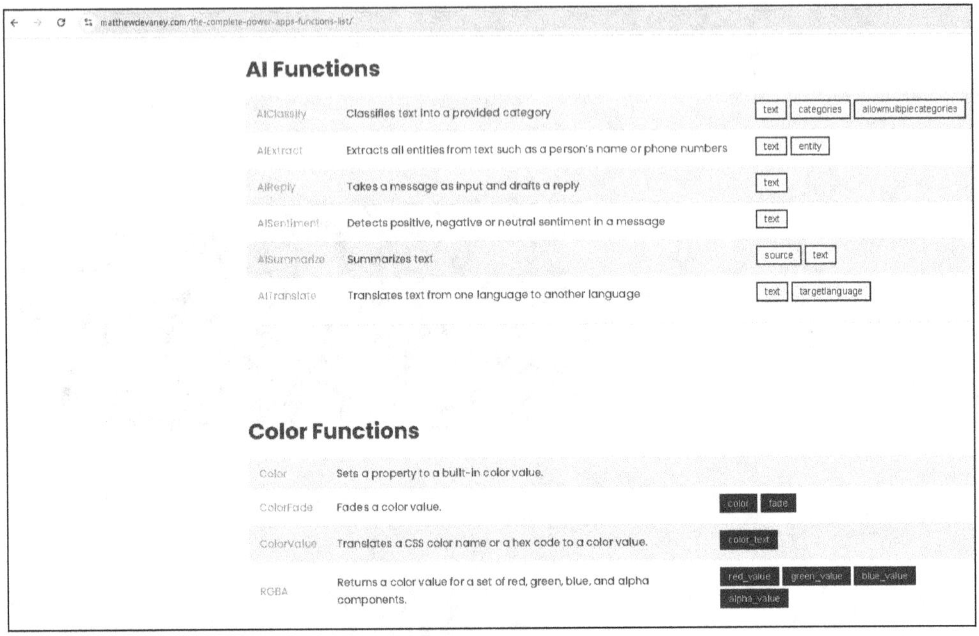

Abbildung 29.2: Aufstellung von Anweisungen/Funktionen mit Verlinkung

Blog Charles Sexton

Als MVP (*Microsoft Valuable Professional*) ist Charlie Sexton prädestiniert für die Vermittlung von Wissen rund um die Power Platform. Seine Blogbeiträge beschäftigen sich fast ausschließlich mit allen Themen und Fragen rund um Power Apps, der App-Entwicklung mit Power Fx und Power Automate. Die Erläuterungen erfolgen anhand konkreter, praxisnaher Beispiele, die direkt nachvollziehbar sind.

Die Web-Adresse lautet:

https://www.charlessexton.com/

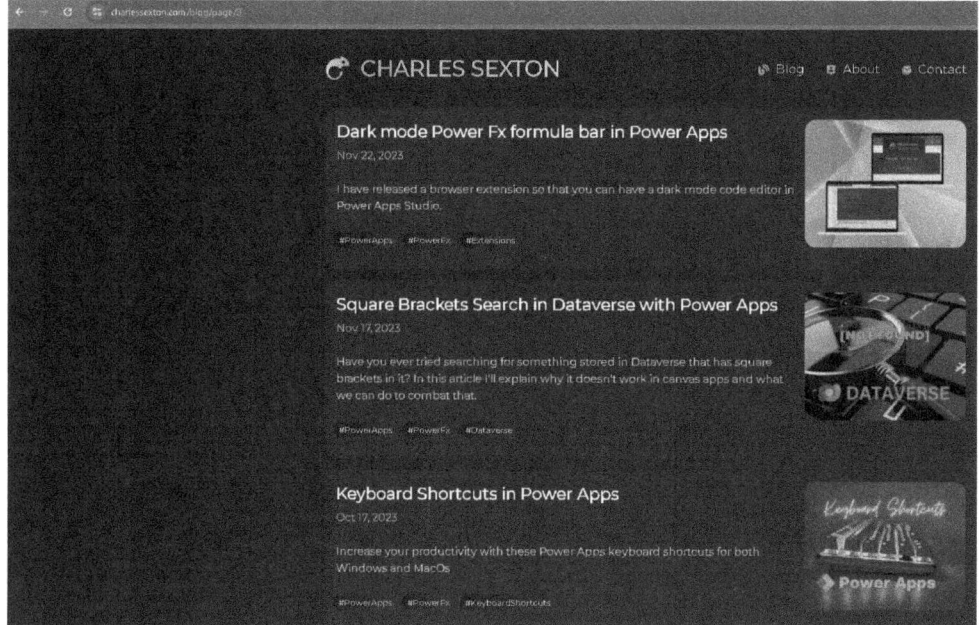

Abbildung 29.3: Übersichtliche Blog-Beiträge von Charles Sexton

D365 entmystifizieren

Entschlüsseln Sie Dynamics 365! So oder ähnlich nennt sich eine Webseite, die ursprünglich auf Dynamics 365 fokussiert war (daher der Buchstabe D im Namen?). Die Liste der Blog-Beiträge ist lang, aber über die entsprechende Selektion finden Sie sehr schnell Inhalte zu bestimmten Themen oder Fragestellungen. Dabei erfolgen nicht nur Schritt-für-Schritt-Anleitungen, sondern es gibt auch interessante Hinweise auf Zusatztools.

Wesentliche Web-Adressen lauten:

```
https://m365demystified.com/
https://d365demystified.com/category/microsoft-powerapps/
```

R2Power

Robin Rosengrün (daher die Bezeichnung R2) betreibt unter dem Titel *R2Power* einen sehr aufgeräumten und umfangreichen YouTube-Kanal mit vielen interessanten und lehrreichen Videos. Seine Webseite (*r2power.de*) ist in englischer Sprache gehalten, aber dennoch finden sich dort intuitive Blog-Beiträge. Ergänzt wird das Angebot durch spezielle Schulungen oder Individualschulungen, die man bei Robin Rosengrün buchen kann.

In seinem YouTube-Kanal empfängt Robin seine Abonnenten mit folgendem Hinweis:

> *Hier kriegst du kostenlose praxisbezogene Lerninhalte zu Microsoft Power Apps und der Power Platform.*
>
> *Warum? Die Power Platform ist das Handwerkszeug, das ich mir die letzten 10 Jahren in meinem Berufsalltag gewünscht aber vergeblich gesucht habe. Als ich endlich verstanden hatte, wie einfach und schnell man damit seine Geschäftsprozesse digitalisieren kann, war ich überwältigt. Diese Begeisterung möchte ich an dich weitergeben und deine ersten Schritte so einfach wie möglich gestalten.*
>
> *Ich konzentriere mich hier auf Power Apps, aber auch die anderen Tools werden nicht ganz links liegen gelassen.*

Wesentliche Web-Adressen lauten:

```
https://www.r2power.de/blog
https://www.crownandwand.com/
https://www.youtube.com/watch?v=1-JF5Pe_dd0
https://github.com/PowerRobin/
```

Power Apps Trainer

Kai Weissmann ist der *Power Apps Trainer*, wie er sich selbst bezeichnet. Ursprünglich als VBA-Trainer gestartet, hat er mittlerweile seinen Fokus mehr und mehr auf Power Apps und die Entwicklung mit Power Fx gelegt. Die Videos in seinem YouTube-Kanal sind sehr intuitiv und absolut leicht verständlich, sodass man auch komplexe Sachverhalte sehr schnell nachvollziehen kann. Das Besondere ist, dass Kai Weissmann zu konkreten Themen immer einen Blogbeitrag und ein Erklär-Video erstellt, sodass man die Erläuterungen auf verschiedene Art nachvollziehen kann.

Auf seinem YouTube-Kanal beschreibt Kai sich und seine Intention kurz und knapp wie folgt:

> *Schön, dass du hier bist! Ich erstelle Power-Apps- und Excel-VBA-Videos.*
>
> *Mein Ziel ist es, dir beizubringen, wie du selbst Power Apps und Excel-VBA-Anwendungen entwickeln kannst.*

Wesentliche Web-Adressen lauten:

```
https://www.powerappstrainer.de/
https://vbatrainer.de/
```

YouTube-Kanal Damian Gorzkulla

Damian Gorzkulla ist mit über 100.000 Abonnenten seines YouTube-Kanals ein echtes »Schwergewicht« und ein sehr gefragter Spezialist zu verschiedenen Themen rund um Microsoft-365-Themen. Ein Schwerpunkt bildet dabei die Automatisierung mit Power Automate, aber auch das Zusammenspiel mit Power Apps und die Feinheiten von Power Fx erklärt er mit Gelassenheit und Ruhe, sodass seine Beispiele sehr schnell und einfach nachvollzogen werden können. Auch bei ihm folgt in der Regel ein Erklär-Video einem Blogbeitrag (oder auch umgekehrt).

Damian beschreibt sich selbst auf seinem YouTube-Kanal wie folgt:

> Willkommen auf meinem YouTube-Kanal, der sich auf die Themen Automatisierung und Digitalisierung spezialisiert hat. Als erfahrener IT-Dozent mit über 20 Jahren Branchenerfahrung teile ich hier mein Fachwissen und Tipps zu Microsoft Office 365, Power BI, Power Automate und der Digitalisierung. In meinen kurzen und präzisen Videos erhältst du alle Informationen, die du benötigst, um deine Prozesse zu automatisieren und deine digitale Transformation erfolgreich durchzuführen. Verpasse keine Neuigkeiten und profitiere von meinem Wissen, indem du regelmäßig vorbeischaust.

Wesentliche Web-Adressen lauten:

```
https://www.gorzkulla.de/blog/
https://www.youtube.com/@DamianGorzkulla/search?query=app
```

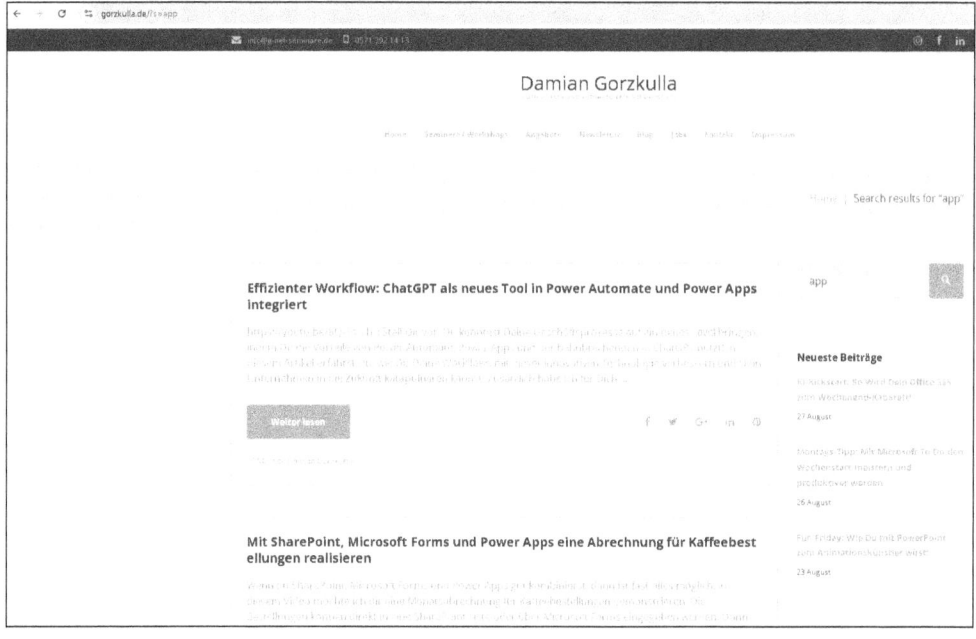

Abbildung 29.4: Blog-Beiträge von Damian Gorzkulla

ThePowerAddicts

Marcel Lehmann betreibt in der schönen Schweiz unter dem Namen *ThePowerAddicts* ein Webportal, das eine nahezu unbegrenzte Menge an Wissen in Form von Blog-Beiträgen zur Verfügung stellt. Über einen regelmäßig erscheinenden Newsletter versorgt Marcel seine »Gemeinde« immer wieder mit neuen Informationen und auch Hinweisen zu aktuellen Entwicklungen der Power Platform. Auch wenn er eher selten eigene Videos erstellt, verlinkt er dennoch viele Videos zu anderen Spezialisten.

Marcel beschreibt sich auf seiner Webseite wie folgt:

> *Ich bin Marcel Lehmann, leidenschaftlicher BizzApps MVP und PowerPlatform-Enthusiast. Mein Motto: »Think Different. Think PowerPlatform.« In meiner Rolle verbinde ich Innovation mit praktischer Anwendung, um Unternehmen zu transformieren.*
>
> *Als Initiator von* ThePowerAddicts.com *und Gründer von ThePowerAddicts.ch teile ich mein Wissen und meine Erfahrungen, um anderen zu zeigen, wie sie Technologie effektiv nutzen können, auch wenn sie keinen traditionellen IT-Hintergrund haben.*

Wesentliche Web-Adressen lauten:

```
https://www.thepoweraddicts.ch/
https://lehmann.ws/
```

Reza Dorrani

Hello everyone, Reza here! So beginnt im Grunde genommen jedes Video, das Reza veröffentlicht. Es ist wahrscheinlich nicht übertrieben, dass er mit diesem Spruch und mittlerweile über 130.000 YouTube-Abonnenten Kult-Status erlangt hat. Fast wöchentlich liefert Reza ein neues Video, in denen nicht nur bestimmte Themen ausführlich dargestellt und erläutert werden, sondern er ist als MVP auch nah an der Entwicklung und gibt wichtige Hinweise zu Anpassungen der Power Platform.

Reza selbst beschreibt sich auf seiner Webseite wie folgt:

> *My name is Reza Dorrani. I am a Microsoft Business Applications MVP and a Microsoft Certified Trainer (MCT).*
>
> *I am an international speaker, trainer, Houston Power Platform User Group Leader, Microsoft flow all-star awardee & Power Apps and Power Automate community dual super user.*
>
> *My passion is to share my knowledge and learnings around Office 365, Power Apps, Power Automate, SharePoint, Teams. etc.*
>
> *I blog on all things Power Platform on my YouTube channel.*

Wesentliche Web-Adressen lauten:

```
https://rezadorrani.com/
https://www.youtube.com/@RezaDorrani
```

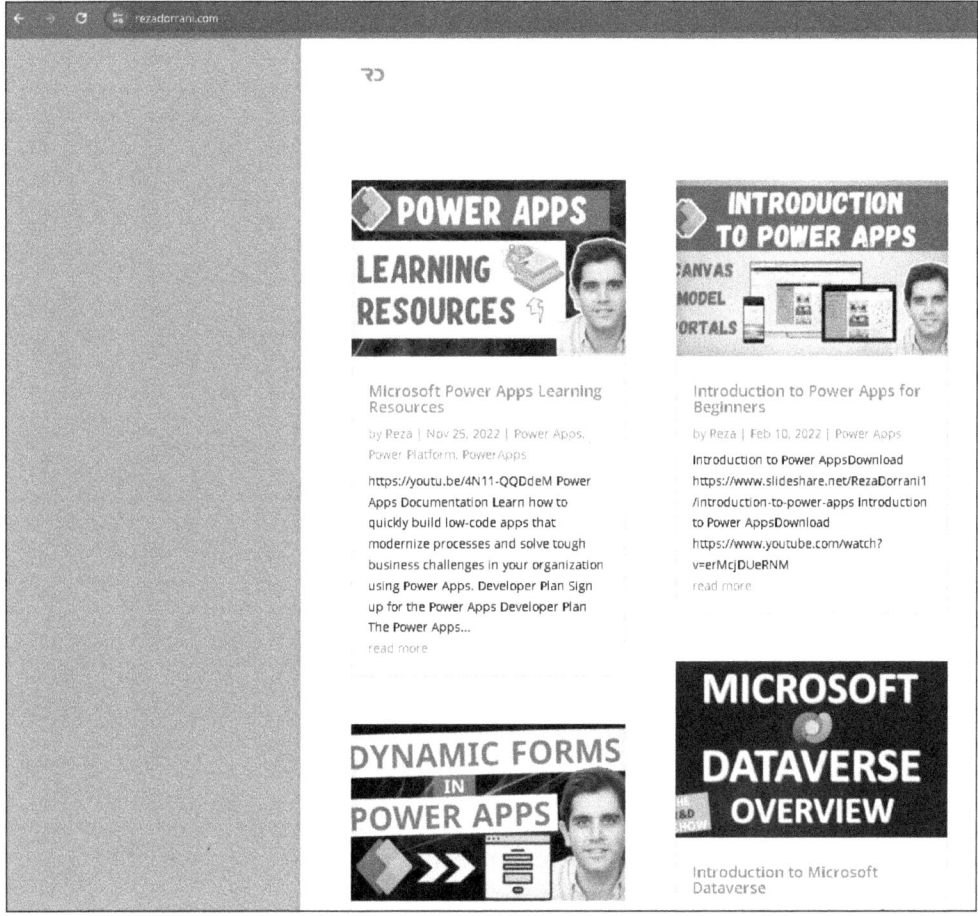

Abbildung 29.5: Blogs und Videos von Reza Dorrani sind legendär!

Anhang

Struktur Beispieldateien

Teil I, Kapitel 3 (KundenDilaroLIS)

Aufbau (Struktur) der in Kapitel 3 genutzten SharePoint-Liste (KundenDilaroLIS):

Name	Feldtyp	Feldlänge (Min/Max)
Kunden-Nummer	Zahl	10000 bis 99999
Firma	Text	255
Ansprechpartner	Text	255
Strasse	Text	255
Postleitzahl	Zahl	5
Ort	Text	255
Umsatz	Zahl	
E-Mail	Text	255
Land	Auswahl	
Kontinent	Auswahl	
Nächste Rücksprache	Datum/Uhrzeit	(nur Datum)

Tabelle 0.1: Struktur Beispieltabelle aus Kapitel 3

Teil II, Kapitel 9 (KundenDilaro)

Aufbau (Struktur) der in Kapitel 9 genutzten Dataverse-Tabelle (KundenDilaro):

Name	Feldtyp	Feldlänge (Min/Max)
KundenNr	Ganze Zahl	10000 bis 99999
Firma	Einzelne Textzeile	
Ansprechpartner	Einzelne Textzeile	
Strasse	Einzelne Textzeile	
Postleitzahl	Ganze Zahl	10000 bis 99999
Ort	Einzelne Textzeile	
Umsatz	Währung	
Zuständigkeit	Einzelne Textzeile	
Top3Artikel	Option	

Tabelle 0.2: Struktur Beispieltabelle Kapitel 9

Abbildungsverzeichnis

Abbildung 1.1: VBA-Beispiel zur Addition zweier Zahlen   28

Abbildung 1.2: Summenbildung unter Power Fx   29

Abbildung 2.1: Anmeldefenster der Microsoft-365-Umgebung   32

Abbildung 2.2: Anzeige der verfügbaren Apps einer Microsoft-365-Umgebung   33

Abbildung 2.3: Startbildschirm in Power Apps   33

Abbildung 3.1: Datenquellen und Vorlagen in Power Apps   36

Abbildung 3.2: Verbindungsaufbau zum SharePoint-Server   36

Abbildung 3.3: Auswahl einer SharePoint-Seite mit der Liste   37

Abbildung 3.4: Erste App im Entwurfsmodus von Power Apps   37

Abbildung 3.5: Speicherung der ersten App   38

Abbildung 3.6: Drei Datensätze der Kunden-Tabelle   39

Abbildung 3.7: Auswahl unterschiedlicher Darstellungsformen   39

Abbildung 3.8: Detailinformationen eines Datensatzes   40

Abbildung 3.9: Strukturelemente im Entwurfsmodus von Power Apps   41

Abbildung 3.10: Bearbeitungsmaske eines Datensatzes im EditScreen1   42

Abbildung 3.11: Erfassung eines neuen Datensatzes in der App   43

Abbildung 3.12: SharePoint-Liste als Datenquelle mit einem neuen Datensatz   43

Abbildung 3.13: Anwahl des Gallery-Strukturelementes   44

Abbildung 3.14: Excel-Tabelle als intelligente Tabelle formatieren   45

Abbildung 3.15: Auswahl einer Excel-Liste auf der Ebene von OneDrive   45

Abbildung 3.16: Excel-Tabelle mit geänderten Daten   46

Abbildung 3.17: Hochladen einer Excel-Tabelle in Dataverse   47

Abbildung 3.18: Vorschaumodus der in Dataverse importierten Daten   47

Abbildung 3.19: Auswahl der Tabelle aus Dataverse   48

Abbildung 4.1: Die fertige Rechenmaschine   49

Abbildung 4.2: Anlegen einer leeren Canvas-App für den Taschenrechner   50

Abbildung 4.3: Container mit zwei Eingabefeldern   51

Abbildung 4.4: Zweiter Container mit zwei Textfeldern   52

Abbildung 4.5: Ergebnisanzeige der Addition   52

Abbildung 4.6: Fertige Anwendung im Entwurfsmodus   53

Abbildung 4.7: Einsatz der Rechenmaschine im Smartphone-Format   54

Abbildung 5.1: Entwurfsmodus mit verschiedenen Symbolen und Formen   56

Abbildung 5.2: Farbänderung beim Mouse-Over-Effekt   56

Abbildung 5.3: Farbänderung beim Überfahren mit der Maus   57

Abbildung 5.4: Schieberegler als Strukturelement   58

Abbildung 5.5: Strukturelemente mit angepassten Bezeichnungen   59

Abbildung 5.6: Schieberegler in Aktion   60

Abbildung 6.1: Einfache VBA-Anweisungen   62

Abbildung 6.2: Nachrichtenanzeige im Popup-Fenster   62

Abbildung 7.1: Oberfläche der Desktop-Anwendung Power Apps   70

Abbildungsverzeichnis

Abbildung 7.2: Einsatz einer App in der Laufzeitumgebung 71

Abbildung 7.3: Einstellungen in der Laufzeitumgebung der Apps 71

Abbildung 7.4: App-Anzeige in der Microsoft-365-Umgebung 72

Abbildung 7.5: Anzeige verfügbarer Apps auf einem Smartphone 73

Abbildung 7.6: App-Ausführung in der Laufzeitumgebung eines Smartphones 74

Abbildung 7.7: Konfiguration auf einem Smartphone 75

Abbildung 7.8: Registrierung für Power Apps 76

Abbildung 7.9: Kostenlose Registrierung für die Power-Apps-Entwicklungsumgebung 76

Abbildung 8.1: Hauptbildschirm von Power Apps 78

Abbildung 8.2: Auswahloptionen der Menüeinträge 79

Abbildung 8.3: Verfügbare Vorlagen zur App-Entwicklung 80

Abbildung 8.4: Lernunterstützungsmöglichkeiten von Power Apps 81

Abbildung 8.5: Bearbeitung von Rechnungen mittels künstlicher Intelligenz 82

Abbildung 8.6: Aufstellung verfügbarer Datenverbindungen 83

Abbildung 8.7: Erstellung von Chatbots in Power Apps 84

Abbildung 8.8: Virtueller Agent als integrierter Chatbot 86

Abbildung 8.9: Oberer Menübereich der Tabellen-Funktion 86

Abbildung 8.10: Darstellung der Standard-Umgebung eines Benutzers 87

Abbildung 8.11: Anlegen zusätzlicher Umgebungen im Power Platform Admin Center 88

Abbildung 8.12: Auswahl einer Arbeitsumgebung 88

Abbildung 8.13: Untermenü mit diversen Verwaltungsmöglichkeiten 89

Abbildung 8.14: Anwahl der Option »Alle entdecken« 90

Abbildung 8.15: Auflistung der verfügbaren Herausgeber 91

Abbildung 8.16: Entwurfsmodus einer leeren Canvas-App 92

Abbildung 8.17: Eigenschaften eines Strukturelements 93

Abbildung 8.18: Auswahl eines Bildschirmlayouts 95

Abbildung 8.19: Toolbar der Strukturelemente 96

Abbildung 8.20: Eigenschaften-Bereich eines leeren Bildschirms 97

Abbildung 8.21: App mit Hintergrundbild 98

Abbildung 8.22: Eigenschaften und Befehlszeile 98

Abbildung 8.23: Befehlszeile zur Festlegung der Überschrift 99

Abbildung 8.24: Änderung der App-Überschrift in der Befehlszeile 100

Abbildung 8.25: Auswahl von Strukturelementen 101

Abbildung 8.26: Befehlszeile mit angepasster Überschrift 101

Abbildung 8.27: Befehlszeile mit Eigenschaft und Funktion zur Datenaktualisierung 102

Abbildung 8.28: Löschen eines Feldes aus der App-Darstellung 103

Abbildung 8.29: Löschen eines Feldes in der Strukturansicht 104

Abbildung 8.30: Zusätzliche Felder in die App einbinden 104

Abbildung 8.31: Einfügen eines zusätzlichen Feldinhalts 105

Abbildung 8.32: Verkettung von Daten in der Befehlszeile 106

Abbildung 8.33: Umbenennen und Umgruppieren einzelner Strukturelemente 107

Abbildung 8.34: Assistent zur Auswahl des Seitenaufbaus einer App 108

Abbildung 8.35: Hinterlegung eines Kommentars zu einem Strukturelement   108

Abbildung 8.36: Hinweise bei der Fehlersuche und Korrektur   109

Abbildung 8.37: Angaben bei Veröffentlichung einer App   110

Abbildung 8.38: Dialogfenster der Freigabeberechtigungen   111

Abbildung 8.39: Anlegen eines Gastbenutzers in Azure AD (Entra ID)   112

Abbildung 8.40: Hinzufügen eines externen Anwenders als App-Benutzer   113

Abbildung 8.41: E-Mail für einen externen Anwender einer App   113

Abbildung 9.1: Anlegen einer neuen Entwicklungsumgebung   117

Abbildung 9.2: Neuanlage einer Lösung   118

Abbildung 9.3: Auswahl einer Bevorzugten Lösung   119

Abbildung 9.4: Grundlegende Festlegungen einer Dataverse-Tabelle   120

Abbildung 9.5: Festlegung der Kundennummer als Primärspalte   121

Abbildung 9.6: Optionen einer neu angelegten Dataverse-Tabelle   121

Abbildung 9.7: Eingabemaske zum Anlegen eines neuen Datenfeldes der Tabelle   122

Abbildung 9.8: Anlagen eines berechneten Formelfeldes   123

Abbildung 9.9: Tabelle mit Beispieldaten   124

Abbildung 9.10: Aktivierung der »Modern Themes«   125

Abbildung 9.11: Anzeige der ausgewählten Datenquelle   126

Abbildung 9.12: Konfiguration des (modernen) Steuerelements »Kopfzeile«   127

Abbildung 9.13: Vertikaler Katalog mit Zugriff auf die Datenquelle   127

Abbildung 9.14: App-Darstellung mit zugewiesenen Feldern   130

Abbildung 9.15: Ausführbare Anwendung mit Darstellung der Beispieldaten   130

Abbildung 10.1: Komponenten einer Befehlszeile   133

Abbildung 10.2: Änderung der Hintergrundfarbe   134

Abbildung 10.3: Textfelder auf der App-Oberfläche   135

Abbildung 10.4: Bildschirmmeldung mit Einsatz einer Schaltfläche   136

Abbildung 10.5: Strukturierte Ansicht der Anweisungen einer Befehlszeile   137

Abbildung 10.6: Beispiel für den Abruf einer Funktion   138

Abbildung 10.7: Eigenschaften eines Strukturelementes   139

Abbildung 10.8: Anzeige der Breite eines Elements mit der Anweisung Self   141

Abbildung 10.9: Breite des übergeordneten Elements mit der Anweisung Parent   142

Abbildung 11.1: Tabellen-Integration aus einer SharePoint-Liste bei einer MD-App   149

Abbildung 12.1: Ergebnisermittlung ohne Variablen in Power Fx   154

Abbildung 12.2: Beispiel zur Verwendung einer Variablen   155

Abbildung 12.3: Variablenbereich in Power Apps   156

Abbildung 12.4: Sammlungsvariable als Tabelle   158

Abbildung 13.1: Prüfung einer Bedingung mit IF   167

Abbildung 13.2: Prüfung mehrerer Bedingungen mit SWITCH   168

Abbildung 13.3: Darstellung der Ergebnisse einer ForAll-Schleife   170

Abbildung 13.4: Ergebnis einer einfachen Schleife zur Indexerstellung   171

Abbildung 13.5: Filtern der Ergebnisdarstellung in einem Array   172

Abbildung 14.1: Ergebnisse der Funktionen Rand und RandBetween   175

Abbildung 14.2: Beispiele für mathematische Funktionen   176

Abbildung 14.3: Ausgewählte Ergebnisse einer Zahlenreihe   177

Abbildung 14.4: Änderungen in der Ursprungstabelle   179

Abbildung 14.5: Farbanpassung einer Schaltfläche   181

Abbildung 14.6: Darstellung der Tage einer Woche   182

Abbildung 14.7: Berechnung und Umwandeln einer Datumsdifferenz   183

Abbildung 14.8: Selektieren mit der Search-Funktion   186

Abbildung 14.9: Zwei Suchfelder inklusive Dropdown-Auswahlfeld   188

Abbildung 14.10: Formatierung der Zahlendarstellung   189

Abbildung 14.11: Darstellung Breiten- und Längengrad in einer Anwendung   190

Abbildung 15.1: Aktivierung der erweiterten Komponenteneigenschaften   194

Abbildung 15.2: Ergebnisdarstellung einer benutzerdefinierten Funktion   195

Abbildung 15.3: Zuweisung mehrerer benutzerdefinierter Funktionen   196

Abbildung 15.4: Anlegen einer benutzerdefinierten Eigenschaft   197

Abbildung 15.5: Parameter einer benutzerdefinierten Funktion   197

Abbildung 15.6: Neue Funktion im Auswahlmenü   198

Abbildung 16.1: Hauptbildschirm des Power Platform Admin Centers   202

Abbildung 16.2: Ausführliche Analyse der Nutzung von Dataverse   203

Abbildung 16.3: Einstellungsmöglichkeiten der Microsoft-365-Umgebung   204

Abbildung 16.4: Übersicht der Lizenzen einer Power Platform   205

Abbildung 16.5: Übersicht bekannter Probleme von Power Apps   206

Abbildung 16.6: Überblick über den Ressourcen-Verbrauch   207

Abbildung 16.7: Definition einer DLP-Richtlinie   207

Abbildung 16.8: Mehrere Umgebungen in einer Umgebungsgruppe   208

Abbildung 16.9: Erstellung eines Copiloten mit Power Apps   209

Abbildung 16.10: Festlegungen für ein Dataflow   210

Abbildung 16.11: Erstellung eines Unterprogramms über Karten   211

Abbildung 16.12: Textanalyse mit dem KI-Hub   212

Abbildung 16.13: Textanalyse in eine Anwendung überführen   212

Abbildung 16.14: Kontinent als Optionsfeld festlegen   213

Abbildung 16.15: Menü für Systemeinstellungen in Power Apps   214

Abbildung 16.16: Einstellungen im Dynamcis-365-Umfeld   214

Abbildung 16.17: Beispiele auf der Community-Webseite github.com   215

Abbildung 16.18: Newsletter über Power Apps abonnieren   216

Abbildung 16.19: Auswahl einer »Bevorzugten Lösung«   217

Abbildung 16.20: Einstellungen im Register Allgemein   218

Abbildung 16.21: Einstellungen im Register Anzeige   219

Abbildung 16.22: Einstellungen im Register Updates   220

Abbildung 16.23: Auswahl einer Version von Power Apps   221

Abbildung 16.24: Erfassung von Einzelschritten zum Testen   222

Abbildung 16.25: Ergebnisse aus dem Test-Monitor   222

Abbildung 16.26: Ergebnisse im Überwachungs-Monitor   223

Abbildung 16.27: Auswahl von Bildern aus dem Bestandsarchiv   224

Abbildung 16.28: Erstellung eines Workflows aus Power Apps   225

Abbildung 16.29: Überblick über Variablen in Power Apps   226

Abbildung 17.1: Veröffentlichung einer App   228

Abbildung 17.2: App-Freigabe für einen Benutzer   229

Abbildung 17.3: Benutzerzugriff auf eine freigegebene App   230

Abbildung 17.4: Sicherheitsgruppe für den App-Zugriff   230

Abbildung 17.5: Freigabe-Zuweisung über eine Sicherheitsgruppe   231

Abbildung 17.6: Anlegen einer Umgebung für die App-Entwicklung   233

Abbildung 17.7: Zuweisung an eine Umgebungsgruppe   234

Abbildung 17.8: Konfigurationsfenster einer Dataverse-Umgebung   235

Abbildung 17.9: Rollenzuweisung an einen Benutzer   235

Abbildung 17.10: Diagnose der Benutzereinstellungen   236

Abbildung 17.11: Auswahl einer zugewiesenen Umgebung   237

Abbildung 17.12: Exportieren einer App als Paket   238

Abbildung 17.13: App in Microsoft Teams integrieren   239

Abbildung 18.1: Leerer Datenbereich in Power Apps   244

Abbildung 18.2: Excel als Verbinder-Typ   245

Abbildung 18.3: Verbundene Datenquelle mit App verbinden   246

Abbildung 18.4: Angepasste Datenquelle in einer App   246

Abbildung 18.5: Beispiele der Funktionen DataSourceInfo   248

Abbildung 18.6: Umgebungsänderung bei Tabellenauswahl   249

Abbildung 18.7: Aktualisieren einer Datenquelle   250

Abbildung 18.8: Bearbeiten einer Tabelle in der Entwicklungsumgebung   251

Abbildung 18.9: Container zur Aufnahme von zwei Datenquellen   252

Abbildung 18.10: Fehlermeldung beim Umbenennen eines Strukturelements   252

Abbildung 18.11: Auszug vorkonfigurierter Verbindungen   254

Abbildung 18.12: Eingabe der Konfigurationsdaten einer neuen Verbindung   255

Abbildung 18.13: Aktuelle Wetterdaten in einer App   255

Abbildung 18.14: Angaben zur Verwendung einer Verbindung   256

Abbildung 18.15: Auswahl eines Verbindungstyps für die Freigabe   257

Abbildung 18.16: Individuelle Einstellung der Freigabe   257

Abbildung 18.17: Hinweis beim Löschen einer Verbindung   258

Abbildung 18.18: Verbindungsaufbau bei der App-Erstellung   259

Abbildung 19.1: Schema der Konnektoren für den externen Datenzugriff   262

Abbildung 19.2: Auswahl einer Verbindungsart   264

Abbildung 19.3: Beispiel-Einstiegsseite des Konnektor-Assistenten   264

Abbildung 19.4: Definierte Aktionen eines Konnektors   265

Abbildung 19.5: Neuer Konnektor in der Entwicklungsumgebung von Power Apps   266

Abbildung 19.6: Untermenü zur Konnektorauswahl   267

Abbildung 19.7: Auswahl eines selbstdefinierten Konnektors   267

Abbildung 19.8: Einstiegsseite zur Gateway-Installation   269

Abbildung 19.9: Authentifizierung am Konfigurationsprogramm des Gateways   270

Abbildung 19.10: Vorgaben zur Konfiguration des Gateways   271

Abbildung 19.11: Zusammenfassung verfügbarer Dienste   271

Abbildung 19.12: Zuweisung von Benutzern und Berechtigungen   272

Abbildung 19.13: Zuordnung der Verbindungstypen   273

Abbildung 19.14: Benutzerzuweisungen in Power Apps   274

Abbildung 19.15: Auswahl Datengateway bei der Konnektorkonfiguration   275

Abbildung 19.16: SharePoint-Verbindung mit Gateway-Bezug   275

Abbildung 19.17: Gateway-Zugriff in der Entwicklungsumgebung von Power Apps   276

Abbildung 20.1: Menüauswahl zur Formularanpassung   278

Abbildung 20.2: Ergänzung eines Standardformulars um einen Begrüßungstext   279

Abbildung 20.3: Option zum Entsperren eines Strukturelements   279

Abbildung 20.4: Textanpassung einer Feldbezeichnung   280

Abbildung 20.5: Mit Power Apps angepasstes Standardformular einer SharePoint-Liste   281

Abbildung 20.6: Menüpunkt zum Erstellen einer neuen App   282

Abbildung 20.7: Eingabe eines Namens für die neue App   282

Abbildung 20.8: Bildschirm zur Bearbeitung der Daten einer SharePoint-Liste   283

Abbildung 20.9: Zurücksetzen auf das SharePoint-Standardformular   284

Abbildung 20.10: Ändern der Feldanordnungen in Power Apps   285

Abbildung 20.11: Änderung des Aussehens durch Design-Auswahl   286

Abbildung 20.12: Manuell angepasstes Aussehen eines Formulars   286

Abbildung 20.13: Angepasste Darstellung in Abhängigkeit vom Feldinhalt   287

Abbildung 20.14: Der Flow mit Trigger und zwei Aktionen   291

Abbildung 20.15: Aktion zur Auswertung mehrerer RSS-Feedtitel   293

Abbildung 20.16: Aktion für die Variablenrückgabe an die App   293

Abbildung 20.17: Entwicklung der zugehörigen App   294

Abbildung 20.18: Power-Fx-Anweisungen für die Schaltfläche   295

Abbildung 20.19: Ergebnis als Anzeige in der App Quelle: heise.de   296

Abbildung 20.20: Menüoption zur Veröffentlichung einer App nach Microsoft Teams   298

Abbildung 20.21: Weitergehende Angaben vor dem Export einer App   298

Abbildung 20.22: Auswahloptionen für den App-Import   299

Abbildung 20.23: Auswahl eines Teams-Kanals zur Einrichtung   300

Abbildung 20.24: Einsatz einer veröffentlichten App in Microsoft Teams   301

Abbildung 20.25: Hinweis auf Aktualisierung einer App   301

Abbildung 20.26: App-Verwaltung im Microsoft Teams Admin Center   302

Abbildung 20.27: Informationen einer hochgeladenen App   303

Abbildung 20.28: Auswahl eines Ziels in Microsoft Teams   304

Abbildung 20.29: Einsatz der in Microsoft Teams integrierten App   304

Abbildung 20.30: Einbinden eines App-Aufrufs auf einer SharePoint-Webseite   305

Abbildung 20.31: Link zur Webseite einer App 306

Abbildung 20.32: Visualisierung zur Einbindung/Erstellung einer App 308

Abbildung 20.33: Optionen zur App-Auswahl 309

Abbildung 20.34: Liste der verfügbaren Anwendungen 310

Abbildung 20.35: App-Integration in der Berichtsoberfläche von Power BI 311

Abbildung 21.1: Inhalt und Struktur der Liste »ProduktKategorie« 314

Abbildung 21.2: Kategorie-Feld vom Typ Auswahlfeld 314

Abbildung 21.3: Inhalt und Struktur der Liste »ProduktListe« 315

Abbildung 21.4: Unterkategorie-Feld vom Typ Nachschlagen 315

Abbildung 21.5: Beispieldaten der Liste »ProduktKategorie« 316

Abbildung 21.6: Beispieldaten der Liste »ProduktListe« 316

Abbildung 21.7: Auswahl der SharePoint-Listen als Datenquellen 317

Abbildung 21.8: Anzeige der Elemente aus der Spalte »Kategorie« 319

Abbildung 21.9: Elementanzeige in Abhängigkeit von der Kategorieauswahl 319

Abbildung 21.10: Elementanzeige in Abhängigkeit von der Unterkategorie 320

Abbildung 21.11: Mehrfachauswahl in Combobox 322

Abbildung 21.12: App für Einfach- und Mehrfachauswahl 323

Abbildung 22.1: Einfache Aufgabe für eine Eingabeaufforderung 328

Abbildung 22.2: Klassifizierung eines vorgegebenen Textes 329

Abbildung 22.3: Festlegung von benötigten Inhalten des Dokuments 329

Abbildung 22.4: Dateiauswahl zum Trainieren der Modell-Definition 330

Abbildung 22.5: Texterkennung in einer App 330

Abbildung 22.6: Zusammenfassung der Bedingungen eines Vorhersagemodells 331

Abbildung 22.7: Einsatz eines KI-Modells innerhalb einer App 331

Abbildung 22.8: KI-gestützte App-Erstellung in Power Apps 333

Abbildung 22.9: Erläuterung einer Funktion in der Entwicklungsumgebung von Power Apps 334

Abbildung 22.10: Power-Fx-Befehlszeile mit eingefügtem Kommentar 334

Abbildung 23.1: Beispiel für die Verwendung von JSON-Daten in Power Fx 342

Abbildung 23.2: Beispiel für die Verwendung von JSON-Arrays in Power Fx 344

Abbildung 23.3: JSON-Deklaration in einer adaptiven Karte 345

Abbildung 23.4: Adaptive Karte in einem Teams-Kanal 345

Abbildung 23.5: Visual Studio zur JSON-Deklaration 346

Abbildung 23.6: Visual Studio zur YAML-Deklaration 350

Abbildung 23.7: Code eines Strukturelements 352

Abbildung 24.1: Detailangaben einer App 354

Abbildung 24.2: Name und Beschreibung beim Export einer App 355

Abbildung 24.3: Festlegungen für den Import einer App 355

Abbildung 24.4: Auswahl einer anderen Umgebung 356

Abbildung 24.5: Auswahl verfügbarer App-Exportdateien 357

Abbildung 24.6: Angaben beim Importieren einer App 357

Abbildung 24.7: Erfolgsmeldung nach dem Import einer App 358

Abbildung 24.8: Verbindungseinstellungen beim Import einer Tabelle 360

Abbildung 24.9: Power Query als Import-Werkzeug   360

Abbildung 24.10: Konfigurationsangaben einer Import-Tabelle   361

Abbildung 25.1: Anlegen eines neuen Herausgebers   364

Abbildung 25.2: Konfigurationsvorgaben einer neuen Lösung   365

Abbildung 25.3: Ausgewählte Lösung als Bevorzugte Lösung festlegen   366

Abbildung 25.4: App-Zuordnung zu einer Lösung   367

Abbildung 25.5: Vorgaben für Lösungsexport   368

Abbildung 25.6: Auswahl einer Lösungs-Exportdatei   369

Abbildung 26.1: Übersicht der Microsoft-Entwicklung   376

Abbildung 27.1: Erstellen einer leeren Canvas-App ohne Vorlage   382

Abbildung 27.2: Canvas-App auf Basis einer Datenquelle   383

Abbildung 27.3: App-Erstellung mit Vorlage   384

Abbildung 27.4: Anpassen der Tabellendefinition   386

Abbildung 27.5: Mit Copilot erstellte Anwendung   386

Abbildung 27.6: Bewertung eines selbstdefinierten Modells   387

Abbildung 27.7: Erstellung einer Karte in der Entwicklungsumgebung von Power Apps   388

Abbildung 27.8: Definition einer Tabellenstruktur vor der App-Erstellung   389

Abbildung 27.9: Seitendesigns als Auswahloptionen der App-Erstellung   390

Abbildung 27.10: App mit geteiltem Bildschirm (Split Screen)   390

Abbildung 27.11: App-Erstellung aus einer SharePoint-Liste   391

Abbildung 27.12: Eingabeformular als angepasste App   391

Abbildung 27.13: Formularanpassung einer SharePoint-Bibliothek   392

Abbildung 27.14: App-Erstellung aus Microsoft Lists   393

Abbildung 28.1: Bildschirmaufruf beim App-Start   396

Abbildung 28.2: Definition globaler Variablen beim Start einer App   397

Abbildung 28.3: Übersicht der Deklaration globaler Variablen   397

Abbildung 28.4: Globale Variablen und benannte Formeln   398

Abbildung 28.5: Mehrere Entwickler bearbeiten eine Anwendung   399

Abbildung 28.6: Aktivierung der Funktion für gemeinsame Bearbeitung   400

Abbildung 28.7: Eine Fußzeile als Komponente definieren   401

Abbildung 28.8: Einbindung einer Komponente in einer App   401

Abbildung 28.9: Container mit flexibler Breite eines Feldes   403

Abbildung 28.10: Container mit Feld-Zentrierung   403

Abbildung 28.11: App-Erstellung aus handschriftlicher Vorlage   404

Abbildung 28.12: Zuweisung der Entwicklungsumgebung   405

Abbildung 29.1: Auszug aus dem Blog von David Wyatt   409

Abbildung 29.2: Aufstellung von Anweisungen/Funktionen mit Verlinkung   410

Abbildung 29.3: Übersichtliche Blog-Beiträge von Charles Sexton   411

Abbildung 29.4: Blog-Beiträge von Damian Gorzkulla   413

Abbildung 29.5: Blogs und Videos von Reza Dorrani sind legendär!   415

Stichwortverzeichnis

365DOTtraining 408

A

Adaptive cards 344
Adaptive Karte 387
Admin Center 213
   Power Platform 85, 88, 201, 233, 405
AI 82, 211
AI Builder 211, 325
ALM 87, 208, 217, 232, 353, 405
Ampelfunktion 307
Analyse 203
Anführungszeichen
   YAML 349
   Zeichenfolge 349
Anwendungsschnittstelle 262
API 262, 375
App
   Canvas 147, 389
   Dokumentation 334
   Freigabe 227
   Kommentar 334
   Microsoft Teams 297, 301
   modellgesteuert 70, 147, 389
   Power Pages 305
   Sicherheit 227
   Webseite 305
   Zugriff 227
App-Erstellung
   Copilot 385
   Daten 388
   Datenquelle 382
   Import 393
   Karte 387
   KI-Hub 386
   Lists 392
   Lösung 393
   Möglichkeiten 381
   ohne Vorlage 381
   Seitendesign 389
   SharePoint-Bibliothek 392
   SharePoint-Liste 391

   Vorlage 383
Application Lifecycle Management 87, 208, 217, 232, 353, 405
Application Programming Interface 262, 338, 348, 375
App-Start
   Bildschirm 395
   Formeln 397
   Knopfdruck 399
   Variablen 396
Array 157, 171
ASCII-Zahlenwert 183
Auslöser 290
Authentifizierungsmethode 257
Automatisierung 371
Auto-Vervollständigung 144, 395, 402
Average() 177
Azure AD 112, 237
Azure-Cloud 47

B

Backend 337
Befehlszeile 128
Beispieldateien 417
Benachrichtigungen 216
Benannte Formel 397
Berater 203
Beschreibungssprache 348
Betriebswirtschaftliche Kennzahlen 307
Bevorzugte Lösung 118, 216, 365
Bild
   Hochladen 223
Blog 408–410, 414
Boolean 247, 339
Breitengrad 189
Browser-Anwendung 31
Business Intelligence 307

C

Calendar() 182
Camelcase 144, 159, 340, 349

Canvas 237
Canvas-App 147
Chatbot 209
ChatGPT 85, 328
Code
   Kommentar 142
Co-Entwickler 405
Collection 157, 159
Color 181
Combobox 318
Common Data Service 148
Community
   Entwicklung 373
Compiler 132
Connection() 190
Container 50, 140
   Einsatzzweck 126
Control property 135
Copilot 28, 83, 85, 332
Copilot Studio 84, 201, 209
Copilot-Erläuterung
   Power-Fx-Befehlszeile 334
CountIf() 178
CountRows() 177
CRUD 263
Customer Relationship Management 148, 215

D

Dashboard 306
Data Analysis eXpressions 19
Data Leak Prevention 208
Data Leakage Prevention 208
Data Loss Prevention 206
Dataflow 210
DataSourceInfo 247
Dataverse 26, 46, 81, 148, 206, 234, 358
Datediff() 183
Daten
   untypisierte 338
Datenbeschreibungsformat 348
Datengateway 259, 268
Datenhoheit 268
Datenintegration 204

Datenquelle 382, 388
　Aktualisierung 250
　Bearbeitung 250
　extern 236
　Strukturänderung 250
　Umgebung ändern 248
Datenquelleninfo 247
Datenspeicher 47
Datentyp 160
Datentypen 408
Datenvorhaltung 268
DAX 19
Debugging 223
Deklaration 221
Delegierung 186
deutschsprachig 139
Devaney, Matthew 409
Diamant 254
Dienst-Benutzer 406
Dienstkennung 406
Dienstprinzipal 257
DLP-Richtlinie 206
Dokumentenautomatisierungslösung 387
Dokumentenlenkung 289
Dorrani, Reza 414
Dropdown 187
Druckausgabe 190
Dynamics 363 215

E

Eingabeaufforderung 328
Einstellungen
　Allgemein 218
　Anzeige 219
　Entwicklungsumgebung 218
　erweitert 214
　Power Platform 204
　Support 221
　Updates 219
Emoji-Smile 57
englischsprachig 139
Enterprise Resource Planning 148, 215
Entra ID 112, 237
Entwickler 371
Entwicklerressourcen 215
Entwicklung
　Community 373
　parallel 399
　Zusammenarbeit 399

Entwicklungsumgebung 91, 363
　Einstellungen 218
Entwurfsmodus 91
　Befehlszeile 93, 98, 133
　BrowseScreen1 41
　DetailScreen1 41
　EditScreen1 41
　Felder bearbeiten 103
　Power-Fx-Zeile 93, 98, 133
　Steuerelement 40
　Strukturelement 44
　Strukturelemente 40
　Strukturmerkmal 44
　Vorschau 39
Erfolgsfaktor 307
Error 248
ErrorKind 248
ErrorState 248
Erweiterte Einstellungen 214
Erweiterte Tools 221
Evergreen 21, 24, 34, 68, 78, 107, 152, 194, 202, 219, 242, 380
Export 237, 393
Extensible Markup Language 347

F

Fakturierung 205
Fehlerbehandlung 247–248
Feld
　entsperren 280
　zentrieren 403
Filter() 187
Flow 224
Formel
　benannt 397
Formelfeld 123
Formelreferenz 407
Formula eXpressions 19
Formular 278
Formulare anpassen 391
Formulas 195, 398
Freigabe
　Benutzer 228
　Benutzergruppe 230
　Mitbesitzer 228
　Sicherheitsgruppe 230
　Umgebung 231
Frontend 337

Funktion 173
　benutzerdefiniert 193
　Filter 322
　geschachtelt 136
Funktions-Trenner 137

G

GA 219
Gallery 44, 94, 106, 251
Gateway
　on premise 268
　personal mode 268
　persönlich 268
Gemeinsame Dokumenterstellung 400
General availability 219
Geschäftsprozess 289
Git 216
GitHub 216, 373
github.com 215
Global Position System 189
Globale Variablen 397
Gorzkulla, Damian 413
GPS 189

H

Hardware
　lokal 259
Hello everyone, Reza here! 414
Hilfe und Support
　Power Platform 205
Hintergrundfarbe 134
HTML 139
http-Methode 263

I

If() 185
Import 393
　Power Query 359
Index 343
Int() 176
Integration
　Microsoft Teams 238, 296
　Power Automate 288
　Power BI 306
Intellisense 134, 144, 195, 395, 402
Interpreter 132, 154
Interpreter-Funktion 99, 134

J

Javascript 338, 347
JavaScript Object Notation 337
JSON 337
  Array 339
  Aufbau 339
  Beispiel 341
  Datentypen 340
  Einsatzgebiet 338
  Schlüssel-Wert-Paar 339
  Syntax 339
  XML 347

K

Karte
  adaptiv 387
Karten 210
  adaptiv 344
Katalog 44, 85, 94, 106, 211, 251
Kennzahlen 307
Key Performance Indicator 307
KI 82, 211, 325, 407
KI-Hub 325, 386
KI-Modell 328, 387
  Dokumentverarbeitung 328
  Eingabeaufforderung 328
  Formularverarbeitung 328
  Klassifizierung 331
  Rechnungsverarbeitung 330
  Texterkennung 330
  Vorhersage 331
Komma 139
Komma-Länder 140
Kommentar 142
Kompilieren
  inkrementell 134
Kompilierung 132
  inkrementell 154
Komponente 193, 400
  Fußzeile 400
Konnektor
  Umgebung 266
Kontakteinstellungen 217
Kontextvariable 159
Kontrolleigenschaft 135
KPI 307
Kritischer Erfolgsfaktor 307
KundenDilaro 417
KundenDilaroLIS 417
Künstliche Intelligenz 82–83, 211, 325, 372, 407

L

Längengrad 189
Large Language Model 328
Laufzeitumgebung 70, 73
Lebenszyklus 208, 353
Lego-Baustein 150
Lehmann, Marcel 414
Life-Cycle-Management 87, 208
LLM 328
Location() 189
Logische Werte 339
Lokales Gateway 268
Lookup() 187
Lösung 263, 266, 363, 393
  Aktualisierung 370
  Bevorzugt 118, 216, 365
  Neuanlage 363
  nicht verwaltet 368, 370
  Schreibschutz 370
  verwaltet 368, 370

M

M365-Dienst 26
Maker 232, 298, 371, 399
Mandanteneinstellungen 405
Max() 177
MD-App 148
Medien 223
  Bild 223
  Hochladen 223
  Pool 223
  Video 223
Meeresspiegel 189
Mehrfachauswahl 321
Mehrfachauswahlfeld 187
Microsoft
  Ökosystem 371
Microsoft 363 Admin Center 202
Microsoft Entra Admin Center 203
Microsoft Teams
  App-Typen 297
Microsoft Valuable Professional 410
Min() 177
Mini-App 210
Mitbesitzer 114, 406
Mobile Geräte 373
Model driven 389
Model driven app 148
Model-driven-App 147
Modellgesteuerte App 147, 389
MSN Wetter 255
Mustervergleich 328
MVP 410

N

Named Formulas 397
Namenskonvention 322
  Strukturelement 144
  Variable 159
Namensvergabe 402
Natürliche Sprache 339
Newsletter 216
Now() 183

O

Objekt
  Eigenschaft 93
  untypisierte 338
Objekteigenschaft
  Auswahlmenü 93
  Dropdown 93
  links oben 93
On Premise 259
On select 102
OneDrive 45
OneLake 26
OnStart 198, 396, 399
Open Source 216, 373
Operatoren 408
Organisations-ID 215

P

Parameter
  Funktion 136
Parent 140, 403
Parsen 341
Patch() 178
PDF 191
Pi() 175
Platzhalter 153
Playmobil 150
Power Apps
  Zielgruppe 373

Power Apps Trainer 412
Power Apps-Einstellungen 216
  Sprache 216
Power Automate 26, 201, 256
  Workflow 224
Power BI 26, 201, 306
Power Fx-Zeile 128
Power Pages 26, 83, 201
Power Platform
  Admin Center 85, 88, 201–202, 233, 405
  Bekannte Probleme 205
  Einstellungen 204
  Hilfe und Support 205
  Ressourcen 206
  Richtlinien 206
  Umgebung 208
  Umgebungsgruppe 208
  Verwaltungskonsole 202
Power Query 82, 210, 251, 359
Power Virtual Agents 84, 209
Power() 176
Power-Fx-Befehlszeile
  Copilot-Erläuterung 334
  Copilot-Kommentar 334
PowerShell 406
Premium-Symbol 254
Print() 190
Produktivumgebung 363
Programmcode 133
Progressive Web App 375
Proxy 262
Prozedur 173
Punkt-Länder 140
PWA 375

R

R2Power 411
Rand() 175
RandBetween() 175
Really Simple Syndication 290
Rechenmaschine 49
Relative Feldanordnung 402
Relative Positionierung 402
Release-Plan 376
Remove() 180
RemoveIf() 180
Representational State Transfer 262–263, 338

Ressourcen
  Power Platform 206
REST-API 262, 338
RESTful-API 263
Reusable Workflow 289
Revert 248
RGBA() 180
RGBA-Standard 97
Richtlinien
  Power Platform 206
Rosengrün, Robin 411
RSS 290
RSS-Feed 291

S

Schaltfläche 136
  Strukturelement 244
Schleife
  If 166
  Switch 167
Schleifen
  bedingt 165
  einfach 171
  ForAll 168
  For-Each 168
Schlosssymbol 279
Schnittstelle 204
Schreibschutz
  Lösung 370
Schreibweise
  camelcase 340, 349
SDK 375
Search() 185–186
Seitendesign 389
Self 140
Semikolon 139
  Funktions-Trenner 136
Separator 137
Service-Benutzer 406
Sexton, Charles 410
SharePoint
  App erstellen 281
  Formular 392
  Formular anpassen 278
SharePoint-Liste 391
Sicherheitsgruppe 230, 237
Sicherheitsrolle 234–235
  Verwaltung 236
Sin() 176
Software Developement Kit 375
Softwareentwicklung 371

Solution 363, 393
Split Screen 389
Sprache 216
Start einer App
  Browser 72
  Desktop 70
  Mobilgerät 73
StartScreen 191, 396
Steuerelement 41, 94
Stimmungsanalyse 328
Strukturelement 41, 94
  entsperren 279
  Klassisch 127
  Sperre 279
Sum() 175
superset 348

T

Taschenrechner 49
Tenant 369
Test-Monitor 221
Testumgebung 221
Text
  Extrakt 328
  Klassifizierung 328
Text analysieren 211
Text() 189
ThePowerAddicts 414
Thread 289
TimeValue() 183
Tipps und Tricks 395
Today() 183
Toolbar
  Aktivierung 96
Toolbar Control 96
Toolbar-Steuerung 96
Tooltip 134, 195
Trennzeichen
  Semikolon 54
Trigger 290

U

Überwachungs-Monitor 223
Umgebung 230
  Administration 233
  Benutzer 236
  importieren 237
  Konnektor 266
  Power Platform 208
  Systemverwalter 234, 236
  übertragen 237
  verwaltet 233

Umgebungsadministrator 237
Umgebungsersteller 237
Umgebungsgruppe 234
　Power Platform 208
Umgebungsrouting 405
Uniform Ressource Locator 262
Unterprogramm 173
Untypisierte Objekte 338
Update() 178
UpdateIf() 178
Updates
　Experimentell 220
　Neu 219
　Vorschau 220
　Zurückgezogen 220
URL 262, 291
User() 190

V

Variable 153
　Boolesche 161
　global 157, 198, 397
　Initialisierung 291
　Kontext 157
　lokal 157
　Sammlung 157, 159
Variablen 225
　Übersicht 225
VBA 27
Verbindung
　Auswahl 253
　Festlegung 253
　Konfiguration 253
　Nutzung 256
Verbindungstyp 257
Vermittlungsschicht 262
Veröffentlichung 228
Vervollständigung
　automatisch 402
Verwaltete Lösung 370
Verzeichnisse 216
Video
　Hochladen 223
Visual Basic for Applications 27, 61
Visual Studio 27, 350
　Workflow 289
Visualisierungsrahmen 307
Vorlage 383, 404

W

Wahrheitswert 339
Webanwendung 373
Webdienst 262
Webseiten 83
Webservice 262
Web-URL 262
Weissmann, Kai 412
Wert
　logisch 339
Wetter 255
What you *see* is what you get! 128
Workflow 224, 288
　Visual Studio 289
　Warteschlange 289
Wiederverwendung 289
World Wide Web 407
WWW 407
Wyatt, David 408
WYSIWYG 128

X

XML 347

Y

YAML
　Anführungszeichen 349
　Aufbau 349
　Beispiel 349
　Einsatzzweck 348
　Syntax 349
YAML Ain't Markup Language 348
Yet Another Markup Language 348
YouTube 411–414

Z

Zahlenreihe 169
Zeichenfolge
　Anführungszeichen 349
Zeichenvorlage 404
Zielgruppe
　Power Apps 373
ZIP-Datei 302
Zugriffslizenz 31
Zusammenarbeit
　Entwicklung 399

www.ingramcontent.com/pod-product-compliance
Lightning Source LLC
LaVergne TN
LVHW060136080526
838202LV00049B/4002